彩 虹 女 人

中国气象局妇女工作领导小组　编

气象出版社
China Meteorological Press

图书在版编目(CIP)数据

彩虹女人 / 中国气象局妇女工作领导小组编. — 北京 : 气象出版社, 2018.3

ISBN 978-7-5029-6743-7

Ⅰ.①彩… Ⅱ.①中… Ⅲ.①女性-气象-科学工作者-生平事迹-中国 Ⅳ.①K826.14

中国版本图书馆 CIP 数据核字(2018)第 038860 号

出版发行：气象出版社
地　　址：北京市海淀区中关村南大街 46 号　　**邮政编码**：100081
电　　话：010-68407112(总编室)　010-68408042(发行部)
网　　址：http://www.qxcbs.com　　**E-mail**：qxcbs@cma.gov.cn
责任编辑：陈　红　　**终　　审**：吴晓鹏
责任校对：王丽梅　　**责任技编**：赵相宁
封面设计：楠竹文化
印　　刷：北京中新伟业印刷有限公司
开　　本：710 mm×1000 mm　1/16　　**印　　张**：21
字　　数：363 千字
版　　次：2018 年 3 月第 1 版　　**印　　次**：2018 年 3 月第 1 次印刷
定　　价：40.00 元

《彩虹女人》编委会

序

妇女是物质文明和精神文明的创造者，是推动社会发展和进步的重要力量。中国气象局围绕中心、服务大局，不断加强妇女工作，进一步提升气象女职工的素质和能力，团结和引领她们在各自的工作岗位建功立业、成长成才，以昂扬向上的精神风貌为推动气象事业发展做出贡献。

气象部门女职工以特有的认真负责、吃苦耐劳、富有亲和力、细腻包容等特点，在管理、业务、科研等各个岗位发挥着日益重要的作用。截至2017年底，全国气象部门职工中女性约占39%，首席预报员中女性约占69%，司局级干部中女性约占13%，基层气象局职工中女性约占24%。她们在气象事业的发展中立足岗位、勇挑重担，展现了“半边天”的别样风采，创造了“巾帼不让须眉”的光辉业绩。她们每个人都有着自己独特的风采与魅力，也都有共同的特质，她们像雨后的彩虹，为气象事业的发展添色增彩。

《彩虹女人》一书把优秀的气象女职工在事业发展中的贡献和故事以报告文学的形式呈献给大家，向全社会宣传气象女职工坚韧不拔的精神、积极乐观的人生态度、永不放弃梦想的坚强意志。希望《彩虹女人》的出版，能够进一步促进气象文化建设，为推动社会主义文化繁荣做出贡献。

中国气象局局长 刘雅鸣

2018 年 3 月 8 日

前　言

党的十八大以来，中国气象局各级妇女组织和妇女干部深入学习贯彻习近平总书记重要讲话精神和中央党的群团工作会议精神，提高政治站位，坚定政治方向，增强政治意识、大局意识、核心意识、看齐意识，坚定不移地维护习近平同志的核心地位，听党话跟党走。女干部职工在气象事业的发展中勇挑重担、立足岗位、成长成才，用智慧和汗水创造了精彩业绩，展现了"半边天"的别样风采。她们在工作中发挥女性善于沟通，发挥女性特有的亲和力、细腻包容的特点，刚柔并济处理问题，在气象事业发展中发挥了独特的优势和不可替代的作用。全国气象部门涌现出许多先进典型和先进集体。共有 15 名女职工获得"全国先进工作者""全国五一劳动奖章""全国三八红旗手""全国巾帼建功标兵""全国五一巾帼标兵"等国家级个人荣誉称号；11 个集体获得"全国三八红旗集体""全国巾帼文明岗""全国巾帼建功先进集体""全国五一巾帼标兵岗"等国家级集体荣誉称号。

2015 年，中国气象局成立了局妇女工作领导小组，进一步健全了妇女领导工作机制，各省（区、市）气象局、局直属机关及各直属单位健全了妇女工作机构，气象部门各级妇女组织不断增强责任意识，认真贯彻落实党中央、国务院的部署安排，开展形式多样的活动，促进部门和单位妇女工作发展。近几年来，各级领导小组和妇女机构不断增强履职尽责意识、机遇意识和改革意识，通过领导小组各位成员职责和作用的发挥，将妇女工作融入气象工作的整体部署之中，进一步找准妇女工作定位和切入点、着力点，改进工作形式和方法，提高能力水平，妇女工作做到了有部署、有安排、有评估总结，为促进女干部队伍建设创造了更多的条件，为气象部门各级妇女的成长成才营造环境、搭建平台，帮助女干部职工不断提高综合素质、增强履职能力、解决具体问题，推动和引领广大女干部职工成为气象事业发展的生力军。

2017 年“三八妇女节”，经过各省（区、市）气象局推荐，中国气象局在全国气象部门遴选了 33 名表现突出的优秀县级气象局女局长座谈交流，畅谈了基层工作体会和对气象事业发展的思考与意见建议。有 8 名优秀女局长代表还在中国气象局机关学习报告会上，分享了成功经验与心路历程，在气象部门掀起学先进、赶先进、当先进的高潮，向全社会宣传了爱岗敬业、吃苦耐劳，精益求精、甘于奉献的气象人精神。习近平总书记指出：工会、共青团、妇联等群团组织是党直接领导的群众组织，必须把保持和增强先进性作为重要着力点。要牢牢把握为实现中华民族伟大复兴中国梦而奋斗的时代主题，紧紧围绕党和国家工作大局，组织动员广大人民群众走在时代前列，在改革发展稳定第一线建功立业。希望《彩虹女人》一书的出版能够进一步促进妇女事业发展，进一步促进广大气象女性在气象事业发展建设中展示女性的魅力和风采，坚定文化自信，为实现两个百年目标而努力奋斗。

编者

2017 年 11 月 18 日

目　录

青春无悔　梦圆气象

——记北京市门头沟区气象局局长房志玲

悠悠永定河畔，春去秋来，尽显沧桑历史；巍巍灵山脚下，寒暑交替，筑就辉煌岁月。在首都北京，在有着“先有潭柘寺、后有北京城”之称、充满古文化底蕴的生态涵养区门头沟，有一个团结奋进的团体在默默地奉献着：他们眼观雨季变化，耳听雷鸣轰声，身验寒暑交替，心中始终装着的是万家灯火下人间的冷暖，那就是门头沟区气象人。在这个团队中总有一个时时不忘初心、冲锋在前的身影，她就是充满朝气的领头雁——门头沟区气象局党组书记、局长房志玲。她从生态学硕士研究生到扎根基层的北京市门头沟区气象局党组书记、局长，从服务一线的观测员、预报员，到保障2008年北京奥运会、国际山地徒步大会等大型活动，到应对气象探测环境保护、开展气象防灾减灾体系建设，至全面加快推进气象现代化，一路走来，风雨无阻，始终给人谦和、务实、稳健的印象，她在工作中磨砺成长，在不断学习、思考、实践、感悟中尽责奉献。

机遇之缘，入职气象

“到气象局工作就是偶然。”房志玲本科时学的是环境规划与管理，因为喜欢生态，将来希望能从事接触大自然的工作，在硕士期间主攻生态学。提起12年前的选择，她十分坦诚和爽快。生态学和自然地理关系密切，她也没少学气象知识，上学做研究还到气象部门获取过数据，在秋冬季风大的日子里，房志玲与同学三五结队，夜宿野外，立风杆、测风速，体验了特殊的气象观测，就连硕士毕业论文写的也是气象因子对植被恢复生长的影响。2005年，房志玲硕士研究生毕业后来到北京市气象局面试，“派你去延庆县气象局工作，同意吗？回去和家里人商量一下再答复我们！”她毫不犹豫地回答：“不用商量，同意！”“因为对气象有过接触和了解，因为喜欢上了气象。”就这样，她作为首批到区县气象局工作的研究生，被分配到崇山峻岭包围的塞北延庆县气象局工作。

“跨界”到气象部门工作，而且一干就是 12 年，房志玲说：“虽然毕业没有完全从事生态工作，可气象让我接触山川河流、接触大气高空，气象工作也实现了我的梦想！”

初入职场，打实基础

“要不是看了她的简历，还真想不到她上学的时候学的不是气象专业。”像房志玲这样的气象知识“门外汉”，刚到延庆县气象局做观测员、预报员，首先要进行 3 个月的专业培训。地面气象观测是气象的基础，她跟老一辈测报员学习地面观测，跑山区自动站研究观测原理、维修设备问题，开展观测平台软件和数据维护，保留至今的笔记本上记录的是密密麻麻的知识点。跟随老一辈预报员学习预报知识一年后，真正让她作天气预报时，她依旧忐忑不安，再三研究地面观测数据、数值预报。当有人打电话问天气时，她总是不敢说预报结论，因为心里没底，怕预报不准。渐渐地，房志玲苦心钻研，从不敢说到想方设法向老百姓把天气预报说精细。

房志玲在延庆的 6 年里，很少穿裙子。那是因为，她经常跟着老一辈测报员跑进山区维护自动气象站、钻桌子查看观测电脑线路、维护监测设备，登高塔开展风能资源调研。那时，在通往国家级观测站佛爷顶气象站的路，崎岖不平，非常颠簸，每次去佛爷顶，她都与同事开玩笑地说：“走，咱们疏松筋骨去！”成家后，家里人对她一直在延庆工作不理解、反对，面对工作的艰苦环境、家人的反对，她也曾动摇过，家人劝说：“辞职，回城里重新找工作吧！”可是，房志玲真的舍不得离开领导和同事，更不能辜负老一辈同事和领导对自己的培养。她也珍惜刚刚打开的工作局面，不能打碎自己贴近大自然工作的梦想，坚持了下来。同事的一句话更是敲响了她工作不能懈怠和停滞的警钟。“房志玲，如果你 5 年后没懈怠，还保持这样的积极状态、工作斗志，我就服你！”正是这句话，让她惊醒：“人是有惰性的！我不能有惰性！”自那以后，房志玲每年给自己定一个小目标，在每一年，在每一个困难时期，她都不敢懈怠！让自己坚持着气象梦想和工作动力！正是这种动力，让她刻苦钻研气象知识，打牢自己的工作基础。

踏实做事，严格要求

2011年6月，房志玲被提拔为门头沟区气象局副局长。离开群山连绵不断的延庆，又来到了山地面积占98.5%的纯山区门头沟，她喜忧参半，喜的是，这里有北京的最高山——灵山，有北京的母亲河——永定河，有美丽的大自然；忧的是，自己一个外来的弱女子，从基层技术人员到管理岗位，这沉甸甸的担子自己能承担起来吗？能带好门头沟区气象局的业务工作吗？会不会辜负了领导的信任？这一连串的问题，在她心中不断自问。她面对着坚硬的大山，呼喊："我，来了！"

从她被调到门头沟区气象局工作那天起，她就抱定了一个信念，既然领导信任，那自己不仅要当好技能的领头雁，当好领导的左右手，还要做好老百姓的晴雨表，当好部门决策的"气象参谋""气象小诸葛"。

初到门头沟，房志玲便展开气象服务调研，熟悉山区地形和气候特点。正可谓"知己知彼，百战不殆"。灾害防御就得防患于未然，房志玲深感必须强化气象服务能力和气象灾害防御体系建设的迫切性。因为门头沟是纯山区，每到夏季，面临着暴雨和因暴雨引发的地质灾害、山洪等潜在风险；冬季则是林区火灾风险大，冰雪天气影响山路交通，严重影响着老百姓的生活和出行。她根据门头沟对气象灾害防御的需求，提出了申报山洪灾害防治非工程项目和为农气象服务项目，目的就是为提升门头沟区气象防灾减灾水平，为提升气象服务能力打下良好基础。

抓住中国气象局开展山洪灾害防治非工程建设、为农服务专项建设的机遇，立即向市气象局申报。然而，她的建议遭到同事们的反对："各部门能认可咱们的服务吗？建完效果不知道怎样呢！给自己还增添太多任务了！"听到同事们不理解的话语，房志玲委屈地流下了眼泪。她希望建成更好的气象灾害防御机制，她将自己的想法说给领导、说给同事，获得支持，继续工作。为了推进项目开展，为了选择站址，她忙前跑后，从选址到建设，到处留下了她忙碌的脚步和辛勤的汗水。她一天跑完六个自动站的选址，跑镇街调研气象服务需求。山路易晕车、头疼，她就准备了薄荷糖、止疼药。晚上回到家后，继续筹备资料，孩子醒了，她就拍一拍孩子，哄睡孩子后，继续写。房志玲的不懈努力得到了同事们的理解和认可。就这样，自2011—2012年开始山洪灾害防治非工程建设，2013年开始"为农气象服务专项建设"的实施。2013—2015年连续3年时间里，中国气象局、北京市气象局和门头沟区委、区政府全力支持"门头沟区山洪灾害防治非工程和为农气象服务专项"建设，给予政策支持、资金保障，确保了专项建设的实施。得益于建设项目的开展，门头沟区成立了气象灾害防御指挥部，形成了区委、区政府一镇街、部门一村、社区三级应急响应机制，加密了全区气象监测站网，增加称重雨量计建设，有效地提升了门头沟区域自动站冬季降雪监测覆盖范围，为更好地开展冬季气象服务工作提供了有力保障。区域气象监测站网升级后，全区实现气象自动监测站镇街的全覆盖。同时，实现了气象信息员镇村的全覆盖，气象预报预警信息在镇街、村、社区、中小学校的全覆盖发布，有效地强化了气象灾害防御体系建设。2016 年，门头沟区获评中国气象局第四批标准化现代农业气象服务县。

每到汛期，房志玲都不敢懈怠，及时开展汛期工作部署，集全力做好局地性、突发性强对流天气监测预报预警服务工作。2012 年 7 月 18 日，预报全市将出现暴雨，房志玲分析此次降雨过程将对门头沟区产生较大影响，展开滚动服务，将强降雨预报报告给决策应对部门；7 月 21 日，门头沟区内监测到的最大降雨量达 408.8 毫米，北京遭遇 61 年来最强暴雨及洪涝灾害。门头沟区委、区政府根据气象服务，及时决策，提前一天转移危险地带的居民，避免了人员伤亡的发生。经此一事，房志玲感慨颇深，天气预报与老百姓生活息息相关，预报预警需要更加准确，只有提前把准备工作做到最好，才能有效降低灾害的影响。为此，她组织业务服务人员加强短时天气(0～12 小时)的监测与预报预警，实施递进式预报、渐进式预警、跟进式服务的“三维三进”服务模式，开展“分时段、分区域、分强度”的精细化预报预警服务，字字推敲决策服务内容，力求话语准确，既给区委、区政府提供合理、适时的决策支撑，又避免服务内容弱化或强化引起的不当决策。遇到突发或重大转折性天气，她第一时间坚守一线，从容指挥，与气象服务一线人员分析天气，及时向决策部门开展周密且精细化的服务，提前预报、跟进服务，以有效地开展气象灾害防御。房志玲强调：快速准确地发布预报预警，保证服务效果，总结服务经验，查找服务短板。为准确及时提供气象服务，门头沟区气象局与临近的周边气象部门建立气象数据和预警信息共享机制，保障决策服务中气象服务的联动、及时、高效和信息提供的全面性。

房志玲认真的工作态度，一丝不苟的精细化服务，重大天气过程中连续在岗值守指挥，保障了一次次的安全度汛，为各项重大活动提供气象服务保障，赢得了上级和职工的认可。她对各级领导的肯定和认可，保持着清醒的头脑，并更努力地全力推进门头沟区气象现代化建设进程。

勇挑重担，迎难而上

2013 年 10 月，房志玲开始主持门头沟区气象局全面工作；2014 年 12 月，被任命为门头沟区气象局党组书记、局长，深感肩上的担子更重了。“低调做人、全力做事；在管理中实施服务，在服务中实现管理。”“相信你能够承担起重任、不断进步！”领导的谆谆教诲，房志玲铭记在心。在职位升迁的背后，她在众多困难面前，选择了坚强地面对，选择了攻坚克难、迎难而上，选择了勇挑重担、无私奉献，稳扎稳打，砥砺前行。

2012—2013 年，门头沟区推进整体规划，实施地块改造，而气象探测环境保护不可懈怠，门头沟区气象局当起了搬迁“钉子户”。为支持本区总体规划建设，同时又保护气象探测环境，门头沟区气象局实施整体搬迁；家属楼家属不满意补偿条件，执意不迁走，房志玲一户户劝说，帮助解决遗留问题。在区政府协调会上，房志玲将《气象设施和气象探测环境保护条例》发给每一位参会人员，有人说：“你怎么这么较真呢！你真是个较真的技术型领导，别搬出这些探测环境保护的条条框框，政府这么大的工程，你们怎么就是不配合、不执行！”还半开玩笑地说：“你还要不要当这个局长？”“即便我不当这个局长，换一个局长，也会坚持保护气象探测环境的！保护好气象探测环境是更好地为地方服务！”她坚定地回答。就这样，房志玲顶着地方推进建设和气象探测环境保护的双重压力，区政府和市气象局两头跑，商谈妥善的解决方案，最终在各方支持和配合下顺利实现门头沟区气象局的整体搬迁。

一波未平、一波又起。2014 年 1 月，门头沟国家气象观测站新址气象探测环境保护与石景山区规划发生冲突。要保护气象探测环境，观测场附近的建筑高度就得受限，而地方发展需要进一步开发建设。气象探测环境保护与地方发展建设，手心手背，政府都需要兼顾，可如何兼顾？气象探测环境保护法规的权威性、气象监测数据代表性、气象预报的准确性如何保障？这在地方发展建设中显现出些许无奈。建设单位喊话：“你们不让我施工，我就发动全村的老弱病残到你们单位门口静坐，砸了你们气象局，让你们没有观测场，让你们没法上班！”对门头沟区气象局的执法人员说：“你们再来，信不信我用板砖拍你们？”这不是小说里的描写，也不是电视剧里的画面，而是发生在门头沟区气象探测环境保护中的真实画面！同事们害怕，担心建设单位村民砸了气象局。门头沟区的气象执法人员不敢去执法，不敢去村里送执法通知书，怕给自己找麻烦。房志玲鼓励着同事和执法人员：“你们放心大胆地去，他们用板砖拍我，也不会拍你们！”困难和压力并没有减缓她与门头沟区气象局前进的步伐。她安抚、劝慰同事，对建设单位解释气象探测环境保护的重要性、希望获取支持，但在气象探测环境保护的关键环节不退步，再三地与建设单位协商，推动问题的解决。房志玲的真诚打动了建设单位，他们对气象探测环境保护给予了支持，投入资金协助门头沟国家气象观测场的建设。他们说："你这个局长很务实、对工作很坚持！"门头沟区政府对房志玲的工作也赞叹有加。这件事圆满解决之后，她如是说："那时，巨大的压力压得我无法喘息。其实我心里也怕，但我既然是领导干部，就要担责！""发展与保护兼顾，上下协商，动之以情、晓之以理，安抚、劝慰，关键环节不退步，圆满解决太难了！"这是门头沟气象人发自内心的独白。

谈到工作中的迎难而上和对工作的坚持，房志玲若有所思、语重心长地说："我是气象人，但我也是一位母亲、女儿，家中幼小的孩子等着我的呵护，已到古稀之年的老人还要帮忙照顾孩子，儿子跟着我值班时说：'我喜欢妈妈坐在电脑前研究天气的样子！'是家人的支持和自己的梦想，让我坚持着我的气象梦！"

房志玲（左一）工作照

提升自己，带动团队

房志玲在不断成长中，始终带领团队往前冲，让气象队伍的年轻人充满活力，不断进步。"青年是气象事业的生力军，要抓住机遇，经营自己，不忘初心，以勇立时代潮头的担当和智慧，在首都气象的青春大舞台上奏响五彩华章。"在 2017 年 5 月 4 日北京市气象局召开的"立志做事、青春担当"青年座谈会上，房志玲作为青年代表发言。"谋求自己过得好，必须也让别人过得好。"她还时常热情洋溢地鼓励青年人，"机会是给有准备的人准备的！气象事业发展的大舞台有的是你们展示的机会，你们准备好了吗？"

房志玲初到门头沟区气象局时，发现单位正处在新老交替、中间人才断层、人才青黄不接的阶段。根据这一现状,她把带动、培养年轻人放在了首位。她深知,年轻人是气象事业未来的希望。她采取引进人才、政府购买服务、返聘等多种方式解决人才断档的问题;邀请北京市气象台预报首席等专家进行预报、决策服务培训,鼓励大家克服工学矛盾,积极参加专业技能培训,采取交流、继续教育、课题申报等形式,督促年轻人钻研储备知识,提升专业知识水平。她抓住每一次机会为年轻人铺路搭桥,鼓励年轻的后生们继续深造和职称评审,调研青年人的技能需求,制订培养计划,有针对性地开展技能提升培养。

在门头沟区气象局的发展中,房志玲身先士卒,影响和感染着同事。勤奋学习,提升能力,努力工作,在门头沟区气象局蔚然成风,年轻人更加注重气象专业知识的积累,更加爱岗敬业。门头沟区气象局在房志玲的带领下,老职工带新人,骨干职工挑大梁,年轻职工勇担当,拼劲十足,集思广益、群策群力,全面推进门头沟区气象现代化建设和综合改革。门头沟区气象局所辖直属单位气象台,是一支红色娘子军,却坚守在气象服务一线,是在汛期里持续坚守、能打胜仗的娘子军,她们开展气象地面观测、进行数据质量控制、统计雨情实况信息、发布预报预警信息、维护监测设施,每一项工作,清一色的姑娘们绝不含糊,认真而专注,严防值守,用一次次的昼夜坚守、一个个快速预警和优质的跟进式滚动服务来绽放靓丽的姿彩!其他科室亦是如此,各司其职,在每一个岗位上砥砺前行。门头沟区气象局已成为一个团结奋进、攻坚克难、努力前行的集体。

干在实处,走在前列

全面推进气象现代化建设,唯有实干。房志玲就像一只翱翔的领头雁,奋力拼搏,勇敢地展翅飞翔在气象事业的蓝天上,全力推动门头沟区气象现代化建设。近五年来,房志玲精心谋划气象现代化实施方案、气象事业发展规划,凝力聚智,开展硬件设施建设,提升科研技能软实力,强化党的建设,使得门头沟区气象局气象现代化水平稳步提升,在全市年度考核中跃居区局前列。

硬件建设向来是繁杂而难度不小的。2012—2013年,门头沟区气象局为配合区政府统一规划和地块建设需求,开展整体搬迁,对于年仅三十二三岁的房志玲来说,无疑是巨大挑战。她从未涉及过建筑领域,但在门头沟区气象局建设过程中活跃在建设一线,审设计方案、定建筑板材、督建设质量,不懂的就问,不明白的就查。2013年底,建设基本完成,门头沟区气象局实现顺利搬迁。2014—2015年,她又投入气象灾害防御会商指挥中心的建设,纳入折子工程。北京市气象局和门头沟区委、区政府两级领导商谈中提出:“咱们协同把门头沟气象现代化建成区气象局的样板!”建成的门头沟区气象会商指挥中心可与市、区两级实时高清会商,能第一时间通过视频汇报、通报天气情况,在每年汛期或重大活动气象服务保障中发挥了重要作用。有了市、区两级的大力支持,房志玲又在2015—2017年带领大家完成了门头沟国家气象观测站和斋堂国家气象观测站的标准化建设,人工影响天气作业基地基础设施逐步完善,保障了人影安全作业;将气象科普馆融入门头沟区防灾减灾体验馆建设,投入使用,获“北京市科普基地(2017—2019年度)”挂牌,进一步强化了气象防灾减灾科普力度。

时代在进步,公众对气象服务精细化和准确性的需求大大提升。面对气象灾害防御新形势的需求,气象监测设施建设的步伐不停息。2017年,房志玲切实实施《门头沟区“十三五”时期气象事业发展规划》,谋划开展自动气象监测站的加密建设、突发事件预警信息发布平台建设和X波段雷达建设,以强化对山区易灾区气象实况监测能力和预警信息发布能力。当她与同事到门头沟斋堂山进行X波段雷达选址时,10年后再次体验到如此崎岖颠簸的山路,与同行的同事说:“我刚工作时到佛爷顶也是这样特别颠簸崎岖的路,直至2008年奥运会后通往佛爷顶的路才修建为水泥路;走在这样的大山里,我觉得这是与大自然的亲密接触,气象圆了我最初的梦!”

是的,她的梦在不断地圆着!门头沟气象工作在不断地前进着!

提升硬件支撑的同时,房志玲不忘带领团队提升技术水平和科研能力,这是做好精细化气象服务的关键。“不能让大家只忙于业务工作,却在科研方面掉队。”近5年来,她带领科研技术人员走进北京市气象台、北京市城市气象研究所、北京市气候中心、北京市突发事件预警信息发布中心、北京师范大学、中科院地理科学与资源研究所,开展科研合作,获取技术支撑,邀请专家授业解惑;研发门头沟区气象灾害监测预警系统、一键式预警信息发布系统、防雷安全管理监管系统等;主动带队走入镇村,调研气象服务需求,建立气象为农服务示范基地,开展“京白梨”特色农业气候品质认证,提升经济效益;开展气象灾害风险评估与区划研究,为气象灾害分灾种防御提供决策技术支撑;探索玫瑰等特色农业专项气象服务;组织编制《门头沟区气象台气象预报服务手册》《门头沟区为农服务手册》;牵头编制出版《门头沟区气象灾害防御手册》《门头沟区气象信息员简明工作手册》;联合应急、防汛、国土、民政等部门合作开展相关灾害信息员气象防灾减灾知识培训;带头开展科研项目和调研课题8项,开展业务平台建设项目6项;单位获得气象服务奖励3项,团队获得科技奖励3项,研发投入使用的平台3项,获得专利2项。

作为党组书记，房志玲在提升气象监测与服务硬件支撑和提高气象队伍技术软实力的同时，更加注重从严治党，狠抓党建工作，提升职工的政治思想素质。她规范党支部建设，广泛组织党员学习，组织职工参观冀热察挺进军司令部旧址、京西山区中共第一党支部等爱国主义教育基地，参观党风廉政警示教育基地，营造风清气正的工作氛围。为提升职工综合素质，举办“道德讲堂”、演讲比赛、五四青春寄语等，用身边的事情、身边的人物，推进政治思想堡垒建设，树立正确的价值观，增强单位凝聚力和战斗力，筑牢精神堡垒。

房志玲通过党课、党日活动、专题学习等各种机会向大家传达中央及上级政策、精神，带领大家研讨学习以习近平同志为核心的党中央新思想新理念，带头学深学透，提升党员的政治意识、大局意识、核心意识、看齐意识；督促党员、干部、职工反省和整改自身工作作风上存在的问题，高标准，严要求，进一步提高自身精神素养和专业素质。房志玲说：“领导干部要对自己、对工作严格要求，对人谦虚平实，切切实实做到严于律己、宽以待人，对党忠诚，尽职尽责做好气象灾害防御各项工作。”她带头强化基层党组织建设，持续推进“两学一做”专题教育制度化常态化。各种教育活动使门头沟区气象局萦绕着欣欣向荣的氛围，呈现出爱的家园。离退休老干部对房志玲竖起大拇指，夸赞有加，但她都是温婉地笑着说：“没啥！这是我应该做的！”

门头沟区气象事业的发展凝聚着房志玲辛勤的劳动和汗水，提升软硬件建设、实施规范化管理、强化党建工作，培养年轻骨干……门头沟区气象局焕发出了新的气象！近五年来，门头沟区气象局先后获得“门头沟区生态文明建设绿色单位”“首都花园式单位”“北京市科普基地（2017－2019年）”等称号，持续八届保持“首都精神文明标兵”称号。

“不忘初心，牢记使命”，门头沟气象事业将继续前进。房志玲表示，将坚持以习近平新时代中国特色社会主义思想为统领，深化对重大理论问题和实践问题的认识，自觉践行“四个意识”，牢固树立“四个自信”，奋力开启新时代全面建设气象新征程，着力在学懂弄通做实上下功夫，锐意进取，一件事一件事地办，一年接着一年干，扬帆再起航，继续努力走好气象人生路，深道根、固德柢，承道德人生，无悔的是选择，无愧的是工作，“正青春，莫彷徨，唯光阴不可负！”

作者：邓中婷　何　竞　冯子晏　叶芳璐

基层气象人的二十五年风雨路

——记天津市东丽区气象局局长赵玉洁

天气预报已经是融入我们日常生活的不可或缺的信息资源。当您夜听风雨时,我们在电脑前监测预警;当您享受旅行假期时,我们及时奉上旅游天气预报;当您坐看天气预报时,我们在幕后观云识天;当您阖家团圆时,我们在观测仪器旁不眠不休!就是这样一个职业,为老百姓风霜雨雪测冷暖,时刻坚守在自己平凡的岗位上,他们有个共同的名字——“气象人”。

而她,就是平平凡凡的基层气象人中的一员——天津市东丽区气象局局长赵玉洁。

赵玉洁与气象的不解之缘

赵玉洁,今年47岁,是个地地道道的天津人。见到她时温文尔雅,时刻面带微笑的气质,让人印象深刻。当问起是什么原因让她选择了从事气象这个“枯燥”的专业时,她仅回复了两个字:“好奇。”

赵玉洁年少时,就对天气变化充满了好奇,为什么会有阴晴雨雪,为什么会有打雷闪电,为什么会有“朝霞不出门,晚霞行千里”的谚语……这些在她的心里都留下了深深的印记。高考填报志愿时,她在志愿表中郑重地填上了“南京气象学院”几个字。从那年夏天开始,她就与气象结下了不解之缘,而这一干就是25年。

1992年大学毕业后,她被分配到天津塘沽区气象站(1996年改为塘沽区气象局),从此开始了她扎根基层的气象工作生涯。没有惊天动地的壮举,也没有轰轰烈烈的事迹,就是凭着对气象工作的一腔热忱和一颗赤诚之心,让她在平凡的岗位上执著追求，兢兢业业，演绎着基层气象人的不平凡人生。

以站为家的气象守望者

为了确保气象数据的准确性，气象局一般都设立在远离人群的偏僻之地，塘沽区气象局也不例外。1992年，赵玉洁刚到塘沽区气象站时，气象局周围还是荒芜一片，人员稀少，附近也没有什么娱乐设施，初入社会的她以单位为家。她利用值班之余，认真研读专业书籍，埋头研究预报技术，分析总结每次预报过程中出现的问题，及时吸取经验和教训，扎扎实实努力提高自己的专业水平。

塘沽区气象局靠近渤海，服务对象大多都是港口、渔民，他们的要求都很简单，最关心的就是有没有大风，能不能出海，沿海会不会有风暴潮，需不需要转移物品。同时，天津地处九河下梢，上游支流繁多分散，下游集中，河道极易形成洪峰，流域暴雨也是当地政府极为关心的事情。这些，她都看在眼里，记在心上。在平时的预报工作中，她注意积累预报海上大风、风暴潮和暴雨的经验，时刻把服务对象的需求和要求放在心里，经过几年的预报积累，她已经由原来那个初出茅庐的预报新兵成长为塘沽区气象局预报业务的佼佼者，由于业务能力突出，2015年她还被评选为全国优秀预报员。她从一名普通的预报员，逐渐成长为一名管理干部，带领着基层气象工作者，为气象事业发展贡献着自己的力量。

与风雨竞速的气象人

虽然已经由一名基层气象工作者成为了一名管理者，但是赵玉洁仍然没有忘记自己气象人的那份责任。她常年365天24小时手机不关机，常常是“云雨未至，玉洁先行”。作为一名气象人，赵玉洁深知恶劣天气来临时准确预报的重要性，也深知在这种情况下一个气象预报员、一个领导所要面临的压力。

2009年，国家批准成立天津滨海新区，塘沽气象局也更名为滨海新区气象局，滨海新区的发展纳入国家发展战略，对气象服务提出更高需求。她带领单位专业技术人员主动深入滨海新区各功能区，积极与政府相关部门和企事业单位联系，深入了解各种不同层次、不同类型的气象服务需求，认真查找分析气象服务中的不足，梳理业务流程，完善工作制度，精心设计了多种有针对性的服务方案。滨海新区气象局的气象服务在各功能区的开发建设中发挥了非常好的作用。2010年夏天成了她气象记忆里最难忘的一年。那年的赵玉洁还在滨海新区气象局从事着主管业务的副局长工作，作为一名管理者，她除了要随时关注日常的天气预报工作外，还要时时关注着灾害性天气的预报服务工作。那年汛期，出现了4次影响较为严重的暴雨和风暴潮过程。印象最深的就是 6 月 17 日的暴雨过程，全区出现了强降水天气，雨量达到 94.4 毫米，1 小时雨量达 73 毫米，是滨海新区 1988 年以来 1 小时降水量最大的一次，强雷阵雨伴有短时大风，局部地区出现了冰雹，最大风速达每秒 21.1 米。那次过程，赵玉洁带领着滨海新区的干部职工，连续在单位坚守，提前 2 天发布了强雷暴预报。17 日的滨海新区气象局，气氛紧张而凝重，值班室的电话响个不断，一份份暴雨预报、预警信息、降水情况不断地向政府、各功能区管委会、区防汛办、市政公司等关键部门发出去，各级领导不断询问着："雨还能下多久？还能下多大？"作为单位分管业务服务的副局长，她深感责任之重、压力之大。为了能及时向领导汇报第一手最及时准确的预报结果，她不眠不休地坚守在岗位上，和她身后那支技术精湛、不眠不休、连续战斗在预报服务一线的气象人一起，与风雨竞速。那次暴雨过程，因为准确的预报，及时的服务，使得所在区域内没有发生明显的淹泡，保障了人民生命财产的安全，最大程度地降低了灾害造成的损失，事后，滨海新区政府对气象局给予了特别表彰，当年，滨海新区气象局也被中国气象局评为"重大气象服务先进集体"。

2012 年 8 月份的 10 号台风"达维"也是来势汹汹，受它影响，天津滨海新区出现了大雨、大风和风暴潮的天气，塘沽沿海共出现三次高潮位，最大一次超过警戒水位的风暴潮出现在 3 日下午 16:20，达到 5.07 米，风暴最大增水 1.06 米。赵玉洁昼夜坚守，经历了这次台风服务的全过程。8 月初，"达维"台风逐渐北上，一直在关注它的赵玉洁，一直提醒着单位年轻的预报员多关注。8 月 2 日在仔细分析了气象数据后，她凭着多年预报服务工作的经验，立即作出判断，滨海新区将在 8 月 3—4 日出现大雨和大风的天气，影响不算严重，但是，沿海将会出现风暴潮，会对防潮工作产生较大影响。她立即向局长进行了汇报，并第一时间组织召开了临时气象会商，会商后，一份《气象信息》——"降水、风暴潮及台风预报信息"通过传真、邮件向滨海新区政府、新区应急办、新区防汛办、各功能区管委会、天津港等沿海企事业单位发送。台风北上影响到渤海湾的情况较少，预报员们经验都不足。自从预报发出后，赵玉洁的心里一直都是七下八上的，既担心台风来，又担心台风不来。就这样，墙上的时钟一分一秒地流逝，赵玉洁的心也跟着紧张着。她一夜都没睡，一直盯着电脑屏幕，看着台风的发展动向。8 月 3 日早晨，她发现最新的台风路径预报趋于对天津影响加重，她忐忑的心终于放下了一半，预报结论应该是正确无误的，但是，担心风暴潮影响的心又揪起来了。天津市气象局启动了气象灾害Ⅲ级应急响应命令，滨海新区气象局也立即进入Ⅲ级应急响应状态。会商后，《重要天气报告》立即发出，同时，向区内 900 多个相关单位领导和防汛负责人发布了台风预警短信。根据预报，滨海新区政府也启动了防潮Ⅲ级预警。8月3日中午和下午，两位副市长先后赶赴滨海新区检查指导新区防汛防台风防潮工作。3日下午16:20，风暴潮如约而至，最高潮位达到5.07米，风暴最大增水1.06米，预报准确无误。由于预警及时，准备工作充分，采取措施有效，滨海新区没有发生海水上溯险情及财产损失。只是沿海部分低洼地段出现了轻微海水倒灌，听到这样的消息，赵玉洁心里一块巨大的石头终于落了地，这次预报服务很成功。

赵玉洁(右一)工作照

"铁打"的气象工作 "流水"的气象人

从2012年起，赵玉洁从滨海新区气象局调到大港区气象局，再调到东丽区气象局，不变的是日复一日的天气预报和服务，而变化的是新的地域、新的集体、新的工作和生活环境。2012年10月，由于工作需要，赵玉洁服从组织安排，舍小家顾大局，到离家40公里的滨海新区大港气象局任副局长(主持工作)。当年家里困难重重，年迈的婆婆常年多病需要照顾，丈夫工作繁忙无暇兼顾家务，孩子马上面临着至关重要的高考，需要家长的大力支持。面对组织的期望、领导的重托、职工的信任，她反复思考了很久，决定咬咬牙挺一挺困难会过去的，于是又全身心地投入到新的岗位中。她勇敢地挑起了作为一个单位领头人的重担。当时的大港气象局，单位领导班子配备不齐，人员少、任务重，她克服种种困难，带领着大港气象局的全体人员，深入田间地头，走访街道、南港工业区、农业种养殖大户等，深刻了解气象服务需求。

2013年的一次强降水天气过程，给她在大港气象局的工作经历增添了一抹亮色。7月1—2日，大港出现了一场平均降水量116.3毫米的强降水，最大雨量254.4毫米。6月30日，值班预报员通过分析，得出了7月1—2日将有强降水天气过程出现的结论，赵玉洁当机立断，立刻要求将降水天气信息通过传真向相关单位发布，同时通过手机短信发布平台向大港管委会、大港防汛办及防汛成员单位、南港管委会、南港项目施工单位负责人、气象协理员、74个自然村气象信息员等发布了强降水预警短信。随后，她主动拨通了管委会领导及有关部门领导的电话，汇报了预计1日下午到夜间大港地区将有大雨、局地暴雨的预报情况，建议各部门启动应急预案，按照各自职责坚守岗位，救灾抢险。

为应对强降雨天气过程，大港气象局启动了气象灾害Ⅲ级应急响应，赵玉洁带领全体人员，在单位连续值守了3天，时刻盯着天气变化，对天气预报作出调整，及时开展气象服务。此刻，她既是分析资料的业务人员，又是最后拍板的决策者，她凭借着自己扎实过硬的业务技术，指导着年轻的业务人员如何更好地开展工作，她凭着自己多年来气象服务的经验，果断地向大港、南港管委会领导、防汛相关部门通报情况。管委会立即组织相关单位做好防范强降水的准备工作，并要求气象局随时汇报天气发展情况和雨情情况。下午，气象局要去大港地区调查气象灾情，赵玉洁看着业务人员的一脸疲惫，毅然拿起了雨伞，穿上雨靴，冲进了大雨中。来到灾情最严重的大港油田，看到生活区已经全部被雨水淹泡了，积水已经没过膝盖，她挽起裤脚，直接踏进了积水中，挨家挨户去查看积水情况。随后她与大港油田副总经理进行了深入的座谈，详细了解油田的气象服务需求，她对赵经理说，看到老百姓家里都被水淹了，心里特别不是滋味，今后的工作中，一定会更加严格要求，预报产品再细化一些，改进服务方式，你们再早一些做准备，早预防，气象部门和油田公司一起努力，尽量避免再出现淹泡的灾情。这件事对赵玉洁的触动很大，这也成为了她在工作中前进的动力，她发挥自身业务和科研优势，组织业务人员研发了“大港直通式气象服务平台”，并在气象防灾减灾气象服务中发挥了重要作用，受到各级领导的赞扬，产生了很好的经济和社会效益。2014年9月，赵玉洁又一次服从工作安排，“流动”到东丽区，调天津市东丽区气象局任党组书记、局长，继续开创东丽区气象工作的新局面。

职工心中的“良师益友”

作为一名女性领导干部，赵玉洁充分发挥女性善于沟通、有亲和力、包容等优点，发挥细心、感性的优势，发扬人文关怀，在行政管理上有柔性、在工作作风上有韧性、在科学决策上有人性，关心每一位职工的工作和生活，搭建起了职工情感交流平台，提升了团队的凝聚力和战斗力。

东丽区气象局是一个平均年龄较年轻的集体，单位的业务人员年轻同志多，大多都是近几年新进的研究生，且女性预报员占据了绝大多数，人员流动频繁，一把手干工作、带队伍的难度相对较大。赵玉洁虽然年纪不大，但是在单位却已经是最“年长”的了。在工作中，她是“领路人”，时刻不忘督促提携年轻人，在她的带领下，东丽区气象局学习氛围浓厚，科研能力逐步提升，人才队伍整体素质位居天津全市各区局前列。全市每季度业务竞赛中，东丽区气象局的成绩基本稳坐首位，2 人代表市局参加全国业务技能竞赛，1 人被评为全市气象部门区级业务技术带头人，东丽区气象局成立了全市气象部门首个区级环境气象创新团队。在生活中，她是“大家长”，单位的年轻人，大多都是家在外地，她就像一个亲切的大姐，关心着每一个人的生活。新来的孩子们都是单身，她都记在心里，尽自己最大的努力牵线搭桥，用自己的生活阅历给刚刚进入社会的孩子们正确的人生指引。年轻人买房子都要问问她的意见，她都会像对自己的孩子一样，牺牲周末时间，一次又一次地陪着他们实地考察，给出中肯的意见和建议。大家都觉得，从学校刚刚进入社会，能够处在这样温暖的大家庭里，是多么幸运的事情。

在工作中她是大家的“良师”，在生活中她是大家的“益友”，整个单位就像一个温暖的大家庭，大家心往一处想，劲往一处使，全身心地投入到东丽区气象现代化和防灾减灾体系建设中。经过近几年的努力，东丽区气象现代化建设在全市一直名列前茅。2015 年承担“三农”服务专项建设以来，区政府针对气象工作出台多项政策红利，气象工作纳入街道年度目标考核。气象电子显示屏、气象信息服务站、气象信息员协理员实现全覆盖，全区 11 个街道均成为气象灾害应急准备认证达标单位。气象为农服务工作纳入区政府“十三五”发展规划和公共财政预算，农村气象灾害防御所需维持经费纳入地方财政预算，地方匹配资金达到 1∶1。东丽区气象局承担的国家“三农气象灾害防御体系建设项目”在验收中获得满分，受到市局和地方领导批示表扬。东丽区各项工作均迈上了新的台阶，整个单位呈现出积极向上、蓬勃发展的良好态势。

重大赛事里的“万金油”

2017 年，第十三届全运会在天津召开。东丽区气象局主要承担第十三届全运会 4 个比赛项目（柔道、篮球、赛艇、皮划艇）及火炬传递活动的气象服务保障工作。赵玉洁作为东丽区气象局的局长，深感任务艰巨。自 3 月开始，她便带领服务团队开展气象保障筹备工作，并多次走访赛事竞委会，深入了解气象服务需求、磋商服务方式。她先后组织编制了《第十三届全运会东丽区气象服务方案》《第十三届全运会东丽区气象服务业务运行应急工作方案》《第十三届全运会赛艇、皮划艇现场服务工作方案》等预案，并根据工作实际进行多次修订。赛艇、皮划艇等项目对风向风速要求特别精准，为了达到最好的现场气象服务效果，赵玉洁作为单位的主要负责人，多次带领技术人员前往比赛现场选定移动观测设备安放点位。

从赛艇、皮划艇测试赛到决赛，赵玉洁带领全体技术人员，连续为两项赛事全程提供 23 天的现场服务，克服高温暴晒天气，十多天坚守在现场工作岗位上，实时监测现场气象要素，分析天气变化情况，及时为竞委会和技术专家提供各时段精细化预报。为了做好两项赛事的现场服务，东丽区气象局每日早 6:30 开始逐小时发布赛场风向风速实况，并根据天气情况适当加密发布频次，每日 16:00 发布未来 7 天滚动预报及次日全天逐小时精细化预报，根据现场监测数据在 07 时、12 时发布当日上、下午订正预报，而这期间，赵玉洁都坚持服务在一线。由于赛艇项目的专家技术组包含国际赛艇仲裁委员会外籍技术专家，因此，在气象服务工作上需要用外语进行沟通，为了确保赛事期间气象预报的及时性，赵玉洁首当其冲，担当起了赛事翻译，熟练地运用自己的所长，与专家组的外籍专家无障碍沟通，并且还指导服务组的年轻成员们发布中英双语气象服务材料，由最开始的外籍专家随身携带翻译，到之后的每一天只需要与赵玉洁和她的团队面对面沟通。5 月 25 日、6 月 2 日两次提前预报有 5 级以上阵风天气，竞委会均依据预报作出推迟比赛的决定，有效地保障了赛事顺利安全进行。比赛期间，东丽区气象局还两次收到赛艇、皮划艇竞委会的感谢信，对东丽区气象局的气象服务保障工作给予了高度评价。东丽区气象局通过准确及时的预报、周到细致的服务赢得了社会各界的一致肯定。准确的预报、中英文的气象服务产品以及流利的英文交流能力，还得到了竞委会和外籍专家的特别好评。

8 月 16 日，全运会火炬传递在东丽湖顺利进行。每周二、周五赵玉洁都到现场参加火炬传递组委会办公会，8 月 1 日起为保障火炬传递前期建设准备工作的顺利进行，组织业务人员每日为组委会提供未来 7 天滚动预报；8 月 11 日至 14 日发布《第十三届全国运动会火炬传递气象服务专报》，15 日、16 日发布火炬传递期间逐小时精细化预报产品……由于火炬传递活动对降雨天气十分敏感，传递期间影响东丽的天气系统位置不断调整，8 月 13 日起多家数值模式预报传递当日 08 时后活动现场有雷阵雨天气，15 日市气象局组织对东丽区火炬传递期间的天气进行加密会商，预报结论调整为 16 日降水将出现在 10 时后，赵玉洁第一时间向区领导和组委会进行了当面汇报。传递当日，她04时就开始组织进行了全局的天气会商，确定传递期间东丽湖地区为多云天气，降水将在午后出现，并通过微信群组向区领导、组委会报告。05时30分赵玉洁带领现场保障人员到达传递现场，将天气实况及逐小时预报专报送至组委会领导手中。火炬传递过程中持续多云天气，火炬传递圆满完成。活动结束后，东丽湖地区出现短时强雷阵雨，与预报结论一致。东丽区领导对天气预报的准确性都赞不绝口！

准确的预报和及时的服务，赢得了社会各界的一致好评。分管副区长在东丽区气象局呈报的《第十三届全运会气象服务保障工作总结》上作出批示，赞扬东丽区气象局思想站位高，主动服务全区大局，工作扎实，科学合理，周密细致，圆满完成保障任务，值得肯定和学习。东丽区气象局也获得了天津市气象局第十三届全国运动会气象服务先进集体称号。

全运会气象保障服务实战不仅提升了东丽区气象局临近预报、订正预报能力，还提高了现场气象服务水平，增强了全局全体职工的责任感，极大地调动了职工的工作和学习热情，同时积极向竞委会申请，安排西藏昌都丁青县气象局来气象局挂职的米玛旺堆全程参与了赛艇决赛的现场保障工作，让藏族同胞感受到了大型赛事气象保障服务工作的重要性，体会到了作为一名气象工作者的使命感和自豪感。

创新工作模式的“快脑筋”

作为东丽区气象局的一把手，赵玉洁还十分重视对于职工的培养。用她的话说：“只有给年轻人创造机会，才能推动东丽区气象工作的更好更快发展。”她是这么说的，也是这么做的。从调任东丽区气象局从事管理工作以来，赵玉洁就把气象局发展的蓝图寄予在了年轻职工的发展上。她积极与上级部门申请，为年轻职工提供培训学习机会，她还鼓励职工们“走出去”，积极参与社会类培训，她还在业务工作中制定了业务人员激励机制，调动了广大青年职工的工作积极性。工作以来，赵玉洁还扛起了“师带徒”的担子，每个新职工入局，她都坚持手把手地教学，常年与青年职工们在一起值班、分析气象研判结果，倾听职工心声，得到了广大职工的信赖与称赞。

近两年随着大数据时代的发展，越来越多人搭上“互联网＋”快车，而赵玉洁也不例外。她紧紧抓住新时期新时代新事物的发展，在局里创建了“东丽天气”微信公众账号，为广大服务对象提供各式各类的气象服务。她还首次提出把服务民众、服务企业的宗旨与平台相结合，凡是受到气象灾害的民众，可以在平台上提交灾害申请，动动手指，就可以快速完成气象灾害证明的开具，极大便捷了受灾害的市民群众。此外，她还开辟了绿色通道，提出了免费气象灾害特快专递通道，第一时间将申请后的证明发送到受灾市民手中，解决了服务市民"最后一公里"问题，得到了广大市民的称赞。

率先垂范的领路人

一年又一年，从春播到夏种，从秋收到冬运，气象预报服务周而复始，在重复中积累，在变化中创新，赵玉洁就是在这平凡的岗位上，默默地坚守，做了自己应该做的事。自2012年主持区气象局工作以来，东丽区气象局赵玉洁创先争优，连续多年目标考核全市排名第一，2015年、2016年连续两年在全市创新工作评比中获一等奖，2016年气象现代化指标考核获全市第一名。她积极主动推动气象工作融入地方经济社会发展，取得了很好的经济效益和社会效益，受到当地政府的认可与支持，在地方有为有位，有效保障了气象事业的快速发展。她还带领科研团队科研攻关，其科研成果在业务服务中发挥了关键作用。她所在的单位先后荣获"全国重大气象服务先进集体""全国气象部门文明台站标兵单位"称号。她被中国气象局授予"全国优秀值班预报员""全国国庆60周年气象服务保障先进个人""第七届全国优秀青年气象科技工作者"和"全国县级气象局优秀女局长"称号；被当地政府授予"区三八红旗手""区杰出女性"等荣誉称号，连续多年考核优秀，2011年荣立"三等功"嘉奖，为天津市气象事业发展做出了突出贡献。

气象工作是一种专业性、科学性非常强的工作，"以气象科研带动气象服务"是赵玉洁和她的同事在多年的工作实践中总结出的经验。她带领技术开发团队开展多项气象业务服务系统建设和科研攻关：主持天津市科技兴海项目"渤海大风海雾预报技术研究及应急服务平台建设"、天津市滨海新区农业新品种新技术引进推广项目"滨海新区大港高密度海水安全养殖气象保障技术研究及服务系统开发"；作为主要参加人完成了中国气象局关键技术集成与应用项目"天津沿海地区风暴潮灾害评估技术集成与应用"、天津市科技支撑计划重点项目"天津港安全运营调度气象保障技术研究"等多个与单位业务服务需求紧密结合的科研项目，通过科研项目锻炼了队伍，其科研成果在重大气象保障服务任务和重大灾害及关键、转折性天气预报服务中发挥了关键作用。她本人获得了"第七届全国优秀青年气象科技工作者"称号、还连续两届获得了"天津市气象局优秀青年科技工作者"称号。

作为一名女性业务型管理干部，她将全部心血、热情都投入到工作上，廉洁自律、率先垂范，赢得了群众的拥护和爱戴，2017 年作为“全国气象部门优秀县级气象局女局长”进京参加了报告会。怀着对气象事业的无限热爱和执著追求，赵玉洁勇于吃苦、甘于奉献，25 年来以饱满的热情和高度的责任感投入到气象工作中，谱写了一曲人生华章。

目前，她正带领着东丽区气象局向更高水平气象现代化目标迈进，东丽区气象事业将跨上新的台阶。

作者：孙　祎　张　莹

无意苦争春　风雨皆首望

——记河北省武安市气象局局长王梅

“水陆草木之花，可爱者甚蕃。”牡丹雍容华贵，水仙清新淡雅，莲花香远益清，菊花傲霜独立；

“众芳摇落独暄妍，占尽风情向小园。”梅花凌寒独自开，以其高洁的品质，傲雪的风骨，更得人们喜爱。

在气象系统就有这样独具风韵的一枝梅，她就是武安市气象局局长王梅。她名字叫梅，品格若梅，傲雪绽放，笑迎春风。“寻常一样窗前月，才有梅花便不同。”武安市气象局因有王梅而走进了一个百花争艳的春天。

根扎大地待雪晴

1971 年的冬天，王梅出生在一个书香家庭，同为教师的父母给孩子取名“梅”，希望她如“百花头上开，冰雪寒中见”的高洁的梅花。上学的时候，贴满墙壁的一张张奖状，给父母带来许多欣喜，这个冬天出生的瘦小的女孩子在众多同学中显得尤为出众。

1987 年，她考入南昌气象学校，阴晴圆缺，风霜雨雪，雷电冰雹，风云变幻，如何掌控天气变化，让天气为我们所用？课堂上王梅认真学习各种专业理论，也一直在思考这个后来她用人生来解读的课题。也就是那一年，她和气象结下了不解之缘。王梅把根系深深地扎进知识的土壤，吸取营养，积蓄能量，只待雪霁天晴，迎着春风生长。

含苞欲放暗香送

1991年，她进入到邯郸市气象局，成为一名气象观测员。王梅，这树梅花开始初绽芳华。

气象观测员，工作环境艰苦，工作内容枯燥烦琐。观天、测风、识雨、辨云，阴晴雨雪，风雨雷电，降水量，风级，有时遇上加密观测，一工作就是几天几夜……在这个工作岗位上，她凭借扎实敬业的态度，细致准确的数据，连续8次获得"省质量优秀测报员"，两次获得"国家质量优秀测报员"的称号。

2006年，组织把她派到武安市气象局。这对王梅来说是机遇更是挑战。这也许是她人生的春天，因为终于有一个平台，可以实践她的工作思路和理念；终于有一方天地，可以自由驰骋；终于有一个舞台，她的能力可以尽情挥洒。但也许是她人生的一个冬天，新的工作环境，新的工作任务，新的工作内容，新的挑战和压力，不可知的困难在等待着她，"到底我面前是个肃杀的严冬还是万紫千红的春天呢?"就这样，怀着一种忐忑，王梅来到了武安市气象局。而这一步，真正迈进了王梅气象事业的春天，这树梅花开始含苞欲放，散发出幽幽暗香。

"无错情"是气象人都知道的工作的高标准，上任之初，王梅提出，要实现"250班"无错情的工作目标。局里的老同志对她说："武安20多年未取得过'百班'无错情，更别提'250班'无错情了。"

王梅被"20多年"这个数字惊呆了，她从事测报工作14年，多次获得省级、国家质量优秀测报员称号，已经成为一名知识全面、业务熟悉、技术过硬、会做、会讲、会写、会检查的优秀测报员。她决定，这种局面必须要改变。

改变，说起来容易，实际工作起来困难重重。武安历史遗留下来的问题多，职工之间的关系复杂，多年积习形成的工作上的推诿扯皮、不负责任，暗地里的勾心斗角、挑拨离间，职工之间的不团结、会上会下的争吵，一次次让她震惊，也一次次坚定了她的工作决心。

"怎么办？测报业务质量怎么提高？单位管理怎么抓起？人心怎么聚集？……"王梅在心里打了一连串的问号，她想起刚上班时父亲对她说的一句话，这也被她奉为座右铭："干好一项工作，必须爱这项工作。"于是，她自我激励，"我一定要干好这项工作。"

王梅首先从基础业务上抓起，规范和电码是一个观测员的基本，她一章一章教大家学，为了能让大家尽快掌握学习要点，她将难点之中的云码编成顺口溜以便于大家记忆。报表制作是观测员又一项重要的基本功，如何快速准确地发现报表中的疑误之处，需要长期的工作经验和较高的预审水平，为了提高大家的预审水平，她不厌其烦地给大家讲解各气象要素之间的内在联系、云天的配合等，并将在市局长期积累的经验毫无保留地传授给大家，并且不定时地给大家来个小测试，在经过一段时间的学习之后，大家的基础理论和发报能力显著提高。

就这样过了一年半，2007 年底武安市气象局创了 3 个“百班”无错情，3 名同志获得了“省质量优秀测报员”称号，20 多年武安市气象局第一次获省级殊荣，群情振奋。王梅知道这是一个好的开端。她相信“星星之火可以燎原”，鼓励大家“向‘250 班’无错情进军！”大家的积极性带动起来了，团结协作，相互学习，形成了热烈的学习氛围，王梅终于带领大家争创了“250 班”无错情，武安气象局的职工又获得了第一个“国家质量优秀测报员”的荣誉称号。

坚冰破了，谁也阻挡不了春天的脚步。在武安气象人的努力下，测报业务质量提高了，业务走上了正轨。武安市气象局迎来了新的春天。

“干好一项工作，必须爱这项工作。”父亲的这句话是她工作的动力，也是她不断汲取的生命的营养。她也更加理解了只有经历了寒彻骨，才有梅花的扑鼻香。

红梅朵朵傲雪绽

2009 年，王梅遇到新的挑战、新的压力，她担任武安市气象局局长，做业务局长和做局长是完全不同的概念，做业务局长工作相对单一，主抓业务已经初见成效；而做局长，她所负责的工作，所面临的工作局面，更加复杂，气象局的同事和市领导质疑的目光都落到了这个小女子身上，这个身高一米六，瘦弱单薄的女子，能够担当起这个重任吗？王梅以她的实际行动，给出了清晰的答案，“我可以！”

这一年，位于武安局东南面的瑞泰小区悄然动工，因为它影响了探测环境，王梅要求立刻停止施工，“你们的工作我们不懂，我们工作就是赶工期，盖楼！”“既然你要停工，我们就要问明白，不说清楚情况我们就集体上访，告气象局，县里解决不了，我们就到市里、省里讨说法！”王梅站在铲车前纹丝不动，主管小区工程的领导闻讯赶到，指着王梅粗鲁地说：“王梅，你信不信我明天就让你从武安离职？”王梅坚定地回答，“你可以让我走，但是换下一个局长，只要影响探测环境，你就盖不成！”……各种各样的声音像洪水猛兽冲向王梅，有人这样给王梅算过一笔账，工期停工一天最少损失十几万元，且不说停工的损失，还有这人呢，群众的情绪问题呢？谁去解决？

“你们说的情况我也理解，但探测环境保护工作是法律赋予我们气象人的职责和义务。任何组织和个人都有保护气象探测环境的义务。”没有人看到，声音的背后，王梅积极、主动地向武安市委、人大、政府汇报情况，认真、细致地宣传气象探测环境保护法律法规及对服务武安防灾减灾的重要性，争取市委、人大、政府的理解和支持，加强与建设、规划、国土等部门的联系与合作。上天没有因为王梅瘦小的身躯善待她，她像个汉子，承担起了这一切，在高大威猛的施工队、县领导、情绪激愤的居民面前，她挺直的腰杆比一个男子还硬。

“好多人问我当时怕不怕，因为不少县级领导质问我，我说我没有害怕的感觉，为什么呢？我是在做好职责之内的工作，这是原则问题，并不是我故意刁难。上任后做的每一件事都不是那么简单就能做成的，就拿气象探测环境保护来说，需要处理各种矛盾和情况，做各种细致的工作，才能顺利地把各项工作开展好。”即使现在回想起那些压迫的声音，王梅的语调依然流露着坚定。

随着工作的深入理解，许多县级领导都慢慢认可了她的工作，给予了她很大支持，尤其是资金方面，政府也协调资金 500 万元用于新站建设。主管小区工程的领导还亲自带领施工队伍协助建设观测场。2011 年最后一个星期，在数九隆冬天，王梅指挥各小分队，按照规划，各司其职，平整场地、碎石，起地基……硬是在一个小山丘上以“深圳速度”将观测场建设起来了。

到 2013 年 12 月底，观测站完成对比观测时，那 7 栋 18 层高楼被推迟了 4 年多，才重新启动。

为农服务是气象工作的主要内容，风霜雨雪是影响农民收入主要的天气因素，如何让气象工作为当地的农业生产、农民生活带来更多的帮助，是王梅一直关心的问题。

武安市东寺庄村 2008 年成立万乐蔬菜专业合作社，建设万乐生态园区，陆续建了 120 多个大棚，种植的有机蔬菜获得农业部绿色食品认证。王梅便想着将首个电子显示屏安装在这里。心里畅想着安装气象设备后，武安三农的发展前景，农产品增产农民的喜悦，想到这些她信心十足。

一个晴朗的日子，王梅哼着歌，去往东寺庄万乐蔬菜园，“石现歧石老板？”王梅看着眼前这个个子高高大大、说话声音洪亮、嗓门大的男子，当下问出了声，来之前做了准备工作，了解到园区负责人曾在北京打了十几年工，说话之间带着一股北京味儿，王梅心里确认无疑。

“干什么的？”粗犷的声音，五大三粗的男子，彪悍的形象让王梅迅速理清思路，道明原因。

“你是推销产品的吧，走吧，走吧，我这儿不需要。”石现歧冲她摆摆手，转身扭头忙去了。

王梅(左二)工作照

王梅没想到园区负责人这么利落就把自己打发了,她哭笑不得,“好像还没开始就被宣布输了。”她也没气馁,在大棚里转了转,向农户了解了些基本情况。

接连两次,王梅又到东寺庄万乐蔬菜园,她多次强调:“这是免费安装的,我是气象局的,我们是实实在在为大家搞服务的,后续的一切费用也都是免费的,我从来不开空头支票。”说来也怪,万乐蔬菜园的负责人心里也犯轴,做了多次工作,总也说不通。

王梅要来负责人的电话,两天一短信三天一电话地问候着,觉得八九不离十的时候,她准备再次前往东寺庄万乐蔬菜园给那位“轴老板”做工作。

一个阴雨绵绵的下午,王梅冒雨第四次前往东寺庄万乐蔬菜园,看见石现岐已经可以调侃、开玩笑了。

“石老板,第一个吃螃蟹的人总是有风险的,咱接触这么久了,我是一心为咱服务的,再说了,第一个吃螃蟹的机会和利益永远比不敢吃的人多。”

“王梅啊,就冲你,我一定安。我是颗石头心,也被你焐热了,我服你啊!明天就装!”石现岐和王梅双手相握,达成合作意识。

2011年3月12日,那是安装电子显示屏后出现的第一次大风天气,菜农们提前收到信息,及时应对,没有发生一处塌棚现象,减免损失将近百万元。同年,她还为阳邑智寿园的核桃种植户进行一对一的专业服务,为他们增产近4万斤,“是自结果儿以来的丰收年。”为此,王梅还收到了他们送来的感谢锦旗。

现在,种植户们从“靠天吃饭”到“看天种地”,尝到了气象服务的甜头。东寺庄万乐蔬菜园作为东寺庄村的“摇钱树”,不仅成功从铁矿转型成生态农业,还解决了该村 300 多名农村闲散劳动力就业问题，促进了集体经济实力的增长，成了武安市第一家高标准设施蔬菜生产基地。

为了更好地为农服务，王梅邀请农牧、林业等专家，融多方之力组建了气象为农服务专家联盟，形成合力，实现气象服务“进村入户到田头”，在为武安现代农业发展保驾护航的同时，也促进了武安气象事业的发展与进步。

一步一个脚印，一年一个新台阶，年年都有新跨越，尤其是农业气象服务体系和农村气象灾害防御体系建设，开辟了武安气象工作的新时代。2012 年《人民日报》、中央人民广播电台、《经济日报》《农民日报》《中国气象报》《河北日报》等媒体在“走基层、看气象”活动中进行实地采访后表示：“走进武安的亲临亲受，切实感觉到气象服务为种植户带来的巨大经济效益。”

人们越来越看到这个女局长强硬的一面，严格的规章制度，严格的工作作风，严格的作息时间，她一直以来坚持以人为本，公平公正，一视同仁，不会偏袒谁，大家信任她，又害怕她，准确地说是敬畏。武安市气象局在她的领导下，上下齐心拧成一股绳，武安局各项工作开展得红红火火，一片生机。人们都说气象局这个局长不简单。

对于气象局的工作人员来说，王梅是严格的局长，也是负责的家长。人无我有，人有我优，是王梅做事的自我要求。办公环境的优劣对于员工的工作态度和效率有着很大影响。王梅到任后，非常注重对办公设施和环境的改善。“过去既没有暖气空调，也没有食堂宿舍，各种硬件设备也不齐全，员工的工作状态暮气沉沉。”王梅说干就干，她首先从解决职工办公条件做起，先后对局办公楼进行了整体装修，安装了空调暖气，更换了办公桌椅，人手一台电脑，办公环境焕然一新。为解决偏远外地职工的后顾之忧，又新建了宿舍和食堂，新修了车棚、篮球场、活动室等。就这样一年又一年，王梅把自己融入武安，武安市气象局逐渐有了局、有了家的样子。如今，你目之所及，都是她干的实事，为啥变化这么大？“是王梅局长一步步带领我们，改变了这里。”王梅说，“哪是我的功劳，是大家心在一起。”从那时开始，武安气象人都爱上这个单位和集体，以局为家，高效干事创业。荣誉点滴事例只是一个缩影，获得的荣誉更能见证它的一切。近年来武安市气象局先后多次在目标管理考核中被评为优秀单位，获得了全国气象部门文明台站标兵、全国巾帼文明岗、河北省工人先锋号、河北省精神文明单位等诸多荣誉。2012 年 3 月，时任河北省气象局副局长的张守保调研时说了一句话：“现在的武安局真正地有了一个局的样子。”时至今日，这句话一直深深地烙印在王梅的脑海，看似普通的一句话，不仅肯定了她的工作，也间接地印证了武安局天翻地覆的变化。

天气的变化总是反复无常的，有时候会让我们猝不及防。2016 年是王梅工作以来压力挑战最多的一年，2016 年 7 月 19 日，武安遭遇建站以来最大降雨过程，7 月 19 日 01 时到 20 日 07 时，24 个站点雨量超过 250 毫米，8 个站点超过 400 毫米。这样的数字对南方的一些城市来说可能不算什么，可对于武安来说，已是历史罕见。时至今日，她的脑海中依然常常浮现出“7・19”后家园被毁、满目疮痍、一片狼藉的画面。“7・19”特大暴雨是一个警示，时刻提醒着她，鞭策着她，武安气象人经历了这场考验，也交出了一份满意的答卷。牢记责任，不辱使命，为的是百姓的安危，为的是肩上的责任。

7 月 19 日 6 点多，雨越下越大，她凭着职业的敏感和对人民群众生命安全高度负责的态度，接连给武安市安监局局长打了三次紧急电话，让他通知武安辖区内所有厂矿企业，特别是沿河道企业必须马上停产。市安监局在第一时间通知辖区内厂矿企业全部停产，近千家厂矿企业在“7.19”中未发生一起因暴雨洪灾引起的人员伤亡和安全生产事故。

19 日晚，雨下得正是大的时候，“王梅，你要及时通报雨量雨情，协助抗洪抢险工作。”“王局，停电了。”“王局，电信网断了。”“王局，联通信号也没有了。”窗外的雨声、电话声、各种请示汇报的声音，一起向王梅涌来，她没有丝毫慌乱，镇定地指挥：“后勤组兵分两路，赶紧将发电机、备用汽油、连接电线整理好。”“赶紧把监测和发信息的电脑接上发电机。”“快把值班室应急台灯打开。”她向一位将军，指挥着战场上的战士进入战斗位置。设备迅速恢复运行，信息及时准确地发送到武安各界领导及人民群众手中。后来，多个村庄无法联系，路断、电断、通信断，只有雨量站的数据是他们唯一能获得的信息，暴雨中的坚守获得了当时武安市委、市政府各级领导、群众的肯定。很多偏远地区收到雨情信息后，都进行了及时转移。

“准确的预报无关名利，而是一种刻在骨子里的责任。”每一次发出预报、预警短信前，她都要提醒自己严谨求实的同时，将短信编写的通俗易懂，千方百计把天气过程预报准、服务好。“降水区域主要在市区、洺湖、土山乡、寺庄乡一带，时强时弱，反反复复。”“7 时 25 分，降水云团已移至我市东部边缘（安乐乡、康二城镇、淑村镇）并继续西移，另外在涉县区域的降水云团北抬即将影响我市西部和南部区域（冶陶乡、马家庄乡一带），回波稍强，降水呈分散性，以中雨为主，个别点降水强度稍大。”这样的短信，大家都能看懂，哪下雨，下成什么样。“7・19”过程中，地质灾害隐患点的百姓根据收到的短信，都明白是怎么回事。他们及时转移到了安全地带，全市没有发生一起因地质灾害引起的人员伤亡。

马家庄是受灾最重的乡镇，被冲毁的桥梁，消失的房屋，困在这座孤岛里生离死别的人们……乡镇书记是位50多岁的大姐，王梅曾问过她：害怕吗？她说，哪有时间害怕，我们连哭的时间都没有，只想为每一个村民打通安全的“生命通道”。王梅到受灾最重的村庄，看到被洪水肆虐的场景，流离失所的人们，听着人们回忆那场灾难时的恐惧……所看所听所感都是那么触目惊心！

“紧张战斗的那些日子，许多感动温暖着我。”7月20日下午4时，她的一位吉林同学，说从新闻中看到武安受了灾，打她的手机打不通，以为武安被洪水淹没、冲垮，甚至不复存在，同学们个个担心不已，几经周折，找到了局办公电话，当时全市通信还未完全恢复，了解到她正在忙后，理解道，“知道你们平安就好，全班同学都很关心你们”。当时的她，正在忙着接一个个市领导的电话，挂了电话又赶在第一时间编发短信，三天两夜没睡觉，她说，那一刻，压力化成感动，泪水瞬间流了下来……

这场战役的胜利，得益于市领导决策有力，全市上下齐心协力，而我们气象人这几年的技术更新，业务训练，平时的演练，更是胜利的有力保障。

洪灾过后，王梅的微信名改为“风调雨顺”，风调雨顺是一个气象人的大情怀，也是她对一方百姓深切的关爱。朵朵红梅经过了严寒风雪，顽强地傲雪绽放。

丹心向阳笑迎春

随着现代科技手段的不断更新，作为一名气象人，我们可以通过数据判断气压、云层、洋流、降雨、风力等一系列天气变化趋势，洞察风云，掌控气象，预见灾难的发生，及时监测预警，不断提高预报准确率是我们永远的课题。王梅深知这一点，她也在不断学习，为绿色武安、旅游武安、文化武安的建设做好保障。这几年，她带头组织服务国际性的活动马拉松、划骑跑，准确的预报，细致的服务，让中国、世界更加了解这个美丽的小城武安。

武安位于河北省南部、太行山东麓，晋冀豫三省交界地带，地形复杂，西北部和西南部为山地，中部为丘陵，东部为山间盆地。地势自西向东倾斜，高差悬殊，特殊的地形地貌，决定了气象灾害的复杂性。

以种地为生的农民，因为干旱、倒春寒、冰雹等气象灾害，甚至会导致庄稼绝收，全年没有任何收入；有的人关注了天气预报，准备晒刚收的粮食，却因为突降大雨，造成了很大的损失。有些人看似调侃，开玩笑地说：“你们气象局在哪？你们的天气预报准吗？是根据咸菜预报天气的吧！”听着这些话语，看着农民们欲哭无泪的表情，她怜悯，悲愤，内心充满力量，加快脚下步伐！

在农村气象灾害防御体系建设上，她积极探索，多次下乡调研，从群众中来，到群众中去，她了解老百姓的疾苦，对老百姓有着很深厚的感情。气象知识普及不到位，技术手段的制约，致使气象信息在“最后一公里”传播过程中仍然存在差距。王梅在心里有个远大的规划，要一步步将气象知识普及到位。就这样，她开始了气象科普宣传的工作，为学校里正在汲取知识的祖国花朵宣讲、为田地里耕种的农民宣讲，在气象信息员培训会上、在大街上、在小区里……气象在武安被越来越多的人认识、关注，地方政府、部门、社会公众对气象越来越认可。

建立气象科普馆对于普及气象知识，提高防灾减灾意识，有很重要的作用。地方政府和企业负责人在外面见过一些科普馆，武安几个企业负责人也自发性地要在武安建立气象科普宣传基地，“建在哪呢?”这是个关键。七步沟景区负责人抢先说道要建在他那，并介绍了建在景区的几大好处，“利用景区得天独厚的地理环境和高客流量的资源优势，年平均客流量可达 40 万余人次，直接面向游客科普宣传，寓教于乐，寓景于情，将气象常识、防灾减灾知识有机地融入院内景致，普及气象防灾减灾科普知识。”经过多番思量，最后拍板定在武安市七步沟景区。这种与景区结合一体的形式，改变了原有的局站作为科普基地自我管理，把科普从“家”搬到了景区。3 年时间共接待参观者 27 万人次。2014 年被评为“全国气象科普教育基地”，对武安气象工作进一步融入社会发展迈出了重要的一步。

近年来，她持续加强气象灾害防御能力建设，实现由“被动”到“主动”的转变。辛勤耕耘也换来了开花结果，武安市气象局的许多工作经验在全省得到推广。在重大天气过程和重大活动中带班把关，将自身专业知识与业务经验相结合撰写了多份服务材料，为武安农业气象灾害及防灾减灾提出具体建议，得到了社会普遍认可和公众高度评价。

武安市气象局的工作也越来越受到市委、市政府的重视。2011 年市政府发文，将气象信息员队伍纳入武安市专业应急救援队伍体系，由武安市政府应急办牵头，3 次对全市气象信息员应急培训，落实信息员专项经费 5 万元;2012 年，成立了武安市气象灾害防御指挥部，将防灾减灾列入到市政府考核;2013 年，与各乡镇签订气象灾害防御责任状，进一步明确了各乡镇职责。2015 年，武安市委组织部将乡镇防灾减灾纳入乡镇领导班子和领导干部考核，并在百分考核制中占有一席之地。气象信息员队伍也从最开始的 500 多人，发展到 2016 年的 4805 人，信息员的全方位覆盖，真正解决了气象信息到农村“最后一公里”的问题。武安市委书记魏雪生提出只要达到 5000 人，就给她记一功。近 5 年来，武安市气象局的决策气象服务有 36 次获市领导批示，王梅也多次在全市大会上受到市领导表扬。气象服务和防灾减灾工作从不认可到不否定到关注到深得地方认可，政府和部门对气象给予了较高评价，地方生态也助力了武安气象事业发展。

“我自坚韧如梅盛，苦寒过后梅遍香。”面对领导的肯定和表扬，王梅说：“我知道，这是市委、市政府对武安防灾减灾工作的殷切希望，也是对我的鞭策和鼓励。”“有幸来到武安，用自己风华正茂的 11 年开启武安气象防灾减灾的新时代，所有的一切都让我欣喜不已。”王梅在武安气象局工作 11 年，如一树红梅花开，不惧严寒，丹心向阳，又如辛勤的园丁，在武安的大地上耕耘，她用脚步丈量，用心测量，迎着风雨坚强挺立，把和风送给乡间田野，武安气象工作走进了万紫千红的春天。

“香中别有韵，清极不知寒。”见过王梅工作状态的人都说王梅是铁打的，熟悉她的人更了解她柔情似水的一面，她热爱生活，她爱家人，爱同事，她有很多兴趣爱好，是个精致的女人。

无论生活工作，她常年化淡妆，她喜欢涂口红，她的头发总是一丝不乱，她穿着整洁讲究、得体；职业装、运动装、休闲装，她的衣着不是奢华名牌，却搭配时尚、得当，这位女局长，无论出现在何种场合，总给人留下一个深刻的印象——精致。

她的办公桌上总有打开的书，或哲学，或史书，或传记，她从来没有放弃过读书和思考。“不学习不行，要保持学习的习惯，紧跟党的政策不掉队。”关于王梅读书，武安市委书记魏雪生在全市几百人的大会上提名表扬，干部要多向王梅学习，多看书，多背书，多学习。

王梅的确非常爱学习，由于工作繁忙，她总能利用“碎片时间”来学习：她将学习内容存放在手机上，在早餐时间，在午休时间，在晚上睡觉前，或听新闻广播，或读书看报，或背诵诗词，她把学习当成快乐的事来做，学会感受知识增长所带来的美好和充实。她说，只要学习就会有思考，有借鉴，有批判。她的工作，她的思考，就是在持之以恒的读书生活中积淀下来的。2017 年开展党支部书记带头讲党课活动，她讲了一堂生动的课“战地黄花分外香，用‘长征’精神促进气象事业发展”，她从毛泽东的采桑子讲到中国共产党的历史，从风云变幻的近代讲到富强和谐的今天，她富有艺术魅力的朗诵和深刻的讲解，让大家叹为观止，全场掌声不断。

对待工作，王梅无悔，而对待家人，她却有愧。她对父亲充满了敬意，而父亲晚年有病，她却因忙于工作很少照顾。父亲去世后，望着父亲的遗照，看着前来吊唁的父亲的学生，她泪流满面，“干好一项工作，必须爱这项工作。”父亲的这句话不断在耳边回响，她知道，她对父亲最好的回报就只有努力把气象工作干得更好。当获得了“优秀气象工作者”“青年岗位技术能手”，被河北省委、省政府授予抗洪抢险救灾工作先进个人时，当被推荐为河北省气象部门最美气象人代表，并参加中国气象局优秀女局长先进事迹报告会时，她以更加优秀的自己告慰父亲，让父亲看到，她从来没有忘记初心。

为人母，她陪伴女儿的时间有限，但女儿提起王梅一脸敬佩，“高一、二偏科严重，我都放弃数学了，是妈妈和我一块学习，她把高中三年的数学都学了一遍，自己写了一本复习重点笔记本，一点一点辅导我，让我产生兴趣，要不是她，我可能考不上我理想的大学。”王梅不仅是言传，更是用身教告诉孩子，该怎样学习。她不是一个用很多时间陪伴孩子的母亲，但绝对是一位优秀的母亲。进入大学后，学习书法的女儿送给母亲一幅书法作品——“风调雨顺”。风调雨顺，一幅字写出了女儿对妈妈的理解和祝福，风调雨顺也道出了王梅——一个气象人情怀无限，大爱无边。

爱人是最懂王梅的。同为气象系统职工，他理解她的工作，2016 年“7.19”前后，短短的 10 天她瘦了 8 斤。王梅有一个月没回家，那段时间，爱人扭伤了腰，躺在床上几乎不能动，没让她知道。工作之余，他们会一起骑车去公园走走、拍拍照。尽管这种机会很少，但从他们相携而行中，我们读出了他们夫妻之间的默契和彼此的支持。

王梅爱她的家人，更爱她的气象家人她的职工。她乐于和职工一起分析问题，面对他们，就像对待她的孩子，教他们工作方法、分享经验，她毫无私利，看到年轻人的成长和提高，特别有成就感。曾几何时，面对家人，呼喊的却是职工的名字；曾几何时，陪伴她最长最久的，变成了可亲可爱的气象人；曾几何时，职工的喜怒哀愁悄无声息地牵动了她的心……

谁是单身，谁过生日，谁家有困难，王梅总是了如指掌，她像一阵及时雨，总是第一时间出现在需要帮助的职工面前。有一位调离武安的女职工，丈夫重病，巨额的医疗费让其及家人几近崩溃，几乎走到绝境，她了解后，以个人名义直接转过去 1 万元，又多次电话宽慰、鼓励，并在单位为她发出捐款倡议，鼓励职工捐出一份爱心，献上一份真情，解其燃眉之急。

武安市气象局就是王梅的家，在这个家里她也品味着苦辣酸甜。她有外出回来看到职工自发在挑灯夜战加班时的感动；有与职工一起日夜奋战在一线的激昂；有看到职工因体制问题得不到尊重遭受着白眼时的心痛。她爱她的气象家人，从中层干部到门卫物业，不因身份论英雄，不因正式人员就特殊对待，不因外聘就不被重用，相反，对外聘人员的培训和引导，她付出了大量的心血，她手把手培养出独当一面的预报员，带领着职工重拾地面观测基础知识，帮助他们日夜复习……现在他们是气象观测站的主力，他们是人影作业和科普宣传的重要部分，他们承担了气象防灾减灾和宣传总结的工作，他们已经成为单位密不可分的一部分。她的气象家人，也在尽心尽力地回馈着温暖和爱。

习主席强调担当是一种责任，对她来说，担当是对领导、群众和职工高度的责任感，王梅视单位职工为家人看待，千方百计地为他们谋求生存的空间。方向的左与右、前与后关系着多数人员的命运，对于地方对气象工作支持的争取，她努力地寻求契合点，谋求气象工作在地方的认同感和存在感，从而促进工作的向前发展。在政策允许的情况下，在邯郸市局的支持下，她为单位职工寻找政策出路，解决了他们的"身份"问题。

技术在更新，王梅的思路也在不断更新，武安气象的局面也在不断更新，我们相信，武安的气象工作会越来越好，美丽的武安在气象工作的保障下，会发展得越来越好，中国的气象事业会越来越好。

王梅，一个精致的气象人，一个从容优雅的女子，一个刚毅的"汉子"，在气象系统 26 年的工作中，在风雨中书写着她梅花一样的高洁，"俏也不争春，只把春来报。待到山花烂漫时，她在丛中笑。"伴随着祖国前进的脚步，伴随着城市发展的步伐，王梅这朵梅花在百花丛中正灿烂地笑着，迎接又一个新的春天。

作者：毛翠辉　张　欣

虎头山下的“女战士”

——记山西省晋中市昔阳县气象局局长眭晋华

个子不高，一头短发，戴着眼镜，说话轻声细语，她就是山西省昔阳县气象局局长眭晋华给人的第一印象。就是这样一个看起来柔弱瘦小的女子，在闻名全国的大寨村虎头山下，干出了一件件不平凡的事，15 年来，她和同事们一起努力，一起奋斗，一起为昔阳县 20 多万人民“遮风挡雨”，成了大家眼中的一名坚强、勇敢的气象“女战士”。

只身踏上求学路

“选择湛江气象学校算是机缘巧合，从小一直生活在农村，从没出过远门，真是怀着好奇心报的名。”眭晋华说道。

因为对“湛江”两个字的好奇与向往，1995 年，眭晋华在中考志愿书上毅然填下了“湛江气象学校”。在收到录取通知书后，她打开中国地理图册，终于在地图的南端找见了这个名为湛江的城市，这么远的距离，看得全家人都傻眼了，庄稼人一辈子都与黄土地打交道，一年进城一趟都难，更何况要去这么远的地方，真是愁坏了全家人。

当时 16 岁的眭晋华，拿着地图坚定地对父亲说：“你们不用担心，我一个人去，肯定能找到学校的。”就这样，家里开始为她准备上学的东西，母亲只能把对女儿的牵挂化为一针一线，亲手为晋华做了一件当时流行的夹克衫，这件衣服至今还保存着，虽然样式花色早已过时，但却是晋华最心爱的衣服，那上面不仅是妈妈对女儿深深的爱，更是对那段青涩岁月的记忆。

离家的前一天，是眭晋华记忆中家里最热闹的一天，同学、邻居、亲戚朋友都来为她送行，有的还送来了苹果、送来了梨，姥姥和小姨忙着烙饼准备路上的干粮……正是有了邻里乡亲的帮忙与惦念，眭晋华暗暗下定决心，一定要好好学习，将来一定要用学到的知识回报大家。

第二天一早，晋华早早地起了床，背起自己的行李，一个瘦小的身影就这样踏上了2000公里的求学路。她从昔阳县城先坐汽车到了阳泉市，又从阳泉市挤火车到石家庄，“生平第一次体验到了‘挤火车’。”眭晋华笑着说，“那是我第一次见到火车，因为人太多了，只能被人从窗户口塞进去，连火车门是啥样都没见着。到了石家庄已是傍晚，晚上10点多又挤上了开往广州的火车，车厢里满满当当，没有座位，人挤人，只能站在过道里，困了垫块塑料布钻到座位底下眯一会。”因为内心始终充满了对新学校新世界的憧憬，眭晋华一路上都很少吃东西，也不觉得累和苦，3天以后到了广州，才坐上了前往湛江的长途汽车，这一坐又是一天一夜。在经历了近百个小时的长途跋涉，眭晋华终于踏进了学校的大门，开启了自己4年的气象求学之路。

为了家中的父母

当年，从昔阳去一趟湛江得4天时间，中途还要倒两次车，学生票也得300多元，这对当时一个普通的农村家庭来说，可谓是一笔巨款。晋华妈妈一直保存着一个泛黄的小本子，上面记着“借张家50元，借李家20元……一个本子上，满满写了好几页纸。”正是这样邻里乡亲的东凑西借，眭晋华才能千里求学。

眭晋华到了学校交了学费之后，全身上下只剩700多元钱，这是她一学期的所有生活费。她深知上学来之不易，为了减轻家里的负担，晋华开始利用双休日勤工俭学。当时，学校附近有个海滨市场，有一天，她跟同学逛街时，看到有个早餐卖蒸饺的小店招帮工，便前去打问，老板答应试用一天，为了能被录用，她回忆妈妈包饺子的过程，和面、擀皮……反复琢磨。幸运的是，她被录用了。以后的每个周六和周日，早上5点多，天刚蒙蒙亮，当同学们还在睡梦中时，眭晋华已经开始起床，前往海滨市场准备上班，直到中午12点下班，工资是半天6元钱，不要小看这6元钱，这可是晋华两三天的伙食费。

在湛江上学的4年，眭晋华只回过两次家。除了卖蒸饺，她还在游乐园看过机器、在饭店洗过盘子、当过小时工……“我能挣一块，父母就能少给我寄一块。”她认真地和我们说。

勤工俭学是眭晋华求学生涯里不可或缺的一部分，但她并没有因此耽误学业，4 年里，她勤奋刻苦学习，多次拿到奖学金，她曾担任班级生活委员、观测课代表，课余还积极参加学校社团活动，还是学生会女生部的优秀干事。同学们对她的评价是：温柔善良，外柔内刚，秀外慧中，能吃苦，肯干事。

在校 4 年间，眭晋华为了给家里省钱，想家时只能靠书信寄托思乡之情。那时在昔阳的妈妈，每个月就是盼着女儿来信，一封信从湛江出发，到昔阳县赵壁乡寨上村要半个月的时间。每次收到信，妈妈都是边看边哭，边哭边看，一封信反反复复看，等到下一封信来时，上一封信的内容总是会背下来。只上过小学的妈妈，每次都把女儿的信当做宝贝，想女儿时就拿出来看看，一封封信都小心翼翼压在箱底。

母亲每次想对女儿说的话，一句一句地写下来，有时还和父亲一起研究，如何更好地表达父母的这份思念与牵挂，研究好后再一句一句写在信纸上，最后去邮局给眭晋华寄去。

成为业务“当家人”

1999 年，眭晋华从湛江气象学校毕业后，成了昔阳县气象局的一名观测员。当时，县气象局有 8 个职工，平均年龄将近 50 岁，她是 10 多年来第一个分配回来的学生，理所当然地成了大家的小徒弟。她努力地跟着每位老职工学习各项业务，测报、预报、农气、财务，每一项都不落下。老职工们也都把他们毕生的宝贵经验和技术毫无保留地传授给她，她更以 0.1 都不能错的测报精神虚心地学习，不断地丰盈着自己。2002 年，单位装了自动站，老职工们心里没底，毕竟年龄大了面对新生事物有些慌。眭晋华说：“没事，有我呢，咱们一起努力。”她先把新规范新软件自己吃透，然后用通俗的语言把重点总结打印出来，人手一份，一起反复学习讨论，直到每个人都全部弄懂为止。在业务技术改革的浪潮中，昔阳县气象局不仅没掉队，而且多次受到市局表彰，并获得多个“百班”“250 班”无错奖，且连续两年被昔阳县委授予“党员先锋岗”光荣称号。打铁还需自身硬！眭晋华始终认为“工作踏实，人活着才踏实”。

2009 年 9 月，眭晋华担任了昔阳县气象局副局长，分管业务，她深知“在其位谋其政，任其职尽其责”并不是一句空话，是要用实际行动去践行的。2009 年 11 月 9—12 日大暴雪袭击昔阳，过程降雪量之大，持续时间之长，均为历史同期罕见，过程降水量 59.8 毫米，最大积雪深度 34 厘米，均突破历史极值。当时，测报组承担着积雪加密观测的任务，暴风雪中，每小时一次的测量发报，作为副局长的眭晋华，一直和组员们在一起，当别人问她：“不是你值班你守着干啥呀？”她说：“我就是觉得应该这么做，我在，大家就有主心骨。”

2010年7月19日，天下着小雨，14时30分，值班员发现电脑显示的风向与目测值存在明显偏差，随即通知副局长眭晋华。眭晋华冒雨跑到单位，经逐项排除，怀疑问题出在风向传感器部分，必须爬到风杆上进行进一步排除。值班员是位50多岁的女同志，单位唯一的男同志也在外出差，不能耽搁时间。眭晋华嘱咐同事盯住电脑，毅然朝观测场跑去，她紧紧抓牢风杆铁架，壮着胆往上爬，越爬越高，越爬风塔晃动得越厉害，终于爬到了顶上，10米高的风杆，说不怕是假的，眭晋华闭上眼睛缓了缓神，尽量不往下看，迅速开始检查故障原因，原来是线路松动了，她赶紧把线路重新接好，马上联系值班同事，在确认了风向恢复正常，大家都松了一口气，眭晋华慢慢从风杆上爬下来，下来的瞬间，她才觉得后怕，腿都软了，路也走不稳，好长时间才缓过劲儿来。但从那后，她爬风杆再也不害怕了。

对眭晋华来说，气象工作无小事，每一件事都能体现出她的责任与担当。气象工作是相当严谨的，不允许有任何的敷衍！几年来，眭晋华的努力和付出得到了领导和同事们的一致好评，先后获得“先进工作者”“优秀共产党员”“山西省业务技术能手”“全国质量优秀测报员”等荣誉称号28次。

勇挑重担

2013年，当她得知晋中市气象局党组任命她去榆社县气象局当局长时，她犹豫了，连续3天吃不下、睡不着，辗转反侧。丈夫常年在外地上班，女儿马上就要升入初中，正是最需要父母陪伴的时候，再加上婆婆年迈，患糖尿病多年，每天都得打胰岛素，现在婆婆身体已深感吃力，去榆社几年又是前途未卜，家里家外到底该何去何从？眭晋华心里真是纠结不已。

当时的榆社县经济条件不好，地方对气象事业支持力度不足，职工的绩效工资无法保障，自然工作起来三心二意。但想想困难，又想想自己，眭晋华深知，自己是名党员，服从安排是她的天职。既然组织需要她，她就该把工作干好，不辜负组织期望，争取改善榆社县气象局面貌。就这样，眭晋华咬咬牙，迎难而上，只身一人来到了榆社县气象局。

初入榆社县气象局，单位基础设施陈旧，房顶漏水，院落地上坑洼，大门围栏锈蚀斑斑。看到如此情景，眭晋华有些失望。想想家里上了年纪的婆婆没人照顾，正在读书的孩子没人辅导，她跑到这么远、条件也不好的地方工作，心里有说不出的滋味。但眭晋华没有气馁，来到榆社县气象局的第二天，她就开始调查整改，找到问题症结，着手解决问题。就这样，眭晋华开始了和顺、榆社、昔阳三地奔波生活。

通过与职工悉心长谈，眭晋华了解到榆社县气象局职工只能拿到中央经费保障的基本工资部分，地方绩效一块根本无法足额保障，导致职工工作积极性不高。找到问题症结后，眭晋华跟大家说：“咱们是基准站，业务是我们的命脉，优质服务是我们被地方认可的前提。向政府申请绩效的事我来跑，但大家要做我的坚强后盾，齐心协力维护单位的稳定和谐，确保业务工作万无一失。”眭晋华和职工们一起制定了“内强素质精业务，外树形象促发展”的发展目标。接着，她积极寻求上级指导，丰富预报服务产品精心服务地方，跑政府找县长讲政策争取资金，一趟趟地跑，县领导事务繁杂特别忙，经常是上午8点前等到中午12点都未必能见得着，但她不泄气。那时，她就经常听到政府办公楼里有人说：“看，气象局的那个小妮妮又等在那儿了。”满是嘲讽的语气，眭晋华听了心里很不是滋味，但她明白，现在不是顾忌自己面子的时候，她身上系着的是全局职工的冷暖，再难听的话她都要当没听见。终于，2013年底榆社县政府财政将气象局绩效工资全部列入了预算予以解决。职工有了工资保障，单位稳定和谐局面渐渐好转。榆社县气象局也被县委、县政府表彰为“优化发展环境 服务重点工程先进单位”，榆社县气象观测站被榆社县委授予了“党员先锋岗”光荣称号。

需要解决的问题总是接踵而至。2014年11月的一天晚上，眭晋华刚吃过晚饭回到宿舍，忽然听到楼道里有人吵闹，跑出去一看，原来是旁边村的一个村民，见到她指着鼻子就骂，原来是因为气象局接暖气的工程用的是正规有资质的单位，而没有让他做。这个村民又是拍桌子、又是摔东西，眭晋华从来还没见过这样的场景，但她稳稳自己的情绪，耐心地和村民解释起了事情的原委，最后村民才愤愤离去。当晚眭晋华就做噩梦了，怎么也睡不着，她心里委屈，想着为啥要来这儿受这个罪？老公在外地上班，年迈的婆婆和刚上初中的女儿被扔在家里没人管，她独自跑到100多公里外的城市到底是为了啥呀？是图钱吗？不是，每月4000元的工资，3000元要还房贷，1000花在路费和加油上，连给孩子的零用钱都没有……那晚她失眠了。第二天一早，婆婆的电话如期打来：“晋华吃了没？多穿点，不要惦记家，孩子和我都好着呢，好好工作，遇到困难不要着急，身体最重要……”在接完婆婆电话的一瞬间，眭晋华泪水涟涟，那一刻，好像所有的委屈都没了，她下定决心不论多难，都要干出个样来！

在榆社县气象局的3年里，眭晋华努力拼搏，她说那是她收获最大的3年。从迈进榆社县气象局的第一天，她就告诉自己：她是来为大家服务的！面对职工的难题，她始终提醒自己要保持清醒头脑，以理服人，很多尖锐的矛盾，因此缓和下来。3年里，眭晋华从抓班子团结入手，增强核心凝聚力。她听职工心声，集大家智慧解决难题。3年里，眭晋华开车跑了4万公里的路程，带着亲人的支持理解，通过努力，地方绩效如数拨付了，职工生活没有后顾之忧了；积极争取上级资金165万元，接上了城市集中供暖、接通了城市自来水；更换了变压器及供电线路、修护坡、安围栏、整院落、建车库……职工工作生活环境得到了极大改善，单位面貌焕然一新，职工团结友爱和谐。榆社县气象局在市县各类各项竞赛中屡次获奖，以全新的姿态展现在了大家面前，1000多个日夜奋力坚守，眭晋华顾不上家中年迈的婆婆和刚上初中的女儿，但她依然觉得值，因为她深切体味到做“公仆”的充盈。

气象局里的主心骨

2016年11月，根据上级安排，眭晋华被调回昔阳县气象局主持工作，回家对一个漂泊在外的游子是多么梦寐以求的幸福事。心里欢喜的同时，眭晋华感到的还有沉甸甸的责任。

阔别昔阳4年，它已发生翻天覆地的变化，城市变化日新月异，成为晋中东五县最具现代气息、最有文化底蕴、发展最为快速的魅力县城，而气象事业发展也居于全市中上游，台站建设、气象服务、文明创建等均走在全市前列。眭晋华明白，这个担子接过来，并不比当年榆社县气象局轻多少。

眭晋华工作照

担子压在肩上了，该怎么干？眭晋华给自己定了四个目标，她要让昔阳县气象局成为一个让职工顺心、让领导放心的好单位。一是要传承，传承历任领导的好思路、好做法，并创新拓展，一任接着一任干；二是要恪尽职守，尽快熟悉工作岗位，转换角色，进入工作状态，牢记重托，不辱使命；三是要自省自律，加强自身综合素质提升，立德做人，清廉为官；四是要和谐共赢，抓队伍建设，注重班子团结，对上多请示汇报，对内多沟通交流，对下多体谅关心，多做凝心聚力之事。

昔阳县气象局于 1957 年成立，为国家一般气象站、国家级农气站，呈“局站分设”格局。摆在眭晋华面前的有两大困难，一是人员严重不足，缺编严重，编制 8 人，在职仅 5 人。除副科级以上领导(2 人)外，只有 3 名工作人员，其中，脱贫攻坚抽调 3 人脱岗驻村，剩 2 人倒班勉强维持单位工作，单位正常工作的开展受到严重影响；二是通往观测站的路还没修好，遇雨雪天气，所留便道坑洼泥泞，车辆无法通行，值班员需步行近 1 小时才能走到山上值班，已经严重影响了正常上班。

针对人员短缺问题，眭晋华紧急召集班子成员研究对策，通过客观分析，大家制定出两个方案，争取县里公益性岗位，以暂时缓解燃眉之急；积极申请上级气象部门，逐步配齐编制人员，以确保工作的正常开展。

县气象局的人、财、物均不归县政府管理，向县政府申请支持能想象出有多难，吃闭门羹是预料之中的事，但眭晋华相信有志者事竟成，不断地向县政府汇报，让领导了解气象局的实际情况，积极做好精细化天气预报服务，让政府领导们体会到气象服务地方的重要性。经过 3 个月的不懈努力，2017 年 4 月份，县政府解决了 2 名地方公益性岗位编制，招聘了 2 名大学毕业生。同时，通过努力，2018 年晋中市气象局也给昔阳县气象局两个国编人员的招聘计划。

人员的问题解决了，接下来重点解决路的问题。昔阳县气象观测站坐落在正在开发的墺垴山公园后山的小山顶上，风景很美，但路却还是土路，拖车绳是每位职工的必备物品，因为雨雪天气，车陷到泥里是司空见惯的事情。

在近 3 年的时间里，观测站的同事们恪尽职守，坚守岗位，准确监测、分析预报、精细服务，应对每一次天气过程，3 年来从没有因为路的不方便使工作受到任何影响。“路坏了我们自己动手修，车陷到泥里我们自己想办法往出拉……”在职工们的话语中没有丝毫抱怨，充满了顽强与乐观。

眭晋华暗暗下定决心，为了同事们能安心工作，她要努力把修路的事情解决。她先是向县政府打报告，却因种种原因屡屡遭到搁置。不退缩，再想办法！那时正值主汛期，每天的天气预报下午 5 时准点发布，天气预警信息更是及时发到县领导及相关部门负责人手中，7 月下旬连续强降水，测站累计降水量 163.0 毫米，每小时一次的加密雨情服务受到了县领导的好评，7 月 29 日县委书记王根元到气象局现场办公，并看望慰问坚守在一线的气象工作人员。当他了解到观测站路的现状时，当即安排部署，落实修路事宜。

路终于修好了。那天是农历七月十四，刚铺好的水泥路格外漂亮，路面上蒙了一层塑料薄膜做养护，路口处设了警示牌，提醒大家路刚修好，车辆暂时无法通行。看着这条路，想着以后上班会方便多了，职工们都开心极了。中午12点，当眭晋华和同事下班步行回家时，突然看到一辆疾驰的车停在了路口，接着司机跳下来，把警示牌给扔了，随后司机便开着车硬是碾到了刚铺好还没太凝固的水泥路上，一看这阵势眭晋华和同事撒腿奔了过去，情急之下，晋华本能地挡在了车头前，车子并没有停下来，一直顶着她走了好长一截，同事见状，赶紧拨打了110报警……同事说，那天，一向柔声细气的眭晋华像疯了一样，边吼着边拦着车，从来没见过她那么厉害过，有谁能想到，弱小的身躯会暴发出如此大的能量。眭晋华说："路能修成，太难了，它就像自己的孩子一样，决不容许他人破坏践踏。"正是这一股子天不怕、地不怕的顽强拼搏精神，使她战胜了一个又一个困难，取得了一个又一个胜利。

向新目标出发

近年来，因业务发展需要，昔阳县气象局建设了新的观测站。围绕昔阳县经济社会发展需求，眭晋华和同事们努力加强气象服务，抓好特色重点保障。其中，气象为农服务和人工影响天气工作列入《昔阳县国民经济和社会发展十三五规划》；"三农气象服务领导组""昔阳县气象为农服务专家联盟"相继成立。县政府成立气象防灾减灾机构，相继出台了县级气象灾害防御规划、气象灾害应急预案；12个乡镇均修订了《乡镇气象灾害应急预案》，并建立乡镇信息工作站，气象信息员346名，覆盖全部行政村。全县区域站达到了乡镇、山洪沟、重要林区全覆盖，最大程度地对全县天气进行24小时全天候的监测，为掌握第一手监测数据，为领导科学决策和防灾减灾提供参考依据。针对暴雨、干旱、地质灾害等主要气象灾害的防治，并结合旅游、农业等特色气象服务的需求，统筹规划全县综合气象观测站网建设。以昔阳县食用菌协会为载体，为双孢菇特色农业提供直通式精细化跟踪气象服务，并在昔阳县李家庄食用菌示范园区建成气象为农服务示范点。

2016年，昔阳县气象局7个高炮固定作业点均按照"两室、两库、一平台"的标准设计建设完成，并配置流动火箭增雨作业系统，购置多普勒天气雷达，为人影作业指挥提供技术支撑，根据气候变化特点，针对局部干旱和冰雹灾害，积极主动开展增雨(雪)、防雹等防灾减灾作业。昔阳县气象局还抓住山西省实施汾河流域生态修复项目的机遇，把昔阳县人工增雨项目列进了昔阳县汾河流域生态修复规划(2015－2030)，科学开发利用空中云水资源。

"未来,我们要以建设服务高效的气象现代化体系为目标,在突发气象灾害临近预报预警,面向交通、旅游、环境、林业、农业等领域的专业气象监测预警和有针对性的本地农用天气预报和农业气象灾害预警等方面开展工作。为昔阳经济建设、社会发展、人民安康福祉提供优质服务。"眭晋华充满自信地说。

唱得幸福落满坡

"田坡林坡花果坡,
绿草青青牛满坡,
南山坡上放声唱,
唱得幸福落满坡、落满坡……"

这首歌是眭晋华最爱唱的一首家乡民谣,熟悉眭晋华的人,都知道她爱唱歌。用她的话来说,就是有再大的不如意,只要唱起歌来就都忘了。眭晋华的爱人说:"结婚17年来,每逢空闲时间,洗衣服、打扫房间时,她都会哼唱几句,我最爱听她唱的'幸福落满坡'。"

尤其在榆社县气象局工作的3年时间里,每次往返在家和单位之间,眭晋华都会用唱歌来打发时间。"这也是跟孩子增进感情的一种方式,在那3年里我听过了女儿喜欢的所有歌曲,回家以后我们聊天时有了很多的共同语言,音乐也消除了我们母女俩很多隔阂。"眭晋华笑着说。

当时昔阳到榆社不通火车,也没有直达的汽车,需要搭乘途经的客车,一趟下来要3个多小时,她心里惦记孩子,硬是逼着自己学会了开车。刚拿到驾照的眭晋华开车还不熟练,丈夫不放心,在副驾驶帮忙提醒。刚开始,从昔阳到榆社,眭晋华每小时只能开三四十公里,慢慢地,在丈夫耐心的指导下,1个月后,她就独自上路了。每周一早上5点,她从家里出发,独自驾车近3个小时,8点之前赶到单位;每周五晚上下班后从榆社出发,回到家里已经是半夜。当时,高速路还没开通,路上常常堵车,眭晋华安慰自己,12点之前肯定能到家的。同事们理解她,劝她早点回家,留下的工作别人可以帮忙完成,可眭晋华明白"正人先正己"的道理,三年如一日,坚持上完班再回家,周周如此。用眭晋华的话来说,就是:"我其他的不一定能做好,但最起码能做到按时上下班,给职工做个好榜样。"歌声伴随了晋华榆社至昔阳路上的整整3年,也伴随了女儿的整个初中时代。

眭晋华说:"小时候跟母亲一起上山劳作,边走边唱,消解疲劳。一个人心里不高兴了,都会放声高唱,用歌声驱散心中的不安。"由于性格和工作环境的关系,很多的时候眭晋华会感觉自己被压得喘不过气来,每当这个时候,她就会回到老家，坐在屋后山上的青石板上，晒着太阳，唱着家乡的民谣，远眺对面山上层层叠叠的庄稼和森林，看着山下蜿蜒的河道和公路上偶尔急驰而过的汽车，就那么呆呆地坐着，放空自己，调整好自己，继续前行！

作者：武雅丽　李晨光　赵海英

柔肩弱骨担风雨　砥砺奋进写人生

——记内蒙古自治区兴安盟阿尔山市气象局局长杨忠霞

也许你不知道阿尔山，但阿尔山已经很有名。尽管阿尔山已经很有名，但我不讲，你可能就不会知道在静谧深邃的阿尔山，有这样一位观天测云的女人。

——题记

苍茫浩瀚的大兴安岭，山峦起伏，林木葱茏。阿尔山则是这深山里的一颗明珠。原生态的山海林涛、清凛的天池湖水、火山遗迹造就的矿泉地貌及科研价值正在吸引着无数的中外游客。然而阿尔山也是全国纬度最高的城市之一，地势险要，气候复杂，年平均气温达到零下2.7℃，极端最低气温可以达到零下45.7℃，冬季漫长苦寒，全年有积雪日子长达7个月。阿尔山是全国最小的城市，人口不到5万，有着最迷幻的风景，也有着最孤独的时光。在这个寂静的小城里，一个纤巧柔弱的女子——杨忠霞，阿尔山市气象局局长，历经四十余载，执著坚守，见证了这片土地的风霜雪雨、春华秋实，她把自己的青春和年华全部献给了这片神奇而美丽的土地，献给了她无比热爱的气象事业。

8年前的一个夏天，初见杨忠霞，北方长成却颇具南方气质的一个女人。当时相濡以沫的丈夫刚刚因病离世，她状态非常不好，病容满面、气力不足。8年后再见她时，气色略有好转，可是她说，是因为简单修饰了一下，前几天还在病着。

弱，是她一直给我的印象。让人心疼。

听她讲她的成长，她的爱情，她的生活，她的工作，更让人心疼。

3个小时，听她的故事，陪她流眼泪。

"长大后，我要活成你的样子"

阿尔山的天总是很蓝，在人们的眼里，它是一个童话般的存在。然而，对于杨忠霞来说，并不是所有的记忆都是美好的。色彩缤纷的阿尔山，也有清冷的远山、无边的衰草，以及杨忠霞那颇为苦涩的童年。

杨忠霞1963年出生在阿尔山，父亲也是一个老气象，1956年响应祖国号召支边来到阿尔山，1961年至1969年任阿尔山气象站（阿尔山市气象局前身）站长。十年浩劫期间，在内蒙古发生的"内人党"事件中，年仅35岁的父亲被迫害致死。刚刚29岁的母亲，一个人靠着打零工，坚强地承担起了照顾年迈的爷爷奶奶和抚养5个孩子的任务。那时候家境窘迫不说，还备受邻里的歧视和欺凌。他们家住在一排平房的把头，离家不远就有一口水井，可是邻居们扎起了栅栏，不让他家取水。小忠霞就和走路都颤颤巍巍的小脚奶奶去很远的地方抬水。有一次回到家里，看见好不容易抬进家里的水缸里被人扔进杂物垃圾，当时的一家人真是欲哭无泪。父亲的骨灰就放在家前院的厂房里，奶奶隔三岔五想念儿子就去哭上一场，最后经常哭到心力交瘁被人扶回家。屈辱、悲痛、沉重是小忠霞童年生活的基调，这让她在小小的心里埋下了深深的自卑，也暗下决心，一定要通过自己的努力改变生活困境。

暗夜的星空下，总有星星在闪烁，那些光亮成了小忠霞专注与追逐的目标。那时候，隔壁有个阿姨，姓高，是从北京气象学院毕业支边来到内蒙古的大学生。高阿姨善良温和，知书达礼，时常在房间里拿着搓衣板搓洗衣裳，嘴里还喜欢哼唱着电影《洪湖赤卫队》的插曲。

"洪湖水呀浪呀嘛浪打浪啊，洪湖岸边是呀嘛是家乡啊""洪湖水呀长呀嘛长又长啊，太阳一出闪呀嘛闪金光啊""共产党的恩情比那东海深，渔民的光景，一年更比一年强"……漂亮、优雅、善良、和蔼，在小忠霞眼里，多少美词都可以放到高阿姨身上。她很喜欢去高阿姨那里，看她洗衣，听她唱歌。那歌声里透出来的乐观自信、逆境生活中的毫不屈服都深深地影响了小忠霞。那时候，她就在心里暗暗地祈望："长大后，我要活成你的样子。"

岁月荏苒。小忠霞比别人学习刻苦，比别人坚韧，比别人自律，比别人脚踏实地。她渴望通过自己的努力改变自己和家庭的命运。在她身上，开始有了高阿姨的影子。

1983年4月，20岁的杨忠霞参加了工作。她承继父业，也成为一名气象人，观云测天，默默地在基层做着最基础的工作。她性格坚韧，追求完美。在观测员岗位上耕耘了10年。年复一年、日复一日，面对的只有从0到9这10个枯燥、没有色彩的阿拉伯数字。每当节日的彩灯高照、每当庆典的礼炮响起，每当人们在品味生活中那些精彩瞬间的时候，她都坚守在自己的岗位上，享受独守的这份宁静。她深知这10个阿拉伯数字所代表的含义，更为重要的是，通过自己工作积累的观测数据正应用于国家安全和国家建设的各个领域，神圣而光荣。在兴安盟气象局业务科任审核员及兼任台站检查员的8年时间里，她连续3年获得自治区气象局优秀审核员称号，并被提前破格晋升为工程师技术职称。

因为基层工作出色，2002年4月，杨忠霞被组织提拔，担任了兴安盟乌兰浩特市气象局副局长并主持全面工作。对于杨忠霞来说，从业务管理岗位走上旗县局长的位置，面临的挑战和压力都是巨大的。她深知，唯有学习加实干，在学习中提升自己的综合能力，在实干中摸索，才能带领干部职工更好地开展各项气象服务工作。汗没有白流，苦没有白下，在乌兰浩特市气象局工作不到5年的时间里，她所在的集体连续4年获得旗县市局目标管理考核前三名。

“在阿尔山这11个年头，真快把自己耗尽了”

春天的阿尔山，杜鹃花开遍山野。杨忠霞正如那灿烂的杜鹃花，将自己的全部热情倾注在阿尔山的气象事业上。2007年1月，杨忠霞服从组织调整来到阿尔山市气象局任局长。阿尔山地处大兴安岭深处，阿尔山国家基本气象站属于国家二类艰苦台站。很多人对她从盟局回到最基层不能理解，但她说：“我出生在那里，成长在那里，父亲工作过多年还把自己留在了那里，阿尔山对我来说有着不同寻常的意义。”在阿尔山市气象局历史沿革中的大事记中，清楚地记载着她父亲的名字，是第六任站长，而杨忠霞是第十一任。这样深深的气象情结，成了她日后工作永不干涸的力量源泉。

初到阿尔山，单位现状很不理想，经费极度短缺，人手不足，硬件条件差。她来到阿尔山面对的第一件事就是阿尔山市人社局劳动仲裁大队下发的一纸传票，职工的医疗保险金已经几年没有缴纳，职工手里积压了很多该报销而未报的条子。如何增加创收，如何开展工作，如何带好队伍……是摆在杨忠霞面前一道道难题。但这个坚强的女人没有被吓倒，经过一个又一个忙碌的白天，一个又一个不眠的夜晚，运筹帷幄、苦心思虑……

发展的谋篇布局首先从增加创收、改变经费短缺现状、改善职工生活条件开始。阿尔山市是一个新兴的旅游城市，1996年在兴安盟科尔沁右翼前旗版图上被

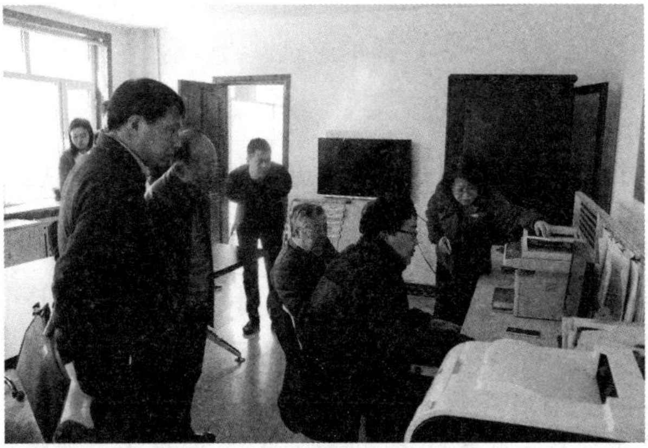

杨忠霞(右一)工作照

划分出来成立了阿尔山经济开发区,2000 年被批准成立县级市。这里没有工业、没有农业,支柱产业是以旅游为主,而当时全市只有 4.8 万人口,阿尔山市区仅仅不到 6000 人,地方财政收入几千万元,旅游知名度还很低,增加创收,谈何容易?明知步履维艰,但总要往前走。谈起今天的发展,杨忠霞俨然淡忘了当年举步维艰的经历,只记住了在她 2007 年来到阿尔山的第一年年底,就实现创收 10 万元,不仅还清了拖欠的职工医疗保险金、还清了单位 80%的欠款,每一位职工还有了一笔不小的收入进账。

作为旅游城市的阿尔山,地处大兴安岭腹地,虽风光无限,但却交通不便。2008 年,为打通阿尔山交通瓶颈,阿尔山市政府决定建设阿尔山机场。按照内蒙古民航集团公司与阿尔山市政府关于阿尔山机场重组协议,航空气象保障工作由气象部门承担。作为全区首个县级市机场,组织形式和运转模式等都具有鲜明的地方特色。如何进行气象保障并无经验可以借鉴,只能边摸索、边实践。阿尔山市气象局在人员紧张的情况下,抽调局里骨干力量,成立了机场气象台。那段时间,杨忠霞忙得就像上了发条的陀螺,组织人员外出学习考取执照、申请经费、与机场对接工作、建立服务流程……杨忠霞清楚地记得,到政府申请购置机场气象保障设备经费,时任政府领导不能理解气象保障工作对航空安全的重要性,还说:“你们气象部门缺几个设备就运转不了,我们还缺几个市长呢,不也得照样运转吗?!”碰了一鼻子灰的杨忠霞只好回来等,等有机会,再去讲,反复宣讲气象设备对于航空气象保障工作的重要性,对飞行起降高度的影响,堪是苦口婆心。苦心人天不负,这个弱女子的执著和坚韧终于让政府领导“毫无脾气”地接受了气象部门的观点,拨付了所需经费。如今,机场已开通至北京、呼和浩特、杭州、满洲里、哈尔滨、沈阳、乌兰巴托等多条航线，为阿尔山市经济社会发展注入了活力。每每谈起机场建设初期的艰辛，杨忠霞都不无感慨，她说："在阿尔山这 11 个年头，真快把自己耗尽了。"

"如果基层县局的工作都像阿尔山这样有思路、有想法就好了"

基层是事业最前沿的基石，工作细碎而且复杂。在县局任一把手，面临的第一个考验就是与政府及相关部门的沟通与协调。杨忠霞原本是个内秀温婉的女人，参加会议如果不指定发言，她一定会安静地倾听别人发言。如果大家围坐开会，她也一定会选择一个不醒目的角落。像她这种性格，做地方工作十分不易，不像男同志闲暇之余约在一起喝喝茶，再斟酌几杯，可能关系就建立起来了。而她只有靠实干，靠扎扎实实的工作，靠关键时刻的据理力争。

阿尔山是全区最小的县级市，没有什么支柱产业，旅游业刚刚兴起，地方财政极为困难。气象部门是双重财务体制，依靠地方资金支持发展气象事业也是重要环节。作为基层气象部门的"女掌门"，向政府部门争取资金已经成为她工作中的"重中之重"。她已经记不清楚去过多少次政府、说过多少话、吃到过多少次"闭门羹"、自己因为焦急又曾经历了多少个不眠之夜。记得有一次，她到市领导办公室申请经费，当时的一位领导不仅没同意给钱，还很不客气地把杨忠霞赶了出来。这样的场景让杨忠霞再也忍不住，走出领导办公室，在政府办公大楼的走廊里，委屈的泪水便再也控制不住地倾泻而出。可是即便是这样，她还是没有放弃，为了事业发展，为了解决职工的后顾之忧，她一个上午去了这位领导办公室 3 次。也许是这样的执著感动了这位领导，终于成功地获得了理解，批复了申请经费。

水滴石穿，绳锯木断。凭着对事业的执著和一股韧劲，杨忠霞带领全体职工积极主动地开展气象服务工作，树立了气象部门良好的形象，并得到地方党政领导的认可，从而逐年加大对地方气象事业经费的投入。地方气象事业经费从每年 3.2 万元增加到最多每年的 130 万元，实现了地方津补贴足额到位且被列入本级财政预算的目标。在杨忠霞到阿尔山市工作的 11 个年头里，已经连续 10 年获得阿尔山市政府森林草原防扑火先进单位。2017 年 5 月，阿尔山市气象局出色的服务工作受到市委、市政府领导致电赞扬，同时拨付 10 万元经费作为奖励。

结合基层综改，以融入和服务地方经济社会发展需求为牵引，杨忠霞积极争取，推动政府成立了有编制、有领导职数、有经费的地方实体机构——阿尔山市人工影响天气与气象灾害防御中心。该机构的成立对深化县级机构综合改革、更好履行气象部门社会管理职能起到有力的促进作用，使得阿尔山市气象事业发展迈上一个新的台阶，同时也理顺了阿尔山市航空气象保障工作的人员投入机制、经费保障模式，成为对中国气象局关于基层气象机构综合改革发展思路的一个有益的探索和实践。

2013年，阿尔山市气象局争取中央资金469万元用于新的业务楼建设。由于阿尔山市位于深山峡谷中间，土地资源紧缺，而新业务楼建设还需要原站保留不动。杨忠霞已经记不得找过市长、找过规划部门多少次了，经过艰辛的努力，坐落在阿尔山市城市新区的新业务楼最终如期开工，并得到政府无偿划拨土地的政策支持。为了新楼建设，她倾尽全力，从项目可研、规划设计、结构调整、功能布局上潜心琢磨和思考，力求不出现任何差错。如今，新楼已然矗立起来，杨忠霞又在为阿尔山市气象事业未来的发展谋划着。未来，将以新业务楼的建成为契机，整合阿尔山市旅游、林业、水利、森工等部门的资源，并利用地理信息技术，实现信息共享、数据共享，打造智慧气象品牌，提升阿尔山市气象防灾减灾能力，推进阿尔山市气象现代化建设步伐。

2017年8月，中国气象局副局长矫梅燕到阿尔山检查工作，她感慨道："如果基层县局的工作都像阿尔山这样有思路、有想法就好了。"

"怎么办，人不死就得活着"

"雪依然在下，那村庄依然安详，年轻的人们消失在白桦林……"秋日的阿尔山，山明水净，白桦林也见证着最经典、最凄美的爱情。张海涛，每次这个名字从杨忠霞嘴里出来的时候，你都会看到随后的泪眼婆娑和痛彻心扉。从小失去父亲的杨忠霞，在遇到张海涛后，就像远航的船终于靠了岸。他是一名部队里的团职干部，高大英武、有责任担当，善良智慧、又宽容大度。在他身边，你可以不会做饭，可以不会洗碗，家里的一应事物只需交给他就好。张海涛还是一个宅心仁厚的男人，即便是路人，他都会特别热心地帮忙。记得有一次，一位多年不见的农村邻居进城看病，借住家里，他亲自陪邻居去医院看病，为他洗澡、搓澡。悉心所至，让你简直看不出他是一位团职军官。夫妻两个人都是执著于自己事业的人，时常会是一个住在军营，一个住在办公室，聚少离多。就是在张海涛这棵"大树"下，杨忠霞投入全部精力，充分施展自己的才能，把县局女局长的身份发挥得淋漓尽致。

那是一段最长情的岁月。然而，天妒良缘，在杨忠霞全情为工作奔忙的2010年，相濡以沫30年的丈夫罹患癌症病逝，永远离开了她。这样的变故用天塌下来形容都不为过，几天的时间里，杨忠霞仿佛失去了记忆，谁来过，谁哭过，谁陪过，她都完全没有了记忆。每天看着窗外，她总会产生一种想冲出去的幻觉。无数个夜晚，她都是以泪洗面，紧紧拉着儿子的手睡觉，生怕一睁眼，儿子也不在身边了。其实，对于丈夫，她一直有个心结，就是多年来，为了工作，她没有很好地照顾他、陪伴他，就连他离开的最后一个春节，也因为当时局里没有副局长，她要留在岗位上，而没有和丈夫过最后一个团圆年。她还记得送走丈夫的那个下午，下了一场多年不遇的暴雨，是老天在为他的离去而鸣不平？还是祝他在一个更快乐更阳光的世界里永生？

丈夫去世以后，杨忠霞很久都不能从这个打击中缓过来。"心里都明白但就是放不下。"很多朋友都劝她去看看心理医生。时至今日，虽然她坚持说自己已经走了出来，但是外人依然能看得出来，她满心满眼的痛。"怎么办，人不死就得活着。"

"有时候我都不敢看自己的照片，自己看自己都觉得可怜"

阿尔山的落日依旧静美，但杨忠霞心中的阴霾长久不能散去……爱是不能忘记的。丈夫的离世给了杨忠霞沉重的打击，她的身体也是每况愈下。在丈夫去世的8年里，一年365天恨不得有300天都是病着。但面对生活，不能绝望，工作成为远离伤痛的途径。很多人都心疼她，劝她工作不要太拼命。可是她自己最清楚，如何与心中的痛相处，如何面对自己身上的重担。

杨忠霞是个追求完美的女人。"很多工作，我经常自己跟自己较劲，过不去自己这关，所以很难应付了事。"阿尔山市森林覆盖率达64%以上，防火工作是各级政府重点工作之一。阿尔山市气象局更是紧紧围绕政府这一中心工作主动开展服务。每年的春、秋两季，森林防火任务繁重，遇有天气过程就要及时组织人工影响天气作业，炮弹打没了杨忠霞就亲自带车前往300公里左右的兴安盟气象局领取，不管是什么时间，哪怕是半夜三更或者是顶风冒雨，这样的经历无计其数。

阿尔山的夜，寒气逼人，冷风刺骨。出去增雨(雪)，常常是雨水淋透了她身上穿着的羽绒服。当雨雪过后，看到被扑灭的山火或者降水过后火险等级明显降低，所有的辛苦与劳累还有长期颈椎疾病带来的病痛折磨，都在一瞬间烟消云散了。杨忠霞两次做了乳腺手术，而这两次手术都是术后回到家就是春节。因为平时工作的忙碌，让她没有时间去考虑自己太多，惦记着单位的目标管理、年度考核，春节假期成了她的手术专属期，对此，家里人都感到十分不能理解。阿尔山气象局作为兴安盟气象局乃至内蒙古气象部门的窗口单位，每年的接待任务很重，有时候杨忠霞一天要接待好几批来访的客人。经常发着烧还硬挺着陪同客人参观考察。客人离开之后，精疲力尽的她就一个人悄悄地躲在单位的宿舍里不吃不喝，闭目疗伤。就这样摸爬滚打，不知不觉间已走过了十几个寒暑春秋，而挥之不去的仍然是杨忠霞对自己所从事的工作的那份热爱和执著。杨忠霞拿出前几日手机上与客人一起参观考察的照片，满脸的憔悴，还强撑着笑脸。她说："有时候我都不敢看自己的照片，自己看自己都觉得可怜。"

天道酬勤，天道酬坚。杨忠霞从担任乌兰浩特市气象局和阿尔山市气象局主要负责人以来，地方气象事业取得了长足的发展。乌兰浩特市气象局获得"自治区气象局人工影响天气工作先进集体"等 9 项荣誉，阿尔山市气象局获得"阿尔山市政府森林草原防扑火先进单位"等 19 项荣誉，9 次带领所在单位进入兴安盟旗县市气象局目标管理考核前三名。2009 年内蒙古自治区气象局出台政策，向县局长倾斜破格评审高工的机会，但是条件非常严格，必须是连续 3 年带领所在局站获得目标管理前三名；测报质量连续 5 年达到 0.0‰；地方津补贴要纳入地方财政预算；带领所在局晋升为自治区级文明单位、气象服务工作获政府表彰、在核心期刊上发表过技术论文等。经过考核，全区只有 4 位县局长符合要求。到自治区气象局参加评审打分，杨忠霞的综合业务业绩在所在小组排名第一，破格通过高工评审。

"把单位的事情过成了自己的日子"

阿尔山的夜空，繁星满天。梦醒时分，杨忠霞也怀疑过自己。这些年担任县局长，疏于对儿子和丈夫的照顾，让她一直觉得对自己的家庭非常内疚。好在现在儿子已经参加了工作，而且在工作中表现非常优异，这对杨忠霞来说是莫大的安慰。提到儿子，杨忠霞非常骄傲，儿子高大英俊，勤奋进取，结合了自己和丈夫的优点。更让她自豪的是，儿子继承了母亲热爱气象事业的衣钵，参加工作的第二年在内蒙古自治区气象部门人工影响天气专业技能大赛中获得了个人全能第一的成绩，并荣获内蒙古自治区"五一劳动奖章"，而今，儿子也成长为县级气象部门的一名副局长。母子二人在不同的岗位上，为气象事业尽职尽责。提到自己的母亲，儿子张源也特别感慨，母亲非常不容易，多年来，我家三人三地，但是不管生活遇到什么样的困难，母亲传递给我的永远都是正能量。

虽然对自己的孩子管得少，可是对于现在单位里很多的年轻人，杨忠霞却把他们都当成了自己的孩子。阿尔山属于高寒地区，冬天自来水管道、暖气管道被冻裂的事情时有发生。作为局长，既要做好所有工作，也要管好孩子们的吃喝拉撒。他们住的地方冷不冷、吃的东西好不好，时常让杨忠霞挂在心上。2012 年夏天，因为下水道堵了，一楼职工宿舍一间房子流了满屋子的污水，物业公司来处理之后仍然是满屋子的臭味和满墙的污渍。杨忠霞那天正赶上发烧，两天都没有吃东西了。但她还是强撑着，悄悄地一个人把墙上的污渍清理干净，第二天她就住进了医院。她说，单位大部分都是年轻人，设身处地地想想，如果是家里出现了这样的事情，会让自己的孩子去干这些事儿吗？哪个父母忍心让自己的孩子干这些事呢。

阿尔山市气象局现有职工 19 人，平均年龄 32.7 岁，是一支年轻、很有活力的队伍。怕留不住人才，杨忠霞不仅在生活上对年轻人关怀备至，还在精神上时刻鼓励他们，为他们加油、为他们减负。很多年轻人都觉得，杨忠霞就像一位温暖的母亲，一直关心、呵护着他们。她非常关注年轻人的成长，建立了人才成长机制，给年轻人压担子，鼓励年轻人快速成长。近年来，阿尔山市气象局已经先后培养出了 6 位年轻的科级干部，分别在盟局和其他旗县局的重要岗位上承担工作。有同事评价她说："杨忠霞是把单位的事儿当她家自己的日子过了。"

"岁月极美，在于它必然的流逝。春花、秋月、夏日、冬雪……"这是杨忠霞最喜欢的作家三毛的话。她爱好文学，平素生活里还有一点点小资情调。闲暇时候，她也喜欢写些文字，这是她自己和自己的心灵对话："在气象事业发展的历史长河中，虽然我们不过就是一滴水或者是一颗小小的螺丝钉，但是我们也要尽职尽责，无愧于气象事业，无愧于组织的培养，无愧于这个社会给予我们的幸福生活。光阴荏苒，几度春夏与秋冬，当时光转过了一个又一个年轮，驻足回首时发现岁月留在自己身上的印记不仅仅是眼角的皱纹和那些无奈而徒生的白发，更多的是对事业有了更深的理解和热爱。"

如今，年过五十又体弱多病的杨忠霞依然选择了坚守，她说："再过几年就退休了，我现在别无所求，就希望靠自己的努力能够对得起这些孩子们，也对得起多年来培养我的组织和领导。"说这些时，她从容淡然，又充满情怀，有坚毅，还有担当……

"寒露"时节，天气渐渐凉下来，大兴安岭深处的阿尔山一定又是"山明水净夜来霜，数树深红出浅黄"，美得让人炫目了。看着杨忠霞手机里儿孙阳光下的笑脸，我真心地为她祈祷，希望她身体更加康健起来，早日与儿孙团聚，得享天伦之乐。

后记：听杨忠霞的故事，心里很酸。同样作为女人，既为她的生活变故感到无比心痛，也为她在这样的生活境遇和身体状况下的坚守感动、震撼。她在平凡岗位上践行着自己的人生价值，在岁月的风雨中不亢不卑，始终以一个高贵的女性的形象，默默地承担着生活的艰辛和繁重义务，如同高阿姨。为了这个深山腹地的小城，她付出了怎样的青春和心血，为了观云测天的气象事业，她又付出了怎样的痛和泪。在她柔弱的身躯下，也许藏着的是一种如山般坚毅的力量，一种如水般绚丽的情怀。

作者：纪家梅

以巾帼之躯担泰山之任

——记辽宁省葫芦岛市连山区气象局局长史洪艳

区精神文明单位、市精神文明单位、省气象部门先进单位、省精神文明单位、市级精神文明建设先进工作者、省重大气象服务先进个人、市"三八红旗手"……由区到市到省、从单位到个人,这些年,毫不夸张地说,史洪艳真的拿奖拿到手软。

这些夺目的荣誉让人艳羡,这些耀眼的成绩令人敬佩,人们都说,史洪艳巾帼不让须眉,挺起了连山区气象局的脊梁。但只有史洪艳自己知道,这些年,她以柔弱的巾帼之躯担起全局的泰山之任是多么不易。她从一个网络管理员一步步走上"一把手"的位置,把一穷二白的单位带上领头之位经历了多少艰辛。

1995 年 6 月,毕业于成都气象学院通信工程专业的史洪艳,怀着对未来美好的憧憬,走向了挚爱的工作岗位,开启了她的事业生涯。工作伊始,她在葫芦岛市气象局担任网络管理员。由于业绩突出,2004 年 12 月,史洪艳升任葫芦岛市气象局气象台副台长、科技服务中心副主任,2006 年 8 月升任葫芦岛市气象局科技服务中心主任、气象台副台长,2009 年 3 月任葫芦岛市气象局科技服务中心主任,2010 年 3 月调到葫芦岛市连山区气象局任局长、支部书记。

按理说,升任区气象局"一把手"也算是一个人职业生涯的小高峰了。与常人一样,史洪艳在心里描绘了一个大好蓝图,可正当她满心欢喜地准备大干一场时,上班第一天就被一盆冷水浇个透心凉。

这是一个区气象局?这是一个单位?仅 40 平方米租用的房间里摆放着 4 张办公桌,桌上有几台即将淘汰的电脑,一个陈旧的档案柜摆放在屋角,里面零散地放着些专业书籍和简单的办公用品。而且,这间办公室还"兼职"宿舍,放着一张简易床。

史洪艳懵了，不可置信地看着眼前的一切。她感到，心里的那张蓝图在慢慢飘远。

办公室里的3名职工——也是全局仅有的3名职工热情地跟她打招呼，史洪艳带着满心的苦涩微笑着回应大家。打完招呼，大家就按部就班各忙各的。虽然办公环境简陋不堪，但职工依然工作有序。

看着这些靠谱的部下，史洪艳心里稍稍平静了一些。小心地坐到吱扭作响的“第一把交椅”上，她的斗志反而被激起来了。

史洪艳常笑称，她心里其实住着一个“须眉”，一到困难时候，那个“须眉”就会出来“取代”她这个“巾帼”。前路越是艰难，她反而越有闯劲儿。这不，看着眼前糟心的摊子，史洪艳立即切换到“须眉”模式，查看资料、和职工谈心。

上任不到一周，史洪艳就把连山局情况摸了个门儿清。经过冷静分析，她发现压在连山局头上的“大山”主要有三座：钱、人、物。钱就是人员经费严重不足，账面上除了国家给的经费，没有一分多余的钱，职工工资只能开到9月份，剩余3个月的工资没有着落；人就是工作人员严重短缺，一个人顶几个人用，每个人都天天顶着黑眼圈，分分钟有化身“国宝”的潜质；物是办公环境，40平方米的办公室任谁办起公来也不舒心。

对症下药，标本兼治。针对面临的困境，经多方面考量，史洪艳果断提出“一年打基础，二年上台阶，三年创先进”的“三步走”战略。

困难如虎，想战胜这只“拦路虎”，以连山局微薄的力量远远不够。作为条管单位，他们必须依靠地方政府的理解和支持。就这样，史洪艳开始了她“家—气象局—区政府”的三点一线的“跑腿”模式。

区领导工作忙，她就天天去区政府“堵”领导。好不容易“堵”到领导，史洪艳把在心里练习了好多遍、已经烂熟于胸的话跟领导做了汇报。

“领导，连山局现在是房无一间、地无一垅、经费紧张，冬季没有取暖，职工都挤在一间40平方米的办公室，只靠一个空调白天黑夜地运行，职工夜间睡觉蒙着大被子，怕冻脸。卫生间不能用，被冻住了。职工吃饭自己带，喝水从其他单位拉。职工工资不能保证，不能保证正常的业务维持，请领导给予考虑。”除了条理清晰地说明了困难，为了表明自己有战胜困难的决心，史洪艳还跟区领导汇报了自己对今后气象工作的展望。

洋洋洒洒说了一大堆，史洪艳满心期待领导的回应。但是，区领导的反应让她大失所望。

“对于你们的现状区里深表同情，但是，目前区财政也很紧张，希望你们克服困难，努力为连山做好工作。”

史洪艳心里哇凉哇凉的，这么多天的努力就换来这么几句话。她满心委屈、满腹心酸，回到家，这个坚强的“女汉子”终于忍不住泪流满面。她想到了难，但难的程度超出了她的想象。她努力地拼，但拼的结果却是如此的不如人意。她甚至开始怀疑自己，她到底有没有能力扛起这面旗。

发泄完情绪，躺在床上，史洪艳沉下心开始琢磨。她觉得，区政府有困难应该仅是一方面原因，更主要的是气象部门的“曝光率”太低，气象工作还没能在政府工作中发挥一定的影响作用，领导还不是很认可。

她把想法拿到会上一交流，大家都表示同意。有职工坦言，左邻右舍好多都不知道有气象局这个单位，就算有知道的也只知道气象局是做天气预报的，对其他业务完全不了解，对气象局的作用更是嗤之以鼻。每天忙忙叨叨，却得不到认可，大家心里也挺憋屈。

通过讨论，史洪艳提出，问题根源还在于自身。打铁还需自身硬，种了梧桐树自引凤凰来，解决难题必须立足气象实际，拓宽工作思路，通过优质的气象服务在政府领导和人民群众心中刷“热度”，提升“曝光率”。气象部门的作用凸显出来了，获得政府和群众的高度重视和大力支持指日可待！

明确了方向，理清了思路，大家斗志昂扬，对未来充满了期待。每个人都捏起一把劲儿，凝心聚力，撸起袖子、甩开膀子加油干！史洪艳也开始了“家—单位—区政府—农户”四点一线的工作模式。

她积极主动向主管领导汇报工作，洞悉政府对气象工作的要求。为了让政府有关领导和部门进一步早知中短时天气变化，史洪艳细化决策服务，带领大家每周专门编写连山区决策气象信息简报，将一周天气趋势预报、重大节日天气趋势预报、雨晴、重大天气报告等上报给区委、区人大、区政府、区政协、乡镇、农口各局等主要领导。

她和职工深入乡间地头，和种养殖大户唠嗑儿，了解大家对气象的需求。针对政府领导和广大市民、农民朋友们都想尽早了解天气周预报、日预报的需要，连山局建立了气象灾害预警信息库，将区政府主要领导、区直相关部门领导、乡镇主要领导、行政村主要领导、种养殖大户的手机号码纳入库中，依据气象平台发送气象预报、预警等短信，让他们第一时间了解天气变化情况。把看似变化莫测、捉摸不透的天气情况掌握在手中，大家应对天气变化有了十足的底气。

进入6月，连山区局地强对流天气增多，雷电、大风、冰雹等灾害性天气时有发生。连山区气象局利用手机短信、电子显示屏、预警大喇叭每天发送气象灾害预防小常识。2014 年 6 月 18 日,连山区出现了强对流天气,16 时开始出现了短时强降雨和冰雹天气,连山区气象局提前 1 个小时通过手机短信、预警大喇叭、电子显示屏发布预警信息,各乡镇接到信息后,紧急部署。由于此次预警发布及时,并且直通到种养殖大户、专业合作社、农民手中,老百姓提前预防,减少了冰雹、短时强降雨带来的损失。寺儿堡镇镇长陈航说:“气象局的预报太及时准确了。”

气象局在指导农业工作,尤其在防灾减灾方面发挥着重大作用,逐渐引起了区领导的关注和重视。同时,随着社会认可度和关注度的提升,连山局的困难也日益加剧。在向领导汇报工作时,史洪艳再次提出面临的急需解决的难题。这时候,区领导给史洪艳吃了一颗“定心丸”。

领导明确表态:“区政府面临的困难虽然很大,但是也一定会挤出资金来帮助你们!”随后,工资津补贴、医保等待遇一一纳入到财政预算,职工的待遇得到了保障,大家的热情空前高涨。

钱的问题解决了,但“物”的问题还是硬困难。随着气象工作的快速发展以及众多方面对气象服务的要求,连山区气象局的办公环境和气象观测场急需得到改善,史洪艳多次向区政府和上级局领导申请建办公楼。区领导对气象工作也比较肯定,提出,目前政府财力确实非常有限,要建新的场地实在很难拿出那笔资金,实在不行就搬到政府大楼里去办公。

办公环境虽然暂时得到改善,可观测场怎么办?总不能搬到区政府大楼吧?

史洪艳言辞恳切地表示了对领导关怀的感激,并说明了不能到那里办公的缘由。领导表示理解并表态:“不要太着急,让我们共同想办法,现在暂时克服一下,区政府会尽量帮助解决。”

听到领导的表态,虽然当时没能马上批准,但她看到了希望。自己以服务赢支持的思路是正确的,接下来,她要再加把劲,以更优质、更高效的服务争取早日得到政府批准,建设属于连山气象人自己的理想场所。

2010 年 7 月下旬,通过天气形势分析,确认 8 月中上旬将有强降雨过程。3 日,史洪艳通过电话亲自向主管区长详细汇报 4—5 日连山区有暴雨、特大暴雨并伴有雷电等易发严重自然灾害。同时,通过手机短信、气象信息简报等形式将暴雨预报信息通知给区政府和相关部门主要领导,引起领导高度重视,并要求提前做好防灾减灾应对措施。

8 月 4 日 12 时左右,天空果然乌云密布,一霎时,雨点连成了线。“哗”的一声,大雨就如瓢泼似地铺天盖地从天空中倾泻下来。全局工作人员虽然仅有 4

人，但各有分工，史洪艳负责全面工作的同时，重点是与有关人员参加省、市级天气会商并及时向区领导汇报连山区天气变化情况，副局长主要负责管理气象台值班员雨晴监测和服务中心人员服务材料的编写及发送等。

一开始，他们就感觉雨下得有些异常，有可能超过历史同期最大值。因此，每个人都坚守岗位，深感责任重大，不敢有一丝一毫的马虎大意。雨下个不停，预报员时刻紧盯各区域站和山洪站的雨量情况，时时监测，适时发送雨情、不同等级的雷电、暴雨、地质灾害预警信号，为区委、区政府领导决策提供科学依据。依据气象信息，政府提前转移危险地段居民上百人，部分河堤适当加固，极大地避免了人员伤亡和重大财产损失。

深夜 11 时，柴文海区长和主管副区长陈玮同志亲自到气象局慰问，目睹办公环境的艰苦、工作人员的辛劳，他们深受感动，当场表示，政府虽然有困难，但一定要想办法为气象局创造一个良好的办公环境。

大雨还是不间断地下着，一直持续到 5 日 14 时，30 多个小时，没有人离开自己岗位半步，而是干得更加起劲。此时，没有人去想宽敞明亮的办公大楼、现代化标准的气象观测场，大家心里想的都是预报预警再准确些、再及时些，为父老乡亲的生命财产安全再加一份保险……

这次降水果然超出同期历史极值，当雨停了的时候，每个人都松了一口气，唯一想做的事就是好好地、美美地睡上一觉。

依据天气变化情况，受副高后部切变线影响，仅仅间隔两天左右的时间，预报 8 月 3 日后半夜本区也将有暴雨局部大暴雨的天气，易造成局地可能出现短时强降水，易引发山体滑坡、局地山洪、泥石流、矿区塌陷等地质灾害，以及城市内涝与乡村渍涝等次生灾害。连山气象局每个工作人员又上紧了发条，如钢铁战士般投入了新的战斗。3 日 08 时到 4 日 08 时，全区普降暴雨到大暴雨，平均降雨量为 128 毫米。由于事先预报将有强降水，大家都提前做好了准备。加之，雨下得虽急，但是持续时间较短，并没有给连山区带来人员伤亡和重大财产损失。

8 月中旬，区委书记支剑锋、常务副区长熊玉辉与相关部门领导也亲自到气象局慰问。气象人及时精确的预报、甘愿奉献的工作态度、创新的工作方法，给政府领导留下了深刻的印象。他们对连山气象人在艰苦环境下敢于斗天地、默默无闻的奉献精神大加称赞，并当场表示，这样的实干部门，区政府一定要大力支持。

几天之后，区长就连山区气象局业务楼和观测场建设问题会同国土资源局、城建局、交管局等多个部门召开政府常务会议，要求在连山区气象局业务楼建设上，政府虽然没有太多的资金支持，但要给予最好的政策优惠，各相关部门鼎力支持，提供各种方便，一律减免各种手续费用。另外，政府经过常委会研究通过，投入建设资金53万元。

守得云开见月明，每一名工作人员都激动不已。当晚，史洪艳高兴得几乎整夜未眠，理想中的办公大楼仿佛就矗立在面前。第二天，她就开始着手办理相关事宜。有了政府的支持，程序的审批会更简便，建楼资金也有了着落，但办公楼的选址、设计等各种事情接踵而来，史洪艳的工作接近疯狂，每天都要工作到深夜，很多时候都吃住在单位。功夫不负苦心人，终于二层明亮的办公楼建起来了，楼内设备完善，庭院环境优美，职工心情舒畅，工作节节提高。

啃下了钱和物两块“硬骨头”，但“人”这个关键点始终没能得到突破。特别是随着公众对气象的重视、服务需求的增加，人员短缺问题愈发突出。每个人都经常加班加点，常常是干着干着一抬头，就已经下午6点多了。尤其在汛期，一旦有灾情防汛时，大家就算吃住在单位也感觉力不从心。人毕竟不是真正铁打的，长时间的超负荷工作，员工身体都不是很好。但大家都很有默契，小病都是吃点药硬挺过去。因为他们都深深地知道，自己离开，其他同志就要多做一份工作，于心不忍呐。

作为领导，史洪艳看在眼里、疼在心上，这些都是她的精兵强将，哪个倒下了都是割她的肉。她多次向上级打报告汇报相关情况，但是受到编制限制，人员迟迟不能解决，直到一个契机出现。

史洪艳(左一)工作照

2013年，连山区出现了有气象记录以来最严重的春旱，直到5月上旬一直没有雨，春播生产不能正常开展。如果再不下雨，短暂的春播期过去，全区农民将颗粒无收，经济损失难以估计。一时间抗旱成了区委、区政府压倒一切的中心工作。区领导非常着急，总是询问天气状况，同时要求抓住一切时机开展人工增雨。

人工增雨并不是一人能单打独斗的，最低也要经过培训过的2～3人通力合作才能顺利完成。史洪艳向政府再次说明人员短缺情况，领导盼雨心切，答应只要能下雨，会尽快例会研究编制问题。

全局人精神为之一振，他们密切关注天气变化，抓住每一次能增雨的天气条件，排除一切困难，尽量多增雨。5月10日旬报刚出来，史洪艳就注意到5月15日将有一场降雨天气过程，她想一定要抓住这次有利时机打响春播抗旱的第一仗。那几天她早来晚走，亲自把关，与业务人员研究天气形势，分析雨量。13日，市政府主管农业的副市长在连山区塔山乡政府召开春播抗旱现场会，会上史洪艳亲自汇报15日将有一次降雨过程。当时市、区政府领导眼睛一亮，要求气象局抓住一切时机开展人工增雨作业。

15日凌晨，降雨如期而至，连山区气象局在市局的支持下，出动了3辆增雨车，发射了火箭弹62枚，人工增雨作业效果显著，保证了春播生产的顺利进行。农民的地种上了，区领导也进一步认识到在抗旱方面，气象局人工增雨所发挥的作用不可替代。因此，当年区领导就批准调入4名地方编制人员，成立专门的人工增雨办公室，结束了连山区气象局仅有“四大金刚”的历史。

人员齐备了，史洪艳对职工的要求却只增不减。“严格来说，我不是局长，而是‘家长’。连山局就是我的家，这些职工都是我的孩子。对孩子，该管就得管，该爱就得爱。”

她深深地明白，惯子如杀子。职工犯了错，她的批评毫不留情面，就是要把失误扼杀在萌芽状态，防止职工小错成大错，关肖月至今仍能记得当初被史局严厉批评的恐惧。

2012年是关肖月参加工作的第二个年头，还是毛头小子的他由于疏忽，最低气温测报出现不该有的失误。史洪艳大发雷霆，不仅让他在大会上做检讨，还印发文件对他进行通报批评。

这个刚步入社会不久的小伙子面红耳赤，一下子就长了记性。从那以后，他的工作再没失误过。2011年，关肖月就获得了“百班”无错情。不只是他，2012年，连山局获得了两个“250班”无错情，打破了没有“250班”无错情的历史。

2013年，在局长严格要求下快速成长的关肖月，仅仅工作4年就被任命为办公室主任。现在,关肖月为人处世沉着稳重,完全看不到一点“愣头青”的影子了。

别看史洪艳严起来铁面无私,她柔起来更是让人如沐春风。生活上,大家又都拿她当知心姐姐,有啥家常都喜欢跟她唠。两口子吵架啦,家人生病啦,找对象发愁啦,职工们谁家有个大事小情的,史洪艳二话不说能帮的绝对帮到底,帮不了的想尽办法帮。

职工都说,史姐有“火眼金睛”,谁有心事她一眼就能看出来。只要看谁情绪不佳,史洪艳就会找他谈心,了解情况,悉心劝慰。“跟史姐谈完,豁然开朗。”这是大家的共识。

一天早上上班后,史洪艳发现每天都像小燕子似的叽叽喳喳的王翠今天情绪不太对,于是把她叫到自己办公室了解情况。经了解原来是两口子闹了点小矛盾。史洪艳就耐心地开导她:“两口子就好比舌头和牙齿,总会有碰撞的时候,遇事要多想想对方的好处……”经过一番开导,化解了小两口的家庭矛盾,稳定了职工的情绪。

局里的地方编制职工需要转评职称,史洪艳多次找区人社局局长沟通,帮助他们解决职称评定问题。经沟通,发现地方编制职工学历和专业是评职称门槛。史洪艳大手一挥:“都去读大气科学本科函授!”

一个局8个人,一下子就有4个人去读函授,而且最多的时候一次就有3个人同时去上课,一走就是几个月,好不容易多出来的人手就这样又紧缺了。

好在,经过多年的风雨同舟,职工们建立了深厚的情谊。对于函授的同志,其他人不但没有怨言,还都大力支持。在函授期间,其他人主动承担函授同志的职责,各项工作不落人后。

兄弟齐心,其利断金。连山区气象局的人员素质不断提高,史洪艳倍感欣慰。

钱、物、人“三座大山”被史洪艳这个“愚公”一一挪走,连山区气象局的业务也在康庄大道上一路狂奔。全区每个乡镇安装了电子显示屏,成立了气象信息服务站;每个村都安装了农村应急广播系统,设有专门的气象信息员……不到两年的时间,连山区气象局落后局面彻底扭转,提前跨入了葫芦岛市乃至全省先进局的行列。

2011年,辽宁省气象局副局长刘勇在视察连山区气象局时连连感叹:“工作干的怎么样,全靠有人带啊!”

单位发展好了,职工心气儿足了、效率高了,直接受益的还是老百姓,这点塔山乡人万泉河深有体会。

万泉河建了30多个大棚,是区里的龙头种植户、重点扶持对象。2013年,为了支持万泉河的种植业，区政府要求气象部门提供有针对性的直通式服务。经实地考察，史洪艳决定在万泉河的大棚里建设小气候观测站，实时提供二氧化碳、光照等要素。

“一开始，真没拿这个站当回事。当时觉得吧，这也是政府领导对我的关心，建就建吧，反正也不占地方。”谈起最初对观测站的认识，万泉河有点不好意思。

时间长了，万泉河发现了观测站的好处。之前，他的大棚油桃全凭自然环境生长，基本是靠天吃饭。但是，观测站运转之后，他每天都可以根据观测数据调整大棚温湿度，保障油桃的花期。

“油桃口感好，挺受欢迎，尤其在春节期间效益最好。可靠天的话，冷了热了的，根本不能保证在春节能收获，更别提上市了。有了这个站以后啊，基本上每年都能在春节上市。而且其他棚里的蔬菜啥的长势也变好了，加一起每年效益增加了得有三到四成。”提到挣到手的钞票，万泉河高兴得合不拢嘴。

当年，在气象局给区政府的为农服务报告上，主管区长批示：“气象局在 2013 年气象服务工作中周到细致，成绩突出、措施到位，很多方面值得总结推荐。”

经过几年的艰苦奋斗，如今的连山区气象局已经是旧貌换新颜，人员配备齐全，工资收入稳定，工作业绩得到了区领导，省、市气象局领导的高度认可，2011 年至 2016 年连续在年终绩效目标考核中名列第一。

上任伊始面对的困难已经解决，确定的目标也已经实现，史洪艳无比自豪。然而，在内心深处，她却对一些人充满了亏欠——那就是她的家人。

“我把所有的关心和温暖都给了职工，我尽到了局长的职责。可是我却忽略了最亲的家人，作为妻子和母亲我是失责的。”谈起这个话题，这个“铁娘子”眼圈红了。“自古忠义难两全，谁让我是局长呢。我无愧于我的职业，却深深地有愧于我的亲人。”

她的爱人在部队工作，也是一名气象人。他了解她的性格，知道她对工作有种干字精神，十分担心她的身体，怕她吃不消，经常打电话询问她工作、身体情况，爱人的支持和理解让她十分暖心。

2012 年，爱人调到河南省工作。当时，孩子刚上初三，接下来的高中 3 年也是孩子一生中最关键的 3 年。恰逢此时连山区气象局建附属用房，史洪艳权衡了一下，还是把重心放到了工作上。

“那毕竟关系到全局人的利益啊，该怎么取舍非常明显。”

话是这么说，其实她心里是“打鼓”的。丈夫远隔千里，公婆身体不好，她工作忙，最多能做到给孩子做早饭，至于晚饭她啥时候下班，孩子就饿到啥时候。

史洪艳心疼又担忧，这样下去，孩子的关键期能不能稳住？如果孩子自制力差怎么办？学业受影响怎么办？

“忙起来还好，稍微闲点，我心里就七上八下的，全是担心孩子。”

值得骄傲的是，受父母耳濡目染的影响，孩子自制力很强，功课很好，考上了理想大学。

史洪艳这个年龄段，正是上有老下有小的时候。对老人，她更是愧疚。2012年，婆婆检查出肺癌，必须进行手术，这时也正是单位业务楼建设主要时期，根本离不开。

婆婆在大连手术期间，为了不影响她工作，她爱人从部队赶回来陪婆婆，而她只能每天几个电话问候。直到婆婆做完手术到出院，她一天都没有护理上。直到现在，这件事都是她的心结。

好在公公婆婆都通情达理，没有埋怨，反过来安慰她：“你们单位人少，你是当家人，当好家不容易，咱们家亲戚多，能照顾得过来，你忙好单位的事就行了。”

“对于我个人，苦些、累些没什么，但当想起老人和孩子我真的感觉非常非常内疚，真的没有很多时间来陪他们，经常在夜里哭醒。”

为了弥补对老人的亏欠，史洪艳把对老人的爱都倾注在日常小事里。有矛盾的时候，史洪艳从不跟老人计较，总是哄劝。每逢节日，她必给老人送钱、送礼物。公婆一年四季的衣服她都承包了，老两口的尺码烂熟于心。

“调节”，是史洪艳经常挂在嘴边上的词。要懂得调节压力、调节情绪、调节身体，身体是革命的本钱，精神是身体的支柱。为了强身健体，她迷上了瑜伽。每天练上1小时，神清气爽。为了丰富精神，她成了“古筝粉”。目前已达到七级水平，高山流水、渔舟唱晚等名曲弹得韵味十足。

夫妻琴瑟和鸣，母子舐犊情深，婆媳相亲相爱，事业蒸蒸日上。如今的史洪艳心里充满阳光！她有信心带领全区气象人向着更加美好的未来一路前行！用她的臂膀撑起连山气象事业更加辉煌灿烂的明天！

作者：张　娜

风云绘就“奇女子”

——记吉林省汪清县气象局局长杨玉华

吉林汪清县，是一个坐落在“雄鸡”版图鸡嘴尖，被长白山脉环抱、碧水萦绕的美丽山城。

在这里，有一位“奇女子”多年来执著地与天地对话、与风云共舞，上下求索，敢拼敢冲，为汪清气象事业科学发展贡献全部的光和热，一干就是19年——她就是汪清县气象局局长杨玉华。

为老天把脉、与风云共舞——从“门外汉”到领头人

“如果说医生是给人把脉看病的，那气象员就是给老天爷把脉的。”这是杨玉华经常说的一句话。俗话说，“天有不测风云”。天气变幻莫测，气象员必须长期分析、研究，不断地摸索，让自己的思维走势与老天变化同步，才能作出准确预报。

1998年，杨玉华刚到气象局工作时是一个名副其实的“门外汉”。汪清是国家级基本站，需要24小时守班，同时还承担着24小时航空报的任务，业务工作量非常繁重。作为一位气象工作的“新兵”，她拿出不服输肯吃苦的劲头，从最基础的气象知识学起，很快成长为业务骨干，业务质量连年被评为优秀，多次获得了省、州局的业务嘉奖。

零基础是一个必须面对的事实。《地面气象观测规范》《天气学原理和方法》《短期气候预测基础》《卫星气象学》等书籍摆在她的办公桌上、寝室床头、家中沙发上，她夜以继日地学习记录。跟班期间，虚心向老同志请教学习，天气现象编码、编报规则、雨量等级等所有的值班环节，全部写在笔记本上，每天拿出来翻看、

背诵。儿子问她：“妈妈，你在看什么，这样入迷?”她诙谐地说：“妈妈和你一样在复习功课呢!”就这样，零基础的她变成了业务能手，在测报岗位工作期间，她严格按照各类业务规范的要求准确、及时地进行观测、编发气象报告和记录处理，并及时上报各类报表。认真地校对各项记录，查看自动站数据，发现问题及时汇报、及时处理，保证了气象数据的准确性和完整性。预审报表 200 多份，错情率为 0.0‰。

一样的是工作，不一样的是生活。在艰苦气象站，同志们不是亲人却胜似亲人，每天同工作共生活，朝夕相处，互相关心，互相帮助，气象站也就是大家的家。每天的午饭，是大家轮流做，有时轮值做饭的同事请假了，急性子的她就主动站出来，为同志们做午饭。她想：总不能让大家没有饭吃，环境已经很艰苦了，不能让大家再饿着肚子干工作吧。于是，她一边认真完成各项工作，一边为大家的伙食操心，蒸馒头、包饺子、擀面条，同事们总能吃到不一样的饭菜、不一样的味道。

汪清局下辖罗子沟气象站，属于二类艰苦台站。罗子沟站的工作环境十分恶劣，建站初靠挑水，之后拉水，直到 2009 年迁站才用上自来水。一个似乎被现代文明所遗忘的大山中的气象站，当领导面对面露危难情绪的同事们安排值班时，她站了出来，一个柔弱的女子，走进了这个没有电话、没有网络，甚至于没有自来水的气象站。然而艰苦的环境并没有令她退却，如同寒风中的梅花，她坚强而倔强地在孤寂的气象站生长、绽放，真是“梅花苦自寒香来”。值守夜班的时候，罗子沟漆黑的夜幕下，除了月光、星光，再有就是值班室的灯光了，气象站孤零零地伫立在一个小山坡上，外面除了山还是山，天生怕黑让值守夜班的她很是恐惧，观测时间到了，抑制着内心的恐惧，一只手拿着观测本，另一只手摸着口袋里的水果刀，腋下夹着一把手电筒，在观测场认真地观测、记录，只是回值班室的时候，脚步却一步紧似一步，心还在怦怦地跳。

随着新鲜血液的不断注入，汪清局的干部职工队伍不断年轻化。针对新分配大学生的气象专业基础知识薄弱的实际，“从实践中来，到实践中去”的杨玉华积极发挥老观测员的优势，做好“传、帮、带”工作，很快使他们具备了能够独立值班的能力，解决了艰苦台站业务人员紧缺的问题。同时，她为全站职工制订了详细的学习计划，做到月月要考核，周周集体学，天天有自学。她总是带头学习政治理论、学习现代业务体系建设，学习自动站业务知识、《地面气象观测规范》、农业气象观测业务、气象法律法规，认真履行地面测报科长的职责，坚持组织每周学习制度，在全站形成人人互帮互学、共同提高的良好氛围，从而带动职工学习的自觉性，为建设学习型部门做出了积极贡献。

由于工作表现突出，从 2010 年起，杨玉华逐步从一线业务岗位转到从事管理工作，经过组织的严格考查，在汪清气象局全体干部职工的信任和支持下，2013 年起，杨玉华开始主持汪清局的全面工作，成为汪清局的领头人。

孜孜以求、改革创新——气象事业发展跃上新台阶

2013 年是杨玉华就任汪清县气象局长的第一年，也是汪清县气象事业的转折之年。

俗话说得好：“鸟无头不飞，人无头不走。”有一个把工作当做事业干的领头人，工作就会富有活力、佳绩迭出。杨玉华正是这样的局长，她把气象工作当做事业去奉献，把气象局当做自己的“大家庭”去建设，孜孜以求、夙夜为公，以改革创新的精神推动汪清县气象事业科学发展。

良好的业务工作环境是干事创业的保障。由于汪清整体城市建设规划的需要，汪清气象观测站于 2001 年搬迁至县城边缘的东光镇五人班村，从此汪清局站分两地办公，观测站距离局机关近 9 公里。2010 年 4 月由于值班室房顶电线老化引发整个业务用房起火。当时由于条件所限，对业务用房进行修整后继续使用。此后随着气象综合观测业务的不断发展，不足 80 平方米的观测站业务用房已经无法满足业务发展的需要。而且由于那场火灾，房屋构件受到严重影响，随着使用年限的增加，逐步发生地基沉降，墙砖粉碎等现象，房屋的门窗都无法关严，测站业务用房已近危房。

在观测站 10 多年值班的经历，使杨玉华深刻体会到了最基层业务人员的不容易，看着值班到凌晨两、三点的观测员连个舒服温暖的休息室都没有，她更是忍不住的心疼，而且综合观测业务的发展也需要更好的业务平台，因此，在杨玉华被任命为汪清县气象局局长上级部门进行组织谈话时，她就明确表达了上任后的第一项重点工作就是要对观测站进行综合改造。她的想法得到了上级部门的支持。

在业务用房的整个建设过程中，她更是亲力亲为，一有时间就研究图纸，跑工地，每个细节都不放过。一项“零基础”起步的工作又摆在了她的面前。虽说家中也曾经装修过，但这可是耗资巨大的基建项目啊！

首先，面临的就是征地问题。观测站位于东光镇五人班村，虽然观测站的北面距离主街的大马路只有 30 米左右的距离，但是进入观测站总要绕行到东面进村的马路，十分不方便。她想能不能把北面的土地征用过来，这个想法产生在 2014 年的 9 月，入驻前的 2 个月。班子开会讨论时，同事们都说，这能行吗？时间太短了，征地可是一件复杂、烦琐的事。最后，经过激烈的讨论，她轻描淡写地说

了一句:“世上无难事,只怕有心人。我来试一试吧!”从那时起,她带着台站管理科的孟凡伟,就成了县国土局、规划局的常客。事后,国土局的局长诙谐地说:“我在国土局工作10年了,气象局的征地手续是在我任上办理最快的!”

其次,面临的就是施工建设。看不懂施工图纸的她,整天跑设计院请教,最后,设计院的设计人员竖起大拇指说:“气象局的杨局长是我遇到的最有想法的领导。”在建设工地,任何一个细节,她都要亲自查看。在取暖环节上,她的想法与州局领导的建议冲突了。州局领导的想法是为了稳妥起见,还是采用烧锅炉的方式采暖。而她的想法是尝试使用电采暖。她说,过去我们冬季值班的时候,边值班边烧锅炉,早晨交班前,先掏锅炉,全身上下全是煤灰,洗脸都要洗三遍。夜间值班,还要加煤。这个锅炉占用了值班员一半的精力。我一定要把值班员从冬季烧锅炉中解放出来。我要试一试!她先后考察了沈阳、长春、长白山等地区,最终确定了电采暖的方案。事后,州局领导来汪清检查工作时对值班员欣慰地说:“是杨局长的一份坚持换来了汪清观测站冬季值班的一份舒适啊!”

经过征地、规划、招投标、施工建设等程序,汪清国家地面观测站业务用房于2014年11月27日投入业务使用。业务平台按照国家局标准化要求建设,而且合理设置了休息室、厨房等功能区,大大改善了基层业务人员的工作生活环境,又提高了汪清综合观测业务的总体水平。职工们都说,杨局长上任,观测站改造,这个冬天真的很暖和。

积极筹建汪清县防灾减灾指挥中心。2013年,她深深地感到现有的285平方米的业务用房已经严重制约了气象现代化的业务发展,经过慎重、综合考虑,她决定请示省、州局以业务用房置换的方式,购置位于汪清县河北的益鹏北岸公馆1号楼。此举得到了州局的大力支持,随着批复的下达,新的问题应运而生,那就是业务用房的装修。为了立足现在、着眼将来,把汪清的气象现代化推上一个新的台阶,她积极协调县政府匹配装修资金200多万元,2015年5月7日,汪清县防灾减灾指挥中心顺利完成建设。全局干部职工怀揣着喜悦之情,入驻焕然一新的新楼。现如今,汪清县气象局职工工作生活环境得到了极大的改善,气象现代化建设也得到进一步推进,汪清县气象局还被授予“省级文明单位”,真正达到了“一站一景一文化”的花园式台站。

铁肩担风雨、气象总关情——积极推动地方发展民生改善

风霜雨雪亦可歌,万千气象总关情。

杨玉华是土生土长的汪清人,她深深地热爱自己的家乡,热爱这片绿水青山。

在多年从事气象事业过程中，为了家乡的经济发展和防灾减灾，杨玉华的足迹遍布了汪清县的山山水水、角角落落。哪个地方气候怎么样，适宜种植什么作物，哪个地方老百姓需要什么样的气象服务产品，应该如何为他们开展气象服务，她都了然于心。她常说，气象事业是惠及百姓的伟大事业，是惠民利民的民生工程。作为一名党员，作为一名气象工作者，服务好坏看百姓的说辞，要让全县每一个农户都能够及时收到我们的气象信息，为他们农业生产保驾护航。

从某种意义来说，气象局是一个弱势部门，单位小，人员少，很难引起地方的重视，许多人甚至包括一些地方领导对气象局的印象都只是停留在报天气预报上。作为一名县级气象局长，杨玉华深知气象工作要得到地方政府的认可，就要为地方经济发展做好服务工作。

杨玉华（右一）工作照

献身气象，做好服务就是职责所在。杨玉华主持汪清局工作后，各项气象工作都处于起步阶段，在资金短缺、技术设备简陋落后的情况下，他和同事们翻阅了大量的气象资料，制作预报工具，深入到第一线，测土验墒，调查旱情、灾情、雨情、农情，掌握了大量的第一手资料，推动政府出台了《汪清县防雷减灾管理办法》《汪清县气象灾害应急预案》等多个重要文件。特别是近两年来，汪清县气象局结合气象部门职能，以人工影响天气和为农服务作为切入点，积极做好气象服务工作。

2017 年 7 月 19—21 日，汪清县遭遇入汛以来最强降水过程，全县平均降雨量为 135.34 毫米，最大降雨量为 281 毫米，导致汪清县发生严重洪涝灾害，受灾人口 5.7 万人，紧急转移安置 2.5 万人，人员零伤亡，直接经济损失达 24.88 亿元。

这次降水过程，杨玉华带领全局干部职工积极奋战，准确预报、密切跟踪、及时服务，为县委、县政府科学决策提供了依据。17日开始，杨玉华积极与州台会商，分析预判降水起止时间、雨量、雨强和落区以及对汪清县的影响，召开专题会议研究决策服务材料。从18日11时开始，全局各科室值班人员24小时在岗。气象台充分利用雷达、卫星、区域站、闪电定位等多种监测手段，加强了实况和气象灾害监测，并且及时发布预警信息。在省、州台的指导下，18日下午制作并发布了重要气象信息《明显强降水预报》，杨玉华就此次过程向主管县长作了专题汇报；18日12时，汪清县气象局启动了暴雨Ⅳ级应急响应，19日9时38分发布了雷电黄色预警信号，16时发布了雷暴大风预警，16时40分发布了暴雨蓝色预警，并在电视台滚动播放预警信息。19日22时，县长亲自到汪清县气象局了解雨情，听取汇报。20日03时将暴雨蓝色预警升级为黄色，与国土局联合发布了《地质灾害蓝色预警》，与水利部门联合发布了《洪涝灾害蓝色预警》。20日09时，将重大气象灾害(暴雨)应急响应升级至Ⅲ级，11时升至Ⅱ级。20日18时50分发布了《地质灾害风险黄色预警》，18时52分暴雨蓝色预警升级为橙色。21日05时，主要降水过程结束。

本次过程，杨玉华共向县委、县政府领导汇报5次，与防指电话会商8次，与州局视频会商2次，发布《重要气象信息》2期，发布各类预警信号9个，报送雨情信息13期。

为进一步做好气象服务工作，杨玉华积极推进制度建设，强化内部管理，并制定了业务工作目标管理细则和兼职岗位管理办法以及应急管理、汛期联动上报等一系列制度，提高了业务水平和服务质量。她还遵循以人为本的理念，坚持"能者多劳、劳者多益、以奖代罚"的原则，引进多元化的用工结构，国家气象编制、地方事业编制、地方公益岗位多种身份在气象局的大家庭里发挥着各自的积极作用。同时，她还加强对职工的职业道德教育，充分激发人的潜能与调动人的主观能动性，通过人性化管理，培养工作能力和工作效率。她善于培养人才，人尽其才，才尽其用，使每一个人都能各得其所。

人工影响天气，汪清百姓的好帮手。近年来，汪清每年都出现不同程度的春旱，汪清县气象局密切监视天气情况，抓住一切有利时机实施人工增雨作业，有效地保证了备春耕生产。

2014年夏季，汪清县出现了历史罕见的旱情，自7月份起由于无大范围明显有效降水天气过程，整个汪清地区出现不同程度的旱情。玉米叶片萎蔫，大豆底叶枯黄，杨玉华看在眼里急在心上。她在得知7月11—16日有降水天气过程时，便请炮点值班人员立即做好作业准备，不分昼夜、坚守岗位，密切监视天气变化。

在6天中共组织作业7次,发射火箭弹21枚,取得了良好的作业效果,缓解了旱情,得到了县领导和广大民众的好评。

除了增雨,人影作业在防雹方面的作用更明显。在一次主管农业的县领导下乡调研的时候,就亲眼看到两个相邻的村子一个因为及时开展人工防雹作业使地里的烟叶免受损失,另一个村因为没有防雹作业点没开展防雹作业,让刚长出的大豆豆荚几乎全被冰雹打落。人工防雹作业的效果得到了县里的极大认可。为了确保人影作业弹药的安全,杨玉华多次协调政府并最终解决全县13个作业点的弹药保险柜款,为作业弹药安上了保险锁。每年汛期的人影作业值班对各乡镇的炮手要求极高,除了常规的24小时值班值守外,还要求炮手们在作业期间要高度紧张和及时反应,有时1分钟的时差,往往就错过了最佳作业时机。凡事都要有张有弛。如此高强度的作业,炮手们的日常休息就成为确保作业效果的重要事情。为了改善炮手的办公和居住环境,杨玉华又协调政府拨款,为全县13个炮点中的9个进行了翻建。焕然一新的环境,促使炮手们更加努力地工作。东光镇新兴村的炮手贺延令如是说:“感谢气象局杨局长的付出和投入,我们一定会尽职尽责将人影作业工作做好。这炮点翻建之后,我连冬天都不想回家了。”

为农服务,揭开气象服务新篇章。多年来,杨玉华始终把做好“三农”服务作为一项重要工作来抓,2015年,“汪清经验”作为为农服务经验在全省推广。省局这样来定义“汪清经验”:汪清在全省率先建立了气象工作站,为两个体系长效运行探索了新路,奠定了坚实基础。在特色农业服务方面,汪清在全省率先引用了物联网理念,将实地探测、阈值自动判断、信息自动发送结合起来,并积极探索与自动控制的结合问题,为木耳养殖户提供了真正有效的直通式服务,服务效益十分明显。每当春耕春播期间,她和同志们便深入田间地头进行实地墒情调查,主动为当地涉农部门提供旱情、雨情分析报告及生产对策建议。认真开展“直通式气象服务”,组织好对乡镇气象工作站、农业种植大户和生产一线的气象服务工作,为全县的支柱经济作物黑木耳、烟叶提供专题服务。

为了搞好气象为农服务工作,杨玉华亲自带着业务人员到各乡镇调研,选定以汪清地栽木耳特色农业为切入点,对种植大户开展直通式服务,并针对耳农需求开发了为农服务平台、定制了温湿度监控器设备等,在为农服务工作中成功引进了“物联网”概念,受到了服务用户的好评,取得了良好的服务效果。一系列的工作得到了县委、县政府的认可,汪清县气象局于2013年和2014年分别获得全县先进单位和模范单位的荣誉。杨玉华在作为代表上台领奖的时候比个人获得荣誉时要高兴十倍百倍。她说:“这说明汪清县气象局的工作得到了认可,汪清县气象局全体职工的努力得到了认可。”

心系扶贫，大家致富才是真的富。做好“精准扶贫”是党中央和各级政府当前的一项重要工作。作为一名党员领导干部，杨玉华把这项工作当成了必须完成的目标任务。为此，她结合部门实际，采取多项措施开展扶贫帮困工作，并取得明显成效。

位于汪清县大兴沟镇的后河村，位置偏远，村里人烟稀少，经济落后，当地群众主要收入来自玉米等大田作物。而由于村边道路不便，农民们早出晚归，农忙时节甚至只能露宿野外。杨玉华了解情况后，为村里送去了气象服务专报，安装了户外LED气象信息显示屏，除有针对性开展气象服务外，还将后河村的困难情况积极向上级部门反映，修了公路和涵洞，建立了合作社，使不少村民走上了脱贫致富的“快车道”。

2017年，汪清县气象局按照汪清县委、县政府的要求，组织所有在职党员进社区帮扶，并深入开展结对帮扶工作。组织人员多次走访慰问贫困户，并为贫困户送去化肥、籽种、米、面、油和现金进行帮扶。同时，按照省气象局和延边州气象局工作安排，成立驻村工作队，开展精准扶贫工作。在2017年元旦到来之际，杨玉华亲自带领汪清县气象局干部职工，为全村29户贫困户每户送去了50斤大米，20斤豆油，给他们送去了节日的温暖。此外，在前期深入调研的基础上，联合大兴沟镇政府，积极联系社会资金参与精准扶贫，在后河村上马延边黄牛养殖项目，并通过了县政府的批复，该项目上马后，在获得利润后，每年年底将为参与养殖项目的贫困户进行分红，既解决了贫困户的就业问题，又为他们增加了收入。目前该项目已取得收益，后河村参与养殖项目的村民人均可分到350元。

都说做领导难，而做一个女领导更难。哪个女人不恋家？哪个母亲不爱孩子？哪个女儿不想留在父母身边以报养育之恩？但是，为了所热爱的气象事业，杨玉华把青春奉献给了气象事业，用自己的实际行动诠释了人生的意义，演绎出了属于她自己的别样风景。

作者：王　洋

巾帼红颜·敢为人先

——记黑龙江省伊春市五营区气象局局长靳世波

党的十八大以来,中国气象局妇女干部职工深入学习贯彻习近平总书记重要讲话精神,坚定不移地维护习近平同志的核心地位,听党话、跟党走。伊春市五营区气象局长靳世波就是这一批优秀女干部职工的杰出代表,她们在气象事业的发展中勇挑重担、立足岗位成长成才,用智慧和汗水创造了精彩业绩,发挥了独特的优势和不可替代的作用。

靳世波,1971年8月出生于吉林省扶余县,1992年7月毕业于湛江气象学校,分配到伊春市五营区气象局工作,2002年12月被伊春市气象局党组任命为伊春市五营区气象局副局长,2009年10月被任命为五营区气象局局长。

五营区气象局始建于1957年,是一般气象站,1964年晋升为省级林业气象试验站,1987年晋升为国家气象局一级林业气象试验站,2005年中国气象局在五营建设森林生态监测站;2007年被黑龙江省人事厅批准设立博士后科研基地。

不经寒骨,哪得花香

天降大任于斯人也,必先苦其心志,劳其筋骨,饿其体肤,空乏其身,行拂乱其所为,所以动心忍性,曾益其所不能。"穷人的孩子早当家"是话糙理不糙的,并不富裕的家庭条件注定了童年的靳世波因比常人更早的认知世界而更加成熟,自古雄才多磨难,古来纨绔少伟男。

靳世波6岁时由于父亲逝世随母亲来到黑龙江省伊春市美溪区林业局,一直和母亲、姐姐、妹妹相依为命,在温暖的环境中成长起来的靳世波尽管失去了父亲，却收获了无数份来自邻里乡亲们的关爱。靳世波怀着一颗感恩的心，将别人对自己家的好，母亲的言传身教记在心底，也朦胧地感知到了政府和社会对老百姓的关怀，这些都为长大后靳世波以自己的方式回报社会打下了情感基础。

靳世波在少年时期就深知母亲的困难，而自己能做的就是好好学习科学文化知识，做一个不让母亲操心的好孩子，努力让自己成长起来，回报母亲，回报社会。靳世波是一个很要强的孩子，在学校里她的成绩始终是名列前茅，偶有失利总分析失利的原因，总结经验教训，往往会提前半个月就为下一次的考试做足准备。学生时代的靳世波，受到刘胡兰、向秀丽、刘文学、雷锋、王杰、焦裕禄等英雄人物事迹的影响和熏陶，以他们为榜样，促使自己勤奋好学，刻苦奋进。8 岁加入少先队，20 岁加入共青团，曾被评选为优秀少先队员，模范共青团员，四好团支书。

因家庭比较贫困，父亲去世后，只有母亲一人挣钱养家，懂事的她在美溪区第二中学初中毕业后选择了报考中专，就想早点参加工作，减轻母亲的负担。1988 年靳世波被广东湛江气象学校录取，学习了气象电子技术专业。1992 年 7 月毕业，在伊春市五营区气象局担任气象服务工作，2002 年，成为一名合格的工程师。

2006 年 12 月在党组织的培养教育下，经王淑华、韩淑娟两位同志介绍，靳世波抱着为共产主义奋斗终生的思想动机，光荣地参加了中国共产党。入党后，靳世波严格要求自己，认真执行决议，遵守纪律，发挥模范作用。由于组织信任，同年，被选为五营区政协委员，为五营区经济的发展和建设献计献策，有几篇政协议案被政府采用，2009 年，被选为五营区人大代表，在任党内职务期间，能坚持党的民主集中制原则，积极完成党的工作。

2007 年 3 月，靳世波为了充实自己，在哈尔滨职业技术学院学习了计算机信息管理专业，并通过自身的不懈努力和对知识的渴望，在 2009 年 2 月至 2011 年 6 月考取了东北林业大学主攻林学专业学习。

靳世波对自我的认知非常明确，她在政治思想上是坚定的。能够认真学习马列主义毛泽东思想和党的路线、方针、政策，忠于党的事业，能够以党的利益为重，关键时刻思想过硬，具有牺牲精神。靳世波对事业满含热情，能服从组织分配，干一行爱一行专一行，在单位担任过财务、气象服务、防雷减灾、生态站的建设、科研等工作，每一行都入手快，干得实，有独立工作的能力。靳世波学习上是刻苦的，有勤学好问、学而不厌的精神，善于向书本学习，向群众学习，向实际工作学习。有一定的理论水平、科学知识和道德修养。她能够团结集体，顾全大局，具有从事思想工作的能力，维护整体的利益，团结绝大多数同志包括不同意见的同志一道工作。即使是在复杂的情况下也能坚持党性，为了团结，委曲求全。在工作方面，靳世波工作作风比较深入，具有吃苦精神，能深入实际，深入群众，有调查研究的能力，善于研究问题。

靳世波认为自己对马列主义理论系统学习和联系实际研究新情况还不够；她本人虚心地认为自己适应新形势工作需要的业务水平还有差距，特别是掌握新时期必要的科学文化知识还不够。她要求自己今后要适应新时期的要求，树立新的更高的标准，戒骄戒躁，继续发扬优长，克服不足，努力经受执政和开放的双重考验，更好地为人民服务。

靳世波在回顾自己成长历程的时候说："每一步成绩的取得，都是党和人民教育的结果，是同志们帮助的结果。"作为一名气象工作者，她清醒地意识到自己要肩负起时代赋予自己的使命，一方面要树立正确的世界观、人生观、价值观，不断加强自身建设，积极为职工群众服务；另一方面，要努力学习科学文化知识，掌握现代科学知识和技术，不断提高为人民服务的本领和水平，努力成为一名德才兼备的社会主义事业的建设者和合格的接班人。

风雨无阻，砥砺前行

在很多人的眼中，气象工作是一项琐碎、机械，甚至是呆板的工作，但它却实实在在地关乎着民生，这样的工作，靳世波一干就是 25 年。平日里，她细心认真，演奏着舒缓、优雅的"慢板"；而发报时，她争分夺秒，紧张有序，演奏着激情的"急板"；当遇到狂风暴雨时，她恨不得长出三头六臂，这是同事们对靳世波的评价。她用那股矢志不渝的气象情怀，与风雨相伴，与雷电搏击，用青春和汗水创造出了出色的业绩！

黑龙江五营，祖国的边疆，苦寒之地，交通不便，信息闭塞，人口稀少，是我国典型的高纬度、高严寒、艰苦地区，年平均气温只有 0.6 摄氏度，冬季取暖期达到 7 个月。在这片土地上，有东北亚最大的原始红松林，极具研究价值，靳世波把全部的青春热血都撒在了这片她热爱的美丽的土地上。

由于全球气候变暖使植物物候期时间也相应发生变化，变化因植物物种、生长地区、季节变化等不同而不同。"红松产量预测研究"成为了五营区气象局的一项重点工作，该项目选取红松春季物候中的芽开放期和展叶期，秋季物候中的种子成熟期和种子脱落期以及生长季对气候变化下的红松物候进行分析探讨。靳世波带领着全局职工利用五营林业气象试验站 1991—2010 年的物候资料进行了缜密的分析。结果表明：五营红松物候期变化，春季物候期进程变幅大，倾向率值高，春季物候对气候的响应要大于秋季物候。

五营区红松春季物候期中芽开放期推迟，展叶期提前，而秋季物候均为提前，红松生长季大幅缩短。其中芽开放期推迟与其他研究结果不同，显示五营林区物候具有明显的区域特征。靳世波负责的气候变化对红松物候的影响及在其红松种子产量预测中的应用研究项目(着重预测方法完善及软件制作——简称红松产量预测)，具体细分为野外试验、数据统计及分析工作。根据英才课题成果，进一步深入研究红松结实规律，增加野外工作内容，提高红松种子的预测准确率。经过伊春市科技局鉴定，本项目成果达到国内领先水平、部分填补国内空白、经济效益显著；靳世波以及她的团队因此荣获伊春市科技进步奖。

2005 年中国气象局下达文件，要求 7 月 1 日生态站设备安装调试完成，数据上传。6 月 28 日设备才到，3 天，只有短短的 3 天，大家觉得，就算是有黑龙江省建设兵团精神做支撑，有大庆铁人精神做激励，也不可能完成，纷纷要求打报告延迟上传数据。

靳世波面对同事们的要求，考虑良久——最终作出按时上传数据的决定，靳世波当时只跟她的团队说了三句话："难道我的团队是在关键时刻掉链子的团队吗？难道我的团队是不能担当重任的团队吗？难道我的团队是要辜负组织的信任吗？"听完靳世波的话，同事们默默地拿起工具跟她一起爬上了山坡。饿了啃口面包，渴了喝口矿泉水，困了在车里打个盹儿，白天还好，夜间塔上用照明灯，塔下支着车灯，蚊子、小虫一层又一层地糊在身上、脸上，就在这样艰苦的条件下靳世波带领着她的团队昼夜不眠地奋战了 3 天 3 夜，最终成功上传数据。

其实在这次安装设备之前，靳世波已经带领大家在森林生态观测标准地干了一个多月，由于森林里阴冷潮湿，犯了胃病，疼痛难忍。数据成功上传后，靳世波被家人强行送进了医院，感谢老天在这一次眷顾了这个为气象事业奋斗了半辈子的基层女干部，胃癌的可能被排除了，但是却检查出了甲状腺肿瘤，建议马上做手术。术后 15 天，靳世波就回到了工作岗位上开启了新一轮的工作。

时光如白驹过隙，匆匆而逝，转眼间来到了 2015 年。2005—2015 年，靳世波日复一日努力地走过了 10 年，但 2015 年注定是她记忆中无法抹掉的一笔。2015 年春天，靳世波身患股骨头坏死的婆婆去世，38 天之后，靳世波身患脑梗的公公被医院下了病危通知，而她 18 岁的孩子还有不到 30 天即将参加高考。

俗话说"事儿赶事"，就在这样关键的时刻，五营区气象局正面临着严峻的春防、项目到了关键期、山上正在安装调试设备，而且还正在与东北林业大学合作，共同申请科研课题，探讨培养博士生的方式。除此之外，靳世波正与沈阳大气环境所探讨签订 2015－2025 年的基地合作协议，以"一院八所"修缮项目为依托，共

靳世波(右三)工作照

同打造五营开放式生态研究基地的项目,作为局长,哪一件事情她都不能缺席,而作为子女、作为妻子,家里和单位一样需要她。但靳世波仍旧咬着牙选择了奋战在工作岗位上,当她出差回到家时,老人已经闭上了眼睛,亲朋好友全都出席,只缺他家儿媳妇……靳世波说,这是她一生的遗憾,但没办法,工作实在扔不下。

在靳世波近 25 年的气象生涯中,这样的故事举不胜举,每一件都让人历历在目。

靳世波担任伊春市五营区气象局局长以来,兢兢业业,认认真真对待每一项工作,领导的支持、组织的信任、同事的鼓励和群众的期盼,都是她努力搞好各项工作的动力,多年来,在上级部门的具体指导下,在市局党组的正确领导下,她始终坚持以科学发展观统领工作全局,以贯彻实施《公务员法》和岗位聘任工作为重点,突出抓好公务员队伍建设,按照科学人才观的要求,进一步抓好专业技术人才队伍建设,注重发挥人事人才工作在构建和谐社会中的作用。

靳世波对业务人员的培养和教育也非常重视,为他们提供科研经费和创造良好的学术环境,对初出茅庐的新员工,从思想上进行正确引导,在业务上帮、扶、带，传授自己在工作中的经验，确保新人迅速融入积极的工作氛围，使大家能够很快地掌握业务技能。并鼓励五营局职工多人申请了在职教育，2011 年至今，2 人已分别获得了本科毕业证和硕士学位证，1 人正在攻读博士学位。在她的努力下，培养出了黑龙江省气象局第一批青年英才计划的程春香同志，更有 2 名同志取得了高级职称。

五营区气象局在国家、省、市气象局的重视下，积极开展合作建设，引进了许多国外大型仪器设备，由于仪器设备精密复杂，仪器的日常运行和维护都存在着相当大的困难，给全局工作人员带来了巨大的挑战。为了顺利完成工作任务，靳世波以身作则，组织其他同事不断学习，攻克了多个技术难题，成功地掌握了美国 ASD 公司开路涡度协方差测量系统、LI－2000 冠层分析仪、FieldSpec ® HandHeld 野外手持光谱仪等多个国际先进仪器设备的使用方法，成功地启动了一系列新的观测项目。

多年的勤勤恳恳付出，靳世波也得到了来自单位、社会的多方认可。她在伊春市五营区气象局工作期间，参加了国家局“暴雨洪涝灾害风险普查”项目，黑龙江省子课题五营专题（司局级），参加了黑龙江省气象局青年英才项目（司局级），主持了伊春市科技局“红松产量预测研究”项目（司局级），参加了黑龙江省气象地方标准“林区苗木生长物候观测规范”（副部级）和黑龙江省气象局“红松结实气候敏感性及其种子年机制”项目（司局级），共 5 个科研项目研究工作。另外，还参加了沈阳大气所“中央级科学事业单位修缮购置项目”（国家级）和“五营区气象局山洪业务平台配套设施建设项目”（司局级）2 个建设项目工作。2014 年 1 月参加的课题荣获黑龙江省气象局首届青年英才项目评比一等奖（科技奖励，司局级）；2015 年 3 月获得伊春市科技进步三等奖（科技奖励，司局级）；2015 年 12 月获得伊春市气象局嘉奖（综合表彰，县处级）。

靳世波在工作中严格执行局务公开的各项制度规定，通过局务公开检查和督查，各项工作的开展做到“真公开、敢公开、全公开”，不流于形式，不走过场，进一步明确重大决策、重要干部任免、重要项目安排以及大额度资金使用的具体内涵，切实加强了群众对制度执行情况的参与和监督。密切了干群关系，提升了领导干部在群众中的威信。

气象文化建设和精神文明创建取得新突破，靳世波将气象文化建设工作作为一项事关气象事业发展的重要工作列入议事日程，切实加强对气象文化建设的领导，积极推进气象文化建设的全面发展。同时不断加强思想政治工作，认真落实《思想政治工作责任制》，经常性开展“三德”、“三观”即：社会公德、职业道德、家庭美德、世界观、人生观、价值观教育,经常开展树“气象人”形象活动,积极宣传“勇于吃苦、甘于奉献、昂扬向上、开拓进取”的气象人精神,经常开展积极向上有益健康的文体活动,同时在职工中广泛开展学法、普法活动,利用先进的激励教育和反面典型的警示教育,正确引导和不断提高干部职工的整体素质。精神文明工作在巩固现有创建成果的基础上,加强薄弱环节,增强工作实效。

每年的“3·23”世界气象日都是靳世波格外忙碌的日子。她组织全局职工在五营区内利用横幅、标语等形式广泛宣传气象灾害的种类、特点、预警信号及防御指南。并多次走进校园,组织开展气象与安全知识讲座,举行了气象防灾减灾科普展览,发放了宣传材料,增进了学生对防灾减灾知识的了解,全面提高了社会防御气象灾害的能力,让气象走进校园中。

励精图治,不忘初心

如果你是一滴水,你是否滋润了一寸土地?如果你是一线阳光,你是否照亮了一分黑暗?如果你是一颗粮食,你是否哺育了有用的生命?如果你是一颗最小的螺丝钉,你是否永远守在你生活的岗位上?如果你要告诉我们什么理想,你是否在日夜宣扬那最美丽的理想?你既然活着,你又是否为了未来的人类生活付出你的劳动,使世界一天天变得更美丽?我想问你,为未来带来了什么?在生活中,我们不应该只是个无穷尽的支付者。雷锋同志在日记中写到“人的生命是有限地,为人民服务是无限的,我要把有限的时间投入到无限的为人民服务中去”。靳世波以雷锋同志为榜样,争做一颗社会主义的螺丝钉,她深知自己肩负的责任之重,一定要对得起党和人民的信任。

靳世波心系民情,为了守得一方百姓安居乐业,工作中事无巨细地亲力亲为。伊春市五营区气象局日常的网络及仪器维修维护、区域站和山洪站维修维护、地面观测常规业务、气象服务材料制作、主管单位业务及业务材料和目标上报等工作在靳世波的带领下总是能按时、出色地完成任务,完全不需要上级领导担心过问。

一滴水只有放进大海里才能永远不干,一个人只有当他把自己和集体融合在一起的时候才能有力量。力量从团结来,智慧从劳动来,行动从思想来,荣誉从集体来。作为领导,靳世波清醒地认识到自己和职工群众的关系,处理好和群众的关系,才能胜任上级和人民赋予的重任,做好自己的工作,得到群众的认可和支持,就是尽到了自己的责任。领导和群众的关系是种子和土壤的关系,是鱼和水的关系,是子女和父母的关系,是红花和和绿叶的关系,是天空和大地的关系。单丝不成线，独木不成林。一个人是办不了大事的，群众的事一定要发动群众、依靠群众自己来办。用靳世波自己的话说："时时刻刻虚心向群众学习，永远做群众的小学生。只有这样，才能做好工作。"靳世波深切地感到：自己和群众交上了知心朋友，受到群众的拥护，才会给自己带来无穷的力量，再大的困难也能克服，无论什么艰苦的环境中，都会使靳世波感到温暖和幸福。

靳世波在平时的工作中，充分认识到气象工作应真正体现和牢固树立公共气象、安全气象、资源气象的发展理念。通过学习，认识得到不断提高，各项工作也取得明显进步。为早日实现气象现代化的奋斗目标，自我加压，不断进取，努力创建学习型的单位。一是认真学习贯彻落实党的十八大精神和《中国共产党章程（修正案）》，了解掌握党的方针、政策、路线。二是通过各种渠道学习时事政治、法律法规。三是认真组织业务学习和质量分析会，全局形成了爱学习、树新风的良好氛围。

勤俭节约、清廉守纪一直是靳世波心中作为领导干部必须坚守的底线，她也以身作则，将廉政之风带给了整个伊春市五营区气象局。廉政建设在伊春市五营区气象局具有较健全的规章制度和较完善的监督程序，作为一名领导，靳世波深知"勿以善小而不为，勿以恶小而为之"的道理。知情、参与、监督、评判的过程充分体现民主监督和民主管理，同时也是落实党风廉政建设责任制的重要环节。在日常事务中如设备维修、物品添置等诸多事项，都严格按照有关规章制度办事。同时靳世波也要求大家在工作中不漏项、不违章，每个工作环节都实行阳光操作、透明处理，无论事大事小都要做到廉洁自律、奉公守法，在党风廉政建设过程中，既唱好了主角，也唱好了配角。为保证廉洁自律工作落到实处，在保持先进性中做出了应尽的职责。

智慧气象的发展理念是中国气象事业发展历史经验的科学总结，是对气象事业发展趋势的正确把握和发展规律在认识上的升华，也是推动我国气象事业发展的行动指南。在 2017 年气象服务工作中，五营区气象局严格按照上级主管部门的要求，紧紧围绕县委、县政府工作目标，牢牢抓住本地气候特点，坚持全年服务不放松、重大过程不放过的原则，春防、秋防、汛期期间，坚持 24 小时业务值班。全体业务服务人员团结协作，严密监视天气变化，千方百计地做好重大灾害性、关键性的监测服务，积极主动、及时地做好防汛、抗灾等各项气象保障服务工作。

对未来的气象工作，靳世波有着更多的期许。加强气象现代化建设，提升气象预报服务能力。加强气象宣传教育和党风廉政建设工作。全面推进气象现代化，提高气象灾害监测和预警信息覆盖面，以及天气气候预报预测的精准度，力争将伊春市五营区气象局建成具有地方特色、适应需求、结构完善、功能先进、保障有力的气象现代化体系。

靳世波出身柴门，她的点滴成长离不开父母的循循善诱、党的指引鞭策、人民群众的信任配合，她是一名合格的共产党员，也是一名平凡却伟大的基层气象局长。生活中，靳世波对长者的孝顺、对伴侣的忠贞、对子女的爱护无时无刻地化作正能量输送给予她相遇的每一个人。靳世波没有被困难所击倒，也没有被诱惑所折服，她始终是她，是那个不怕吃苦、勤奋好学的靳世波；是那个虚心向学、献身气象工作的靳世波；是那个坚强勇敢、勤俭自强的靳世波；是那个上对得起党和国家、下不辜负人民群众的靳世波。

有这样一群人，夏天里或是烈日炎炎、骄阳似火，或电闪雷鸣、大雨滂沱，别人都会往屋子里躲，他们却要往观测场跑；冬天里或是大雪纷飞，或是寒风刺骨，别人都在家中享受着炉火的温暖，他们却要定时多次地往返于观测场间。这群人日复一日，昼夜不停地重复着同样的工作，他们眼观雨季变化，耳听雷鸣轰声，身验寒暑交替，心中却始终揣着的是万家灯火下人间的冷暖，即使生命如流星般地逝去，也要让自己的人生折射出璀璨绚丽的光彩！这群人有个特殊的名字——气象人！而靳世波就是这千千万万人中的一个，气象工作虽然平凡，但我们有理由相信，在这条平凡之路上，靳世波会通过自己的努力不忘初心、砥砺前行！

作者：徐　森

守护城市安全运行：她撑起了一把气象防灾减灾伞

——记上海市闵行区气象局局长李丽

一年 365 天，上海会不时出现暴雨、大风、雷暴、高温、雾、霾等多种灾害性天气，如何准确预判天气过程影响情况、做好气象防灾减灾工作，是上海市气象工作者守护城市安全、忠诚履职的永恒主题。

今天我们要说的故事主人公李丽同志，为了守护城市的安全运行，从一线预报员干起，在平凡的工作岗位上踏实坚守，立足上海市闵行区基层一线，为闵行区城市安全运行撑起了一把气象防灾减灾伞。

1986 年她以优异成绩毕业于南京气象学院（现为南京信息工程大学），科班出身的她从一线预报员干起，经历过黄沙厚土的基层锻炼，也经历过通盘全局机关事务的考验。近年来，她植根于中国改革开放前沿城市的基层，凭借自身的智慧、丰富的经验和强烈的责任感、使命感，牢牢把握住上海率先实现气象现代化的脉搏，在闵行区气象局工作岗位上做出了突出成绩。

一路走来，她有欢笑、有泪水和汗水，更有收获和喜悦。

相关气象数据熟记于心

风雨雷暴等气象监测、预警预报和准确及时服务，是城市安全运行的重要保障。对于过去的 2016 年，上海的天气气候如何？闵行区的气象数据又怎样？李丽都了然于胸，能够在第一时间道出一连串这样的数据：闵行区 2016 年平均气温偏高，降水偏多，日照偏少。年内既有严寒，又有酷暑。1 月 24 日出现零下 6.9℃

的年极端最低气温,7月27日出现39.8℃极端最高气温。全年小于等于零下5℃的严寒天气有3天,大于等于35℃的高温日数出现22天。全年共出现6次暴雨,6月22日最大降水量达到99.3毫米。2016年先后遭受两个台风“莫兰蒂”和“海马”影响,暴雨天气先后造成单季晚稻抽穗扬花、后期灌浆充实不利以及部分单季晚稻严重倒伏,给农业生产造成影响等。

她对闵行区天气气候状况、天气气候预测预报情况、相关气象数据、服务重点熟记于心,不单单是工作的刻苦与努力,背后更是攻坚克难、不断创新的决心。

示范引领区县局特色业务建设

李丽先后在浦东新区气象局和闵行区气象局担任局长、支部书记,作为上海的两个桥头堡区气象局,她站在新时期气象事业改革发展的风口浪尖上,始终恪尽职守,屡创新高,为基层气象事业发展谱写了一个又一个的辉煌,引领上海区县气象局走在了率先实现气象现代化的队伍前沿。

早在2006年4月,李丽担任浦东新区气象局局长时,适逢上海市气象局根据业务技术体制改革的需要把环境气象中心调整至浦东新区气象局,实行一套人马,两块牌子,合署办公。李丽抓住特色区县局建设的契机,带领浦东新区气象局与环境气象中心两个相互融合的新团队,放手鼓励全局干部职工大胆创新,以开阔的视野招聘吸引年轻优秀人才来单位工作,多方邀请国内外知名专家指导和交流合作,完美打造环境气象和健康气象的两个国内知名品牌,在特色区县局建设方面起到了示范引领作用。

2009年11月,李丽调任闵行区气象局后,紧跟闵行区迈向生态宜居现代化主城区的建设发展步伐,引领全局上下结合闵行区气象局实际,创新思路,整合资源,攻坚克难,通过区局合作,努力推进气象法治化建设,加快闵行区气象事业发展步伐。通过推进闵行区气象局软硬件建设,如遥感业务大楼建设、升级改造气象综合业务系统、推进气象信息化管理系统建设,全力推进闵行区气象局气象现代化建设。

一系列的技术创新,帮助实现了气象服务现代化的提升。在李丽的努力和带领下,如今,闵行区气象局的气象业务能力不断提升,服务质量不断增强,服务成效显著。

基层气象防灾减灾摆首位

为城市安全和市民百姓提供准确的气象服务,需要扎根基层,把基层气象防灾减灾工作摆在首位。李丽深知，唯有深入一线，把基层工作做好，提高市民满意度，才能够切实起到防灾减灾的实效。

居民楼是城市居民生活的环境基础，降低居民楼的雷击风险是基层气象工作的重要职责，气象防灾减灾工作首先从居民楼开始。2012 年，李丽带领闵行区气象局上下，就从闵行区内的居民楼防雷装置检查开始，从小处着手。全年共检查闵行区内 164 个小区，662 幢居民楼，其中抽查居民楼 76 幢，抽查率 11.48%，并针对在检查过程中发现的问题，及时提出整改建议。努力总有回报，2012 年闵行区气象局在推进大型居住区建设中受到闵行区政府的奖励。

2013 年，李丽积极推进闵行区气象事业"十二五"发展规划项目实施，并全力推进闵行区立体综合气象观测系统项目建设工作。积极协调气象观测场地、落实配套经费。组织完成闵行区气象信息管理与服务平台系统的研制开发，并投入业务使用。组织开展通过电子显示屏、网络、移动通信设备等手段将灾害性天气等气象信息第一时间传递到社区和学校试点工作。

2013 年，闵行区气象局与闵行区联动中心合作，依托其网格化管理优势，首次向全区街、镇 522 家居村委工作站发送气象预警信息，实现了气象灾害防御信息的村居覆盖。

李丽（右一）工作照

2014 年，再度深入强化基层气象防灾减灾工作。重点加强了与《上海市应对极端天气停课安排和误工处理实施意见》及《闵行区处置雨雪冰冻灾害专项应急预案》的衔接工作，完善了对每一个暴雨、台风、暴雪、道路结冰等极端天气业务流程和规范，确保预报预警和服务准确、及时、有效。这一年，在李丽的带领下，闵行区气象局进一步规范极端天气内部通报机制，优化区预报预警业务流程和发布方式；启动了气象灾害风险普查业务和基层气象灾害风险预警科研工作；健全部门间信息共享和应急联动机制；实现气象与水务、联动中心、卫生、建交委、农业、环保等部门预警信息常态化发布。

每一年，利用“3.23 世界气象日”“5.12 防灾减灾日”，通过加强与莘庄镇等社区学校共建，组织气象专家、气象志愿者深入村居委会和社区，接待中小学、社区学校的学生们来闵行区气象局参观等多种形式，开展气象防灾减灾科普宣传和公益活动。建立起了一支百余人的乡镇气象协理员、气象信息员村（社区）队伍，在传递信息、报告灾情、配合街（镇）政府、莘庄工业区做好基层气象防灾减灾工作中发挥基础作用，街（镇）、莘庄工业区等气象灾害防御能力得到保障。

始终坚守气象防灾减灾第一线

在李丽的心中，始终牢记“城市安全”和“生态环境”保障两条底线，她常常挂在嘴边的一句话就是：“守土有责。”她一直致力于推进加强基层气象防灾减灾工作，殚精竭虑，事事亲为。

无论是酷暑炎夏，还是严寒冷冬，李丽都始终坚守在防灾减灾的第一线。2008 年，上海遭遇了冰冻雨雪极端天气，李丽带头值班、主动汇报、及时服务。2012 年，上海在防御强台风“海葵”期间，她曾坚守值班一线两天三夜，风雨无阻，切实履行着一位气象工作者的服务职责。2015 年，在“6.17”大暴雨、“灿鸿”“天鹅”“杜鹃”等台风服务中，李丽都坚守在防御第一线，服务成效显著。

多年来，李丽组织汛期服务尽心尽职，闵行区领导多次在汛期或春节专程赴气象局慰问，表扬气象局工作积极主动，预报及时，为防汛工作做出贡献。可以这样说，每一次的台风、暴雨、高温日，每一个重大灾害性、关键性、转折性天气来临时，李丽都会坚守在业务第一线，密切关注天气变化情况，及时跟踪天气演变趋势，及时做好气象服务，切实履行城市气象卫士的职责。

“三农”气象服务具有闵行特色

多年来，李丽始终坚持强化和闵行区相关委办局部门联动工作，主动将气象工作融入闵行区创新社会治理工作，积极探索和创新完善基层气象灾害防御工作，有效提升了街镇、社区、村居委会等基层气象防灾减灾能力和水平。

2010 年，上海举办世博盛会，如何开展创新特色的气象服务，有针对性地开展为农气象服务，成了李丽重点思考的课题。2010年，李丽带领闵行区气象局在闵行设立了农村气象信息站，以确保世博期间的蔬菜供应。在李丽的组织带领下，闵行区气象局为浦江蔬菜基地安装了大棚自动气象观测设备，既为大棚蔬菜作业提供了气象数据，也为闵行区组织开展蔬菜供应的农业生产提供了气象保障。

在闵行，不单单是蔬菜大棚实现了气象自动观测，在农事关键期（“三夏”“三秋”期间）、重点转折性天气以及农业气象灾害（大风、暴雨、低温冷害、病虫害）时，都有针对性地开展专项且系统的为农服务工作。

为积极主动服务“三农”，李丽不断拓展新的服务领域，把为农业服务作为气象服务的重点。2013年，李丽组织闵行区气象局专家调研组赴区农业委员会、金农股份有限公司和浦江航天育种基地示范园开展“知农时、懂农事、察农需、接地气”调研活动。闵行区气象局不但精心制作了为农服务专题报告，还通过短信、传真、网络等多种渠道与服务对象建立了“直通式”服务。

李丽说，推进“三农”的专项系统建设，就需要专职、专项、全面深化。在她的带领下，2013年，闵行区气象局成立了“三农”工作小组，专门设置“三农”专职岗位，选派技术人员先后赴海安、德清县气象局进行了“三农”专项调研考察，学习兄弟区县局“三农”工作先进经验，完成两篇专项调研报告。积极推动气象和涉农部门的全面合作。

自此，闵行区气象局建立了重要农事季节和农作物产量、农业生产形势趋势、重大农业病虫害预测等联合会商工作机制，并加强信息共享和联合发布工作。建立气象与农业信息共享机制，利用电视、电话、网站、手机短信、电子显示屏以及农村千村通等多种渠道，联合开办农事服务栏目，联合发布突发农业气象自然灾害和农作物重大病虫害预报。

在李丽的带领下，闵行区气象局上下合力，共同推动农业气象服务向基层延伸，进一步完善气象信息服务站和信息员队伍，联合开展农业气象知识及气象防灾减灾知识培训。

到2016年，闵行区“三农”专项气象服务已颇具特色。在全区共建设气象信息电子显示屏17块，实现了气象电子显示屏街（镇）100％全覆盖；建设完成气象信息服务站14个，实现气象信息服务站街（镇）全覆盖。此外，李丽组织加强闵行区气象局与区环保局对接与合作，开展了闵行区强污染天气气象条件潜势预报。

网球赛事有了双语气象服务

每年一次的全球知名赛事“ATP1000网球大师杯赛”在闵行区旗忠村森林网

球中心举办已持续多年。在李丽的带领下，闵行区气象局每年均成立工作小组，提前两个月就开始与活动的主办方针对服务的内容、细节、流程进行详细沟通。在兄弟单位的支持配合下，每次均派出一部移动气象观测车和一个现场服务小组为大师杯赛提供服务。

在2016年的“ATP1000网球大师杯赛”上，闵行区气象局联合上海市中心台、公服中心、气候中心、城环中心和青浦局共同开展气象服务保障工作。在现场建有自动气象站的基础上，组建了一支由公服中心的首席服务官、首席服务官助理以及闵行区气象局业务人员组成的团队和青浦区气象局的一辆移动气象观测车为这次大师杯赛提供现场服务，同时中心台的首席预报员进行后台支撑，与现场服务小组开展会商互动。

在2016年“ATP网球大师杯赛”上，闵行区气象局首次提供了中英文双语服务。现场服务小组每日上午制作中英文今明精细化天气预报，下午制作中英文逐日天气预报，早晚通过手机短信发布今明天气预报短信，每个整点为主办方久事公司提供中英文实时天气，并每日参加闵行区服务保障领导小组碰头会议，将即时天气信息传到主办单位、参赛选手和广大群众手中。

赛后久事公司专门致以感谢信，信中写道：“本次赛事对于天气预报的及时性和精确性要求较高，但贵局领导相当重视，抽调力量，克服困难，特事特办，成绩斐然，在第一时间提供了超前、准确、科学的气象预测。你们的优质服务和出色的工作效率，不仅得到我公司领导的肯定，还受到了现场观众的一致肯定。”

织就一张无所不在的气象服务网

闵行区位于整个上海的地域腹部，形似一把“钥匙”，黄浦江纵贯其南北，区分为浦东、浦西两部分，虹桥商务区核心区域主要位于闵行区境内，闵行区是上海市主要对外交通枢纽，西南地区重要的工业基地、科技及航天新区，也是上海最靠近市中心的郊区之一。随着上海市经济社会的快速发展，闵行区正逐步由郊区向生态宜居现代化主城区迈进。

李丽在为闵行区经济社会发展建设服务中始终坚持“以人为本，无微不至、无所不在”的服务宗旨，恪守“尽管我们还无法做到百分之百的准确，但我们一定要尽百分之百的努力”工作职责，以“更安全、更便捷、更和谐、更健康、更满意”为服务目标，为城市安全运行做好气象服务保障。

李丽想，为保障闵行区城市安全和市民百姓生命安全，就需要为形似“钥匙”的闵行区织就起一张无所不在的气象服务网，发挥政府在气象防灾减灾等一系列工作中的主导作用，加快推进实现气象现代化。

2012年，由李丽牵头，在闵行开展试点多灾种早期预警应急联动支持系统和气象灾害综合监测及服务系统建设两项重点项目。

在李丽的带领下，闵行区气象局完成了综合观测系统可行性报告书，并于2012年9月成立了基层气象灾害风险评估工作领导小组，收集完成和报送包括人口分布情况、避难场所、在建工地情况、风灾风险隐患、积涝风险隐患、特定区域气象服务信息等相关数据。

一张无所不在的气象服务网网罗全面，也需要完善气象行政审批制度作为气象服务的重要保障。

2015年，李丽牵头推进闵行区气象行政审批制度改革。认真贯彻落实《上海市行政审批申请接收管理办法》，全面清理、公开发布行政审批事项，按照闵行区行政审批事项目录，对涉及闵行区气象局的4项行政审批事项，将许可依据、申报材料等均在区政府网站同一平台发布。注重优化审批流程，提升审批效能。组织编制完成行政审批事项业务手册和办事指南并正式发布。

在李丽的牵头下，2016年完成了闵行区重点区域气象观测网建设。按照上海市实现更高水平气象现代化的要求和闵行区气象事业"十三五"规划的发展布局，全力推进"十三五"规划重点工程—重点区域气象观测网建设项目的实施。2016年，闵行区气象局在闵行区分别布设5套7要素自动站和2套9要素自动站（交通气象观测站），实现了每个乡镇（街道）全覆盖的精细化观测网络，同时填补了闵行区交通气象观测服务的空白。

打通气象防灾减灾"最后一公里"

李丽深知要做好气象服务工作，唯有与应急、水务、交通、建设、教育、环保、农委、安监、民政、消防等相关部门联动起来，才能将气象防灾减灾工作落到实处，起到实效，真正发挥城市安全"防火墙"的作用。按照这个思路，她形象生动地提出了"三动"的工作理念，即上下互动、横向联动、村居发动，通过强化与中心台等业务指导部门的互动、与区相关委办局、街镇等单位和部门联动，积极发动村居工作站、气象信息员和志愿者共同参与，不断完善基层气象灾害防御应急预案，把防灾减灾的触角延伸到街镇、村居社区，积极探索打通气象防灾减灾"最后一公里"的有效途径。

在李丽的牵头带领下，闵行建立了闵行健康气象共享数据库，实现了基本气象数据、卫生数据、健康气象产品的共享。规范了健康气象产品制作、审核及发布的流程。

首先,闵行区完成了气象信息广覆盖系统建设。继在莘纪苑小区试点气象信息发布系统后,再次与教育局合作,完成在7所中小学校气象信息显示系统的建设工作。完成气象信息管理与服务平台的研制开发工作。2012年4月,闵行区气象局与卫生局联合共同首次在古美、江川、颛桥三家社区卫生医院发布感冒、儿童哮喘健康气象服务产品,并在闵行区气象局网站对外发布健康气象服务产品。

坚持把业绩放在荣誉之上

作为闵行区气象局党支部书记,李丽在党建工作上引领全体党员不断将党支部建设成学习型、服务型、创新型、规范化的战斗堡垒。借助各种新媒体不断加强对党员干部开展廉政文化宣传与教育,发挥了先进典型的示范引领作用。组织开展志愿者服务,履行社会责任,突出了党建引领群团,切实提升了感召力,锻造党员成为推进工作和事业发展的旗帜与标杆。

作为女局长,她的身上有一股勇于担当的劲头,灵魂深处还有一颗细腻柔软的心。李丽担任局长以来时刻把职工的疾苦放在心上,急职工所急,想职工所想。多次向有关部门反映本局青年职工迁落户口所遇困难问题,积极协调帮助解决本局职工夫妻两地分居的困难。局内职工生病、生育等,李丽总是想方设法亲自到访慰问。通过始终如一的努力,单位面貌焕然一新,极大地提升了闵行区气象工作者在闵行区的正能量形象,使全局上下形成了团结一致干事业,一心一意谋发展的良好局面。

李丽带领着这样一个团结奋进的团队获得了诸多荣誉,包括全国气象部门"文明台站标兵"、上海市"文明单位"、上海市"防汛工作先进集体"、上海市"世博交通运输保障优秀集体"、上海市"青年文明号"、上海市"巾帼文明岗"、上海市"科技进步二等奖"、上海市级机关"特色学习团队"、上海市气象局"先进集体"、闵行区"创先争优先进基层党组织"等。她本人也多次获得上海市气象局嘉奖。

集体荣誉硕果累累,对于个人荣誉,她却说"一切归功于闵行局全体干部职工,组织把这份责任交给我,就一定要对得起组织的信任",把业绩放在荣誉之上,这就是李丽朴素的荣辱观和价值观。

李丽植根于基层大地,战斗在基层,服务于一线,致力于提升气象工作者在保障国际化大都市安全运行和百姓生命财产安全等忠诚履职的正能量形象。"山一程,水一程,身向榆关那畔行",李丽的脚步还将继续坚定得迈向更高的目标。

作者:贺千山

平实之韵

——记江苏省南京市高淳区气象局局长王欣欣

2017 年 3 月 10 日早晨。北京南站京沪高铁线车场。即将启程的高 G107 次列车。

13 号车厢内，一位衣着素雅、约莫三十八九岁的女人，利索地将拉杆箱托放上行李架后，随即打量了一下已近满员却空间舒朗的车厢，款款落座于自己的座位上，丰润的脸庞泛出欣然微笑，轻搭于肩背的马尾发束透出纯朴气息。在这个不乏时尚服饰、新潮美妆的公共场所，她的存在感，抑或凭此云淡风轻的本色形象而无形放大。

8 时 05 分，列车即时启动。与大多数乘客下意识地一瞥窗口的散逸眼神不同，她的视线出神地游移于窗外缓缓后退的站台，随着车速渐快，一抹水色光晕从柔和的眼瞳里泛出。车站俄顷远去，双眸仍目送着窗玻璃之外的迷蒙物象——那一幅幅“蒙太奇”式切闪而逝的京城景观，内心不禁喃喃：再见了，首都……

多次来北京，哪一次的感觉有这次深切？还真没有。往年来京，要么是公务出差，要么是参加业务培训，而这次却是被“钦点”而来，涉足自我亮相的高端平台——一场题为“不忘初心，巾帼建功”的先进事迹报告会。两天前，三八国际妇女节节庆日，她作为全国县市气象局 8 名优秀女局长代表之一，荣耀地出现在中国气象局的讲坛上，成为众目关注的报告主角。从心底溢出的真情告白，出自高层领导和专家的热烈掌声，发散于国家机关的会场，此时仿佛仍余音萦绕。是啊，一个普通女人，一名出落于贫寒农家的基层干部，竟能登临聚焦优秀的“高光时刻”，而且聚焦的地点是在祖国首都，怎不令她感奋而感慨?!

这位优秀的女局长，供职于江苏省南京市高淳区气象局。她有一个与脸庞上的欣然微笑相应和的名字：王欣欣。

列车在飞驰。

蓦然间已驰离北京，驰入华北平原。

在高速转轮与无缝钢轨富有节奏的摩擦声中，王欣欣情绪渐渐平复，思绪悠悠打开。

已然消受的荣誉，在她激灵过后的意识中，不仅是光鲜的色彩，更具凝重的分量。这分量，让她不由扪心自问：自己何德何能，配得上如此荣光？身处基层，普通一名气象人，既无奇崛超拔的建树，更无叱咤风云的壮举，从业二十载，一年年，一天天，只是谨守不懈怠、不玩花架子、老实做人、踏实做事的准则，二十年如一日一路走来。她思量，如果说头顶的优秀光环不尽虚空，那么脚下的一步一足印就算是一种平实的填充吧。

平实，是一种气质。从小就溶于血脉中的心性气质。

窗外，后移中的北方大地显得空阔辽远。早春时节，乍暖还寒，远处重叠的山峦衍化在一片灰黄的冷色调中，近处的田地大都呈现土原色，除了偶尔闪过的一顶顶塑料大棚，稀见庄稼的盎然绿意。由错落的平房组接的村庄，显得低矮而简朴。王欣欣久久注视着这北方的乡野，视觉中幽幽地折映出沉郁之情。

终究，她的生命之根在农村。

也许，人的出身就是一种冥冥之中的定数。每个人呱呱坠地前，上天就决定了其生存地域与生活境遇的指归：是城市，还是农村；是富贵府邸，还是贫穷之窝。王欣欣属于“后者”。

38 年前的一个春日，亘古流淌着的胥河岸边，一对双胞胎女婴在一户农家相继降生。那是孩子外婆家。尘世新生活序幕的开启时刻，这对孪生姐妹交相啼哭的声音，是那么激烈，那么凄厉，像是一曲无意识感应的悲情二重唱。老大王欣欣，老二王向荣，这两个父母起下的祈求日后兴旺发达的名字，至少眼下无法带来消解现实苦境的祥瑞。

孩子的母亲，罹患先天性视残，眼睛几近失明，从屋里出门都须手脚并用着摸索，哪有自主能力同时哺育照料这两个孩子呀！坐完月子后，只能带上老二向荣，回到位于苏皖交界处穷乡僻壤的老家。留下的老大欣欣，则被外婆一直带在身边抚养。那年头，农村还沿袭着集体出工大呼隆干活的生产队体制，整劳力一天挣一个工分才值几毛钱，日常温饱成了乡里人最基本也是最迫切的生存需求，无论是外婆家还是老家，谁家都无法摆脱那一袭贫困的魔影。尤其是有一大家子人的外婆家，本就穷得像瘪壳芝麻，再添上一张嘴，日子过得甭提多苦逼了。即使几年后农村告别人民公社时代，外婆家也像大多数先天不足的农户一样，根本不具有那“一部分人先富起来”的资质条件。生活的苦篱笆，依然困守着风雨剥蚀中的寒舍。

多亏她有一个外婆。这个与她相依为命的至亲长辈，满怀慈悲地怜爱她，竭尽全力地呵护她，将她幼小生命从滞涩晦暗的岁月中拉扯过来。嗷嗷待哺的婴儿时期，从春到冬，多少次外婆抱着襁褓中的她出门，到村里一个奶水足的大嫂那儿哺乳接济，而数年之后的儿时情景，她至今仍依稀记得：青黄不接口粮短缺的春荒时节，为给她解饿，外婆拿出过年时留存下来的云片糕，窸窸窣窣地撕开包装纸，折下一段，剥出片儿，放入碗里，倒上开水，泡软后端给她吃，又将剩下的那段糕片包好藏起，以备给她随时充饥之需，而外婆自己不曾吃过一口……

花落花开，时轮运转，王欣欣在不觉间一天天长大。而养育她长大的外婆，却在经年的贫困浸淫中埋下隐患。在她上小学二年级那年，外婆被查出重度肾病，不得不上南京大医院接受手术治疗，虽说病情在切除一只肾后得以痊愈，但一大笔医疗费用落下的债务，让家庭所承载的压力，如同雨天里背负稻草行路——越背越沉。

穷人的孩子懂事早。眼见大病初愈的外婆强撑虚弱的身子，整日价里里外外地操劳，维持着那一副日常生活的粗陋摊子，王欣欣时感莫名的心酸。她多想成为外婆的一个帮手，为她分忧解愁啊！虽说孱弱小丫力不从心，但她还是在农忙期间，向外婆见习地学会了烧饭、洗衣，为田间辛劳的舅舅们，承担一点后勤事务。刚满10岁，她就出门料理猪饲料的活计，拎个竹篮子，或去野外沟旁扒拉嫩草，或到垃圾堆里捡拾西瓜皮。正值盛夏，被惊扰的绿头苍蝇从垃圾间扑腾而起，直窜脸面，那种突遭轰炸般的受虐感，以及被腥臭气味几乎熏晕的窒息感，只有过惯苦日子的乡村孩子才能忍受。人还没有扁担高，一副装着蔬菜的担子，硬是被自个稚嫩的肩膀强撑着挑起。清晨，在曙光初照的村路上，一袭挑担者瘦小的身影，朝着东坝街头的菜市前行。尚处童年的小欣欣，明显地感到担子的沉重，离菜市越近，步履越发颤悠，呼吸越发短促。好在路途不长。自家种的蔬菜新鲜水嫩，一落摊无须吆喝自有主顾，很快就卖光了。回到家，第一次从兜里掏出一张张角票分票，外婆望着她先是点头微笑旋即又摇头轻叹的神情，至今还忽闪于那童年印象的碎片中。

善良、慈祥而坚韧的外婆，王欣欣少小生命的依存者与人生信念的启蒙者，在她上初中二年级时，终因旧病复发及至病情恶化而溘然长逝。一时间，在王欣欣的心目中，家里的“半边天”坍了，自己的精神支柱垮了！在不幸突降的打压下，她不想上学了。脑子里中只有一个念头：辍学回家务农，减轻家庭负担。

庆幸的是，寒门少女王欣欣，在其人生紧要处，走出了关键一步：留校，继续上学。

让她打消辍学念头的，激灵于与她谈心的东坝中学老师的一语点醒：你是未成年人，学无所成，半途而废，就这样儿，你回家能做什么？又能改变什么?!

使她鼓足学习劲头的，归因于一直关注她成长的党组织的扶贫济困：县农业银行的一位领导，对她进行对口帮扶，为她提供每学期的学杂费用。

雪中送炭，帮人所需，才会让人对爱的温度有切肤之感。

自此，一粒感恩的种子，被贫困生王欣欣植入心底。

节节上升的成绩，品学兼优的表现，是给予所有她的关爱者、帮助者最初的回报。

转眼间，初中毕业了。面对一张中考志愿表，15 岁的她看似不假思索，其实已深思熟虑，提笔划拉之间，一所学校的校名便填上第一志愿栏。出乎老师们的意外，她填报的并非本县首屈一指的示范高中，而是外省的一所中专学校！

意外吗？其实，她的想法很纯朴：中专毕业生，国家包分配；一个无根基没背景的农家女，看到就业机会就得抓住；走上工作岗位，才能尽一份绵薄之力服务社会，像扶助她的人那样扶助苍生。

于是，一个原本在她认知中一片空白的行业，却注定要与她结下不解之缘。真的，她对这所学校的专业内容一概地不甚了了：南昌气象学校。

列车穿越河北、山东交界处。

手机屏幕上，闪出“山东欢迎你”及当地天气预报的字幕。

王欣欣看着屏幕，脸上的欣然微笑愈显明艳。不时发布的天气预报，频频露脸，无处不在，一波波信息流，在偌大的社会空间全方位渗透！她从这面新时代气象事业蓬勃发展的反光镜里，感应到其中虽然微小却具动感的自我影像，由远趋近，从昨至今。

昨天有多远？

车厢广播里，响起柔柔的女声提示音：列车运行前方停靠站济南西站……

呵，她仿佛已看到济南黄河大桥飞越天堑的雄姿。

蓦然觉得，彩虹一般的气象事业，多像那跨越黄河的大桥；而曾经藉以入门的气象学校，不就是一段绵延着向往的引桥?!

昨天，追溯到 23 年前。

自打去开学报到的那一日，走进南昌青云谱的那一扇大门，她就已然入列气象大军的后备方阵。

4 年的“引桥”履历，犹如车窗外闪过的一条美丽绿化带。

因为美丽，所以回首。

一个气象知识基本为零的女孩，一旦进入专业学校的课堂，油然生发的清新感觉，居然化学反应般生发学习兴趣。气温、湿度、气压、风向、风速……徐徐打开的心窗，让基础知识的理解通道拂照慧光。

一名通常都默声静气的低调女生，凭藉“奇峰突起”的专业成绩，赢得老师和同学的刮目相看。一次优秀，次次优秀。在这一股锲而不舍努力着的心气中，自然也溶含经济激励的催化剂。可不，那笔从第二学期就开始领取、一直领到毕业的每月 54 元的一等奖学金，已足够抵销她的学杂费，对于从小就体味过生活酸苦的她，还有啥理由不珍惜际遇，持续进取？

王欣欣走在校园里，青春的矫健扑闪着一团风。满面春风，意气风发。那时的王欣欣多么年轻！而身处校园的年轻人，哪一双眼睛不闪映灿灿阳光？

4 年时光梦幻般飘过。

1998 年夏，当 19 岁的王欣欣怀揣学校颁发的毕业证书、作为 5 个气象类统招班评出的十大优秀毕业生之一的荣誉证书，依依告别母校、走出那扇大门时，学以致用、报效社会的夙愿，在她胸中鼓荡起夏日般火热的激情。

校园的理想很丰满，职业的操守却显骨感。

回到家乡，入职高淳气象台之初，正值那场长江全流域型特大洪水暴发之时。素以“洪水走廊”著称的高淳，通常年份的汛期，都要遭受长江高水位顶托与皖南山洪下泻的双面夹击，而这次，一江洪峰东压苏南全境，首当其冲的就是高淳！

一天，王欣欣冒雨来到固城湖边实地察看，一上湖堤，一颗心立马“咯噔”一下提起来！但见湖面风推浪涌，惊涛拍岸，离堤面近在咫尺且不断上涨着的洪水，紧锣密鼓地意欲上演一场破圩决堤的恶作剧！雨扮演着为虎作伥的角色，由疏而骤，由弱变猛，强力雨柱击打湖堤和水面，一片啪啦啪啦的声响，像鞭子一样抽打在她心头。王欣欣被眼前的峻厉场面震慑了！刹那间，她懂得了这滔滔固城湖，以及汤汤胥河、官溪河、水阳江等主干大河，何以成为高淳人民的生命线，何以作为高淳气象工作者“激凌”动力的事业线！

事业，不是豪言壮语的宣示，而是责任担当、科学态度和务实作风的凝结。防汛抗洪关键期的日日夜夜，气象新手王欣欣以耳濡目染的体察，领会着职业气象人的精神操守。

那时台里人手很少，平时业务责任落实到人，一个萝卜一个坑。老天发威时，雨情就是命令，全体业务人员自发24小时全天候坚守岗位，既有分工，又有协作，整个气象台就是一架严密组合严谨运转的机器，弥漫着热烈而镇定的情绪，推进着紧张而有秩序的工作。一张张天气形势图、一帧帧卫星云图、一份份雷达回波资料，就是分析研判的依据；一次次向外发送的降水实况和天气预报，就是精准高效气象服务的呈现。这里崇尚的是踏实，培植的是坚忍，追求的是效率。

原本，出身农村且不吝付出的王欣欣，与某些老同志身上辐射的老黄牛精神，颇有惺惺相惜之感。精神气场通融，人际关系和谐，自能在见习中快速上手业务。勤恳，成了她引起老同志赞赏的主要表现：眼中总有活做；看到事情就默默地上心地做；少说多做；哪里需要她就上哪儿做。

不到一年，领导就将王欣欣推上测报预审的岗位，成为身临一线的战斗员。

1999年6月16日凌晨4点多，于一夜风平浪静中突然发泄的暴风雨，以狂飙突进之势从天而降。虽说"六月天，孩儿脸，说变就变"，但伴着雷电像炸了锅一样暴响的风雨声，还是让正在单位值班的王欣欣吃惊不小。以最快速度出去测量降雨量，成了当班履职的紧迫要务。顾不及取雨具，她匆匆出值班室，疾步走到单位门口，不由猛地顿住脚步。倾盆大雨好像从豁开大口的天空倒下来，单位距户外观测场百米之距的空间，全然笼罩在铺天盖地的暴雨中，而被大风撕掳着旋起的雨雾，让紧挨观测场的一片坟堆平添阴森之气。气象人耳朵中的风雨声就是号角，前方的观测场就是战场。可她毕竟是一名刚满20岁的新兵，又是个姑娘家，第一次面临这种恶劣天气独当一面，说不紧张那是矫情。稍事踟蹰间，紧张就被内心深处泛起的一个熟悉的声音消解，那是气象学校老师在课堂上的训示："哪怕你置于枪林弹雨的环境，也必须分秒不差地去完成任务！"她为之一振，嘴一抿，眼一凛，疾步冲进稠密的雨帘里……

5点整，她准时将第一份报发送了出去！

从凌晨到早上，持续3个多小时的降雨量竟达到165毫米。在这战斗的时段内，她顶风冒雨，以百米冲刺般的高速，前后9次往返于观测场，连续发出去9份报。全身上下一次次淋透，其间不得不换了三次衣服。

雨过天晴。王欣欣眺望户外的蓝天白云，长长地舒了口气。尽管一身疲惫，一颗心却实落了。那种做成了事的实落。

无论大事小事，工作事还是家务事，紧要的事或者通常的事，她都认认真真、顺其自然地去做；既然去做，她都视为分内的、应该尽力做好的事。

抑或，一种平实气质，正是在如是心性的基因中繁衍而成。

前方,即将到达枣庄西站。

枣庄,中国革命传奇“铁道游击队”的演绎地。文艺作品的影响力,让几代国人都记住了这座鲁南小城,尤其是它附近的那个北方最大淡水湖微山湖,因美妙的电影插曲《弹起我心爱的土琵琶》众口传唱而声名远扬。

此刻,王欣欣的意识流,从鲁苏交界处的微山湖,一下跳到苏皖交界处的固城湖,及至湖光水气中出落的物华天宝:固城湖螃蟹。

风物寄乡情。一个喝固城湖支流胥河水长大的女孩,与生俱来的母亲湖情结,濡染了她如诗如画的童年视觉:青青花山、萋萋秀山、悠悠风帆、疾疾龙舟……举凡与固城湖相关的景观都是最美的。成年后,那种“固城湖拜物教”的情感在阅历增长中沉淀,然而气象工作的拓展践行,又一次让她与水中尤物“固城湖螃蟹”擦出火花!

螃蟹与气象,两个原本不是很搭的物象,于“报效苍生”的求索中结缘。

具有“肥、大、腥、鲜、甜、靓、绿、早”八大亮点的固城湖螃蟹,在名蟹争锋的国内市场独树一帜,高调地打出一张“中国有机蟹乡”诸多“第一”的名片。看到家乡父老乡亲靠水吃水,纷纷投身蟹业,日渐脱贫致富,王欣欣喜悦之情常常溢于言表。螃蟹养殖,成了她与同事及亲朋好友之间唠嗑最多的话题。几年来,她一直关注着这项富民产业,琢磨着如何运用本职专业,为养蟹的蟹农群体提供一点实在的帮助。

与蟹农的深度接触,是在她相继出任县气象台台长、副局长期间。其时,她时而在单位上班,时而到南京上学。以工学兼顾“两头跑”的状态,她将在 3 年专科、4 年本科、两年研究生研修课程的攻读中,度过新世纪初叶漫长的十多年。将学习进行到底,岂是文凭控的一个混字了得。情势所迫啊。以前在气象学校,围绕测报所学的气象资料收集技能,知识面较窄,知识基础也不够系统,在为民服务的应用领域往往绌显短板。固城湖螃蟹在养殖过程中,多次发生的蟹塘死蟹事故,与气象应用服务的缺席、相关科学技术的弱化不无关系。职责未尽的内疚,让王欣欣憋着一口气:这种现象怎能再继续下去?有机螃蟹养殖的“高淳模式”中,理当溶入气象应用服务的元素,这是必须的!

接受了几年高校教育,王欣欣才切身体会到“重要的问题在善于学习”。气象信息服务系统运用、气象技术应用、气象防灾减灾技术应用、农业气象学、水文气象预报技术……她在大学课堂里接受的各类关于气象应用研究的知识,润物无声地造化出别一种色调的专业眼光,以前水产业调研时纠结于脑中的某些若明若暗的问题,再度思量,豁然亮堂。

学中干，干中学，边学边干。在新的知识背景撑持下，王欣欣带领业务骨干，深入固城湖畔圩区农村，以螃蟹养殖为突破口，对新型农业主体开展应用服务型“田野调查”。走向一方方塘口，察看螃蟹的生长情况；走近一个个常年以蟹塘为家的蟹农，和他们先是平和地拉家常，而后自然地聊蟹事，从中了解螃蟹在气候和水温变化下的各类状况；针对他们反映的问题，一一提出技术性治理建议。在乡野的天空下拉呱儿，在农民兄弟的“聚宝盆”边聊事儿，她喜欢这样的环境和状态。有时聊着聊着天色渐晚，不得不别离蟹塘，登上湖堤，打道回城。唔，紫霞洇洇，微波粼粼，好一派“西边的太阳快要落山了，固城湖上静悄悄”的意境。每次面对母亲湖，她都会不由地心生感动。

沉静的固城湖，赐予智者以灵感。

一个面对万千蟹农和农业种养殖大户的最佳气象应用服务方案，在王欣欣与同仁们集思广益的研究中应运而生：与农业水产部门联手，实施手机短信群发，每天免费为他们提供有实际意义的气象应用服务信息。

有的放矢的信息群发之举，确有事半功倍之效。

洋洋洒洒，数百字上千字的丰富内容，就在一发一收的片刻间，明快畅达地完成了。时值三伏酷暑，如果你是一位经营蟹塘的蟹农，在铃音叮咚中打开手机，起首的简要提示就让你感受人性关怀：“注意防暑降温。蟹塘作业时（喂食、底改、捞草等），避免在中午前后，建议在傍晚和凌晨进行。”尔后便是你期待的调节水温的措施明示：“选择早晨或晚上勤换水，水位达到最高位；用微生物制剂调节水质；检查伊乐藻等水草的活力，清理浮草和死草，保持50%左右的水草覆盖率；科学搭配动物性饵料与植物性饲料；高温时期，消毒杀菌的杀虫药应慎用……”这当口来信息可太及时了，你正为水温太高螃蟹受不了发愁呢，这下有办法了！

办法源自想法。王欣欣为固城湖螃蟹配套气象服务的想法，通过高淳最大的新型农业主体螃蟹养殖户得以实现。每年免费发布的有近400万人次阅读的气象信息，会让受助蟹农遏制多少蟹塘事故？增加多少经济效益？答案恐怕蕴含在星罗棋布的蟹塘内，那一具具茁壮健硕的生命里。

生命之水湖上来。为高淳独家所有的固城湖，犹如上天派驻高淳的天使，顺天承运地孕育出固城湖螃蟹这样的水中精灵。

诚然，一种诗意的想象，一份与生俱来的乡土之情，并不能取代一名气象工作者对自然科学的理性考量。亘古至今的天地苍穹，频频演绎着正邪善恶的“变脸”。祥风时雨，春水如蓝，它便是福泽生灵万物的天使；反之，盲风晦雨，洪水猛兽，它就成了侵害苍生人类的魔鬼。

2016年，堪称王欣欣人生历练中的非常年份。莺飞草长的阳春时节，高淳大地却连日笼罩在蔽天阴霾与霏霏淫雨中，到了4月，全区降雨量就已超过历史同期。这一异常现象，引起王欣欣警觉。5月，她参加了苏皖相邻市县汛期气象联防协作会，各地气象部门在会上形成的一个共识，证实了她的职业预感：今年汛期降水偏多！

王欣欣（左一）工作照

研究数据，深入分析，王欣欣与她的团队作出论证性预测。在进而咨询南京市气象局有关专家并得到认同后，她立即向区委、区政府作出汇报。区水务局在收到预报后，根据气象局的预测意见，决定在固城湖等大型湖泊启动预降水位措施。

给固城湖降水位?！这一信息的敏感度，立马激起一轮心理冲击波。

最为纠结的当属高淳区领导层。他们当然明白水患无情，可"中国有机蟹乡"的硕大产业，正是依托固城湖得天独厚的丰沛水源做起的。保证足够的水深，是螃蟹生长的基本条件。倘若一旦预降了水位，最终却没有汛情发生，那么，全年以螃蟹养殖为主打的水产养殖将会蒙受多大的损失啊！为这事，那段时间，区里主要领导每天多次与王欣欣通话。那天，她接到一个电话，竟是一位曾长期主抓螃蟹产业并分管过自己工作的老领导打来的，善意提醒的话语意味深长："王欣欣，你要三思而行啊！"

她已处在一个风口浪尖上。

她何尝不懂得新老领导们对维护支柱产业和农民利益的情怀！正是因为同

样的感情溶化在自己的血脉中，才促使她面临凶猛洪水到来之前未雨绸缪，面对决策者在区政府会议上的"要准话"而平静回答：预报结论没问题。

预降水位的动作开始实施。从 9.8 米，到 8.45 米，在近两个月时间里，固城湖水位下降了 1.35 米，总计预降了 1.7 亿立方米水，加上调蓄全区域河湖、水库、塘坝水位，累计调水 2.8 亿立方米，相当于两个固城湖的总水量！

这一块为日后腾出容水空间的逝水，用价值连城来形容毫不为过：一方面，高淳进入 7 月梅汛期后，汛情严重程度为江苏之最，累积 819.5 毫米的降水量，较历史同期平均降水量偏多 2.5 倍，达到 1959 年以来历史同期极值，所有湖泊、河流的水位也都突破了历史极值；另一方面，主汛期过后，全区无一人员伤亡，无一水库垮坝，无一严重险情发生，螃蟹产地各大圩区都安然无恙！两厢一比照，所有知情者局内人，谁不为预降水位而发挥于紧要时期的蓄水作用感叹！

洪水滔滔，战旗猎猎，一幅虚拟中的《固城湖 2016》写意图，忽闪在王欣欣的意识屏幕上。她觉得自己身在其中的光点，并不是被南京市委、市政府评为防汛抗洪有功个人、记二等功一次的荣誉，也不是持续 20 多个昼夜在防汛指挥部里高强度快节奏的竭诚履职，而是面对领导发出的那一句"预报结论没问题"的准话。

准，平静中的坚沉。

一句话，就是一枚平实的足印。

过枣庄，出徐州，仅 3 小时，列车就驰骋在江苏大地了。真快！

车窗外，白亮如练的河渠港汊，黄绿争妍的麦苗菜花，显示着苏北平原迥异于北方的大气而灵秀的气质，也将王欣欣的情思推向画面之外那一片春色无垠的江南水乡，推向南京之南那一方钟灵毓秀的"后花园"——凝聚着大江苏美好生存环境的"国际慢城"。那里，就是她生活、工作的地方！

呵，就要到家了。回家的感觉真好！

藏在她心头最柔软处的家——那每日往返于一线上的"两点"，每每触及，都温馨馥郁。

不错，单位是她另一个家。

7000 多个日日夜夜，她从清纯的青年走向成熟的中年，从上岗基层观测员、预报员，到司职台长、副局长、局长，点点滴滴积淀下来的情感，于 20 年时光的默默流逝中，在高淳气象局这一方空间里发酵。

高淳气象局呈长方形的小庭院，一个使入内者顿觉舒爽的所在。制式观测场，乌亮柏油路面干道，碧绿齐整的草坪，小型别致的办公楼，精当的布局，既有平面感，又有立体感。办公楼只有 1000 多平方米，办公室标准间只有十几平方米，设备简朴，却整洁美观，走廊墙壁上配置的本土书画家作品，楼道显眼处放置的各式花草，平添些许人文气息和生活情趣。

简约的环境风貌，折射的是当家人王欣欣的勤俭本色。那几年，一些机关事业单位奢靡攀比大兴土木，而她主持气象局小院基建，却以每年一次小改造的小打小敲方式逐步推进。每次的修缮经费，总是精打细算，抠之又抠，恨不能一个钢镚儿掰成两半用。最后敲定的工程费用，是与入场作业方多次“推挡”后摊出的底价，与基建规模差不多的单位相比，一半花费都不到。本性使然，她不愿趁公家钱示“豪爽”。节约办事，事儿照样办得像样。当她与同事们走进整修一新赏心悦目的办公楼，那回荡于楼道的阵阵欢声笑语，让她真切地感受到了单位之家的氛围。

在气象局这个大家庭，王欣欣并不以家长自居。她总觉得大家走到一起是缘分，自当像兄弟姐妹一样和谐相处。在下属们的日常视觉中，体制内所滋生的官腔官架，是与他们局长的言语举止绝缘的，那质朴随和的样儿，还真不像个主官领导：与手下副职领导或中层干部说工作上事儿，常常是走到对方办公室去说，进屋坐下说、门口站着说都行，自然随意；需要商量的事儿，不搞一言堂，谁的主意好就点头采纳。

平时上班有空时，她就在单位里四处走走，场馆里的展示牌倒了，楼道口的花草没摆好，她就俯下身来收拾一下。看到卫生间里洗手台盆积了茶渍，她就拿起刷子擦除干净。一楼陈列大厅地面上，施工留下的胶水痕迹仍依稀可见，她就找来铲子嚓嚓地铲起来。因为与大家的零距离，干部职工有什么心里话都愿意跟她讲。生活中遇上不顺或困难之事，也向她诉说，她若能帮上一把，自会施以援手。闲暇，她与几个女同志一块聊聊天，或相约一起去逛逛街，那一份亲切劲儿，看上去真像是一家人。

当然，最让王欣欣走心挂怀的，还是作为父母、丈夫、孩子的自家人。为人之女、之妻、之母，她懂得让他们消受一份爱心的天经地义，但气象工作的职业要求，又让她难以完整地付诸到位。特别是对自己女儿的爱，与同龄孩子相比亏欠多多。但女儿出生后这十多年，王欣欣对她的关爱还是有目共睹。2005 年抗击“麦莎”台风的那天，也是她兼顾事业与亲情最为辛劳的日子。作为一名分管业务的副局长，她必须坐镇局里，严密监视“麦莎”的行踪；作为一名丈夫远在他乡的孩子母亲，才 4 个多月大的女儿，因患上腹泻高烧不退，此刻正躺在县人民医院病床上打点滴，非常需要她的陪护。她当机立断，趁台风来临前的时段，赶到医院，与保姆阿姨一起，抱上女儿，提着吊瓶，回到局里，一边在抗台服务一线监测台风走向，一边守护着睡在一旁的女儿挂完药液。

调节好大家与小家的关系，王欣欣已体悟出“独门心经”：

“合理规划好自己的时间，将事业与生活妥善分配。除了在汛期或重大灾害天气发生等特殊时段，需要连续值守可能无法照顾家人外，平常提升工作效率，就有了回旋的空间。我一般都在下班前将工作上的事尽量处理掉，下班以后就及时转换身份，尽一个妻子、一个妈妈的义务……”

平衡情感的天平上，原是化合大爱的砝码。

12 点 28 分，列车准时到达南京南站。

车门打开，一股股人流涌出各节车厢。

王欣欣跨出车门。在 12.4 米高度的高架站台上，稍事伫立，微抬脸，向着天空的方向遥望。正午明媚的阳光从云朵间隙暖暖地洒下，但见她眼睛一眯，脸上的欣然微笑又一次浮起，旅途的疲劳似乎为之消解。

她拖着行李箱，偕和着脚步与滚轮的交响曲，溶入出站的大股人流。她将下一楼，出站口，坐上回归家园的汽车。

一袭晃荡着马尾发束的茁实背影，在平实步伐的迈动中，渐行渐远。远远望去，瞬间的人头攒动中，已难寻她的踪影。她与他们，此时已无须分辨。这一股宏大的人流，这么多像她这样的陌生人，在各自的存在空间，又衍延着多少朴实无华而意义非凡的人生脚印?!

哦，那一派汇聚的脚印，蕴涵的分明是能量，是精神，是任何时候都不能小觑的民族之魂。

或许，这就是王欣欣一类群体的隽永价值。

作者：谷代双

风雨中最铿锵的气象玫瑰

——记浙江省温州市苍南县气象局局长华立新

她,一脸的正气;

她,一身的朴实;

她,大大的眼睛,娇小的个子,操一口闽南口音的普通话;

她,是一个敢想事、会干事、能成事的人;

她,是一个勇于追求和不断创新的人;

她,就是浙江省最南端、俗称“台登县”的苍南县气象局局长华立新。她用一个个鲜活的事迹从多角度、多层面透视“盛世清风起,和谐气象人”的气象情怀。

出生干部家庭,童年的梦想是唱歌跳舞

华立新,1966年出生于一个家境小康的干部家庭,父亲曾是苍南县马站区派出所所长,母亲曾任苍南县马站区中西药批发部经理。家中有一个姐姐,一个弟弟,她排行老二。父母对子女的培养都很重视,给每个孩子起名字的时候都寄予了厚望。因为出生于1966年“文革”初期,当时思想先进的父母就给她起名立新,取破旧立新之意。

达则兼济天下,穷则独善其身。华立新的父母从小就教育她们姐弟三个,志向要大,只有站得高,才能看得远,而父母们正是用自己的行动在践行这样的理念。

受严父慈母的言传身教,长年累月的影响熏陶,破旧立新、有所作为的理想与意识一直陪伴着华立新成长,让她在人生的各个阶段、各个领域不断突破自我、开

拓进取、扬帆起航。

父母双职工，家里孩子少，这就让年幼的华立新从小就拥有当时大多数同龄孩子所不具备的优势——吃穿不愁。正所谓仓廪实而知礼节，因为没有受过物质短缺的苦，这让她从小就对物质毫无驱逐之心，目光更多地放在精神追求上。这也为她后来从政路上的心底无私、一心为民打下了精神基础。如果说贫穷是一种很好的教育资源，那么富裕，则是一种更好的教育资源，如果富而重德，并用德才兼备的榜样教育和培养子女，那么这些子女长大以后可以胸怀天下，志存高远，有一番常人不能及的眼界和作为。

华立新就是这样的例子，她从小性格开朗外向、思维敏捷、为人慷慨豪爽，对人善良耿直，颇有“男子汉”的性格。她自幼爱好广泛，尤其热爱音乐舞蹈。学生时代的她，理想是当个歌唱家和舞蹈家，用歌声歌唱生活的美好和热爱，用舞蹈诠释生命的执著和美妙。在热爱文艺的同时，她从小学到高中一直担任班干部、学生会宣传部长等职务，学习上勤奋上进，认真好学，深得师生好评，是个典型的德智体美劳全面发展的五好少年。

多年来担当学生干部的经历让她在潜移默化中有效地培养和形成了较强的管理能力、组织能力和执行能力等综合素质。

那一年，她还在马站中学上初中，有一次学校召开大型学生运动会，当天开幕式举办在即，主持人突然发生意外。在全校师生惶恐不安之际，小华立新主动请缨，在老师们的“质疑”和期待的目光中，勇敢地走上主席台，用自信和勇气，圆满而出色地完成主持工作。不管结果如何，小小年纪就有这种临危受命的勇气和挑战自我的信心，不由不让人敬佩。通过这一事件，她不仅又一次成功地证明了自己控制全场的主持功底和应变能力，也磨炼了她自我挑战、自我超越的坚强意志，更是获得了师生们的高度好评。

这件事也曾一度轰动校园，为同学们津津乐道。一时间，华立新也因此成为当年马站中学受人瞩目的“风云人物”。

参加工作之初，遇到人生第一个伯乐

1986 年 6 月份，20 岁的华立新一出学校大门就到了苍南县蒲城乡担任财政总会计，在那里，她遇到了人生中第一个赏识她的领导，那就是当时的蒲城乡党委书记，后来的马站镇老书记陈加居同志。1988 年陈书记调任马站镇党委书记时，经过他 3 年调教的华立新已经初露锋芒，在他的推荐下，华立新又临危受命，调到马站镇担任财政总会计。第二年，人称“慧眼识才老伯乐”的陈书记又默默把她培养到了团委副书记、书记的位置，这些经历为华立新后来走上从政之路，实现“一心为民，天下为公”的政治抱负打下了经验基础。

在1992年撤扩并(撤区并乡镇)时，组织上看到她先前任财政总会计兼镇团委副书记、书记工作时的突出表现，一致同意把她推荐提拔到沿浦镇担任宣传委员。在宣传委员岗位上，华立新很好地发挥了她的优势，工作有声有色，于1993年至2006年期间分别担任了浦亭乡、渎浦乡、灵溪镇宣传委员、组织委员，2005年更被提拔为灵溪镇党委副书记。

干一行爱一行，不断书写职场新篇章

翻开她的履历，1986年参加工作，在进入气象部门之前，她从乡政府总会计到乡镇党委副书记，再到苍南县委宣传部副部长，在基层腾挪闪转，不断打破认知的边界，每到一个新领域，立刻进入角色，主动融入，干一行爱一行，敬业奉献，勤学善思、求精求细，创造性地开展工作，给领导和同事们留下了深刻的印象。

在长达30多年的工作时间里，华立新秉持“老老实实做人，勤勤恳恳做事，堂堂正正做官”的朴素理念，脚踏实地、一步一个脚印，用足迹丈量责任和担当，认真履行工作职责，积极抓好工作落实，出色完成了组织交给的各项任务，积累了深厚的业务功底和丰富的实战经验，得到了省、市、县领导的充分肯定和广大干部群众的好评。尽管历经岗位变化、职务变迁、角色叠加，她始终秉持修身律己、务实干练、奋发有为、豁达包容的品行操守。

凡是接触过她的人，都会被她充沛的工作精力、饱满的工作热情和高效的工作效率所折服。她有一股永不服输的韧劲和对党对人民事业高度的责任心，以自己的实际行动，率先垂范，开拓进取，尽职尽责，把青春奉献给自己热爱的事业。在她身上，集中了女性的温柔美丽和自信自强，又集中了领导的精明能干和奋发有为。

我们形容高产的作家，叫做著作等身，但是有些人，仿佛是荣誉收割机，她们可以无论走到哪里，就会把荣誉带到哪里，实现“荣誉等身”。从小到大，华立新获得的荣誉不计其数，真正是拿奖拿到手软。

仅仅进入气象部门8年来，她曾多次被省、市、县评为优秀局长、优秀党务工作者、学习型党员标兵、优秀共产党员、优秀公务员、嘉奖、三等功、优秀攻坚组长、优秀领导者、十佳女性、三八红旗手以及各条战线上的先进个人等荣誉称号。印象最深，也是值得她骄傲的是2017年“三八”节期间，她被中国气象局列入“基层优秀女局长”，并在中国气象局作“不忘初心 巾帼建功”为主题的先进事迹报告。

在2017年更是被评为全国气象部门先进工作者,全省仅她一人获此殊荣。

这些荣誉的取得,不是偶然的,是一个人在工作岗位上数十年如一日地热心奉献和努力耕耘的结果。

从宣传干部到气象局长,一场华丽的蜕变

踏足气象行业已经第八个年头,华立新从最初的"赶鸭子上架"——此前她与气象工作从无交集,而她接手的气象局又是从一副十足的烂摊子,设施极为落后,人员参差不齐,但她弱肩扛起重担,一步一个脚印,带领全体员工,硬是将这个局整成一个富有战斗力的单位,名列全国基层气象局前茅。华立新也从一个门外汉成长为一位成熟的气象人。她是怎样越过这座"阿尔卑斯山"的呢?

2010年,组织决定,华立新担任县气象局党组书记、局长。这太突然了,她只干过政务党务工作,对气象工作一无所知,组织的这个决定颇有将一名卡车司机硬拽上一架飞机并要他安全飞行到目的地的味道,华立新骤闻此决定时便有无所适从的感觉,而且县气象局确实也没进入她的视野。组织的决定要服从,气象局也需要人主政。华立新失眠了,她梳理一下自己一路走过来收获的成绩和一些失误,总体是成功的,她善于应对农村的各项工作,深入了解民情,熟识苍南当地的民风民俗,工作起来总是游刃有余……现在的工作对象是"天",风云变幻莫测,自己又是一个十足的气象门外汉,赴任这个职位,结果也将像气象般是个未知数。可弱女子内心蕴藏着大能量,勇于挑战不可能。从听到组织决定到决心在新岗位上一搏,她反复考虑了一周时间,华立新永不服输的劲头和内心的激情终于被自己激活,干,而且要干出苍南县气象局空前的一番事业。

"有人说,基层工作不好干,女同志更不好干,尤其是一个外行的女同志。但是,我想,既然到了这个岗位,就只有一个字,干!"

正是这份既来之、则安之的泰然,对自己的信心和对事业的执著,让华立新这一路走来,不仅在身份上实现了华丽的蜕变,更是让苍南的气象事业实现了很多个从无到有,发生了翻天覆地的变化,精神面貌焕然一新。

"八年抗战如一日",只为一个信念和一份笃定的执著:从中共苍南县委宣传部到县气象局的8年时间里,苍南县气象局实现了从无办公场所(借用)到新建独门独院的综合办公大楼;从没有气象观测场到建立了全市首个国家级标准新型观测场;从全省基层台站最差级别到高科技先进设备样样齐全的高标准基层台站;从气象局位列全县目标考核、"三级联评"中连续两年最后一名到名列前茅……

在华立新局长的带领下,全体干部职工奋力进取,努力拼搏,充分发挥气象人

华立新(左二)工作照

精神,使得苍南气象事业获得蓬勃发展。上任 3 年,完成了气象局管理体制调整,气象局办公楼装修,苍南国家一般气象站观测场建设。这些重大项目建设大大改善了苍南基础设施建设,为苍南气象实现现代化打下了坚实的基础。

在新形势下,苍南县气象局事业翻开了秀美的新篇章:苍南气象区域自动站从过去的十多个发展到现在的 43 个、预警大喇叭 107 套、电子显示屏 166 台、人影设备一套、应急指挥系统一套,苍南天气网、“智慧气象 APP”、海洋移动气象船舶站、突发公共事件预警信息发布系统以及根据“规模适中、布局合理、功能完备”的原则,配置台风监测数据信息平台、台风预警预报服务平台、台风防御决策指挥平台、台风灾害评估分析平台、台风科研科普教育平台五大功能平台,基本上实现全覆盖。

在她的亲力亲为下,苍南县政府与各乡镇签订了气象防灾减灾责任书,这当时在温州市尚属首创;在 2012 年苍南县 12 个乡镇气象防灾减灾标准化建设全部达标,在全市成为唯一;她倡导开展的特色农产品气候品质认证和举行的授牌贴标仪式开创了全省气象为民办事中的先河。

作为为数不多的女性管理者,华立新对干部队伍的管理在刚柔并济之间得到了最好的展现:勇者无惧,敢打硬仗。她经常带领团队加班加点,有一次连续工作至凌晨 2 点,同事们都劝她先回家休息,她不但没回去,反而一个人悄悄地外出给大家买夜宵,让同事们既感动又钦佩。在气象局日常工作中,以气象保障为中心、以群众满意为标准、以科技创新为动力,认真做好梅汛期、台汛期、农业种植、森林防火、交通运输、重大节日活动等有针对性的气象预报预警服务。她充分诠释了一个气象"指挥官"和现代"气象人"的人性光辉和人格魅力。为苍南防灾减灾保驾护航,更为苍南建设"浙江美丽南大门"添砖加瓦提供强有力的气象保障。

从2010年以来,苍南县气象局曾多次被省、市、县评为学习型党组织创建示范点、学习型党组织、安全生产目标管理责任制、社会主义新农村建设、目标考核、"三级联评"以及抗台工作等先进单位。

审时度势,顺利实现苍南回归气象大家庭

苍南县地处浙江省"南大门",是浙南山海城,山、河、田、海、涂俱全。因位于玉苍山之南而名"苍南",玉苍山是一座非常有趣的山,号称"八面来风",福建来风,泰顺来风,最多的自然还是海上来风。全县陆域面积1291平方公里,总人口130万人。苍南县属亚热带海洋性季风气候,由于地处中纬度,常年受南北天气系统和东西风环流交互影响,成为我国沿海气象灾害影响最为频繁而严重的区域之一,尤其台风对苍南的威胁最为严重。

新中国成立以来,登陆浙江的41个台风(截至2017年)中有7个台风在苍南登陆,占六分之一;影响苍南的台风共182次,平均一年3次,造成严重影响的共有68次,平均一年一次。因此,苍南县戏称为"台登县"。2002年16号台风"森拉克"在苍南金乡大渔登陆,造成人员死亡18人、重伤25人、轻伤163人,直接经济损失达9.63亿元。2006年8号超强台风"桑美"在苍南霞关登陆,登陆时的中心气压和风速两项指标均为新中国成立以来最强,后来拍摄成电影《超强台风》,银幕上的画面依然震撼了广大观众。"桑美"重创苍南全境,36个乡镇全部受灾,64万群众受洪水围困,100多万群众财产受损,42万亩农作物受灾,通信、电力、交通基本中断,大部分工矿企业停产,全县房屋倒塌20310间,严重损坏45469间,全县因灾死亡153人、失踪1人;直接经济损失达91.24亿元……

华立新在官网资料库里翻阅这些资料,一组组数字如此鲜活残酷!那一个个摧枯拉朽的强台风呼啸着在她的眼前复原,如此惊心动魄!

"准确的气象信息对苍南县显得何其重要啊!我接手的是一副无限沉重的担子啊!"

然而,苍南县气象局先天不足,是温州市最另类的气象局,这种态势缘于与平阳县分县。1981年,平阳县以鳌江为界,江南成立新县——苍南县,平阳县气象台跟随老县,苍南县一时没有气象台。到1993年,苍南县气象台才成立,性质属县政府直属事业单位,2003年3月成立苍南县气象局,与上级气象部门没有隶属关

系，这种身份使苍南气象台处境非常尴尬，自身发展缓慢，连最基本的观测设施都没有。天气预报数据有时借用平阳气象台的。

华立新一行人终于来到气象局。气象局设在一幢陈旧不堪的矮楼里，单位牌子随便挂在一面不显眼的墙上，单位颓迹随处可见。工作人员已坐在简陋的会议室里等待，华立新一眼发现有几人目不斜视，几位年轻人富有朝气，她心中一喜，多年的党务工作经验告诉她，目不斜视者定然是技术人员，他们的内心是充实而强大的，而年轻人的心中也是充满希望的。人是根本，苍南县气象局的前途依然无限光明。华立新的就职演讲很简单，可以归结为一句话：我要为大家营造一个真正的气象人的家。

刚进气象局时，面对这个忽然空降的女局长，又是个对气象工作一窍不通的地方干部，气象部门的那些大老爷们丝毫不把她放在眼里，工作开展极为不顺利。

人和财的匮乏成为华立新开展工作的两大“拦路虎”和重大“顽疾”。面对错综复杂的烂摊子，在深入调查摸底的基础上，华立新痛定思痛，破釜沉舟，从自身做起，为自己立下“勤、廉、干”的三字真经。

勤政成为她内强实力、外树形象的“不二法宝”。“5＋2”“白＋黑”是初入气象部门的她“工作狂”“拼命三姐”的真实写照。同时廉洁成为她践行“公生明、廉生威”的关键，也是大刀阔斧进行反腐倡廉的重要抓手。“身正不怕影子歪”“其身正不令则行”。廉政奉公、洁身自爱，在她的垂范带头下，气象局党风廉政工作焕然一新，蔚然成风。

苦干加巧干，落实再落实。“空谈误国，实干兴邦”，在真抓实干每件事的同时，她坚持以身作则，埋头苦干，审时度势，并巧妙借力，有序有力有效地开展各项气象工作。让业绩讲话，事实胜于雄辩，看到真真切切的新变化和大发展，那些大老爷们也不得不心服口服了。

华立新自2010年执掌气象局以来，短短两年间工作取得显著成效，当时由中国气象局收编的时机已经成熟。幸运的是，在省局党组的坚强领导下，2012年11月，苍南等4个县气象局顺利完成由地方政府领导的管理体制调整为上级气象主管机构与地方本级政府双重领导、以气象主管机构领导为主的管理体制，苍南气象局正式被气象部门收编，回归气象这个“大家庭”。苍南县气象局监测基础设施也从温州全市最差跃升为全市前茅。

破格用人，为事业发展输送新鲜血液

单位严重缺编，尤其是专业技术人员，业务要发展，就必须招兵买马。昔时苍南县气象局招人有个陋习，限招苍南本地户口的，这个限制形成恶性循环，当地读气象专业的本就不多，本地学生也选择在外地择业，因此，多年没能招到理想的优秀人才。华立新要打破这个窠臼。

她向领导提出自己的建议，招人打破本地户口限制。有关领导满口应允。

这次招两名专业技术人员。招聘启事发布后，应者寥寥，最后只有3人应聘。3选2，竞争却也激烈，经过面试，总要淘汰一人，但3人学识却在仲伯之间。华立新联想到这次招工从发布招聘启事到3人应聘再到最终淘汰一人，苍南县气象局招收人员不是易事，何不将淘汰的却也是难得的专业人才一并招收进来呢？然而，招工是非常严肃的事情，领导会开这个口吗？她抱着试试看的想法去向书记、县长汇报，他们沉吟片刻，然后都说，考虑到气象局较特殊的情况，这次就破个例吧。3人顺利进入气象局。3人两人本科一人硕士。输入新鲜血液，气象局更富活力。现在，他们都已成气象局的技术中坚力量。该局现有在职人员20人，专业技术人员6人。

这次招工在局里引起轰动，华立新引才惜才的反常规行为使员工们看到气象局扭转乾坤的一缕曙光，她任职短短两年时间，苍南县气象局终于"气象一新"，众志成城，大家全身心投入工作，防灾减灾有所建树，鹦鹉学舌式气象预报也大幅减少，防雷和气象科技综合服务也做得有声有色，气象人的精神面貌也焕然一新。广大市民也慢慢认可苍南气象。

智斗钉子户，彰显巾帼英雄本色

苍南县气象局要蝶变，首先要彻底去"平阳化"，不留丁点平阳的痕迹。气象数据有时借用平阳局，是苍南气象人心中隐隐的痛。去"平阳化"，就要有自己的观测场。

苍南是个气象变幻莫测的山海大县，苍南发达的工农渔牧业需要准确的气象信息保障，苍南气象部门需要拥有自己先进的观测场。2013年5月，华立新将建观测场的申请报告呈送给分管副县长，副县长阅后不敢怠慢，直接呈送县长，县长阅报告后说，财政再困难也不能没有这个关系到全县人民生命财产安全的装备啊。

筹建观测场一路绿灯，边批边建，而且县长拍板要建全省装备领先的观测场，经费优先解决。华立新好生感动，气象事业原来是深受重视的啊！

华立新带着专家在县城勘察地形进行选址，专家选中灵溪镇岩头山的一块平地为观测场场地，岩头山海拔118米，八面来风，是理想的观测场场地。当年9月份,观测场进入实质性的建设阶段。

在苍南县,征用农村集体土地都是老大难问题。华立新早有思想准备,带领干部职工冒着酷暑,每天坚持十多次“上山下乡”,动之以情、晓之以理,挨家挨户做细做好老百姓的思想工作。尽管如此,一些“钉子户”还是百般阻挠,认为女局长是软弱无能好欺负的,他们多次与建设工人发生冲突。其中一次双方还当场大打出手,造成一名工人受伤送至医院。

接到消息后,华立新一边赶赴现场,一边向县领导汇报,短短十几分钟时间就赶到现场。一些“钉子户”看到来了一个这么弱小的女局长,根本就不放在眼里。还放言:“这么弱小女局长,打她10个都没问题。”

华立新瞄了他们几眼并故意轻描淡写地说:“你们这些男同志我大部分认识,有的当爸爸、有的当爷爷、有的即将当老公,还说打我10个没问题,你们就是打我100个也称不上英雄。”

“征地手续齐全,是由县长特批的合法进场施工,你们执意阻挠是违法甚至是犯法行为,我这是善意劝告同时也是警告!”

“好男不跟女斗,君子动口不动手,现在谁敢动我一根毫毛,我华立新今天就不姓华。”华立新的话掷地有声,不亢不卑的沉稳态度倒令他们面面相觑,顿时不敢轻举妄动。话音刚落,警报声和几十名公安民警、1+1应急救援中心队员赶赴现场,及时平息了现场剑拔弩张的“火药味”,让一场即将硝烟弥漫的“战争”消弭于无形。公安干警当机立断进行执法,并对出逃的肇事者勒令自首,每天夜里组织2~3名民警进行巡查抓捕。这时“钉子户”们纷纷通过亲朋好友、村镇干部前来求情,希望不要再抓人,进行协商宽大处理。而所有县委领导统一回复:只要这位女局长同意协商处理就行。

华立新一“战”成名。这事平息后,几乎所有熟识她的人都对她刮目相看:她不仅有快速的应变、判断能力,更有强大的“后盾”支撑。宣传部的老同事给她打电话戏谑地说:你当气象局局长真是最合适不过了,面对瞬息万变的气象变化,需要果决、耐心、快速应对,你拥有这种潜质。而且这件事也给广大市民传递了一个信号,气象工作是政府极为重视的工作,气象局也绝不是一只任人捏的软柿子。坏事最终转化为好事,气象局因建观测场时发生的这个小插曲,慢慢提高了知名度。

短短3个月时间,完成了25 m×35 m标准化观测场的建设,各项技术参数领先温州市各市县区,得到市县领导的一致赞扬。并顺利通过了中国气象局专家的验收,于2013年12月31日20时正式启用,系温州市首个全自动新型观测站,填补了苍南建县30多年来气象设施的空白。

忠孝难两全，担当是正道

“仁者不忧，智者不惑，勇者不惧。点点滴滴的努力、不遗余力的奉献，倾心倾力为所挚爱的气象事业贡献自己的绵薄之力。”华立新如是说。

自2010年华立新到苍南县气象局以后，坚持以奉献为宗旨，以敬业为标杆，以局为家，在单位里随时可以找到她工作的身影。

每次台风登陆前48小时，她要求全体气象干部都自觉做到“24小时在岗、全天候待命”，对台风路径、强度和风雨情等精心研判、反复推敲，争取分析出来的数据科学、准确，努力为上级科学决策当好参谋。每当进入台风应急状态，就是她压力最大的时候。特别是2015年台风“杜鹃”影响苍南，各地灾情频发，气象工作也便推到了“风口浪尖”上。这时，家中70多岁的老母亲不慎摔倒，腰椎骨折急需手术，一边是弟弟一次又一次的电话催促，一边是防汛一遍又一遍地询问是否开闸放水。忠孝难两全，她只能向家人作好解释，叮嘱照顾好母亲，便挂了电话马上召集气象专业骨干进行会商分析研判，最终判定台风“杜鹃”不会对苍南造成严重影响，不宜开闸泄水，随即将这个会商结果报告防指，得到县防指的重视和采纳，为全县保住了800万立方米宝贵的水资源，直接经济效益达800多万元。

而她则一直坚持到台风警报解除后，才独自一人流着眼泪到医院看望病重的母亲。跪在母亲病床前，她深感愧疚，只能真情地道一声：妈妈，请原谅我这个不孝的女儿……

用爱经营家庭，事业家庭双丰收

华立新的爱人也是一名局长，夫妻都是局长，这在一个县里也是一段佳话。

她说，刚上任气象局长的时候，她心里也直打鼓，但是她爱人，这位从公安战线上拼出来的硬汉子告诉她，不要怕，记住三个字：“勤、廉、干”，没有什么困难可以吓倒她。有了爱人的支持，她的心里就有了底。两人在家里也经常会对工作中遇到的问题进行讨论，但非常默契地选择了互不打听、互不干涉对方的工作，尊重对方的选择。

都是局长，都是为工作抛出一腔热血的先进青年，怎么能把一个家庭经营得那么温馨，把孩子培养得那么幸福呢？这中间有什么秘诀？

她的秘诀是一个字“爱”。大爱无声、大爱无垠、大爱无痕。尽管工作繁忙，但家庭美满是工作和生活的坚实港湾。真心真情真爱，爱的付出一定会赢得爱的回报，没有爱人的鼎力支持和配合，没有孩子的倾心理解和温柔以待，就没有她全力以赴一心一意工作的最佳氛围和最好状态。对她来说，亲人的爱、同事的爱、朋友的爱是她一直不忘初心、砥砺前行的力量源泉。

很多人常常说到遇到中年危机，或者说事业上的瓶颈期和玻璃顶，这时候往往是最考验一个人的时候。对此，华局长又是怎么说的？

“实不相瞒，我也遭遇中年危机，在进入瓶颈期的时候，我处变不惊，得益于30多年组织的培养和教育，得益于30多年各种工作的艰辛历练和提升，每逢‘瓶颈’我以‘知、思、行、立’应对，一是知晓瓶颈形成的原因和现状，二是思考破解瓶颈的方式方法，三是明确破解瓶颈的行为和效果，四是举一反三、建立和完善破除瓶颈的新经验、新模式、新攻略。”

干一行爱一行，这正是她工作30年来最大的成功经验。在年少时，她父母就教育他们干一行爱一行，行行出状元，不要吃着碗里的看着锅里的，想着桌上的，三心二意。业精于勤荒于嬉，行成于思毁于随，干一行爱一行是“匠人”精神的根本精髓，也是我们干部爱岗敬业的基本保证。

“爱我所爱，无怨无悔”是她人生的座右铭，也是支撑她一步步走到今天最大的信念与力量。对家庭、对工作、对单位，对祖国和党组织都一样。

正如她在全国基层优秀女气象局长事迹报告会上讲的一样，“气象——我忠贞不渝的守望”，只有不忘初心，不让它因岁月的冲刷而斑驳失色，用一种温暖睿智获得内在的成长与丰盈，才能最后找到自己生命中属于幸福和踏实的那份答案。

作者：胡懿娜

爱为气象事业"婷"留

——记安徽省淮南市寿县气象局副局长倪婷

鲜花和掌声,荣耀和光环,都定格在2017年3月8日。这个"三八"妇女节,对于寿县气象局31岁的副局长倪婷来说,是她一生中最美好、最难忘的回忆,她和来自全国各地的8名基层优秀女局长一起,站在中国气象局"不忘初心 巾帼建功"先进事迹报告会的演讲现场,向中国气象局和省(区、市)气象局领导、系统同行汇报她的个人事迹。

再苦再难,也要坚强,只为那些期待眼神

第一次站在中国气象局的演讲台上,这位在基层气象系统摸爬滚打了10年的年轻人显得有点激动和紧张,她用坚定的目光扫视了一下全场,然后用娓娓道来的语气述说了自己——一个出生于1986年的女孩成长历程。从此,中国气象局和全国基层气象局的同行们都知道了有一名80后的女局长叫倪婷,来自八公山下、淮河岸边的古城寿县。

古城寿县,历史悠久,文化璀璨。公元前241年,楚考烈王迁都寿春,寿春成为10万人以上的大都会。西汉时,淮南王刘安在此定都,组织门客编纂了"牢笼天地,博及古今"的百科全书式的皇皇巨著《淮南子》,此书第一次系统地阐述了"二十四节气",被人们誉为中国的"第五大发明"。由于寿县地处淮河南岸,位于我国南北气候过渡带,寿县及周边区域的天气系统种类繁多,能遇到干旱、暴雨、极寒、暴雪等各种极端天气,几乎任何极端天气都能影响到这里。在这里观测气候变化具有代表性,是国家确立的基准气候观测站。

在中国气象局的演讲现场，倪婷介绍了自己在寿县这个特殊地区成长进步的"辛"路历程，激起了全场热烈的掌声。在人们的潜意识里，20世纪80年代出生的孩子，正赶上改革开放的大好时光，大多数家庭只有一个孩子，物质生活十分富足，对孩子百般溺爱，许多娇生惯养的独苗都任性，有"海阔凭鱼跃，天高任鸟飞"的气势，但好高骛远，事实上大多在学业和事业上很难有所建树。但倪婷却用自己历练、成长的事例告诉大家，她是没有标签的80后，是80后中的佼佼者，她把自己的爱写在风云变幻之间，写在阴晴圆缺之间，写在丽日蓝天之间，她的爱与气象事业同在！

倪婷出生在江苏省山清水秀、风景秀丽的镇江市，家乡的灵山秀水滋养了她。在学校读书的时候，倪婷就是个品学兼优的学生。在大学时就光荣地加入了中国共产党，成为一名学生党员。2003年考入南京信息工程大学海洋科学专业，由于各科成绩优异，大学学习期间先后获得三次三等奖学金和一次一等奖学金。在大学期间，倪婷心中有个执著的信念，就是一定要考取研究生，继续深造，争取进入江苏省气象局工作，以实现自己心中的蓝天气象梦。正是这一梦想激励着倪婷不断战胜学习上的一个又一个困难，攻克学习上的一道又一道难题，取得了学业上的进步。

正当她在学习上不断进取、攻坚克难、顽强拼搏、冲刺考研的时候，家里的一个电话让她陷入痛苦的深渊。因为家庭经济困难，父母告诉她，让她暂时放弃考研，为家庭减少压力。得知父母的想法，倪婷一下子就懵了，就像数九寒天被浇了一瓢凉水，身心受到很大的打击。但懂事的倪婷只是委屈地抹了抹眼泪，忍痛放弃了考研的计划。

2007年12月，学校里有一场大学生招聘会，因为临近毕业前夕，倪婷没有放过这个机会，她来到招聘现场，来到安徽省六安市气象局的应聘现场，介绍自己是学海洋科学的，对方告诉她需要大气科学的，倪婷自信地说，我的各科成绩都很好，比那些刚刚及格的学大气科学的将来岂不更有优势？六安市气象局的同志听她说的有道理，赞同地点点头，就介绍寿县国家基准气候观测站是个重要台站，现在正在建设的观象台更是全国5个台站之一，目前还缺一名同志。倪婷连忙抓住机会，投出简历。她把招聘的有关信息打电话告诉了父母，父母也很尊重她的选择。

在焦急的等待中，终于有了让倪婷感到欣慰的好消息。2007年12月，寿县气象局向远在镇江市的倪婷抛出了橄榄枝。镇江和寿县，同为国家历史文化名城，但山高水长，路途遥远。因为离寿县太远，倪婷还没有出过远门，爸爸有些担心她，陪她来到这座淮河边的古城寿县做一番毕业前找工作的考察。

这时候的寿县新城区，百废待兴，城市建设刚刚起步。寿县气象局附近连一家像样的超市都没有，交通也不方便。倪婷在父亲的陪伴下，从破旧的汽车站下了车，打了一辆人力三轮车，辗转曲折才到了位于寿六路东侧的寿县气象局。下了车，就能看见醒目的"安徽省寿县气象局"几个红色大字，走进办公区，但见窗明几净，一尘不染，走廊上悬挂着中国气象的标志和气象文化的各种宣传标牌。在办公室，局领导热情地招呼父女俩坐下，递上热腾腾的茶水，并向父女俩介绍了寿县气象局的情况，还带他们参观了办公区和测报工作区。寿县气象局与寿县国家气候观象台实行局台合一管理，寿县气象局始建于1955年，积累了长期、连续、稳定的地面、通量等气象观测数据，经历了国家基本站、基准气候站、国家气候观象台的发展历史。经过几代气象人的努力，寿县气象局已经跃居全国县级气象局的先进行列，是中国中部地区唯一一个国家气候观象台，全国5个国家气候观象台试点站之一、中国仅有的8个保留人工观测台站之一，在天气预报、地面观测等方面在全省名列前茅，是连续多届的省级文明单位。看到了崭新整洁的台站风貌、友善可亲的领导同事，倪婷和父亲都感受到了寿县气象局蓬勃向上的精神状态，爸爸终于放心了女儿的选择。在内心深处，倪婷也对寿县气象局产生了一种由衷的亲切感。她相信寿县气象局的未来会越来越好，古城寿县也会越来越好。

2008年7月，倪婷从南京信息工程大学海洋科学专业本科毕业后，正式走进寿县气象局这个光荣而充满活力的集体，成为其中最年轻的一员。在领导和同志们的关心及帮助下，她从一名初出校门的青涩女生逐渐成长为熟悉业务的气象人。

刚到寿县的第一个中秋节，正赶上倪婷一个人值班。此时，古城寿县沉浸在节日的欢乐气氛中，火把和焰火映红了古城的夜空，空气中荡漾着桂花和月饼香甜的味道。在这万家团圆的时刻，倪婷独自守在值班室，望着皎洁的苍穹升起的一轮圆月，更增添了一份孤独和无助，心却已经飞到千里之外的家乡镇江——那里有她温暖的家园、挚爱的家人、生活的点点滴滴，以及许多美好的回忆……值班间隙，倪婷匆匆给爸爸打了一个电话，不敢说长了，怕爸爸听出她的孤独和思念，泪水却忍不住簌簌往下掉。倪婷从一入职那天就深深明白，气象工作的职业性质要求气象人一年365天，特别是节假日都要坚守在岗位上。很多气象人都是远离家乡、远离亲人，把全部的智慧和心血投入到气象事业中。越是暴风骤雨、越是雷电交加、越是天寒地冻或是烈日炎炎的极端天气，气象人越是要在第一时间去观测、去预报、去服务。正是有了这种无私奉献和默默付出的敬业精神，才有了气象事业今天的辉煌。

天将降大任于斯人……

在寿县气象局气象观测场，工作人员每天要定时收集气温、湿度、风向、日照等各种气象数据。那时，为了保持观测方法和观测手段的延续性，寿县国家基准气候观测站每天实行24次人工定时观测，同时还有24小时的航危报任务，这也是倪婷和她的同事们的"必修课"。

气象人关注的是万千气象，关注的是风起云涌，期盼的是风和日丽，云淡风轻。但老天爷有时也会考验考验气象人。倪婷是个从不敢看恐怖片的胆小姑娘，但作为一名业务人员，倪婷也和其他气象人一样，参加了连续4年的24小时值守班。讲起观测人员24小时值夜班的故事，倪婷觉得恐惧居多。观测场地处偏僻，经常有野猫野狗甚至蛇出没，"我特别怕蛇，对蛇有与生俱来的恐惧，但来到这里，必须要面对。"空旷的业务楼，漆黑的深夜，倪婷说自己从来不看恐怖片，因为她觉得，恐怖片的惊悚会增添夜班生活的恐惧心理。经常到了深夜，倪婷就跑着去观测，再跑回来编发报文，常靠着唱歌来壮胆。

平凡重复的日常工作中也能经历惊心动魄的时刻。2012年的一个夏夜，电闪雷鸣，大雨倾盆，1个小时的雨量就达到了八九十毫米。由于台站地处荒郊野外，常有蛇鼠出没。出于安全考虑，工作中，倪婷一直穿着运动鞋。那晚，雨下得太急，既担心雨量观测仪器出现问题，又为了掐准观测时间，倪婷一头冲进雨中，只听"咔嚓"一声，一道闪电就劈在不远处的地上。当时她吓得一怔，但顾不上想太多，急着赶去观测场，完成工作任务。直到下班后回想起来却很后怕，积水的院落加上脚底的运动鞋无异于一个危险的导电场，万一这道闪电离得更近一点呢？那是倪婷第一次感到：原来地面观测也是十分危险的事，生与死的考验竟然近在咫尺！一直跟雷电雨雪打交道的气象人，却往往会忽视身边最近的危险。

恶劣的天气考验的是气象人的意志，作为一个女性，还要面临生理、身体的考验。2013年，倪婷怀孕了。这一年，寿县气候观象台在距离新城区20公里的窑口镇新建。搬迁期间，各方面条件都很差，业务值班就在简易活动板房里，冬冷夏热，吃饭、住宿都不方便。特别是出行更困难，每天上班要从新城区挤公交车到新客站，然后再换上农班车，起早贪黑，一路颠簸，但倪婷毅然坚持了下来，没有因为自己身体不适耽误一天工作。

气象工作虽然艰苦，但在寿县气象局温暖而充满活力的大家庭里，倪婷认真学习，钻研业务，从海洋科学专业成功转换到地面气象观测、县级综合气象业务等工作。2009 年安徽省气象局组织地面观测比赛，倪婷获得第 8 名的好成绩，参加了在省局组织的集中学习。学习期间，很多同志都喜欢逛街购物，倪婷总是"躲进小楼成一统"，在房间里泡上一杯浓茶，给自己提神，把学习的业务知识进行重新梳理，认真做好笔记。对模糊的知识点，就虚心请教专家，直到弄清楚明白为止。2011 年，组织上将倪婷调到与寿县毗邻的霍邱县工作，从事天气预报和地面气象观测工作。在霍邱县工作期间，她以良好的工作作风和熟悉的业务知识，做好"传帮带"工作，赢得了霍邱同行的好评。霍邱气象局的负责同志说，别看倪婷年轻，却是真正的业务专家，我们霍邱局要是有这样的人才，业务将会开展得更好。2012 年 8 月，六安市气象局组织寿县气象局分管业务副局长竞聘，倪婷从众多竞聘者中脱颖而出，被组织正式任命为寿县气象局分管业务副局长。这一年，倪婷才 27 岁。

天将降大任于斯人也，必先苦其心智，劳其筋骨，饿其体肤，空乏其身，行拂乱其所为，增益其所不能。作为一名 27 岁就被提拔重用的年轻业务负责人，倪婷没有为自己在政治上的进步沾沾自喜，更多的是紧张与不安，总是感到有一副沉甸甸的担子压在她单薄的肩上。倪婷说，论资历，很多同事年龄比自己大，怎样管理，怎样把业务开展好，保持寿县局名列前茅的工作业绩和行业先进的荣光，让她倍感责任重大，压力巨大。

为在业务上精益求精，倪婷发扬在大学期间培养的刻苦精神，节假日只要不回家探亲，就把自己关在寝室里，当起了"宅女"，钻研业务知识，查找资料、做笔记。来到寿县这座历史悠久的古城，已经五六年了，倪婷对这座小城的感情也与日俱增，已经不知不觉把寿县当成了自己的第二故乡。寿州孔庙、明清时期华东地区最大的清真寺、唐代的报恩寺，以及有仙则名的八公山和珍珠泉，那些名胜古迹已经耳熟能详。尽管这些古迹都近在咫尺，但倪婷却都没有认真游览过，除了上街购买生活必需品外，很少有闲心到古城的大街小巷游逛过。外地有同学慕名到寿县游玩，让她当向导，她竟然对身边的景点都不知晓，让同学深感诧异。她只习惯了同 0～9 的阿拉伯数字打交道，报文、资料数据几乎从无差错，但家里的财务收支、经济状况却总是让她犯迷糊。钻研业务累了，她也偶尔放松放松，打打羽毛球，唱唱歌。她最爱唱的歌就是《我的未来不是梦》，她"不怕在太阳下低头，流着汗水默默辛苦的工作"，因为她的"未来不是梦"，"心跟着太阳在走"。

由于倪婷业务能力突出，多次参加安徽省气象局组织的集中业务学习。参加学习期间，倪婷总是自我施压，加大学习强度，早上 6 点一睁眼，就先把昨晚看的东西温习一遍，一直到晚上十一二点，还在重复做试卷、看书、做笔记、背东西。正是由于这样的苦学，倪婷学习成绩突出，成为 2013 年全国气象行业职业技能竞赛安徽省参赛队员。倪婷深深明白:这一战不是为了自己,也不仅仅代表自己,每个人的战果代表的是安徽省气象局的荣誉,心理压力非常大。倪婷说,回忆起那段日子,其他参赛队员毫无保留地互相支持、顽强拼搏、紧密协作,为荣誉而战的精神深深感染并影响了自己,这也许就是安徽气象人敢于争先精神的缩影!在全国竞赛中,安徽省代表队取得了全国第四名的好成绩,倪婷获得计算机综合处理单项第二名。

没有一番寒彻骨,哪得梅花扑鼻香

寿县国家基准气候站是全国8个保留人工观测任务台站之一。寿县国家气候观象台(试点站)又是全国5个试点台站之一,新建了地面气候观测、地基垂直探测、大气成分观测、近地层通量、农业气象五大观测系统,各项业务工作任务十分繁重。作为业务副局长,倪婷常态化组织开展业务学习、技术交流、知识测试,营造"比、学、赶、帮、超"的浓厚学习氛围,严抓业务质量,严格执行各项技术规定、规章制度,圆满完成各项业务任务,为寿县气象局基础业务成绩保持省内领先打下坚实基础。在倪婷的带动下,寿县气象局业务人员先后获得全省质量优秀测报员称号数十次,获得"全国质量优秀测报员"称号4人次。

在历届省气象局组织竞赛中,倪婷都争分夺秒为参赛的业务人员做辅导,讲解业务知识,讲解竞赛答题要点,看到同事们在竞赛中取得优异成绩,她比自己获奖受到表彰还要高兴。由于倪婷带队,在背后的默默支持,寿县气象局的气象业务人员在各类竞赛中屡获佳绩,所在市局竞赛代表团队名列前茅,倪婷个人也获得"安徽省技术能手""安徽省五一劳动奖章"等荣誉称号。这一连串荣誉全凭倪婷那股子"钻"劲。倪婷说:"也没什么诀窍,就是一个字'练',练考题,练操作,反复练,天天练,再难的事也顺手了。"随着比试越来越多,竞赛成绩越来越好,俨然成为"竞赛小能手"的她却急流勇退,转型做起了科研。"地面观测自动化程度越来越高,做科研一方面是弥补没能读研的遗憾,另一方面也想尝试新的挑战。"说起来轻描淡写,但没有气象专业的学术背景,科研之路无疑是"溯洄从之,道阻且长"。

在一次采访中,记者问她,为什么海洋专业改成气象专业也同样成绩出众,取得了丰硕的科研成果?倪婷说:"专业背景固然重要,但只要肯花心思,干什么都一样,况且海洋观测和地面观测还有共通之处,同样要测量温、压、湿、风这些最基本的要素。"言谈之间,仿佛从海洋到陆地,只是人在旅途,换了一种行走方式。

寿县气象局取得的成绩有目共睹,这其中的酸甜苦辣、心血、汗水和付出,在局领导和同事们心目中都有一杆秤。寿县气象局局长童应祥说,倪婷虽然年轻,但工作起来很认真,很有方法。为做好业务和其他工作,倪婷总是计划先行,先征求大家的意见,特别是征求老同志的意见,集思广益,同时,在工作中建立各项规章制度,通过制度来规范大家的行为,赢得大家的理解和支持。在工作中,苦的累的工作,倪婷总是先扛着,自己冲在前面。慢慢的,她靠自己的以身作则为大家树立了榜样,建立了自己的威信,也赢得了同事们的好评。

倪婷工作照

在寿县气象局副局长黄国贵眼里,倪婷就是一个可爱的小妹妹,但工作上有一种不服输的韧劲和钻劲。节假日值班,都是把自己安排在周末和元旦、国庆、中秋、除夕,汛期一周安排两天值班,非汛期安排一天。除了生孩子那年,每年春节基本上都在岗位上度过。2012 年春节期间,倪婷为照顾更年轻的同事回家过春节,与爱人在窑口镇的寿县气象局新址的简易工棚里连续值了除夕、初一和初二三天三夜的班。后来除夕夜的值班也成了家常便饭。值班太多,以至于练出了"值班生意经","班是我排的,比如除夕值班,我和老公在同个单位,我们一起值班,这样只影响一个小家,而且还是在一起,从做生意的角度说,这叫损失最小化。"倪婷很为自己的创意性想法得意,其实这里饱含了对同事的关爱和对事业的挚爱。

在同事李侠丽的心目中,倪婷不像是一名局长,倒像一个做事认真但又和蔼可亲的大姐姐。小李说,倪姐工作特别认真,寿县局工作之所以名列前茅,就是像倪姐这样认真的同志付出劳动的结果。遇到突发天气,倪姐总是很敏感,第一时间打电话告知值班人员,注意防患和预警。平时,她对业务抓得很严,每月至少组织一至两次业务学习，让大家交流讨论，取长补短，共同提高。通过大家的研讨交流，分析存在问题，对业务中存在的问题找到了解决的办法，提高了大家的业务能力和工作水平。在生活上，倪姐特别关照年轻的同事，每年春节都是自己值班，安排外地同事回家团聚，让同事们感受家的温暖，更能感受到倪姐的关爱之情。同事中有了困难，倪姐总是想方设法帮助，她就是年轻同事们的知心姐姐。

没有一番寒彻骨，哪得梅花扑鼻香。凭借在一线工作的经验和知识积累，2015 年，倪婷被评为安徽省县级综合气象业务带头人，以过硬的业务知识数次参加国家、省气象局组织的技术规定、规范的编写，参加了中国气象局气象探测中心组织的《地面气象自动观测规范》修订工作；参加了安徽省气象局观测与网络处组织的《综合气象观测业务质量考核评价办法》编写工作；参与安徽省气象局观测与网络处组织的《地面气象观测场规范化图册》编写完善工作。倪婷带领基础业务人员认真学习新规定、新业务，完成各个观测系统的维护保障工作，完成上级气象部门布置的各类观测仪器的考核评估任务，参与多个科研院所的观测试验工作。

在做好常规观测和观象台业务保障工作的同时，倪婷加强学习，认真向专家、教授请教，努力提高业务科研能力。她主持或参加了 4 项省气象局科研项目，发表论文 5 篇。

在寿县国家气候观象台的大平台里，倪婷结识了雷达专家赵坤教授、大气物理专家李子华教授、北京大学毛杰泰教授，他们的指点让倪婷获益匪浅；倪婷接触到了二维雨滴谱、连续波雷达、雾滴谱仪、微波辐射计等先进的仪器设备，大开眼界；倪婷参加了南京大学"973"突发性强对流观测、人影新设备——燃气炮的测试评估等试验，积累了宝贵的工作经验。与此同时，倪婷对寿县气象观测业务发展有了自己的思考：面对综合气象观测业务发生的巨变，自动化程度的大幅提升，作为观测一线业务人员，尤其在观象台的平台里，不能再局限于常规的观测动作，而是要认真积累基础观测系统、项目试验的宝贵数据，保证数据的高质量，形成基础数据集，为未来智慧气象提供有效的数据源，为地方经济社会发展提供更优质的服务。

从一名海洋工程专业的本科生，到县级气象综合业务带头人，倪婷向人们展示了一名 80 后大学生的成功人生。

在鲜花和荣誉面前，倪婷没有骄傲和自满，她以一名气象人的睿智和聪明，向大家交上了一份满意的答卷。她在中国气象局的演讲中声情并茂地表达了自己的心声：从 2008 年 7 月我走进寿县气象局，成为其中光荣的一员，时光已过去了 10 个春秋。当年懵懂的小姑娘，已经成为单位的中坚力量。如今，寿县气象局的事业蒸蒸日上，倪婷对寿县气象局的感情更是与日俱增，这里有她的酸、甜、苦、辣，泪水与汗水，更有她的荣誉与骄傲。作为一名80后，未来气象事业全新发展的重任就历史地落在他们肩上，需要他们去开拓，去探索，去发现，去迎接新的挑战，倪婷也一定不会辜负领导和同事们的重托，不辱使命，为气象事业奉献出全部的光和热。倪婷也曾自豪地告诉朋友们，她的爱就是要为气象事业"婷"留。

如今，融综合气象观测、气象科研、气象科普、气象科技旅游为一体的综合大气探测基地的寿县国家气候观象台，目前已建成基准气候观测区、农业气象观测试验区、高空气象观测区、气象仪器考核试验区、大气成分综合观测区、近地层通量观测系统等，具备开展综合气象观测和大气科学试验的能力，与南京大学、中国科学技术大学、南京信息工程大学、安徽理工大学、中科院合肥地质研究院、安徽理工大学等多所科研院所高校和研究院在科学试验、人员培训、人才培养等方面开展了深入合作，完成包括973项目、国家基金重点项目、科技部行业专项在内的6项国家级科研项目的科学试验工作。寿县国家气候观象台在全国乃至世界气象科研方面都有一定的知名度和影响力。

建设生态文明是关系人民福祉，关乎民族未来的长远大计。万千气象路，辉煌风云程。改革开放以来，祖国的气象事业蒸蒸日上，迅速发展。寿县国家气候观象台建设的宏伟蓝图也正积极融入安徽省气象局推进气象现代化建设的卓越实践中，服务于伟大祖国的生态文明建设。中国的气象事业迎来了灿烂的春天，而安徽的气象事业也步入了辉煌的时代。

作为新一代的安徽气象人，使命光荣，责任重大！气象工作是平凡的、艰苦的，但是安徽气象人赋予它崇高的光芒。正是有了倪婷这样优秀的80后，支撑了寿县气象事业的半边天，成为基层气象事业的中坚力量，撑起了基层气象事业的未来和辉煌。坚信寿县气象事业的发展会更加美好，安徽气象事业的明天会更加美好！

作者：赵鸿冰

万里风云谱华章

——记福建省泉州市德化县气象局局长颜新春

每一个日子，无论白天黑夜，无论晴雨冷暖，别人都在家中享受着那份安宁和温馨，他们却要顶风冒雨地出门观测气象；他们日复一日地重复着同样的工作，无论寒来暑往、雨雪冰霜，他们心中始终揣着万家灯火下人间的冷暖，谱写出自己平凡又绚丽的人生光彩。

人们常说："所谓岁月静好，不过是有人替你负重前行。"确实如此，这是一群与风云为伍的人，"与天奋斗"的人，人间万家灯火的美妙温馨，无非是他们精心守护的结果。

颜新春，就是这样一个平凡而又不凡的气象人。短发、套裙，戴一副眼镜，说话轻声细语，干练中不失温柔细腻，这是她给人的印象。曾经从事过气象观测员、预报员的工作，做过预报、放过气球、干过防雷的她，如今成了德化县气象局的"掌门人"。

31 年来，她听风、观云、点星、问月；31 年来，她总在满目的星空下遥想，在洁净的月华中回望，在惊骇的风雷里坚强，始终赤诚地扛起刚毅，扛起责任，更扛起目光……

多年历练　捕风捉云识天气

1986 年 7 月，从南昌气象学校毕业以后，20 岁的颜新春回到了她的故乡福建德化，进入气象局工作，从最初的气象观测员、预报员做起。这份气象局基础业务的工作，她一干就是 15 年，从而深深练就了扎实的业务基本功。

福建省德化县是一个千年古县，在这片灵秀的土地上，有着悠久的陶瓷制作历史，是享誉海内外的“世界陶瓷之都”，也有着美丽的自然生态资源，被评为中国最佳生态旅游县和国家生态县。然而，地处闽中屋脊的德化，也由于地势较高、地形复杂，气候垂直变化大，属南亚热带季风气候，局地小气候特征明显，是台风、暴雨、干旱、低温霜冻、强对流等灾害天气发生频繁的县份之一。

这样的气候环境带来的就是气象工作任务的繁重，因而气象观测工作不但清苦寂寞，还压力很大。但那时，年轻的颜新春却无惧无畏，当风雨交加、电闪雷鸣时，人们匆匆躲进室内，她勇敢地到观测场观测分析，及时发报；当寒风凛冽、雪花飞舞时，人们在屋内享受温暖，她顶风冒雪不辞辛苦地测量雪深、降雪量，追踪风云变化，为百姓生产生活当好参谋。

“漫长的时间，枯燥的内容，难熬的寂寞，没有这种经历的人是决难想象其中滋味的。”说这话的是郑长发。他 1987 年春从西藏山南地区隆子县气象局援藏回来，与刚从学校毕业半年的颜新春成了同事。算起来他是和颜新春一起共事时间最长的老同志了，回想起当时的颜新春，郑长发的印象依然非常深刻：“年轻的小姑娘，却非常安静内敛，非常谦虚好学，没有别的漂亮女孩身上那种浮躁之气，也从不娇气，对待工作一丝不苟，很认真负责。”

20 来岁的姑娘最是青春耀眼的花，别的姑娘们都可以打扮得漂漂亮亮地出门跳舞、约会、游玩，颜新春却将青春扎在气象观测的岗位上。多少个节假日，她无暇享受休闲度假，在业务岗位上认真处理着每一个数据；多少个不眠之夜，她坚守在观测的仪器旁，与星月为伴。虽然当时的条件非常简陋，生活和工作环境都很艰苦，但颜新春迎难而上，勤奋学习，不怕吃苦，以高度的责任心和精益求精的态度，认真严谨地观测记录着每一个数据，编写每一份报文，保证了班内无错情。

“选择了气象事业，你就要一路心无旁骛地走下去。”回忆当初的时光，颜新春如此说道，语气平和而坚定。

她说：“气象观测员对时间要求非常严，不允许迟到。过了那个点，就意味着那一次的数据没了，补都补不回来，你不能用 2 时 01 分钟的情况来代替 2 时 00 分的情况，二者不具有可比性。”对这份工作，她始终如一地严谨认真！

因为她深深地知道，如果说气象事业是一座摩天大厦，那么自己就是这座大厦之中的一片砖瓦，自始至终坚守着自己的位置，发挥着自己的作用。

怀抱着这样朴素而执著的心愿，颜新春在 15 年的历练中，从一个刚走出校门的学生成长为业务工作的多面手，在日复一日捕风捉云中也越发深切地理解气象服务工作的重要性。

与天战斗　阳光总在风雨后

2011 年 5 月，颜新春担任德化县气象局局长。这是对她多年来工作的肯定，是水到渠成的赞许。经过 15 年基础业务的锤炼，再经过气象局局长助理、副局长、主持全局工作的锻炼，颜新春已然化茧成蝶，翩然起舞飞翔。

德化县气象局纪检书记连明发给了颜新春一个概括性的评价："思想上有女性的细腻，行动上有男性的果敢。"

工作中的颜新春，的确细致而果敢，令人佩服。几年来，颜新春始终把防灾减灾、公众安全气象保障服务作为头等大事，每遇灾害性天气都密切关注，建立预警机制，重大灾害天气直接向党政主要领导汇报，最大限度降低灾害损失。

2016 年，德化遭遇了史上最强寒潮和严重台风影响两次灾害性天气。"那两次灾害性天气，令人终生难忘。"颜新春回忆起来，每个场景都依然历历在目。

1 月 24 日，德化遭遇超级寒潮，罕见飘雪。当时，德化在网络上流传着这样一句话："这样的天气里，能出来见面的都是生死之交，能出来约会的都是真爱，能出来工作的都是亡命之徒。"可见，那一场寒流是怎样的惊心动魄，怎样的刺骨凛冽。

可是，德化县气象局的干部职工在颜新春的带领下，全部都成了"亡命之徒"。他们在寒潮到来之前就开始深入到田间地头，开展"点对点""直通式"的气象服务，指导农民做好农作物的防御减灾工作。身为指挥官的颜新春，并不是躲在办公室内发号施令，而是和业务员一起直接下乡，走村入户到一线去。

在德化县三班镇道畋智慧农业科技公司的种植基地，公司总工程师、台湾台中区农会理事长李鸿文那时候望着天空，心中无限担忧：刚刚种下的大棚蔬菜瓜果，一旦遭遇寒流，损失将不可估量。可正当他非常着急焦虑时，颜新春带着几个专业人员突然出现在了李鸿文面前，这着实让李鸿文万分惊喜。来不及寒暄，也顾不上喝杯热茶，他们立即下地检查、观测，为李鸿文出谋划策、防灾减灾。颜新春更是顶着严寒冰冻，亲自指导，提出建议。等到预防工作全部完成之后，他们已经被冻得手脚又麻又痛，浑身瑟瑟发抖，好久都没有缓和过来。这一幕让李鸿文异常感动，不断地表达着谢意。他说："那时公司在德化刚刚投资种植，第一道关就遭遇重创的话，我们就不会再有信心了，是德化气象局颜局长救了我们，救了公司啊！"

在那一场寒潮中，德化县气象局还不时发送短信给全县各个种养大户，进行跟踪指导，重点服务对象达 733 个，最大限度地减轻了灾害，降低了损失，受到群众的众口称赞。

9月14日夜，德化又受超强台风“莫兰蒂”影响，大暴雨袭击全县。德化被淹在水中，河水暴涨，交通中断。颜新春一夜未眠，彻夜坚守在防汛指挥部与市县领导提供信息、分析雨情、商讨对策。

经过一夜大雨，15日上午，龙门滩水库已经逼近警戒水位，如果库区及上游地区强降水持续，则需以每秒至少500立方米泄洪，这样一来，下游镇区必遭灭顶之灾。“雨还要下多久？还能下多大？”在防汛决策的关键时刻，市县领导都神色凝重地望着颜新春，期待颜新春能够提供最准确的预警信息。深感责任重大的颜新春知道，她说出的每个数字，作出的每个研判都关乎着大局，关乎着转移，关乎着灾区群众的生命安全。她一刻都不敢懈怠，一面指挥气象台值班人员作好精准预报，一面进行精准地分析研判，作出了库区上游地区强降水将减弱的预报意见，并及时向领导汇报。

科学准确的预警信息成了上级领导科学决策的指令和行动，县委、县政府科学调度、处置得当，指示减少水库泄洪量，水库洪水始终处于可控状态。最后，水库安全了，下游镇区也安全了，在那场台风影响中，德化创造了全市唯一实现“零伤亡”奇迹的县区。

然而，台风“莫兰蒂”造成的伤害尚未痊愈，9月28日，台风“鲇鱼”又来势凶猛。当预测台风“鲇鱼”将有过程雨量100～250毫米、局超300毫米的降水，强降水落区在南埕、水口等乡镇时，颜新春及时向县领导汇报，并提醒要注意防范台风叠加效应造成的影响。县领导根据预报，要求全县所有水库在台风到来之前开闸泄洪。

果然，两次台风的叠加，让德化遭受了前所未有的重创——南埕镇通往塔兜村、枣坑村损毁道路10余公里，多处大规模塌方，最大塌方体达15万立方米；水口镇通往承泽、毛厝、梨坑、昆坂、榜上5个村庄道路中断。交通阻断，断水、断电、断网络、断通信……两镇7个村庄成为“孤岛”，600多名群众受困。

但事先腾出库容2100万立方米的龙门滩水库，却加大了调蓄空间，充分发挥了拦洪削峰错峰的作用，有效减轻了位于水库下流的南埕、水口两镇的防洪压力，避免了造成更大灾害的可能。

“我们宁可有备无患，也绝不因为不设防而酿成悲剧。”颜新春果断说道。事实证明，他们的应急气象服务经受住了严峻的考验，为县委、县政府领导科学指挥、精准施策，提供了准确的预报服务。县领导在全县防汛会议上对气象工作给予了充分肯定和褒扬。

其实，像这样“与天战斗”的日日夜夜，31年来，颜新春已经记不清有多少了。

2010年以来，德化出现了40多场暴雨、大暴雨天气，20多个台风，45次强对流，6次强寒潮等高影响天气。每一次，颜新春都带领着同事们努力做到"趋利避害，精准预报、精准指挥、精准防御"。气象服务成为破局的关键，气象防灾减灾不断得到重视，并融入了县政府工作的大局。

"虽然无法100%准确，但我们都必须尽100%努力。"颜新春告诉自己，只有夜以继日地坚持，不畏艰难地努力，才能迎来一场场抗击风雨、鏖战冰雪的胜利，才能迎来风雨过后温暖耀眼的阳光。

为农服务　气象专于"点对点"

蔬菜大棚里，绿油油的叶子间藏了很多仪器，它们负责监控温度、湿度等。设定好适合蔬菜生长的各种环境指标后，利用物联网技术，只需一部手机就能把蔬菜大棚管起来。土有些干了，蔬菜缺水了，手机都会收到提醒，只要轻轻一点手机，就能打开喷水系统。

这一幕就出现在德化县道畋智慧农业科技公司的种植基地里。该公司到德化投资伊始就遭遇了百年难遇的最强寒潮，在颜新春带领的团队帮助下化险为夷。不久，颜新春再一次登门回访，为公司安装了上述这套"农气宝"。

德化县春美乡大山深处的打石坑，距离德化县城70多公里，人迹罕至，自然生态良好，建有一座棘胸蛙培育养殖基地。棘胸蛙对水温、水质等生存条件的要求异常苛刻，颜新春得知后，不顾路途遥远、颠簸难走，亲自深入到打石坑进行调研。之后，为其布设了水温观测仪。

棘胸蛙养殖基地负责人苏进全可高兴了。他说："之前没有水温观测仪，棘胸蛙成活率很低，现在好了，水温稳定，棘胸蛙存活率提高了，品质也更好了。"

德化是一个农业县，近年来着力发展特色农业，涌现出"黑鸡、黑兔、黑羊""黄花菜、德化梨、茶油""金线莲、铁皮石斛、黄花远志"等"三黑三黄三宝"特色品牌农业。作为德化县气象局的"掌门人"，颜新春始终坚持有针对性地开展为农服务。除大棚蔬菜和棘胸蛙养殖基地以外，还在油茶园、茶园、德化梨基地，布设了水温观测、自动站、显示屏等气象设施，促进科学种养。同时，开展了"点对点"的个性化气象服务。灾害性天气为667家"种植户"开展直通式短信服务。为5家大棚设施农业基地安装"农气宝"，适时监控蔬菜从育苗、移栽到采摘收获的各生育期实况，棚内小气候观测站和棚外的电子显示屏相连，适时显示着大棚内的温度、湿度、辐射、CO_2含量，与室外自动站气象资料对比，成为大棚种植户每天生产管理的重要参考。

颜新春(右二)工作照

碰到雨雪灾害,他们要防御;碰到干旱时节,却需要增雨作业。每年秋冬季节,降水偏少,也是防火的紧要期,颜新春常常带领着业务人员加强降水过程分析,适时开展人工增雨作业。

2014 年秋冬,接连干旱,气象分析显示 2015 年 1 月 13 日夜间有降水过程自北而南影响德化,颜新春立即抓住这个有利时机,连夜等候,实施了增雨作业,效果十分明显,不但对水库蓄水有利,还缓解了森林防火的压力,促进了农民增产保丰收。时任县委书记特意发来短信表扬:"好! 增雨增效益!"

近几年,德化以"两个体系"建设、"三农"气象服务专项为契机,积极争取县政府相继出台相关政策、规范性文件 15 个,促进"五个首次"工作开展:一是首次召开了由县政府主持的全县气象工作会议;二是首次参与了县领导带队的对乡镇工作检查;三是首次把气象防灾减灾工作纳入对乡镇绩效考评;四是乡镇气象工作首次纳入县委"三农服务"先进考评表彰;五是气象灾害防御维持经费首次纳入地方财政预算。此外,构建了县、乡、村气象灾害防御组织体系,县政府及 18 个乡镇先后成立气象灾害防御领导小组,全县建立起一支多达 210 人的气象信息员队伍,并且出台气象灾害应急预案,开展应急演练,进一步完善了"政府主导、部门联动、社会参与"的气象灾害防御机制,促进气象工作管理向乡镇延伸,气象灾害防御标准化创建乡镇全覆盖。

如此一来,气象工作与防灾减灾不再只凭一己之力,而是向乡镇延伸,实现了早预警、早报告、早服务的"三早"服务效果,受到农民、群众的欢迎和点赞。这种做法得到了全国"三农"专项互学互查第八组检查组和省市局、县领导的充分肯定，其中5个气象灾害防御标准化乡镇得到了中国气象局的认定，先后各有1名乡镇气象信息员获中国气象局、省局表彰。

项目带动　实现气象现代化

凭着强烈的事业心和责任感，颜新春奋力开拓工作新局面，注意内提素质、外树形象，构建了德化气象人干事创业的良好氛围，德化气象现代化建设取得了长足进步。

近几年，德化县气象局实施了预报预警平台、山洪雨量站、风廓线雷达、三农气象服务专项、山洪地灾、国家气象观测站迁建等7个项目，投入资金3000多万元，依法保护、改善气象探测环境，为精细预报服务提供准确的基础性气象数据，推进气象现代化进程，促进气象信息进一步惠及瓷都百姓。

其中，气象探测环境保护是气象部门工作的难点，颜新春抓住国家气象观测站迁建的历史机遇，推进气象台站基础设施和气象业务现代化建设。

在观测站前期搬迁沟通中，尽管县领导变更频繁，但颜新春不厌其烦，加强沟通汇报，确保了项目资金全面落实。

资金落实了，接下来就是争取选择理想的站址。由于局里人员少，颜新春就是主力。不顾夏日炎炎，颜新春带着同事，翻山越岭踏勘选址。

陈少明是曾经和颜新春一起踏勘选址的同事之一。回忆起那时候的经历，他也忍不住竖起大拇指，夸赞颜局长："女同志也能够那样去劈荆斩棘地爬山，确实了不起!"

环绕着德化县城，从东边到西边，从南边到北边，他们翻越的山不下20座。有路的话，辛苦爬山都是小事，最怕的是没有路的，他们自带着砍刀一路割草斩棘地开路，往往衣服被划破了，脸也被划伤了。盛夏的德化，是炎热的制高点，在室外即使坐着不动，汗水也会不停地从每一个毛孔渗出，湿透着衬衫紧贴着肌肤，何况是钻进密林中，一趟下来，又累又热，浑身发痒，非常难受。"但是颜局长却没有一声抱怨，总是乐此不疲，让我们几个大老爷们顿时感到汗颜。"陈少明笑道。

经过科学缜密地踏勘、论证，最终选择了浔中镇的黄龙山作为观测站新址。有了理想的选址，还要有完整的迁建方案，究竟征多少地？建多大面积？如何规划？如何协调？

面对一个个不断出现的问题，颜新春常常茶饭不思、苦思冥想，一有思路，一有答案，哪怕在吃饭，她也立即丢下碗筷，哪怕是半夜，她也马上爬起，不断地记录，不断地论证。终于，气象局整体迁建方案形成了。之后，便是紧锣密鼓地进行征地拆迁、设计、相关手续办理，他们仅用了8个多月便顺利开工动建。

从这一举动，省、市局领导认可了德化县气象局干部想干事、干实事的精神，当年就拨付给项目资金750万元，风廓线雷达、三维闪电定位等现代化设备也相继落户德化，为后续项目建设奠定了良好的基础。

施工建设过程中，为保证施工质量，颜新春更是不舍昼夜，全身心投入。她成了指挥官，运筹于帷幄之中；又成了一个战斗员，足迹留于施工工地之上；还成了一个监督员，透视于建筑物之内。室内室外，大到主体地基、梁柱，小到一段水沟、一个台阶、一处草地，无处不让她牵挂和关注。

两年多的建设施工期，她把自己的精力和情感全都交给了台站建设，亲力亲为，得到的回报便是目前台站已顺利搬迁，台站面貌美好，办公环境、后勤保障、气象现代化设施上都有了翻天覆地的变化，获得了各级领导和群众的高度评价。正如竣工仪式上县领导所表达的："项目建成投入使用，极大地改善了气象探测环境、气象现代化和科普基地基础设施及台站工作条件，提升了对外形象，也标志着我县的气象事业由此步入了一个新的发展阶段。"

除国家气象观测站迁建以外，德化县气象局在实现气象现代化的道路上还完成了多份完美的答卷：

气象监测站网初具规模。先后完成了三维闪电监测定位观测站、农业生态气象站、新型国家级自动观测站、风廓线雷达、26个山洪自动双雨量站、升级落地改造20个多要素区域自动站等建设，实现了气象观测由点到面、由常规要素到涵盖雷电、垂直风等多种要素的全方位观测体系。

气象预警发布网络覆盖广泛。在全县18个乡镇、重点村(社区)、重点学校及车站、酒店、医院、瓷都广场、农贸市场等人员密集场所建设安装71个电子显示屏，共享广电191套"村村响"大喇叭，建立集广播电视、报纸、网站、手机短信、电子显示屏(大喇叭)、气象微博、12121咨询平台等各种载体的发布气象预警信息平台，完善县、乡、村三级预警信息传递机制，确保气象预警信息发得出、传得快、收得到、用得好。

气象业务现代化程度不断提升。更新升级气象会商、业务平台、机房网络，构建省市县预报预警业务新平台，建立比较完整的基于数值预报模式的天气业务系统，开展山洪地质灾害气象风险预警服务，安装国家突发事件预警信息发布系统，建立省市县预报服务平台，快速收集、处理、存储、发布气象灾害监测预报预警信息，提升了预警预报能力，提高了工作效率。

忠孝难全　舍弃小家顾大家

有一首歌唱道："爱上一个不回家的人。"对德化县中医院的主任医师庄医生来说，他爱上的颜新春，就是一个不折不扣的"不回家的人"。

"已经习惯了啊，她的工作忙，我嘛，只能多多理解和包涵啦。"庄医生幽默地笑道。他最能够理解爱妻对工作的执著敬业，也最能理解爱妻的工作是一份造福全县人民的工作。

对此，颜新春常怀感激："这么多年下来，如果没有丈夫和女儿的理解支持，我也没有办法把工作做好。家人的理解就是我全身心投入工作的后盾。"

没错，一个职业女性在社会角色中，其实还同时肩负着妻子、母亲、女儿、媳妇的多重角色，颜新春也不例外。

自小，在众多的兄弟姐妹中，颜新春最受父亲颜先生的关爱和栽培。她的父亲是德化县一位享有较高声誉的退休县处级领导，颜新春对父亲总有一份无限的崇拜和尊敬。"做个有方向的人，有自己的核心追求，努力工作。"这是干了一辈子革命工作的父亲常常教导颜新春的话，颜新春始终将之奉为准则，潜心工作。

这样一来，对家人的陪伴就少了。在气象观测站迁建的过程中，颜新春的父亲和公公相继生病。卧床之时，她却无法在病床前尽孝。尤其是父亲，在重病期间，每当颜新春匆匆赶来要伺汤喂药的时候，这个开明的老人还会不断地催赶女儿："你走吧，快走吧，那边的项目离不开人。"

一直到2017年6月2日，父亲逝世，颜新春都没能好好地侍奉床前。而那天，德化却受低涡切变南压和西南急流共同影响，自凌晨起，部分乡镇出现暴雨，其中三班镇出现大暴雨，降水量达171毫米，发生超10年一遇的大洪水。此情此景，忠孝难以两全，颜新春唯有强忍悲痛，强咽泪水，把各项工作坚持完成了之后才去送走父亲。

那一刻，虽然家人都能理解和支持她的工作，没有对她有丝毫的抱怨，但在她的心中却充满了挥之不去的巨大愧疚和悲痛。她在心里伤心地哭喊："我是多么不合格的女儿，父亲，请您原谅我！我也是不合格的母亲和妻子，女儿、老庄，请你们原谅我！"

然而，擦干泪水，颜新春把悲痛深埋进心底，又开始不分昼夜地坚守在防洪抗灾的第一线了。当她"5＋2""白＋黑"地奋战在气象服务工作中时，她知道，在她的身后，有慈爱的父亲、有亲爱的家人在默默地注视着她，默默地为她付出，无怨无悔地成为她的精神支撑。

牺牲了给家人的时间，可是，身为局长的颜新春却不忘关爱着局里上上下下每个同事。“颜局长是好人，不管对老同志还是对年轻人都非常关心。”陈少明和郑长发异口同声地说道。

年轻的陈臻浩说起颜新春，更是怀着感激。这个 1988 年出生的年轻小伙子，2011 年 7 月大学毕业到德化县气象局工作。颜新春对他既关爱又严格要求，在给他压担子的同时也不断地对他进行帮助指导。正是因为如此，年轻人一到局里就立即进入角色，业务迅速精通，成绩非常突出，在上级的各项业务比赛中屡次获奖，2013 年 5 月，陈臻浩担任了气象台台长。此后，又顺利地评上了中级职称。

“从材料的把关指导，到业务方面手把手地教授经验，是颜局长给我迅速成长的机会。”陈臻浩说，“或许，她在家庭角色中付出得不够，那是因为她一心扑在了工作上，她是一个合格的有爱的好局长。”

万里风云谱华章。多年来，颜新春和同事们一起，一步一个脚印，默默地坚守，几多艰辛，几多收获，一路坎坷，一路高歌。2010 年以来，德化县气象局多次被省局评为重大气象服务、优秀测报股等先进集体；被泉州市委、市政府评为“市级文明单位”；被县委、县政府评为农业和农村工作先进集体。同时，全国、省、市先进个人荣誉也频频涌现，先后 3 人次荣获国家局“质量优秀测报员”、12 人次获省局“百班无错情”、2 人获省局重大气象服务先进个人、1 人获省局 2013—2014 年度先进工作者、1 人获福建省气象系统 2012—2014 年度精神文明建设工作先进个人、1 人次获优秀测服股长表彰；获得市局、县委县政府、系统党委表彰 9 人次。

2017 年 3 月 8 日，作为优秀女县局长，颜新春在中国气象局举行的“不忘初心巾帼建功”先进事迹报告会上做了典型发言。这更是一份来之不易的荣耀。

“每当取得一项荣誉，我也更加明白，优秀的业绩完全是来自于态度、实力和执著。”颜新春说，“所有的付出都是值得的，金杯银杯不如群众的口碑。”

是啊，口碑是她最大的收获，失去的是“小我”，成就的却是“大我”，惟有把为气象事业奋斗终身作为人生的最大追求，才能在改革、业务、科研上都把自己置于前沿，才能真正做出骄人的成绩，才能真正实现为人民服务。

“日子的额头云遮雾绕/缤纷情愫远不及重任在肩/日子的头顶电闪雷鸣/ 再多畏惧远不及职责在先/日子的眸中风霜雪雨 /纵然苦痛远不及党旗耀眼……”这是一首描写德化气象人高山情怀的赞美诗。作为一名奉献了一辈子的气象人，颜新春的心怀已然一如天空一样博大、宽广。她和她的团队真心用自己的工作架设了一座天地之间的“彩虹桥”，不断用现代化的技术设备与天空交流，聆听它们的脉搏如何跳动，每天破译天气密码，谱写出一曲新时期气象人乐于奉献、连续作战、不怕困难、善于思考的新篇章！正如赞美诗中的吟哦：

“我/从不担忧内心不够宽阔/即便装不下整个天空/也定能装下千山映一月 /和千山一月下的白云与清风/ 我/确定还能装下彩虹/让她跨过天涯与海角 /跨过巅峰与苍穹/踩着云鹰的翅膀/云霞的光芒/越过流岚与山花/静寂与繁华/直抵人间。”

作者:寇婉琼

不惧风雨　砥砺前行

——记江西省赣州市赣县区气象局局长邓江

海燕最喜欢大浪，雄鹰最喜欢狂风，海燕用他的双翅拍打浪涛来展示他的勇敢，雄鹰用矫健的翅膀搏击狂风来证明自己的威猛。而作为一名气象女局长，邓江则常常在暴风骤雨、冰冻灾害中搏击前行，就如大海上的海燕，也像展翅高飞的雄鹰。

自 1985 年参加工作以来，邓江一直坚守在江西老区基层气象局，在会昌、于都、赣县等地任职，见证了我国气象事业跨越式的发展。

邓江工作的赣县区，原本变幻莫测的天空，因为几代气象人的努力而变得有规律可循，甚至为我所用。赣县区位于江西省南部，赣江上游，属丘陵山地。赣县区地处中亚热带丘陵山区季风湿润气候区，是江西省受气象灾害影响较为严重的地区之一，暴雨、洪灾、干旱、雷电等气象灾害呈多发、频发、重发趋势，作为这里的气象局长，邓江的履职注定不平凡。

临危不乱，灾害面前奋勇向前

2016 年，赣县区的汛情来得比往年早一些。

3 月 19 日凌晨 3 点，大雨滂沱。赣县区气象局内灯火通明，全体工作人员坚守岗位。

“邱书记，我们监测到强降雨仍将持续，居龙潭电站将超过警戒水位，王母渡圩镇可能会被淹，请做好防汛准备。”局长邓江则忙着给王母渡镇党委书记邱旭春通报最新天气情况。

"我们在岗在位，应急队员在岗在位，防洪物资齐全，居住在山洪地质灾害威胁区和危旧土坯房的人员进行了转移。"在得到邱旭春的肯定回答后，邓江局长又第一时间给区委书记、区长，梅林、大埠、阳埠、茅店、吉埠等乡镇党委书记去电话，直至确认在桃江、贡水沿线两岸及居住在标高113.0米以下低洼地的所有农户和企业人员同时安全转移到位，邓江才深深舒了一口气。

2016年3月18日至21日08时，赣县区出现2016年首场暴雨、大暴雨天气过程，全区平均雨量88.8毫米，有10个乡镇出现了大暴雨。同时，赣县区境内桃江、贡江的上游县也出现暴雨和大暴雨，两条河流猛涨，给该区防汛带来巨大压力。赣县居龙滩水电站于21日05时许起出现超警戒洪水，桃江沿线的王母渡、大埠、大田、茅店、梅林等乡镇低洼地受灾严重，造成农田受淹、公路中断，水利等基础设施受损，10个乡镇2.8166万人受灾，大田、王母渡等圩镇受淹。

3月18日上午全国和全省会商结束后，邓江立即召集技术把关小组成员召开紧急防汛工作部署会，做出服务材料，随即到区委、区政府向主要领导作出汇报：未来5天我区降水天气较多，其中20—22日将有大到暴雨，局部大暴雨天气，20日08时至23日08时累计雨量60～100毫米，局部150～200毫米，并伴有强雷电、短时强降水等强对流天气。区主要领导听取汇报后，果断决定提前进入主汛期，全区启动防汛Ⅳ级应急响应。

邓江带领业务人员，严阵以待迎接2016年第一场暴雨的预报、预警服务工作。降水达到30毫米、50毫米、100毫米、150毫米……节点时，邓江都向各乡镇党委书记电话通报最新雨情情报，一份份气象情况反映、雨情情报，一次次暴雨、雷电预警信号和信息，一个个提醒电话，源源不断地从气象局预警信息平台发出。

然而，险情并没有完全排除，3月22日凌晨1点，正值桃江、贡江洪峰通过赣县城区，一艘采砂船被洪水冲走，直接撞上义源大桥，情况非常紧急。

邓江顾不上几天未眠的疲惫，带领气象决策服务小组分析短时临近天气趋势，结合实况雨情、水情、洪峰流量，作出结论：23日10点之前降水在10毫米以下，风速1～2级，未来12小时天气状况相对稳定。指挥部立即作出决定封锁大桥，待天亮后实施救援。邓江又是凌晨4时才离开防汛指挥部，回到单位休息片刻，天亮后立即奔赴救援一线，协助救援队伍和专家，直至下午14时将船只成功救援拖出。

3月25日，受前期连续强降水影响，赣县区江口镇六十里店村发生山体裂缝，危及临近国道，再次出现重大安全隐患。邓江二话不说，又带领应急气象小分队奔赴处置现场。在排险的一周时间里，邓江带领气象保障人员在现场搭起帐篷，与处置人员一起在帐篷吃住，每小时预报一次，为指挥处置提供现场决策服务，根据预报，指挥部不断调度排险计划，调整工期进度，最终，险情得以提前彻底排除。

从18日起，邓江带领气象台工作人员夜以继日，度过了一个又一个不眠之夜。在那些最紧张的日子里，邓江白天在现场忙碌，一天下来浑身上下沾满汗水和泥水。晚上则以局为家，研习每一份资料、作准每一次预报。提前预报，准确及时，为区委、区政府和各乡镇部署赢得了宝贵时间。尽管2016年赣县区的早汛来势汹涌，但未出现人员伤亡。

"区气象局干部职工发扬了吃苦耐劳精神，全力以赴密切监视雨情，作好短期、短时精细化预报预警，实时交换雨情水情，全力打好了今年防汛首场硬仗。"赣县区委书记胡晓平在总结会上说。

像这样突发的气象灾害，邓江在从业生涯中自己都记不清经历了多少。作为一位女性，长时间战斗在气象这个没有硝烟的战场上，她毫不逊色。

2007年5月下旬，正值主汛期的于都大雨一场接着一场。6月1日06时，时任于都县气象局长的邓江从雷达回波上发现一股回波正逼近赣南，强烈的责任心使她立即拿起了电话给县主要和分管领导汇报，形成气象情况反映服务材料传真给有关部门乡镇……次日凌晨开始，于都县发生特大暴雨，部分乡镇遭受严重的山洪灾害。万幸的是，6月1日深夜，提前接到山洪预警的各乡镇紧急转移受威胁群众3.8万人，避免了一场可能出现的重大人员伤亡。

2008年年初南方特大雨雪冰冻灾害，牵动着全国人民的心，在断水、断电、断燃气和天寒地冻的恶劣环境下，邓江啃着饼干和方便面带队翻山越岭到乡镇抢修、维护受损的气象站仪器设备，不惧危险到重灾区实地调查和收集灾情，让邓江成了整个于都县小有名气的女"管天"和"邓气象"。

智慧气象，服务"三农"先人一步

如果你感觉生活轻松自在，那一定有人在为你负重前行。正是那些默默奉献、任风吹雨打而岿然不动的气象人的无私付出，才换来无数平凡百姓对于原本变幻莫测的气象的提前预知，从容安排自己的生活。

2003年7月，百年不遇的高温干旱席卷赣南大地，时任于都县气象局长的邓江，在近一个月的时间里，带领人工增雨作业队员东奔西突，冒着酷暑带队在近3000平方公里的于都大地上开展人工增雨作业，缓解了旱情。同时，邓江向政府建议夏秋粮食进行种植结构调整，减少晚稻种植，改种花生、大豆、红薯等旱作物，保障灾年粮食不减产。尽管是大旱之年，于都县粮食依然丰收，乡镇干部和乡亲

邓江(右二)工作照

们纷纷送来锦旗,赞誉邓江带领的人工增雨队伍“上天驭龙驱旱魔,遍撒甘霖慰民心”。

对于邓江来说,在极端气象条件下驭龙驱魔,只是她工作的一部分。毕竟,上天也并不总是为难人。

在没有紧急气象灾害的日子里,邓江一头扎进“智慧气象”的探索与实践中,全力为地方经济发展服务。她创新气象为农服务的工作思路和举措,依托赣县“国家现代农业示范区和国家农业科技园区”两大“国”字号农业发展平台,提供针对性更强、精细化程度更高的为农服务产品,助力赣县区智慧农业崛起。

对于远在欧洲的莫斯科人来说,在寒冷的冬天吃上新鲜的蔬菜是件幸福的事。就在 2017 年 11 月 1 日,满载 42 个集装箱、货值约 150 万美金的中欧蔬菜班列,从赣州港缓缓驶出。这是对接“丝绸之路经济带”,江西蔬菜通过赣州港首次出口俄罗斯。

此次出口蔬菜的生产商——赣州铭宸蔬菜科技产业园,正是位于赣县区江口镇。走进铭宸蔬菜产业科技园,首先映入眼帘的便是园区门口显眼的自动气象站,实时滚动显示着当前以及未来 3 天的天气预报,为园区提供精细化的棚内外预报预警以及监测信息查询等智慧气象服务。

“今年我们跟俄罗斯签订了 3 亿元人民币的蔬果出口合同,与匈牙利签订了 4 亿元人民币的出口合同,明年蔬菜出口有望更大突破!”铭宸农业发展有限公司项目经理李国营介绍,赣州铭宸蔬菜科技产业园项目总投资 5 亿元,规划了 1300 亩科技核心区、50 亩冷链物流区、10000 亩联产联销区、40000 亩辐射带动区,是全省规模最大的蔬菜产业种植基地。

然而，此次出口的鲜蔬从播种、培育、贮藏保鲜，到最后端上莫斯科人民的餐桌，一系列复杂的环节都在与时间赛跑，时刻考验着工作人员对气温、光照、水分、湿度等气候因素的合理把握。

2016年5月，李国营从老家山东寿光县带着当地先进的现代农业人工智能种植技术来到赣县区，负责铭宸蔬菜园区大棚建设和经营管理。偌大的种植园区该如何确保近5000万株蔬菜秧苗正常生长，优质高产，一直是李国营心里的一块大石头。他最怕的就是诸如台风、高温、低温冻害这类极端灾害性天气，“风大了，怕把大棚里的遮阳网吹倒；温度高了又怕幼苗‘被烤焦’。”

直到赣县区气象局长邓江“主动找上门来”，李国营心里的这块大石头才算是落了地。“建园之初我们就主动询问服务需求，与园区负责人协调之后就立马着手建立自动气象站，每月派专人过来检修，确保数据正常接收与传输。”邓江说。

“多亏咱们气象部门的帮忙，他们的服务非常细致周到，如果没有准确的预报数据，智能化就显现不出来了！”李国营兴奋地说，园区蔬菜种植全部实现智能化管理，工人在大棚内种植农作物轻松了很多，所有适宜蔬菜生长的气温、光照强度、滴灌浇水时间都是系统根据棚内的实时气象监测系统收集的数据自动设置，既提高了工作效率，又降低了管理成本。“如果今天光照太强，那么棚内的遮阳设备就会自动开启。”

在产业园大棚种植区的一角，有一间专门为赣县区气象局工作人员设立的气象信息服务办公室，雪白的墙面上挂着气象信息服务站日常工作流程、气象协理员工作职责、气象信息员工作等流程表，整齐有序。

“我们的工作人员会经常到园区观察蔬菜的长势，通过自主研发的赣县国家现代化农业示范区智慧农业平台向园区负责人及时发布气象服务专报，帮助园区妥善安排农事管理。”邓江说。

走气象与产业联合之路，发挥气象的社会经济效益，是邓江一直以来的心愿。邓江充分利用国家现代农业示范区、国家农业科技示范园区平台优势，推进气象服务“三农”，将现代农业气象服务标准化建设规划积极融入现代农业示范区发展规划当中。邓江的团队在脐橙、茶油、蔬菜等产业基地安装300多个传感器，实现了对生产要素、环境和信息的实时监测和远程管理，为赣县区农业生产提供精准信息和智能服务。

“设施农业智慧气象服务平台给我们提供了很多有利的帮助，工人在大棚内种植农作物轻松了很多，只要根据系统收集的大棚内实时温度、湿度等数据，及时进行喷灌和通风。”李国营说，“特别是在冷空气频繁的冬季和天气多变的春夏季，依据服务平台，我们能够科学采取闭棚保温、通风降湿等调控措施，不仅提高了蔬菜的产量和品质，还提高了我们的工作效率，降低了管理成本。”

上下联动，“大气象”格局呼之欲出

除了做好业务工作和服务“三农”发展，邓江还主动与农、林、水、地矿、交通等部门联动合作，构建“大气象”格局。

打铁需要自身硬，在赣县区气象局，邓江十分重视干部队伍建设。赣县区气象局是全省业务最为繁重的县级气象部门，承担着高空、地面、酸雨、太阳辐射、雷电等观测任务。2012 年，原来老业务人员全撤回市局，从事其他工作，留下的基本上是新进人员，业务工作举步艰难，但邓江不畏艰难，在业务工作中发挥模范带头作用。

邓江带领全局干部职工以建设学习型组织为契机，向名师学习，取得了丰硕成果。5 年来，邓江带领科研小组完成省、市课题 2 项，与江西省人工影响天气领导小组办公室共同开展《南方大范围云系人工增雨作业潜力与作业技术研究－江西外场实验》，完成国家北斗地基增强系统区域加密基准站建设任务，率先完成中国局、省局部署的“高空地面一体化”重大业务调整，各项工作逐渐走在全省前列乃至全国前列。

在轰轰烈烈的脱贫攻坚中，邓江充分发挥职能优势，组织、带领涉农专家及相关技术人员走遍了全区 19 个乡镇，深入田间地头，及时收集贫困农民的气象服务需求，制作农用天气预报、农业气象灾害监测预报、预警等服务产品，为农民开展水稻、蔬菜、脐橙等主导农作物的农业气象技术指导。贫困户谢正法种有 2 亩甜叶菊和 3 亩水稻。每到重点、节点农忙时节，谢正法都会收到区气象局发来的农事安排气象提醒短信，根据这些精确提醒，他安排起农活来得心应手，农作物获得丰收，直接增收上万元。

江西大湖江国家湿地公园于 2011 年 3 月被批准为试点建设，邓江带领气象局的同志们主动融入建设当中。几年来，她带领业务人员往返于赣江流经赣县段流域，与多部门共同扎实推进水源涵养、水资源调蓄、维护湿地生物多样性和改善区域气候等重要生态功能恢复。如今，湿地公园内增加恢复湿地面积 2450 亩，恢复湿地公园保育区 5190.8 公顷。2016 年 8 月授予“江西大湖江国家湿地公园”称号，同时授予“全省首批生态文明示范基地”称号。

“大气象”体系的构建离不开群众的参与。白鹭湾社区是赣县区一个较为典型的社区，总建筑面积 66.5 万平方米，共分五大区域，现有住户 3575 户，常住人口 6500 人。在社区办公楼，第一间办公室就是气象信息服务站，气象信息员邱昆兰在这里负责收发气象信息工作已经一年了，办公室墙上贴着气象信息站制度，气象协理员、信息员职责等。

自 2016 年，按照“有领导机构、有信息员队伍、有气象信息服务站、有监测预警网络、有气象防灾减灾风险地图、有气象灾害应急预案、有科普宣传计划、有融入式发展工作机制 ”的“八有”标准，赣县区气象局与社区共建气象信息服务站，标准化气象灾害防御能力建设已具规模。

已经当了十几年居委会主任的刘华回忆，5 年前，社区跟气象局就有来往。但那时并不成体系，也没有相应的规章制度，居民对气象信息知识需求仅限于天气预报。邓江到赣县后，通过“5・12 国家防灾减灾日”“3・23 世界气象日”以及科普宣传周等活动，带着工作人员走进社区，充分利用墙报、宣传走廊、告示信息栏等开展气象科普宣传活动，有效普及了气象防灾减灾知识。

刘华说，几位住在顶层的居民因为学习了气象局的防雷知识手册，来找她申请在楼顶装避雷针。刘华笑着说：“老百姓不知道建筑物都已经装好了避雷针，但是这也说明了防灾减灾意识真的是在不断提高呀。”

除了气象局长这个职务，邓江还是母亲、妻子和女儿，她同样充满了女性的柔情和爱，有着幸福美满的小家庭。但在“大”与“小”“公”与“私”中，邓江毅然选择了前者，她把柔情和爱深埋在心底。2003 年初，邓江服从组织安排，告别温暖的小家，只身奔赴于都县气象局任局长。于都是江西赣州人口过百万的县，有着厚重的红色历史文化底蕴，红军长征第一渡的丰碑就矗立在这里。怀着对于都这片红土地的满满敬意和对气象事业的深沉热爱，邓江把这里当成自己的家，用心守望着。为建设好气象局这个“家”，邓江一刻也没闲着：2004 年，争取到综改项目资金，新建办公楼，把地处县城中心的于都县气象局建设成了公园式单位，成为一道亮丽风景；2005 年带领干部职工集资建房；2006 年全局干部喜气洋洋地搬进了大新居。干部职工家属谁家有事都爱找邓江唠一唠，谁生了病邓江都自己掏钱买上营养品去探望。在于都工作 10 年期间，女儿从一个小女孩成长为大姑娘，邓江没有陪她度过一次假，没有参加过一次家长会，甚至连女儿中考和高考都不在身边。有时候，望着女儿渴望的眼神，邓江只有难过地别过脸去擦泪水，强装笑脸地给女儿承诺：下次妈妈一定在家好好陪你。10 多年来，父母成了耄耋老人，父亲在病床躺了一年直到去世，孝顺的邓江却不能在床前尽孝，有时晚上赶回家看父亲一眼，只能拉着父亲的手哽咽地说声对不起。

在30多年的气象生涯中，邓江收获良多。“全国优秀女局长”、江西省委、省政府授予她“抗冰救灾先进个人”“江西省气象局重大气象服务先进个人”“省直青年文明号”“江西省巾帼建功先进集体”等荣誉尽数收入囊中。获取荣誉的路上，邓江流过汗水和泪水，但从未止步。

在荣誉接踵而来时，邓江没有在光环下迷失，而是以一颗更加平和的心态看待：“你若盛开，蝴蝶自来。”她认为，荣誉是对自己的一种鞭策，只有坚持初心，踏踏实实做好工作才能不愧对大家的信任，才能换来自己气象梦想的风和日丽。

作者：张建荣

极目长空绘云天

——记山东省青州市气象局局长宋爱红

很长一段时间，多国元首聚会，总会谈及一个共同的话题——全球气候变化和应当采取的措施。

这个话题必然会吸引世界目光，也必然会引起长期关注，因为它关系到我们生活的环境，关系到我们生存的质量，显现或隐现当前波及未来；这个话题，也引发我们更多地关注气象人把握风云变幻的执著人生、栉风沐雨的不懈追求。

2017 年阳春 3 月，在中国气象局组织的全国县(市)气象局优秀女局长汇报会上，一位气象工作者骄傲而自豪地说："在座各位同事今天的餐桌上，说不定就有由我们青州气象一路护送进京的蔬菜和水果。"

汇报者是一名 55 岁、气质优雅的知性女士，她讲气象职业生涯声情并茂、情感充沛；她讲气象未来自信满满、无限期待。讲者直抒胸臆，听者掌声点赞。有言感慨：心怀长空，才会青春长驻，意气风发；测绘云天，就会形象高雅气场如虹。

"青州是哪里的大都市?"

"她师从哪位气象大师?"

"她是哪个博士站出来的?"

"她究竟是哪一位知名气象专家?"

殊不知，她只是基层普普通通的一名高级工程师——齐鲁古城青州市(县级)气象局局长宋爱红。

一

解放初期，中国走过不一般的探索之路。一位抗美援朝士兵宋允彬，由组织分配到山东省气象局工作，面对这个陌生的领域，革命战士毫无畏难情绪，由不了解到熟悉，由熟悉到产生浓厚的兴趣，宋允彬对气象工作有了深厚的感情。不料，不测风云袭面而来，一场“阶级斗争”的风波从天而降，被打成“右派”的宋允彬，不得不回到老家青州城(原益都县)边的一个小村庄寺古村(原张孟公社，现经济技术开发区)，务农谋生。

也许有过军旅的考验，加上对气象变化的理解，生活的波折、生计的艰辛，并没有压垮这个男人。劳作之余，他伺琴作画，吹拉弹唱，为家庭增添无限趣味。如果说琴棋书画是业余爱好，那么，照顾小女儿宋爱红成长就是他的主业和最爱，甚至是溺爱。小时候宋爱红易生病，他总是抱着女儿，从村东头到村西头，找赤脚医生治疗，再累也不忍放下女儿自己走路。有天晚上，宋允彬陪女儿看星星，说：“闺女，你想要天上的星星，爸爸也帮你摘。”说罢还做了伸手摘星的动作，一把一把往女儿怀里塞。父女的欢声笑语飘满庭院。

都说女儿要富养，但贫困的家庭是没法富养的。宋爱红从小就目睹了母亲的吃苦耐劳、任劳任怨，种地、收割，洗衣、做饭，起早贪黑，一个活儿赶着一个活儿干，而家里为数不多上好的白面、烙好的大饼，自己舍不得吃上一口，全留给他们父女，自己坚持吃点野菜地瓜充饥。穷苦孩子早当家，见满头大汗的父母劳作回来，宋爱红赶紧跑去准备洗脸水和毛巾。小小的她，谁也拦不住，意志坚决地跟母亲下地伺候庄稼、进作坊推碾子、到庭院喂鸡鸭。

“不得了、不得了！俺家闺女样样干，活脱脱成‘假小子’了。”见女儿土里来泥里去，干完农活回到家里，脸比唱戏的还要花，全身上下脏得认不出来，父亲嘴上开着玩笑，心里却有些着急。宋爱红认为是在夸她，对着父母嘻嘻地笑。

“女孩子家家，就是干活也要尽显干净、利落。”父亲开始手把手地教宋爱红有条不紊地干活，去掉大大咧咧无所顾忌的习惯，还挤时间教上几许书法和绘画。也就在那时，宋爱红一步一步对书画产生了浓厚兴趣。

“爸，你怎么什么都会?”学来学去，较为讲究的父亲成了宋爱红心目中的偶像。

“学吧，用心哪能不会!”宋允彬眼里似乎没有什么学不会的。有次在街头看到有专业师傅搭制烧水的小炉子，他看了几眼，回家就自己动手做了一个，不仅美观，而且一试效果，比街头的强了好多。女儿觉得父亲可神了！宋爱红 7 岁时，家里又添了个弟弟，更是多了喜气。

乡下，重男轻女相对自然，而在宋爱红家里却显得有些相反，特别是后来，宋爱红一直乖巧，学习成绩也好于弟弟，数学竞赛还在县里拿了名次，父亲对她更是宠爱有加。其实，都是父母的骨肉，哪个孩子又不爱，又少爱呢？只是宋爱红引起左右邻舍和旁人更多关注而已。

每年春节前，家里都有一台台“大戏”上演。围着父亲升起的炉火，一家人其乐融融。没有文化的母亲喜欢看戏听戏，虽然认不了几个字，竟然能记住大段大段的戏文和唱腔，唱得字正腔圆。父亲挺直腰杆，拉起二胡来如痴如醉，那二胡甚至像极了他的另一个孩子，彼此交流着岁月更替的故事。宋爱红和弟弟宋执文哪能放过这一表演的机会，联手“登台”献艺。姐弟二人从《智取威虎山》《海港》的片断，演到《红灯记》，宋爱红饰铁梅，右手接过虚拟的红灯，高高举起，高唱“……我爹爹像松柏意志坚强，顶天立地是英勇的共产党，我跟你前进决不彷徨……”举手投足充满正直阳刚之气，赢得父母好一阵夸赞。宋执文不服，拉着姐姐要讲当时十分流行的姜昆的相声，宋爱红一个又一个接下来。

“姐姐厉害了！快告诉俺，没见姐姐练习，怎么就会了？”

“小弟，你忘了，俺家有爸爸买回的全村第一台收音机，姐姐边干活边听会的。”

1981年的春天来得似乎有点晚。宋允彬“右派”的帽子被摘掉，彻底平反，组织考虑给予相应待遇。可是，他年岁已高、体弱多病，没法从事党的工作。于是，在政策范围内，政府部门负责同志答应，为他在基层气象单位安排一名子女，解决户口问题。

女儿宋爱红和儿子宋执文，谁先跳出“农门”？成了一道选择题。

在中国式“传宗接代”观念里，儿子宋执文理当排在第一位。可在父亲宋允彬的想法里，是看谁更有能力把国家的工作干得更好。他说，基层气象工作表面上看，就是值班记录个数据，但要做到日日守时、天天精准、次次科学分析到位、回回应急处理情况得当，并不是一件易事。要干出个样儿来，一是要能担当得起来，二是要有系统的学习和执行能力，三是要耐得住寂寞。

分析得在理，才有人认理。母亲抹去了几丝恻隐，认为宋允彬说得有理，儿子宋执文也举起了双手赞成姐姐宋爱红先参加工作，只有宋爱红有些不情愿。

“人家想考重点大学，凭啥就给俺安排气象工作。”

“那俺闺女想干哪个行业？”母亲满眼慈祥。

“还没想好，反正先上完大学再说。”

“小气象，大文章。”宋允彬深情地凝望着女儿，说，“只要你踏踏实实干，气象工作照样大有作为。”

为动员女儿参加气象工作，宋允彬讲起了淘粪工时传祥的事迹，说，工作不分高低贵贱，心力所至金石为开。宋允彬还语重心长地讲："时传祥在淘粪工作上用心尽心，成为全国劳模，周总理还亲自接见他呢。将来我这个老气象工作者还指望你，替我实现进京汇报的愿望呢。"

普通工人，干出业绩。一位气象战线的老兵，对无论是国际还是国内气象大师不可能不熟知，讲讲闻名于世的"两弹元勋"，抑或"诺贝尔奖"获得者也行啊，可他寄希望女儿做一名普通的气象工作者，从没有列举"高大上"的例子说服女儿，是因为他更看重一线岗位的锤炼，觉得干任何事没有脚踏实地辛勤付出，难以获得真正意义上的成功。

本来父亲在女儿心目中的地位就是无可比拟的，再加上谈心式地开导，宋爱红开始意识到气象工作是值得尊重的，清苦和艰辛不应害怕，有挑战才有激情。

1981年3月，宋爱红通过了上级考核，顺利成为了基层气象部门的一名新兵。同年7月，她考入山东省气象学校。她百倍珍惜这次系统学习气象知识的机会，开始努力绘出自己的气象梦想。

二

宇宙包罗万象，天空丰富多彩。

值班、观测、编报、发报、做报表、维护仪器、学习业务——宋爱红每天忙得不亦乐乎。办公环境是新的，来往的同事同行是新的，让她觉得天空的云彩也是新的。她有说有笑，干起工作来有条不紊效率高，似乎不知道什么叫疲惫和冷清。

"来了个活泼的小妹妹，气象站可以热闹点了！"大家都喜欢这个年轻有朝气开朗的女孩。

"气象工作要耐得住寂寞，她待得住吗？"也有人抱有怀疑的目光。

这样的基层气象部门一般设在偏远的郊区，四周除了少许农田，就是杂草丛生的荒芜之地。更多情况是设备设施落后老旧（基本靠手工作业）、人手少、值班时间长、职责要求高，观测云、能见度、天气现象、风向风速（包括自记记录）、蒸发、地温、冻土、雪深、雪压、气压、温度、湿度、日照（包括自记记录）等，一个项目也不能漏，时间节点多，且必准时报。特别是"航空报"，晚1分钟为迟报，晚3分钟就是缺报和漏报，算事故。

"空中安全不能有半点马虎，时时刻刻关注天气变化是气象人的本色。"宋爱红牢牢记住了师哥师姐的话，为航空保驾护航从未出现半点差错。在与同事交流时，她还有自己的理解：没有学到的知识，可以回头再学，而天气变化瞬间即逝，数据无法弥补。因而，必须对历史负责（那时的卫星远远没有今天发达）。

大家想不到，在这个编制不足10人的小气象站，这个小丫头不仅待住了，而且工作严谨认真负责，还把所有的业余时间挤出来强化专业知识，自费请英语老师补课，在函授站常常一学就到凌晨一两点。1986年，她考取了北京气象学院，当年基层气象部门人手紧缺，不许脱产上学，她就在职完成了所有学业，成了气象站的骨干力量。1993年，因工作需要，在临朐工作了12年的宋爱红被调到青州市气象局。

时序更替，岁月变迁。青州市气象局原名为益都县气象局，1986年3月撤县设市后更名为青州市气象局。这里不仅仅是单位的名称发生了变化，周围也建起了部分民宅，添了不少的居民，还有了个自由菜市场，菜场上有几处小吃摊点，来往人员可以随时享用。宋爱红认真负责的初心一直没变，夏季天气瞬息即变，为了时刻监测天气变化，保证航空安全，无论是值班还是加班，她几乎没有去那边买过食物，即便是几分钟的路程，她也怕出现危险天气。那个年代，年轻女性择偶标准首选是要有大学学历，而宋爱红找对象第一条是：全力支持她的气象工作和专业学习。当然，这个条件并不苛刻，她如愿找到一位银行职员。从恋爱到结婚，丈夫总是默默地支持她——尽可能地照顾家务和她们的女儿囡囡。至今，她还记得，丈夫从那个小菜场买来饭菜，送到值班的三楼，让她既感激又幸福。

女儿4岁那年，宋爱红准备参加山东省气象部门组织的一次专业比赛，时间紧，竞争力强。一次，急于参加单位半天临时集训，她把生病的女儿囡囡反锁在了家里。等她忙完赶到所住小区大门口时，就听到从五楼家里的阳台上传来了女儿的喊声：

“妈妈——妈妈——妈妈！”

抬头一看，宋爱红惊出了一身冷汗，囡囡爬到了窗户沿上，一直在盼着妈妈的归来，小小的她根本没有意识到，只要一松手，就可能成为自由落体，直坠而下。宋爱红不敢与女儿多说话，虽然腿有些发软，还是咬着牙边冲向五楼家里，边轻轻喊着女儿的名字，直到把女儿囡囡拉过来，紧紧抱在怀里，心还在扑腾扑腾直跳。

敢下苦功，天道酬勤。1991年至1996年，宋爱红两度参加山东省第三次和第四次地面气象测报技术比赛，获得“报表抄录、统计第一名”“云的观测知识第三名”、全能第四名，被山东省局授予“技术能手”称号。1992年，她代表山东省参加第二次全国地面气象测报技术比赛。长期工作和训练，让她常在梦中走进观测场，因梦里看不清数据而惊醒。还有一次梦到自己变成了机器人，工作效率成倍上增，无论多么恶劣的环境，测出的数据均准确无误。

梦中折射的是责任和担当，也有期待和向往。在一次学习省气象局领导讲话过程中，宋爱红捕捉到了一条重要信息：未来10年，基层气象部门将增加100名高工。她暗暗下决心：坚决要成为百分之一。就连这年春节，她放弃了应有的休息时间，进市区跑省城，找参加过考试的高级工程师请教经验，借阅资料，还请了英语课、计算机课老师进行强化训练。深悟、快学，成了宋爱红的日常习惯。当时，仅计算机方面，就有4门必考课程，且难度大得就连大学生也感到有些举步维艰，成绩好的一般先报两门，另两门等来年再考。现实是，许多人多次重考都难以过关。申报高工的那一年，宋爱红一口气把计算机4门全报考上了，负责考务的同志要求先减掉两门，可她苦口婆心地请求允许，说自己做过充分的准备，直到打动对方。最终，4门一次性通过，从考官到同事，没有不给她竖大拇指的。

2002年，她参加成人高考，以山东省气象部门第一名的成绩，考入了南京信息工程大学。2005年，她被山东省气象局破格评聘为县级气象局第一批高级工程师，成为青州市第一位高级工程师。

这样一位勤学上进的女工程师，开始引起了更多部门的注意和赏识。2006年2月，组织任命宋爱红担任安丘市(县级)气象局局长。

三

天空不仅有运动的云，也有静止的云。其实，静止的云也是在变化着的，只在相对时间里运动相对缓慢。

在观云测雨的日子里，宋爱红没少注视云层的变化，她也经历多次岗位的转换。从临朐到青州，再从青州到安丘，后来又回到青州；从地面测报员到预报员，从技术员到高级工程师，从业务科长到副局长、局长，再到潍坊市气象局(地市级)副调研员。一路走来，虽为苦乐年华，但宋爱红更多的感触是幸运。

记得刚到临朐，还真有些水土不服。

临朐气象站，位于大片大片的农田中间，周围还有一块一块坟地，一眼望去看不到村庄。少数白天有农民穿行期间务农，更多的时候特别是夜间，四野极为寂静。那时，还是手工测报气象数据，越是天气恶劣，越要到室外测定，比如测最厚的雪层、测最大的冰雹直径等，要克服多样困难。对于有过干农活历练的宋爱红，这一切都在她努力克服的范围内。可是，不时生场发烧、感冒的小病，让她实在难以忍受。

有次发烧，引发了中耳炎，眼睁不开，出现头晕、天旋地转等综合症状，同事一见情况严重，急忙向正在田间干农活的农民借了木板车，拉她进了稍近的医院，一连打了3天点滴，才稳住病情。据医生诊断是：美尼尔氏综合征。医生说，幸好送得及时，才不会留下后遗症。那段时间，同事轮流陪床和送饭，待她亲如一家人。一直来，单位考虑到她年龄小，家又不在本地，总是尽量不给她节日排班，安排她回青州与家人团聚。回家的汽车站与气象局相距约 4 公里，同事都是与她提前约好时间点，轮流用自行车拉着她接来送往。同事还常拉她到家里改善伙食，有好吃的第一个想到她。

宋爱红每提及这些往事，满脸洋溢着幸福：谁又能说我不是有福之人呢？

身体恢复后，她加强锻炼和调理，努力适应新环境，把更多的感激之情用到了努力工作中。

无论哪一次观云测天，宋爱红总能抓住最准确的时间点，冲进观测场，精准测出数据准时上报。观测场与办公楼之间，有一条七八十米宽的水沟，去观测场必须经过水沟上的石板桥。那天宋爱红值班，受台风影响，凌晨 1 点多，狂风暴雨骤起，形成风雨交织之强势。此刻正是测得 02 时数据的紧要点，她拿起观测簿，抓起 35 厘米高的雨量杯，向观测场冲去。

“啪嚓——”石板桥上传来一声脆响。

石板桥年久失修，中间缺了一小块石板，宋爱红跑得过急，一个趔趄摔倒在桥面，紧紧握住的量雨杯碎了，不仅撒在了桥面，而且玻璃碴子也扎进了她的手掌，一阵钻心之痛阵阵袭来。她咬紧牙关爬了起来，快跑回办公室，取来新的雨量杯，坚持观测完气象要素，一直到统计好数据，编发完天气报，她才顾得上简单清理伤口，找来纱布进行包扎。而疼痛一阵似乎比一阵强烈，可她硬是强忍住没给同事打电话，坚持 1 小时观测一次雨量，一遍又一遍暗暗告诉自己：我能坚持。

早上 8 点交班后，宋爱红赶到医院找医生查看伤势，医生从她的掌心又取出了好几块小玻璃碴，她的牙咬得“咯咯”直响，但没有叫唤一声。医生说：“这样坚强的小姑娘还真没见过，手掌连心痛，她却没有吱一声、没掉一滴泪。”

从自我约束、坚持学习，到建强专业队伍，宋爱红同样走出了一条坚实而执著的道路。作为所在地市第一个参加全国比赛的气象工作者，她认为人生如走路，关键的地方就需要能拼搏。抓专业带队伍，她总是要求下属做到的，自己先做到，与下属一起参加专业考试，一起进入考场比拼。在学习训练过程中，她带头“约法三章”，譬如：参加培训期间和同学朋友的聊天时间每次不得超过 15 分钟。2007 年、2009 年，她手把手传帮带的业务骨干，两次代表山东省局参加全国地面测报业务技术比赛。她带领的队伍中先后有 16 人次被中国气象局授予“全国质量优秀测报员”荣誉称号。

多年来，宋爱红觉得对女儿囡囡的亏欠最多，等她稍有时间再来关心时，囡囡已长大成人。从小学到高中，市区的学生，无论上学还是放学，都习惯父母接送，而宋爱红的女儿却习惯了自己独自去学校和回家。那年囡囡上高中时，宋爱红争取送女儿一次，女儿囡囡却反而不习惯起来，说："妈妈，我已是大孩子了，您放心好了！"令全家人欣慰的是，囡囡遗传了妈妈坚强勇敢、好学上进的基因，不断刻苦求学，考上了北京一所名牌大学的研究生，毕业后，在京打拼出了一片新天地。

孩子自食其力能力强，丈夫适当照看照看还行，可青州自古讲究孝道，夫妻双方老人身体每况愈下，还是需要女儿儿媳照顾。2006 年 2 月，一纸命令调宋爱红担任安丘市气象局局长，面对年岁已高的双亲，着实有太多的不舍。

一个周末，宋爱红轮休回到家中，无意流露了她的一点小小心思："我又有两个同学经商成功，身价都过了千万。怎么说也比清水衙门的气象局局长强。"

"怎么了？有了高级工程师的身份，就想炒炒身价了？"父亲宋允彬颤抖的手重重地拍在老式椅子的扶手上。

"爸——，您老放一万个心，您女儿最听您老的话，决不下海经商，更不贪财。"宋爱红赶紧连连作保证。

"闺女哇，放心去干工作吧！我和你爸这边还有你弟弟呢，你婆婆公公还有你丈夫呢！"母亲也站出来支持。当然，公公婆婆和丈夫没有不支持的。

"无论走到哪里，你可不能忘记是谁培养的你，忘了这个本，我就没有这样的女儿。"父亲的话似乎有点重，可发自肺腑，深深地印在了宋爱红的心里。

宋爱红更加下定了决心：这辈子就做踏踏实实的气象人。

四

安丘市气象局，远离青州老家 100 公里。如果说自然条件艰苦的话，宋爱红早就有心理准备。可是，还有更令人头大的事——社会管理松懈，无资质施放气球、无资质从事防雷施工等常有其事，还没按下西边的"葫芦"，又会浮起东边的"瓢"；一些非法生产安装气象设施的地下工厂和高污染施工点，请了打手和狼狗把门，一般人听起这些来，都有些毛骨悚然。

"口口声声确保气象安全，这样的歪风邪气岂有不刹之理！"

作为一局之长，宋爱红哪里坐得住？她先是带着下属深入街头巷尾、村庄田野，进行深入调查，拿出详实的调查报告。尔后，从社会治理专家，到主管领导，再到派出所，一连跑了十多个部门，寻求联合执法支持，多个部门被她执著的精神深深打动，特别是有执法部门的支持，气象部门多了行动的底气。

可毕竟万事开头难。

这样一来，动了一部分人的“奶酪”，一些社会闲散人员打匿名电话恐吓职工，还经常到气象局肆无忌惮地捣乱。

那是一个阳光充足的上午，4 个彪形大汉径直闯进了宋爱红的办公室。打头的是个“刀疤脸”，一脸凶狠，手里晃动着半尺长的弹簧刀，还不时地按动开关，发出“啪哧”的声响，反射出来白晃晃的光格外刺眼。他那不把任何人和事放在眼里的目光满屋子扫来扫去，嘴里直接威胁地数落着气象站执法人员的孩子在哪里上学，准确到姓什名谁、所在班级。

首次遇此情，谁能不怕？宋爱红坐在办公桌前，两眼紧盯来者，心想：没怕过风雨雷电，岂能被这嚣张气焰吓倒？瞬间，也不知哪来的勇气，她挥掌奋力拍向桌子，怒道：

“我只身一人从青州到安丘，是做了充分准备的。执法活动都是我安排的，你们不要找职工的茬，有本事冲我来。我可以告诉你们我青州的家在哪里，甚至孩子在哪里上学，但我保证你们是站着进去躺着出来。”

4 个大汉万万没想到，一个女同志竟有这气势，愣住了。

“你们谁主事？留下谈事，其余外面等候。”不容对方反应过来，宋爱红大声呵道。

对方你望望我，我望望你，其中 3 人自觉走出了办公室。宋爱红一鼓作气先摆事实，后讲法律，娓娓道来：“这位经理，你伤害，我不怕，我家人有党和组织作坚强后盾。而你一旦严重违法，就会失去自由，父母妻子无人照应。再说，你总得给下一代做个榜样吧？国有国法，家有家规——”

不一会儿，宋爱红把对方说得慢慢低下了头。他主动认了错后，带着另外 3 人灰溜溜地离开了气象局。

从此，再也没有人敢轻易到气象局闹事，气象局的名气也渐渐大了起来。

趁热打好铁，淬火炼好钢。接下来，宋爱红抓班子带队伍，以廉洁公正统一思想，建章立制推动规范化建设，身体力行激发大家积极上进，提出“内强素质，外树形象，以身作则，立说立行”行为准则。与全体职工谈心交心，帮助大家解决工作和生活中的困难，加强学习教育，对全体同志一视同仁，赢得了大家的信任。宋爱红和单身职工同吃同住，和年轻人一起学习交流、传授业务经验，一起参加防雷资格考试。当年 10 月份，带领 3 名同事一次通过了山东省的防雷设计、施工资格考试，考取了 6 个资格证书，成为山东省第一个取得防雷设计、施工双资质的县局。她带领职工参加安丘市委组织的“爱我安丘，加快发展”演讲比赛获得市直部门唯一一个“三等奖”。全体职工心齐了、气顺了、干劲足了，面貌焕然一新。

宋爱红(左三)工作照

2006 年底,综合目标考核时,安丘市气象局从原来的倒数一跃成为潍坊市气象部门的排头兵。而且安丘市只要有活动,都要求气象局提供服务。时任安丘市委书记王继怀同志在全市领导干部大会上,号召各部门单位学习气象局宋爱红的服务精神。

五

服务成为一种精神,在哪儿都是一道夺目的光芒。

正当安丘市气象局局面全面打开、各项建设稳步上台阶之际,组织上又调宋爱红回青州市气象局任局长。当时,青州局刚刚完成台站搬迁,欠外债 400 多万元,天天债主堵门、威胁恐吓。

如何再次打开新局面?又一次摆在了这位女局长的面前。

说实话,她完全可以不接这个“摊子”。可脑海中再次浮现了父亲的问话:你是一名气象人,不要忘记是谁培养了你。

宋爱红毅然赴任。

债务“牛鼻子”如果不处理好,势必成为“定时炸弹”。宋爱红不敢掉以轻心,耐心细致地做好债权人的思想工作,争取他们的谅解延期支付;积极向青州市政府汇报,争取政策支持;更重要的是,狠抓科技服务增加效益,和同事们一起进工厂、跑矿山、上工地。当年年底,局里归还了部分欠款,青州市财政全额落实了双重计划财务经费。经过多方努力,到 2012 年一举还清了欠款。没有了外债干扰,宋爱红带领全局全力以赴抓管理、抓业务、抓服务,一步步迈向发展的快车道。

“方丈之地能测万千气象,片纸支笔可告百姓风雨。”这 20 个字的座右铭,一直工整严正地书写在宋爱红的工作记录本上，既是提醒，更是鞭策。

作为一名在基层成长起的气象人，宋爱红紧跟时代浪潮，奋勇前行。

青州是古九州之一，是中国历史文化名城，范仲淹、富弼、欧阳修等文化名仕均在此任过职。如今，青州已发展成了现代化国家级文化名城，拥有六七百家画廊和展厅，各种书画展接连不断，2013 年以来又年年举办翰墨青州·中国书画年会。在这里，你遇上的工人，很有可能是知名的大书法家；你碰上的菜农，可能就是颇有造诣的农民画家。

为与当地群众走得更近，宋爱红充分发挥她受父亲影响爱好书画的特长，与当地书画家们广泛交流，既多方帮带他人，又广泛吸纳众所之长。扎实的基本功，加上她长年职业性地观云测雨，书画中浸润着行云流水般的灵性，并蕴含着她坚定果敢的性情。她的书画作品先后在山东省美协举办的“中日水墨画交流展”“山东女画家扇面国画精品展”“纪念刘伯承元帅诞辰 120 周年全国名家书画展”等展览中获奖；在首届中国网络美展中获得“最具人气艺术家”称号；山东省气象系统书画比赛多次获奖；入展“翰墨青州·2017 全国中国画作品展”……

有一年春季，一家山区新建工厂的避雷针不合格，又不愿花钱改换。局里几次派人去协调，多次说明夏天到来时，难免有电闪雷鸣的天气，容易发生雷击，可事情却一直没结果。宋爱红顺路走了一趟，见厂长办公室挂了两幅书法，均是她画友所写，就进行了一番品鉴。没想到，厂长也是个书画“发烧友”，对宋爱红格外赏识。经过交谈，这名厂长表示，今天就签计划，明天就改换，不再让气象局的同志操心。

追求与民众走在一起，才更显气象之家风范。2010 年，青州市气象局承担起山东省“农超对接”气象服务试点工作，率先在全省建立“农超对接”气象服务平台，从瓜菜采摘、收购到运输，发布“贴身预报”护送“菜篮子”一路抵达目的地。

下田间，跑地头。宋爱红与下属一次次进村到户宣传气象知识，一次次分头找村支书签订气象服务协议，先后发展了 1000 多个气象信息员。2012 年 8 月初，一场史上影响青州的最强台风造成了 2.43 亿元的经济损失，死亡 3 人。青州西南山区的王坟镇芹泉村受灾最重，兼职气象信息员的村支书张保林，充分利用了气象局提前发出的 6 次预警，指导村民积极应对，全村无一人伤亡，经济损失也降到了最少。当年，张保林被中国气象局评为“全国优秀气象信息员”。2015 年，青州市王坟镇被中国局评为“标准化气象灾害防御乡(镇)”。青州气象局也连续 8 年被山东省文明委授予省级文明单位荣誉称号。宋爱红本人也获得全省气象服务先进个人、全省气象科技服务先进个人、全省气象科技服务明星，潍坊市巾帼建功标兵等一个又一个荣誉，还被推荐为青州市政协委员。

雨过琴书润，风来翰墨香。走进青州市气象局，虽然是一座城区边缘的小楼，但现代化设施今非昔比，新一代气象人在室内，就能随时准确接收到观测场自动传输来的各类气象数据。有时，宋爱红会来到宽敞的值班室查看网络，在互联网上对比一下近期数据的精准度，根据大气压的变化，分析全球云层的走向；有时，她还会恰到时机地，摆出淘汰的旧器材，为大家来一堂现场感超强的思想教育课，引导气象人员创新有为；在气象预报信息高度发达的当下，她在朋友圈依然是“网红”级的“气象迷”，朋友出差前，习惯问问她即将前往城市的天气。

长空之下，这座极不起眼的气象小楼，却见证着宇宙间的云卷云舒。现在，虽有先进的信息传输系统，但宋爱红还是喜欢来到室外的观测场走一走，抬头看看或近或远的云朵，想想离开自己多年的父亲和他的教诲。

——她想把更多风起云涌的精彩，绘到她的书画里，绘到她的气象事业中。

作者：喻华刚

一路风尘追云雨

——记河南省洛阳市孟津县气象局局长马淑玲

风雨兼程

黄河流出大峡谷，失去了约束，变得散漫无忌，广袤的华北大地，任其横流。令它耿耿于怀的，是右岸的邙山，这座黄土积起来的山，外柔内刚，逼得它没有往南越雷池半步。这座山，就是中外驰名的邙山，也因此，坚如磐石便成了它的代名词。邙山位于洛阳之北，黄河之南，可谓风水宝地。2016 年底，就在这座著名的山头上，占地 46 亩的“孟津县气象灾害预警中心”尘埃落定。乳白色的百叶箱，巍然矗立在山头上，犹如一位尽职尽责的平安使者，静观风云变幻，收集着来自天上的云雨信息，通过网络，实时参与亚洲地区气象数据交换。

建在这里的孟津县气象局，20 多名职工，开始了为气候把脉的神圣使命。

但是，这个重要天气节点上的气象单位掌门人马淑玲，却在那棵坚挺的雪松下，百感交集。3 年多的奔走呼号，总算画上了句号，但疲惫、委屈、辛酸、欣喜却一起涌上心头，热泪顺着指缝奔涌而出。善解人意的风带着扑面的暖意，像 3 年前初到孟津县气象局上任时一样，温柔地安抚着她。

站在我们面前的马淑玲，匀称的身材，娇俏的面容，中年女人的美全都集中到了她的身上。但是，深邃的眼神，坚毅的性格，却又彰显出她与别的女人截然不同。她是一位叱咤风云的女人，是一个敢于担当、有故事的女人。

孟津县气象站是国家基本气象站。它是为满足全国性气象业务和服务需要而设立的，其观测数据神圣地参与亚洲气象数据交换。可想而知，这样的气象站，对观测环境的要求便显得尤为重要。

2012年秋，丰收的硕果挂满枝头的时候，马淑玲接受了新的使命——由偃师县气象局调到孟津县气象局任局长。

按说这是异地平级调动，但马局长却有了一种使命感。在这之前，前任局长把这里经营得有声有色，连年被上级业务部门和地方政府评为先进单位。但由于建站有了时日，观测环境被飞速发展的城市高大建筑所包围，如果安于现状，观测环境将遭到严重破坏，气象资料将不再真实，给亚洲气象中心提供的数据将出现失真。

马淑玲不是坐享其成的女子，她是一个事业型人。命运把她推到了风云前哨，她理所当然地要干一番轰轰烈烈的事业。面对现状，她作出的决策是尽快将观测场搬迁到合适的地方。在请示上级主管业务部门后，她又广泛征求地方政府意见。局长的座位还没有暖热，便风风火火地选址，设计建设方案。

凭借多年的实践经验和从小养成的节俭习惯，她不请专家，而是用自己两条腿丈量完了孟津县的沟沟坎坎，最终选中了城东邙山头这块宝地。

观测站可不像其他建筑，搬迁是有时间要求的，要赶在年底前完成，才不影响新、老两个观测站数据对比和上报。掐指一算，留下的时间已经十分紧迫了。马淑玲瞬间变成了一个叱咤风云的男子汉，军大衣一穿，头发往帽子里一塞，跟工人上了工地。整整半个月时间，她亲自督阵，在空旷的土岭上，先孤零零地建起了一座观测站。这也算是粮草未到，兵马先行吧！观测站赶在12月31日准时搬迁运行。但后续工作却遇到了想象不到的麻烦。接下来，是漫长的马拉松。

土地、城建、文物、消防、水电、交通，等等，30多个公章盖下来，谈何容易，个中的酸甜苦辣，不能为外人道也。国家气象站的批文下来了，万事俱备，只欠东风。

而下一步的工作，碰到的是硬钉子——迁坟。

邙山自古是藏骨宝地。俗语云"生在苏杭，葬在北邙，死者为大"等观念，步步阻碍工作进展。一遍遍恳请、协商、争论、妥协、加倍赔偿，但有人就是不迁走。笑脸相迎，给死者磕头，向生者鞠躬，在长达半年的时间里，她不知道忍受了多少屈辱，才拔掉了这些硬钉子，把几十座坟茔迁完了。待土地赔偿置换等也一一完毕后，就等着开工了，不想又遇到了新的麻烦事儿。当地群众舍不得土地，一直在被征过的地里种庄稼。马淑玲不得已，就跟他们下地、聊天，拉家常。

出身农民家庭的马淑玲，懂得农民的甘苦。最终赢得了大家的理解，逐渐退出了耕地。可是有位从小浪底库区搬迁来的李大娘怎么也想不通，天天跑来工地谩骂。马淑玲不敢惹她，压抑着自己的脾气，苦笑着、沉默着，任由老太太长达半年的谩骂。你不让老人把心里的火燃烧完，怎么能求得人家信任呢！

马淑玲坚毅的性格是在农村养成的。1966年，她出生在新安县五头乡望头村，上有一个姐姐，下有两个弟弟和一个妹妹。父母都是面朝黄土背朝天的朴实农民。母亲的坚韧宽厚慈悲、父亲的吃苦耐劳精神奠定了她幼小的人生观。望头村是一个典型的豫西丘陵地貌小村庄，岭坡连绵，沟壑纵横，跟孟津县交界，虽然距离黄河不远，但是十年九旱。优点是，山里头蓝天如洗，白云似棉。30多户人家，散落在半山坡上，鸡犬相闻，和睦相处。全村200多口人，没有一眼水井，吃水要到4里以外的深沟里去挑。那里的水源并不旺盛，父亲忙于家务，靠母亲每天凌晨4点起床，沿着磕磕绊绊的小路去排队挑水，去晚了只能舀到浑浊的泥浆，挑回家澄一下，勉强饮用。咽下的每口饭都有或轻或重的泥土味儿，洗漱简直是奢侈的事情。水，成了乡亲们幸福的标志。

二十世纪六七十年代的中国农村，吃饱肚子是个大问题。淑玲的村子，庄稼更是望天收。父亲体弱力薄，挣到的工分难以维持全家人消费。好在母亲是方圆几十里出名的好人能人，且持家有方，但在糠菜半年粮的山区农村，也很难抵抗灾荒。淑玲的小妹妹因为疾病与贫穷，4岁便夭折了。挨饿，是淑玲童年最深的记忆。丰年全家能分到80斤左右的粮食，被母亲数着粒维持饥馑的日子，由老及少、长幼有序分配口粮，母亲总是吃野菜的那一个。灾年更是不可言说的悲惨，只有经过的人才会懂得。

风调雨顺成了乡亲们最大的梦想。

不谙世事的淑玲，玲珑乖巧，安静地跟在大人后面下地，常常独自望着天上的云彩出神。"雨从哪里来？风又往哪里去？人能不能预知天上的事情？怎样才能知道雨雪的行踪，给父母种地提供帮助？如何才能呼风唤雨，使辛劳的乡亲们过上丰衣足食的好日子？"仰望天空，观云望月，成了小淑玲最日常也最有趣的事情。

变幻的云朵，无尽的好奇，美好的愿望，在她童年的心田播下了理想的种子。

花开花谢，寒来暑往。

上了学的淑玲知道了外面的世界。她懂得走出贫困、接近梦想的唯一途径就是读书。她常常半夜醒来，继续在煤油灯下学习，困了就走到院子里仰脸看天。眨眼的星星或者不见五指的夜空都会给她莫名的力量。穿姐姐的旧衣服，吃黄面馒头就咸菜，课余帮助父母干农活、带弟弟。这些不仅没有影响她的学习成绩，反而激发了她的斗志。沉静、坚毅、刻苦的她以优异的成绩，从村小学一步步走进了乡高中，成了班里的佼佼者。她幻想着自己能成为诸葛亮那样预知风雨、神机妙算的神人。

求学南京

十年寒窗，咬紧牙闯过数次辍学的困境，终于迎来了决定命运的高考。带着全家人的期望和自己笃定的信念，1985年盛夏，马淑玲走进了庄严的高考考场。

精诚所至，金石为开。当年，在大学录取率很低的情况下，马淑玲成为少数的幸运者，变成了大学生的身份，山村里飞出了金凤凰！十里八乡都沸腾了。云飞鸟鸣，仿佛是在为她舞蹈歌唱，并将载着她的梦想翱翔蓝天。

填报志愿时，一向沉默寡言的父亲说："咱家里穷，你要报个将来有油水的专业，好帮帮家里。"但淑玲有自己的主意，没有丝毫的忧虑，毅然决然地填报了南京气象学院气候专业。南京气象学院，是一所以大气科学为特色，涵盖农业气象、大气物理、遥感、信息等多学科的全国重点院校，是新中国第一所气象高等学府，素有"中国气象人才摇篮"之称。

开学了。为了省下一份路费，淑玲独自背着母亲亲手缝制的被褥，辗转千里奔赴六朝古都南京。

兴奋、新鲜、激动。哗哗的自来水，最令马淑玲感动。珍惜每一滴水，珍惜每一寸光阴和每一分钱。在"明德格物，立己达人"的校训熏陶下，这个来自豫西山村的文弱小姑娘，又在思考辛劳的父母姐弟以及乡亲们怎样才能摆脱困境，过上衣食无忧的日子。

新时代的天之骄子，该有自己的抱负与担当。生于贫苦人家的马淑玲怀抱理想，那就是学有所长，回报家乡。

初来乍到的兴奋过后，与老师、学长交流得知：气象部门是一个清水衙门，气象专业更是枯燥乏味，尤为残酷的是将来的工作有可能环境恶劣待遇差。

面对班上同学的退学复读，得过且过，她也曾苦闷、彷徨。但一想到挣扎在泥土的父母乡亲和儿时的梦想，还是决定不改初衷，迎风前行。

从此，在南京这座园林化的校园中，无论是40摄氏度高温下的阶梯教室，还是星斗满天的夜色笼罩，抑或操场边的林荫大道和图书馆，都能看到她苦读的身影。

寒暑假，马淑玲十分想家，但她从不回家。一是为了节省路费，二来可以笨鸟先飞多学知识，追赶其他同学。气候学、高等数学、天气学原理、流体力学等，十分艰涩枯燥。同学大多来自省城重点高中，整体素质高，各科学习都轻松自如。马淑玲有点吃力，体育课更落后。她就利用假期苦练双杠和游泳，摔伤流血是常事，包扎完伤口，将眼角的泪擦去，继续苦练。不服输，真的就不会输！后来，她的各科成绩都迎头赶上了。

曙光刚刚露头，厄运不幸袭来。大三寒假前，马淑玲患了喉息肉，要手术治疗。淑玲没有告知父母，同学们又要放寒假回家。没有人陪同，她一个人到医院，自己为自己签字手术。术后，她独自躺在病床上，看着窗外的天空，想着千里之外辛劳的父母，心酸又有几分欣慰。由于病情恢复缓慢，马淑玲被迫休学一年。

大学时光是短暂的，也是美好的。一分耕耘，一分收获。1990 年 7 月，她完成所有学业，以优异的成绩毕业。

高原馈赠

就业时，马淑玲没有像其他人一样选择大城市，而是毅然选择了遥远的青海省。青海位于世界屋脊青藏高原，是长江、黄河、澜沧江的三江源，气候多样。那里的雪山、湖泊、草甸、冰川、冻土等地理环境对全国乃至全球气候影响巨大。但是气象观测环境恶劣，缺乏气候专业人才。到那里去，可以发挥专业特长，大有作为。再者青海工资待遇高，能够更好地资助弟弟读书。

马淑玲所选择的海南州气象局，距省会西宁市 300 多公里，偏远，落后。报到那天，天雾蒙蒙地下着小雨，道路泥泞不堪。四周除了山还是山，荒凉辽阔，只见动物不见人。当时淑玲的感受是：这里是只有远方，没有诗。

天地间，只有苍茫的大山、一辆老式的解放牌卡车、司机和瘦弱的马淑玲。她心情糟糕到了极点，几乎哭了出来。其实，对于条件的艰苦，她是有思想准备的。但 8 个小时的颠簸后，面对简陋的小楼，荒凉的小院，她彻底失望了。难道这就是以后工作生活的地方吗？从天之骄子一下跌落到眼前的现实。回想起 4 年大学的汗水，以及老师、同学的建议，泪水不自觉地溢满了双眼。她怀疑自己的选择。天真，太天真了！她在心里一遍遍地追问着自己，是不是自己青春年少，太冲动、太鲁莽、太草率，也太任性了。

善良而又经验丰富的老局长看出了她的心事，有事没事找她谈心，关心她的生活和需求；同事们轮流请她到家里去做客。高远的天空，洁净的空气，多变而又纯洁的云朵，时时安抚着她。想起老家辛苦的父母，求学的弟弟，还有自己的理想，她慢慢把注意力转移到工作中，逐渐有了扎根高原的勇气和信心。月底，第一次发了工资，比平原地区高了三分之一，自己看中的一件毛衣，忍了忍没有买。她把工资全部寄给了家里。

从海拔 100 多米的中原来到 3000 多米的高原，头疼、恶心、乏力、失眠、嘴唇发干，上楼呼吸困难，在内地简单的日常生活到这里变得异常艰难。但气象局人员少，工作量大，气候资料档案管理、气候分析、气候评价、科技服务一样也不能落下，只有咬紧牙坚持。

为了气候评价数据翔实，真实可靠，她白天到有关部门走访调查，了解气候影响情况，晚上挑灯夜战，整理资料，撰写评价报告，高质量的气候评价工作受到青海省气候中心和州局领导的赞扬。当时局气象科技服务工作刚刚起步，年收入才2000元左右。

思前想后，马淑玲花几十元钱买了一辆二手自行车，骑着它风里雨里，走街串巷，跑遍了海南州的所有单位，宣传气象知识，费尽口舌说服有关单位签订天气预报服务合同，为局里创收。脸黑了，人瘦了，自行车坏了又修，修了又坏。她全年创收翻了一番，达到5000多元。要知道，当时单位全年的经费才1万多元呢！年终总结会上，领导赞许的目光和同事们的掌声，成了她最大的安慰。青藏高原，使她拥有了坚不可摧的大山性格，她更加坚强、乐观。自此，马淑玲真正热爱上了气象事业。

当年海南州珠玉乡发生了7级地震，死亡上百人，房屋倒塌无数。余震接连发生，气象局人心惶惶。局大院里搭起一排排帐篷，供值班、吃住用。一天，余震再次来临，想到几十年积累起来的珍贵气候资料，如果毁于地震，将无可挽回。瘦弱的马淑玲，疯了一样不管不顾地冲进了资料室，抱紧气象资料薄，翻身就往外窜。“你不要命了！”同事们大声地呵斥着。但她还是迅速将原始资料薄搬出了资料室，确保了气象资料的安全。

青海瓦里关是全球大气本底站，是北半球内陆腹部唯一大气本底观测站，其观测结果可以代表北半球中纬度内陆地区的大气温室气体浓度及其变化状况。在那里可以接触更尖端的技术，学到更多的气象知识和经验。但是这个站海拔4000多米，一座大山里只有一个站一个值班员，条件十分艰苦。倔强的马淑玲向局领导递交了申请，请求到那里工作。领导经过反复考虑，认为女同志在山上有风险，没有批准。但她不死心，软磨硬泡争取到了协助司机往山上运生活物资的任务。第二年冬天，大雪纷飞，山上急需生活用水和食品，淑玲和司机出发了。呼啸的风雪，苍茫的群山，几分悲壮，几分自豪！

可怕的事情出现了。上坡途中卡车失灵，顺着大坡往下滑，马淑玲和司机惊恐万分。如果滑下悬崖峭壁，将是万劫不复。司机师傅急中生智，一边紧握方向盘，一边指挥淑玲把车上的大麻袋、备用轮胎等推到车后方，挡住了车轮的后退。哆嗦着爬下车，在前不着村后不着店的荒野，惊魂未定的司机埋头修车。天渐渐暗了下来，四周莽莽苍苍，野狼的叫声此起彼伏，令人毛骨悚然。她感到从未有过的无助和绝望。司机一边安抚她，一边让她从附近捡来柴火，燃起熊熊大火，取暖、壮胆、驱狼。

漫长的等待与惊恐终于过去，车修好了。

赶到山顶气象站已经后半夜了。因为没有通信工具，喊了半天，值班员才端着猎枪起来开门。他惊讶地说："听到有人喊，我还当做梦呢？你们咋这时候来了？"面对独自值班的同龄人，她为刚才的胆怯感到惭愧。她深知高原气象人必须得耐住寂寞，方能取得第一手资料。

回归故里

1993 年 3 月，由于快过了谈婚论嫁的年龄，在父母的再三催促下，马淑玲不得已调离了青海省海南州气象局，回到了家乡河南省洛阳市气象局。

3 年高原工作、生活的磨炼，给予了她大山般的性格，草原般的胸怀。耐得住寂寞，守得住清贫，吃得了苦。回望巍巍昆仑，她立下了宏愿：要带着高原的馈赠，回报生养自己的中原。

洛阳是中华文明的发祥地，十三朝古都，牡丹花城。回到故乡，她自然是心花怒放。但是脸上特有的"高原红"，黝黑的皮肤，被同事认定为西北人，找对象也受到影响。

年龄不等人，眼看着高中同学、身边的同事一个个结婚嫁人，有的已幸福地当上了妈妈，父母寝食难安。28 岁的马淑玲在当年可是大龄青年，困难户。省略了花前月下的浪漫，经媒人介绍，很快和一个陌生忠厚的男人走进了平平淡淡的婚姻。对于一个女人，家，永远是温馨的港湾。毕竟，从此不再孤单，有了可以依靠的肩膀，也有了心灵归依之地。

一年后孩子顺利降生，比起高原的艰苦，工作显得轻松顺利，家庭生活逐渐小有起色。按部就班，相夫教子，操持家务。工作之余，就为孩子的成长教育奔忙。家、单位、学校，三点一线，忙碌、辛苦、快乐。

1999 年，全国气象部门实施气象资料信息化。洛阳市建站较早，从 1951 年开始就有了气象资料，所属县区，从 1956 年开始陆续建站。上级要求利用一年时间将九县一市近 50 年的所有文字资料转化为电子信息，数据不能出现任何差错。重担落到她和一个老科长的肩上。

面对浩如烟海的原始气象数据，同事们摇头叹息。无非就是吃苦、认真嘛，这算得了什么！马淑玲的韧劲上来了。一坐到电脑前就忘了时间，咣咣当当不停地敲击着键盘。不久学会了盲打，一天可以完成 8 份报表的输入和校对，加班是常有的事。风言风语传开了，有人说她天天晚上去办公室是为了蹭暖气，有人说她是为了出风头。面对同事的嘲讽和不解，她困惑、痛苦，但是不辩解，更没有丝毫退却，一如既往认真录入每一个数据。经过她和老科长8个月的努力，近50年10个台站的气象数据，全部录入了电脑，洛阳市第一个交付省气候中心审核。领导审核后惊喜地说："只有洛阳的资料一次通过了审核，没有一处差错，全省唯一。"没有掌声、没有奖金，但她知道，这是一项具有深远历史意义的工作，这是气象现代化的起点，数据信息化是提升天气预报水平的前提，也早为今天大数据时代打打下了坚实的根基，有划时代的意义，将载于洛阳气象史册。重要的是离自己探云问雨的梦又接近了一步。

2001年12月，由于工作出色，马淑玲被选拔为洛阳市气象台副台长，主管业务。

干业务对她来说是如鱼得水，她依旧忙并快乐着，在单位和家庭之间奔波，力争鱼与熊掌兼得。婆婆去世后，公公患高血压糖尿病需要照顾，马淑玲就把他从平顶山接到洛阳一起生活。父母年迈，每月回家探望，想尽办法让父母开心。姐姐经济条件不好，马淑玲更是慷慨解囊，尽力相助。因为经常住在单位，常常在电话里辅导儿子英语。周末加班回家晚了，像做了亏心事一样，赶紧干活赎罪。

圆梦桑梓

2006年，鲜花遍地的5月，马淑玲被选拔为偃师市气象局局长。

她说这是自己没有想到的。上任那天，她如履薄冰，战战兢兢，沿着窄细的小巷，首次走进新单位。农家小院模样的院落，四周被建筑物包围着，成了一个孤岛，又一次让她感到失落。

送行的市局领导说："偃师市城市建设与气象探测环境保护冲突，需要迁站，组织安排你到偃师，就是看中了你的韧劲和能力。你要争取尽快迁建新站，改变探测环境。"

"一个女的能干了迁站的活？不知道市局领导是咋想的！"一位老职工的话不停在耳边响起。是啊，在洛阳气象台，她可以专注喜爱的业务工作，大门不出，二门不迈，心无旁骛地跟数据打交道，无须抛头露面求助他人。来到这里，一切都需要从头再来。

没有退路，思考了一夜，天亮了，她对自己说：是刀山也要上，是火海也要跳，不能丢市局的人、不能丢自己人啊！

她首先放下领导的架子和职工打成一片，跟大家拉家常谈心。同事们苦笑说

马淑玲(左一)工作照

气象局被四面合围，在这里只能坐井观天，一致要求开辟符合观测要求的新天地。

马淑玲模仿当年周朝迁都洛邑的样子，亲自“相土、尝水、测日”，营建新“都”。她像个风水先生一样且行且望，最终在城北虎头山南麓一片开阔的台地停下脚步，纤手一指，说道：“此地真好！”站在这里可以俯瞰整个城区，东看伊洛河逶迤而去，南望中岳嵩山云起云飞。

找到了理想的地方，还要有完整的迁建方案。征多少地，建多大面积，要多少资金，以及规划、协调，问题不断出现。一有思路，哪怕半夜、路途中、吃饭时她都会随手记下来，再和同事们商量，一步步完善，最终形成了气象局整体迁建方案。

2008 年初，全部迁建手续办妥，新站建设终于开工奠基。

为了保证工程质量，春节假期，她跟爱人和孩子说了一堆好话，待在离家几十里的工地上。一天深夜，她已经躺下休息，电话铃声骤然响起，丈夫扯着嗓子吼道：“你嫁给偃师气象局吧！孩子病了，昏迷不醒，你回来不回来?”放下电话，她火速赶到洛阳市武警医院，望着躺在急救室里 10 岁的孩子，泪如雨下！“孩子，妈妈对不起你。妈妈不走了，这回在家好好陪陪你，弥补心中的亏欠，反正妈妈很多年也没休过假了。”她心里默默地念叨。

孩子稍有好转，但仍没脱离危险。下了狠心不走了的马局长，第二天夜里又被电话铃声吵醒。工地报告：“一村民带头强行挖土，已聚集了 40 多辆卡车。”挂断电话，她抱抱病床上的孩子，跟爱人简单交代了几句话，便扭头走出了病房，一边打 110 报警，一边往工地赶。路上，焦急内疚啃噬着她憔悴的心。

偃师城区位于洛河北岸，地势较低，许多建筑都要垫土加高，农民挖土卖钱由来已久。可是气象站地基不能降低。当她到达工地时，已经是深夜两点，警车也已到达现场，可面对这样大规模的当地村民也无能为力。历经两年才批下来的土地眼看就要被“吃掉”，不立即采取措施，一切将毁于一旦。马淑玲心急如焚。上前劝告，却引来了一群村民的围攻，其中一个村民指着她的鼻子说：“这是我们村的土地，我们想咋着就咋着！你一个女人家，在这儿咋呼啥，收拾你还不是小菜一碟！你再多说一句，小心我打断你的腿！”害怕、恐惧让她产生了动摇。孩子还病着，正需要妈妈，但责任和愤怒鼓舞了她。气象建设用地必须保护。她在孤立无援的危难时刻，横刀立马，挺胸站在了挖掘机前，拍着胸口说：“有本事你们把车从我身上开过去。我们是法治国家，气象局不欠你们一分土地款，凭啥挖土？”这个瘦弱的小女子，一下子将无理取闹的人群震住了，40 多辆拉土车在黑夜中陆续离去。

争执虽然平息了，但与村民的矛盾还没有缓和，并且还有进一步升级的危险。作为农村长大的孩子，她知道土地是农民的命根子。气象局征走他们的地，他们心疼。马淑玲考虑再三，与村两委协商后，把配套工程安排给有能力的村民施工，又和颜悦色地和那个挑头闹事的老王拉家常：“咱拉土卖钱，不是为了日子过得好吗？为大家争取利益，说明你是一个热心人。但你得守法啊！你聪明灵活，做点生意不更好吗？”经过多次交流，最后把一部分工程承包给了他。老王感激马局长的信任和大度，干的活质量高、价格低。后来，在气象局搬迁的头天夜里下了一场大雨，没有来得及硬化的道路泥泞不堪，老王主动拉来了碎石粉，铺了条临时道路，解了燃眉之急。如今的老王已经成为带动全村致富的领路人。

2010 年初，工程如期竣工，一个占地 17 亩、花园式标准化气象站落成。偃师市气象局喜迁新址，固定资产由 50 万元增加到 1000 万元，各项工作快速推进，年底考核全市排名第一。

叶子黄了再绿，牡丹谢了又开。

两年后，组织再调马淑玲到孟津县气象局工作。同样遇到了气象探测环境遭受破坏的难题。也许领导就是派她来解决这个难题的。老同事说：“马淑玲就是迁站的命！”真的不错，她就是劳碌的命！

身为局长，马淑玲却像民工一样进工地、下厨房，挖草栽树，一分钱掰成两半花，在日日夜夜的精心打算和操劳下，一个高标准气象站屹立在孟津县的土地上。

花小钱办大事是马淑玲的原则。业务用房、天气预警中心、绿化、科普等的设计，她都亲自上阵，搜集大量资料，常常坐到电脑旁，一坐就是深夜一两点钟，把关每一个细节，让各项规划既能达到美观方便又能节约经费，达到了事半功倍的效果。

孟津十年九旱，因此，人工影响天气成为工作的重中之重。马淑玲在任职期间，共增加增雨设施6部，累计开展增雨作业136批次，产生经济效益约6000余万元。

2012年3月21日，一场小雨伴着雾霰缓缓而至，当时单位火箭手正在市里参加培训不能到场。可前期干旱，增雨形势非常好，不能错过。马淑玲袖子一挽，和具有操作资格的女副局长联手实施了降雨作业。火箭上天，春雨落地，旱情缓解。此事被报道出去后，有人发帖子怀疑两个弱女子能否推动700斤重的火箭发射装置。马淑玲笑着说："能跟老天爷借雨，缓解旱情，别人咋说都值。"

人工增雨，真枪实弹，风险难免。厂家标定，增雨火箭弹就有万分之一的质量不过关，各地事故时有发生。所以，大部分时间，她都陪作业人员住在增雨基地。俗话说常在河边走哪能不湿鞋。2015年正月初五，年还没过完，得知有降雪，她带领炮手在黄河小浪底镇官庄村增雪，其中有一枚火箭弹点火之后不出膛，火光四射，在炮架上大概停留了2分钟。当时她感觉完了，因为炮架距离人只有15米，火箭弹一旦在膛里爆炸，后果不堪设想，但是人又不能跑，如果出了问题，对气象部门的负面影响报道可以上国际新闻。正当她打电话求救时，这枚炮弹又非常神奇地飞上了天，再一次有惊无险，使她与死神擦肩而过。

人工影响天气作业和县"引黄河水入孟"工程的实施，使孟津气候风调雨顺起来。全县调整种植结构，办起18个农业节会，加快了农旅融合发展。会盟梨花节、荷花节、小浪底石榴节等迎来大批游客。孟津县被农业部、国家旅游局评为"全国休闲农业和乡村旅游示范县"。2013年11月13日下午5时，孟津发生瞬时36米/秒的大风，在大风来临12小时之前，气象局除按常规发布大风预警外，专门给每个农业合作社打电话通知。省人大代表、孟津"促进全民创业带头人"吕妙霞接到通知后，暂停了为400个草莓大棚上膜的工作，直接避免经济损失50余万元。由于气象服务到位，草莓基地趋利避害发展壮大，吕妙霞当选省人大代表、全国三八红旗手。2016年5月10日，全国农业科教现场会在孟津召开，农业气象服务成为各地代表关注的亮点。为了省钱，马淑玲亲自制作的电子展板，直观清晰，深受好评。

2017年，孟津县气象局获得"2015—2016全省气象系统优秀县局"称号，连续10年获得市级气象系统"特别优秀达标单位"称号。马淑玲被评为全省气象系统优秀县局长，参加中国气象局首次组织的基层优秀女干部先进事迹报告会，受到中国气象局领导接见。之后，她又全票当选县十四届人大常委会副主任。

业余时间，马淑玲喜欢读唐诗、学英语、打乒乓球，勤于思考，笔耕不辍，先后发表气象方面论文30余篇，主持课题2项，参与撰写、编写有关气象专业书籍7部。每次天气预报发布前，她都要亲自过问，斟酌再三，用最简明、准确也是最温情的语言播报天气信息、传递人间温暖。

孟津是传说中龙马献图的吉祥之地，也是八百诸侯会孟津的人文厚重历史之地。如今，风淡云轻的马淑玲正在这片土地上观云测雨，问道苍天，施惠于人。

谁能说，她自己不是一片有雨的云呢？

作者：徐贵勤　李小平

峡江女子的青春赞歌

——记湖北省宜昌市夷陵区气象局局长姜玉印

雄浑的三峡养育了她，她把青春奉献给了美丽的峡江。姜玉印，湖北宜昌市夷陵区气象局主要负责人，一位80后的年轻女局长。

踏实实干是基层气象工作者的真实写照，奋战在气象工作一线的铿锵玫瑰，实干的劲头儿一点不输“好男儿”。姜玉印作为基层气象女局长的代表，十几年来实干背后积攒了许多欢笑与泪水，还有那些最难忘的故事。

对工作负责就是对生命负责

“我不是一个很有天赋的人，但从来都是一个脚踏实地的人；我不是一个能言善辩的人，但从来都是一个干多说少的人；我不是一个追逐名利的人，但从来都是一个凡事对得住自己的人。”姜玉印说。

“三峡门户”“水电之都”，宜昌是一个与雄壮格外有缘的城市。生于斯、长于斯的姜玉印，骨子里透着一股倔强气。她的气象生涯也从三峡起步，在壮美的峡江边成长。

从南京信息工程大学大气科学专业毕业，她便入职宜昌市气象台，担任气象预报员，期望能为家乡人民尽点绵薄之力。刚参加工作的她爱笑不爱说话，但勤学好问，每次会商都会有理有据地说出自己的意见；每当别人有不同的意见她都会悉心聆听，事后再与自己的想法融会贯通。

尽管专业对口，但学校的理论学习与工作中实际应用依然隔着遥远的距离。刚值班不久的一次经历让她对突如其来的气象灾害有了更深刻的体会。

2005年8月的一个夜晚，还是新人的姜玉印跟班值守。雨越下越大，心越来越慌。发布预警信号、制作服务产品、拨打服务电话……她强迫自己冷静下来，按照工作流程逐步操作，并通过与防汛有关部门密切关注着这次强降雨造成的灾情信息。

夷陵下牢溪突发山洪，河水陡涨冲走了数辆汽车，所幸两岸受洪水威胁的大部分群众已安全转移，4名被困楼顶的群众也得到了及时救援，没有发生人员伤亡。

“与气象灾害的首次‘较量’，第一次让我感到气象工作离一条条鲜活的生命如此之近。”姜玉印说。

对工作负责就是对生命负责。在跟班学习的3个月中，姜玉印立足短期预报岗，把全市不同地区的天气气候特点、不同行业的气象服务需求以及不同季节的气象服务重点“摸了个透”。潜心分析天气系统发生、发展和演变，刻苦钻研天气预报的技术、方法和思路。当实习结束后，她结合当年台风对宜昌的一次影响过程提交了一份高质量的技术总结。

地震来了也要把预报发出去

虽然已经工作12个年头，但对于姜玉印来说，最难忘却的仍是在三峡气象服务台的那段经历。

为了在三峡工程的建设过程和调度工作中提供优质高效的气象保障服务，气象服务的前沿阵地延伸到了坝区。三峡气象服务台设在三峡坝区枢纽运行管理中心，与三峡梯调中心合署办公，提供“面对面”量身定做的专业气象服务。这里率先在全国绽开了水电气象服务之花，结出了基于面雨量的水库防洪调度、水电气象服务标准等累累硕果，更是培养了宜昌一代又一代敢干敢拼的优秀气象人。

2006年10月，业务能力日趋完善的姜玉印在参加工作14个月后主动申请加入三峡气象服务台，如饥似渴地想去了解气象科技到底能干多少事儿。

与一般气象台不同的是，由于三峡气象服务台远离宜昌城区，采取驻地轮班值守服务，6个预报员分成2班，周一交班，下周一换班。这种值班有个好听的名字叫“出差制”，一个班就是一个礼拜不着家。这里的预报员都是24小时值守。遇上复杂天气，往往一个通宵无法休息。在这里上班，考核标准、服务内容都是服务对象定的，拿的是预报水平和服务质量说话，对值班的气象预报人员在心理上和体力上都是一种挑战。

面对全新的工作节奏和严苛的工作要求，姜玉印既兴奋又紧张。她清楚地记得，刚到三峡台不久，既是师兄又是台长的田刚就给她来了个“下马威”。

对信息网络、硬件设备一窍不通的她，在一次调取资料时遇到问题，幸亏田台长及时解围，没有影响预报的按时发布。可转过头，平时和蔼可亲的“暖男”田师兄就把这位初来乍到的小姑娘给训哭了。“能在三峡台干的预报员都必须是多面手。”田刚说，“没有人给你做增援，你只能靠自己。”

退路无门，唯有前进。姜玉印开始钻研信息保障，三峡台所接入的信息系统非常庞大，从硬件设备、网络系统维护，到 MICAPS 数据库及雷达卫星资料接收存储，再到对外预报预警发布短信平台和 OA 办公平台的使用和维护，她边应用边琢磨。渐渐地，参数该如何设置，故障该如何排除，她从一筹莫展到得心应手，台里的各项工作她如数家珍。工作的全面性使得她迅速成长，正式承担起台里网络信息管理员的职责，这让她自己都觉得兴奋不已。

在三峡工作的那段时间里，她成了三峡大坝建设的亲历者和见证者。

2007 年 2 月，三峡三期工程围堰爆破进入关键阶段。爆破需要良好的气象条件，气象服务是其中重要一环。姜玉印每天都和值班首席字斟句酌，作出最精准的预报结论，为选择最佳爆破时机提供了有力支撑。

2008 年 1 月中下旬，三峡出现了罕见的低温雨雪冰冻天气，低温雨雪持续时间长、强度大，都是历史罕见。三峡大坝施工是否能正常、三峡高速公路通车是否顺畅、三峡通航是否有阻碍，都成为姜玉印最牵挂的事情。她不顾装修婚房的“人生大事”，一头扎在三峡坝区，量着雪深、盯着天气图、了解着服务对象的需求，3 个人的小团队愣是将低温天、雨雪天、冰冻天、大雾天等预报关键点逐一准确破解，并将“热腾腾”的预报产品和预警信息发到服务单位，好评从四面八方涌来。这是她第一次体会到气象人还有这么不可估量的价值，满满的存在感！

当年 5 月 12 日，是她在三峡当班的最后一天。

下午 02:30，正是下午上班的时间。在 700 公里外的四川汶川，发生了 8 级大地震，三峡坝区震感明显。

当值班大楼里的同事都在纷纷往楼下跑的时候，她却不顾剧烈的余震和大家的劝阻，蹭蹭地上了楼。

“3 点前必须把第二天的预报发出去！”这不仅是三峡气象人对服务对象白纸黑字的承诺，也是身为预报员的她对自己雷打不动的工作要求。等她赶到办公室，房子颤抖得更厉害了，眼瞅着水杯摇晃着从桌上跌落下来，她来不及多想，镇定心神，坚持做完预报并成功发出后，才离开办公室匆匆下楼。

正是由于她对待工作一丝不苟的态度，2008 年她被中共宜昌市三峡坝区工作委员会评为“三峡工程建设先进工作者”。

“高压锅”里捧出金灿灿的奖杯

回忆自己工作中最忙碌的时候，大概是在宜昌市气象台担任副台长那段日子，姜玉印把这段日子形容为“高压锅”，它使自己在几个月的时间里，获得了长足的进步。

2011 年 4 月，姜玉印重返宜昌气象台任副台长。那时，女儿才 9 个月大。她给女儿断了奶，交给公公婆婆抚养，自己和其他预报员一起值大轮班和夜班。

不巧的是，当年 5 月，宜昌遇到的三场暴雨，都被她在夜班里赶上了。

暴雨来临之前的平静和暴雨即将来临的忙碌，形成了鲜明的对比，但是都一样让人提着一口气，一样让人夜不能寐。各县局业务值班室、市防办、应急办……暴雨预警信号服务电话第一时间打到相关单位。

给汛期预报开了个好头的姜玉印，为此付出的代价就是，“好不容易”和孩子一起养出来的 10 斤肉，3 个通宵下来全熬没了，又被打回了清瘦的原型。

从抗击暴雨的“前线”归来，还没来得及“喘口气”，姜玉印又被选拔参加第三届湖北省气象行业天气预报技能竞赛。

宜昌是全国气象部门唯一拥有预报、测报竞赛“双料冠军”的地市级气象局，在全省气象技能竞赛中始终保持着“团体冠军”的荣誉。为了宜昌“常胜将军”的荣誉，脱离预报岗位 3 年的她默默地把家庭和孩子暂时放到了一边，立即开始制订学习计划，主攻实时天气预报、现场问答和 MICAPS 操作。

姜玉印(左一)工作照

10 月 21 日，比赛开始第二天。历史个例科目考试时，姜玉印把一个寒潮的个例错误地当成了大雪的个例，从考场一出来，急得直跺脚，抱着当时的领队就眼泪旺旺的，直呼“拖了团队后腿”。经过劝导，才擦干眼泪，再去考场展开实时天气预报的博弈。

“我从来都不是个擅长考试和勇争第一的人，但是为了集体，我不得不逼自己一把。”姜玉印回忆说。

风雨之后见彩虹，比赛结束后，他们团队取得了第二名的成绩。她个人取得了实时天气预报单项第一名和个人全能优秀奖。

2013 年第四届湖北省气象行业天气预报技能竞赛时，她又辗转业务科担任起了集训组织者和领队的角色，最终成功地夺回了团体第一，弥补了自己在上一届的遗憾。

履新“一把手”磨成“瘦美人”

2014 年 9 月 1 日，姜玉印的气象生涯迎来一个新起点——被任命为夷陵区气象局局长。

上任短短几天，她就把本局工作摸了个清楚、理出了头绪。履新第三天，她发挥自己预报服务的特长，联合夷陵区国土资源局调研了一个新增的地质灾害隐患点并达成了服务协议；到任一个月，她组织团队在新中国成立 65 周年“歌唱祖国唱响夷陵”歌咏比赛中获得二等奖和组织奖；到任两个月，她多方筹资成功举办规模和人数都创历史新高的第七届“夷陵气象杯”桥牌赛；到任 4 个月，她所在单位蝉联了市级文明单位。

4 个月下来，从没“当过家”的姜玉印表面上顺风顺水，但也遇到了许多意想不到的困难。

2014 年底，国家行政审批制度改革深入推进，气象职工地方性津补贴的资金来源出现困难，地方出台的退休人员奖励性工资发放政策有待落实。

姜玉印一方面与老同志交心谈心、讲政策说感情、提对策言困难，做好思想政治工作；另一方面，积极争取省局基础性工作经费，广泛拓展电力、林业、专业气象服务项目等领域，共筹得 15 万元左右为单位解了燃眉之急。此后，她继续推进地方经费落实，2015 年下半年落实防雷经费 25 万元，2016 年争取到人员经费 66 万元，确保单位在改革的浪潮中稳定和谐发展。

由于操心经费困难等问题，2014 年底，她的体重迅速降到了两位数。本就清瘦的姜玉印，成了同事眼中的“瘦美人”。

阳光就在风雨后

度过这个难关后，姜玉印也学到了如何在业务和管理两方面保持平衡。

姜玉印坚信，业务是一个气象局发展的根基，业务稳，基石安。在这条认识的基础上，她作出了“预报有大雨过程，分管副局长必须亲自值班，预报有暴雨及以上过程，局长必须亲自值班”的规定。遇事迅速往前冲，责任自己肩上扛。

在强化气象服务方面，她分行业、分区域优化了气象短信群组，在全市县级气象部门率先开展了森林火险和空气污染气象条件等级预报服务，油菜花旅游观光节、茶艺节、柑橘节等全区重大活动气象服务亲自抓落实。

同时紧密围绕地方需求，在全区范围内布设了 6 套人工影响天气地面播撒系统，筹集资金 30 万元完成一个人工防雹增雨炮点的标准化改造。

在队伍建设方面，她鼓励年轻人申报自立课题，引导预报员钻研业务知识、提升业务素养。

有为才有位。决策气象服务，是姜玉印最为关注的。

2015 年 9 月，夷陵区委、区政府正在筹办第四届区直机关运动会，由于接连出现阴雨天气，筹备会上第一个议题就是“运动会选在哪一天举行?”

众人齐刷刷地将目光投向姜玉印，凭着多年过硬的预报经验，她挺了挺身板说：“根据最新气象资料分析，近日的阴雨天气将于 24 日结束，建议将运动会定在那天。”

老天似乎有意捉弄这位女气象局长。23 日夜里，雨仍然没有停歇的意思，24 日早上 6 点，依然飘着小雨。主办方急得责备她，她却沉着冷静地告诉大家，再过半小时肯定雨停，天气将转晴。8 点，区直各单位陆续集结，雨如约停止。9 点整，运动会的第一个项目“徒步走官庄”吹响了哨声，只见乌云渐渐散去，各单位代表们居然见到了久违的阳光!

徒步结束后，宣传部长专程走到气象局代表队面前，笑着拍了拍姜玉印的肩膀：“嘿，小姜，这回预报神了哈!”

这次转折性天气的成功预报，让区领导对气象局的信任度大大提升。自此，区气象局成为夷陵区大型活动筹备委员会常设单位。

发扬“苕”的精神干实事

主汛期往往是姜玉印压力最大的时候。

宜昌夷陵区地处高山向平原的过渡带，地形地貌复杂，山巅密布，沟溪纵横，泥石流、山体滑坡等气象衍生灾害发生频繁，极易造成人员伤亡。姜玉印把汛期气象服务的重中之重放在了灾害性天气监测预警上。

2017 年 7 月 17 日晚，地处夷陵区西北山区的樟村坪镇出现短时集中强降雨，短短 3 小时内，100 多毫米的暴雨集中倾注在了镇里的几个自然村。大量的雨水短时间内在山区倾泻而下，造成山洪暴发、河水猛涨，冲毁房屋、农田，供电、饮水、道路中断。姜玉印开始了一场与“坨子雨”的赛跑。

17 日晚 23 时，降雨刚刚开始，樟村坪镇党委书记许祖刚接到了从气象局值班室打来的电话，“樟村坪林场站 1 小时雨量达到 30 毫米以上，降水仍将持续，请加强防范”。23 时 18 分，许书记果断召集镇上相关负责人赶到防汛值班室，紧急部署应急救灾工作。

“坨子雨预报的最大难点就是找准落区。”姜玉印回忆说，“通过一次次比对雷达回波图，同时关注水利和水文部门布设在水库周边及山洪沟地带的水雨情信息，我们准确捕捉到了‘坨子雨’的具体落区和量级。”

精确到“村”的气象服务使得救灾力量更加集中和高效。18 日凌晨 1 点左右，乡镇负责人兵分三路，分别带队赶往殷家坪、黄家台、董家河等降雨强度较大的区域组织村组干部开展抢险救灾工作。

当晚，一支 40 多人的救护队、2 台装载机被调往黄家台村开展救助，区防指连夜调集消防官兵赶到乡镇集结救灾。截至 18 日上午，380 多名群众已成功转移，无一例人员伤亡。许祖刚一直提在嗓子眼的心终于放下，他感叹：“如果没有气象局及时预警、村民及时转移，后果不堪设想。”

通过对多年气象工作的实践和思考，姜玉印认识到，要想充分发挥气象防灾减灾效益，必须加强多部门间的联动联防。

2017 年入汛之前，姜玉印主动走访了区防办，提出了共同建立气象预警联动机制的建议。4 月，她草拟了预警信息分级响应的标准。5 月，区防汛抗旱指挥部正式发文宣布建立全区防汛应急联动工作机制，完全根据区气象局发布的暴雨预警启动不同级别的防汛应急联动机制。

全区防汛应急联动工作机制的建立，让各个部门拧成一股绳，而气象预警就是启动这个机制的“红色按钮”。气象部门一旦发布暴雨橙色预警，防办相关单位自动启动二级联动机制，在收到区气象部门发布的暴雨橙色预警后 30 分钟内，相关联动单位和人员必须到岗到位。

18 日 00 时 20 分，在与宜昌市气象台会商后，姜玉印签发了暴雨橙色预警信号，联动机制随即启动。00 时 40 分，防办值守人员增加到 4 名，气象、水文、水利等联动单位加密信息联动和联合会商，加快水、雨、灾情信息上报频次。姜玉印紧盯着电脑屏幕，每小时向防办报告一次雨情实况，了解灾情信息，开展防汛应急会商……虽然雨情灾情紧急，各项救灾工作却开展得有条不紊。

夜已深，凌晨3点半，雨势渐消。许书记来电询问后期是否还有降雨，姜玉印轻舒了口气，给出了确定本次过程基本结束的答复。聊起这些彻夜未眠的经历，她自嘲："没有公主命，也没有女王心，只有一颗茗脑筋。"

取舍之间显柔情

2015年，发生了一件事关夷陵区气象局发展的大事。随着该区城市化进程的不断加快，气象观测站周边建筑物增多，气象探测环境和探测资料的代表性受到严重影响。

为有效解决城市发展与气象探测环境保护之间的矛盾，区委、区政府向气象部门表达了搬迁观测站的意愿，希望为城市发展腾出空间，也为气象探测环境的长久保护创造更有利的条件。

从大局出发，姜玉印多次促成上级部门与区政府洽谈，最终成功申请新增土地20亩并还建500平方米的业务值班室。由此，气象观测站搬迁项目提上了她的首要日程。

新站选址，是迁建的第一步。国家气象观测站对选址的要求非常严格，既要地势高、无遮挡，又要可以得到长期有效的保护，还要具备必要的供电、供水、交通、通信等基础条件。

为了选择最佳的建站地点，姜玉印联合规划局的同志，几乎跑遍了夷陵区小溪塔街道周边大大小小的山头，挑选出了3处符合条件的备选站址。

这些山头大多人迹罕至，其中一个位于姜家湾的山头地势特别陡峭，没有公路只能穿过灌木丛步行上山，姜玉印前前后后爬上去了4次，衣服刮花了好几件。

最终在专家的指导下，确定了位于小溪塔街道仓屋榜村的柑橘示范基地为拟迁站址。新址周边的林地全是夷陵区的主要物产——柑橘，不仅探测环境完全满足要求，还能因地制宜开展农业气象观测，解决了单位多年来没有柑橘稳定的农业观测场所的困境，一举两得。

定好站址，繁杂的相关证照办理，成了摆在姜玉印面前的又一道难题。

完全没有接触过基建项目的她凭着一股子敢闯敢拼的劲，开始着手落实经费、督设计、跑手续。项目立项跑发改局，规划报批跑规划局，林地占用跑林业局，建设许可跑国土局……一项项手续在她手中逐一落实。

与此同时，她积极向区领导汇报项目进展情况，区政府分别于项目启动前和建设过程中先后两次召开专题办公会，协调处理迁建过程中遇到的困难和问题，确保了项目顺利推进并按时竣工。

2018 年 1 月 1 日是新站正式启用的日子，眼前新观测场的仪器设备正在紧张地安装调试，姜玉印又在忙碌着办理不动产证等一系列项目收尾工作，“干一件事就争取成一件事，项目建设绝不留尾巴”。

担任区局局长之后，她一直在为台站的基础设施建设寻找突破口。夷陵区气象局占地 13 亩，2009 年盖了新的业务楼，2014 年修了新的入场公路，但是院内的基础设施破旧，铁质围栏大面积倒塌。

姜玉印回忆当时的心情：“单位就是家，谁不愿意自己家清清爽爽、漂漂亮亮呢？”

二话不说，说干就干。业务用房满足不了气象业务现代化的需求亟须改善，门房、围栏、道路等基础设施也需要修缮，她亲自编写项目方案，统筹考虑多方需求。她多次造访造价咨询公司，设计方案也几易其稿，只为预算更精准，设计更完美。她持之以恒重视此项工作，争取项目纳入省局基建项目库，终于迎来了 2017 年立项的好消息。

夷陵区气象局的大院里，旧库房已经拆除，管网正在铺设。看到工程正在紧锣密鼓地推进，姜玉印自豪地说：“相信经过这些项目的实施，我们局将会迎来一个崭新的面貌。”

家和万事兴

熟悉姜玉印的人都知道，她有一个幸福美满的家庭。她和丈夫相濡以沫、和谐恩爱，和父母、公婆相处融洽，还有一个活泼可爱的女儿果果。她总说：“人生有最不能等的三件事：孝、爱和善，它们才是幸福的源泉。”

丈夫是医务工作者，每天的工作特别忙。而她身为夷陵区气象局的领头人，每天忙于单位发展及气象服务，有时候都没有上下班之分，常常当别人家吃完饭时她才拖着疲惫的身子回家。即使如此，她依然在生活上尽量多关心丈夫，给他减少思想负担，尽心尽力做好家务事，从不给丈夫添一丝烦恼，全心全意支持丈夫的事业。为陪伴、教育好女儿，她无论工作多忙总要抽出时间照顾孩子，周末陪孩子自驾游增长孩子见识，关心孩子的学习情况，了解孩子的思想状况，教育她学会做人，学会做事，重视对孩子世界观、人生观、价值观的思想教育，重点培养孩子的学习兴趣和生活习惯。人家都说“女儿要富养”，可姜玉印觉得女孩子也不能娇惯，要独立、有主见，她总教育果果不走捷径、不能偷懒。

公公婆婆是她最为感激的人。不仅不埋怨她因工作忙不能像其他儿媳妇一样全身心地照顾家人，还做起了她坚强的后盾。说起这些，姜玉印更是滔滔不绝："公婆像对待女儿一样对待我，除了孝顺他们，我无以为报！"平日里，她总是"孝"字当头，长辈有个头疼脑热，她总是看在眼里，记在心里，时时提醒要加衣服要吃药，有时间就亲自领着去看病。家中的柴米油盐如有欠缺她都及时购买回来，从不让别人操心。平时生活中，她不慕新潮，不摆阔气，从不浪费，提倡节约，精打细算，用之有度。在她的辛勤努力下，家里的一切都安排得井井有条，日子也过得有滋有味。

真心待人是姜玉印的处事态度，她与同事、与邻居都能够和睦相处，不论是谁有什么事情需要帮忙的时候，她都热心帮助。在日常生活中，她积极维护社会公德，热心公益活动，做一切力所能及的公益劳动，不怕脏，不怕累，用实际行动来实践对公益事业的热情。她总说公益事业不分大小，在单位的扶贫、文明劝导、社区大扫除等工作中她身先士卒，起到表率作用。秋风起、天渐凉，她号召全局职工向贫困户捐送棉衣棉被，赶在冬天到来之前送到了贫困户家中。

从业 12 年，从一名懵懂腼腆的预报员成长为一名县级气象局的掌门人，她经历了短期天气预报、三峡气象服务、气象业务管理、县局行政管理等多岗位多角色锻炼，如今的她增添了许多沉稳、许多果敢、许多谦和，也长出许多和年纪不相称的白发。

融入血液的自强自律，是姜玉印身处平凡岗位亦能取得不平凡业绩的基础。

她就是这样一名平凡的县级气象局女局长，温和中透着倔强，随性中带着坚持。朴实无华的事迹背后，让人真切感受到她问心无愧的付出，让她的青春展现了更具魅力的光彩。

作者：杨　夏

“舒”写人生“芳”华

——记湖南省沅江市气象局局长舒芳

洞庭湖的初冬，一湖碧水，因为不息流淌而波光粼粼。奔流是水的使命，无可置疑。就像舒芳始终坚信着，万物的存在都怀其使命，如日之升，如月之恒，她在万千气象的春夏秋冬之中，也坚守着属于气象人的那份使命，岁岁年年“舒”芳华。

——题记

冬：水落石出显风骨

舒芳从小就跟着在气象局工作的父亲背诵“二十四节气歌”，父亲告诉她，古老的歌谣中，有一个节气是大寒，熬过苦寒，就是春天——苦寒过后舒展芳华。“芳”，父亲为她取了一个春意盎然的名字。一个即使在凌寒之中也能给人带来暖意的名字。

第一眼看到舒芳，脑海中立即浮现出“若有诗词藏于心，岁月从不败美人”，她脸上已有些岁月的痕迹，但那种历经岁月沉淀下的气质却十分出众。有谁知道，这样的一个女子，是怎样翻越霜雪覆盖的生活的？

2011 年那个寒冷的冬天，沅江市气象局女局长舒芳刚刚上任。一个素不相识的男子约见她，茶室里偌大的茶桌对面，男子坐在宽大的木椅里，显得非常瘦小。舒芳的目光，在茶室的物件间移动：梨花木茶桌，青花瓷杯，雕花窗格，精致典雅的茶室弥漫着一种香气，却又透着一丝清冷。

"不好意思啦,今天把你请来,我的这个项目一期要完工了,第二期马上就要开场,你们气象局的那个收费,据说要收4万……"身上穿着价格不菲的皮西装的平头男立起身来,一边嬉笑着把烟夹到耳后,一边开始为她倒茶。因为瘦,一笑,他脸上的皱纹更深。

舒芳把目光收回来,也带着微笑点头,探询的目光投向他。她知道,自己今天应邀参加的是鸿门宴。

"啪!"火光一闪,烟点上了。平头男接着说:"我知道你的丈夫现在和你没关系了,不过大家都在千方百计找他讨债,你知道吗?那伙借了钱给他的人天天在谋划,要以你女儿为诱饵引他出来。"男子嘴里吐出蓝色的烟,袅袅升向空中。

平头男的话,让舒芳眉毛微蹙。接着他又吐出一个烟圈:"虽然他也欠了我很多钱,我一样恨得咬牙切齿,现在我天天与那伙人在一起,但是我可以劝阻他们,甚至把他们的动向告诉你,你可以很好地保护你的女儿!"

说完,平头男跷起了二郎腿,带着胜券在握的笑容。

志在必得?恶心!瞬间,舒芳感到心跳加快,血往上涌,内心的愤懑、委屈、无奈在激烈地交替。她不由自主地咬紧了牙齿,攥紧了拳头。但是她告诉自己:一定要冷静。她双手端起杯子,喝了一大口茶水,深深地吸了一口气后,又缓缓地落下了杯子,意味深长地看向平头男——在内心深处,她为自己呐喊:不要怕!你姓舒,但你决不会"输"!

平头男是一个建筑开发商,为了防雷技术服务费,找她谈条件。

因为前夫投资办厂疯狂非法集资,经营不善临近破产,已经外逃数日,期间多次换用不同号码打电话给她,声泪俱下求她把女儿藏起来,想必一定是受到追债人不小的威胁。她白天躲在办公室哭够了才敢回家,生怕近80岁的老母亲觉察出什么。今天这种威胁,虽然没有准备,但是自己会勇敢面对!

"我相信正义,他犯下的错,自有公正的处置办法。我也希望你们考虑清楚,绑架的事不要做。工作上的收费不是我个人收,是单位属下机构的合法收入,也是建筑商应尽的义务。希望你不要误以为我是法人就可以干预收费,任意调节收多收少。但是如果你目前真有困难,可以晚点交。"舒芳压抑住内心愤怒燃烧的火焰,清澈的眼睛里闪烁着凛然不可侵犯的光亮。

正与邪的较量,柔与硬的持衡,虽然不是很明显,但是舒芳的这一仗终究漂亮胜出,单位的收费如期到账。

舒芳亲述这个故事的时候,始终微笑着,看得出来,她尽量想风轻云淡般,像气象局办公楼下的琼湖,波澜不惊,但仍有无法抑制的星星点点的泪涌出来,我可以想象，那时的她对女儿的担忧无人诉说，对当时的处境又多么无可奈何，作为母亲，会怎样寝食难安！然而，作为一名单位负责人，有时又是必须忍痛的！

同时，让舒芳坚守这份英武高洁之气的，应当还有来自血脉里的遗传基因，因为，她是第二代气象人。

1990 年 6 月，舒芳的父亲因患晚期血吸虫导致肝硬化去世了，父亲给她留下的宝贵遗产是信中的嘱咐：起点虽低，目标要高。同年 11 月，擦干泪水的她，带着 17 岁的青春梦想，还有父辈的嘱托，继承父亲的衣钵来到了沅江市气象局，开始从事最基础的地面测报工作。其实，她伶俐而并不聪颖，跟班学习的时候，编报电码老是记不住，常被带班师傅训斥得直掉眼泪。曾就读于吉林大学哲学系的兄长用他的唯物辩证法观点看她：我的妹妹，最大的特点就是"敬业"。十几年光阴过去，一个青葱的小女孩逐渐赢得大家的好评："她搞工作舍得拼""她很勤奋，很不容易"。在地面测报工作岗位上成长起来的舒芳，终于用自己的表现，赢得了大家的赞许。

春：野芳发而幽香

在人们的想象里，春天是姹紫嫣红的，可是乍暖还寒时节，立春只是一个立意，我们是以向往在前，物候随后的方式走向春天。有一种花，奋力挣脱寒冷的纠缠，向大家报告春天来了的喜讯，这就是报春花。

舒芳想做一朵报春花。

在一个县级市的气象局里，从测报股长、气象科技服务中心副主任干起，能够干到班子成员这个层级，已经不简单了。舒芳干到副局长之后，她的气象人生又有了一次飞跃。2011 年，经过上任局长的极力推荐与上级组织的考察，她走上局长岗位，这对于别人而言，或许是顺理成章的事，而对于舒芳而言，除了感觉幸运，酸甜苦辣很多味道都有。

按照她自己的话说，那时她还很"贫穷"——一没有气象专业，二没有高学历，三没有高智商，但在感恩之余，有些小自豪的是，她感受到了春天的召唤，她默默吸收日月天地的精华，努力地向上生长。2011 年，中央财政"三农"气象服务专项开始，沅江市气象局被定为全省首次 5 个试点之一。天降大任于斯，舒芳开始不畏艰辛地工作：白天的她不断下乡调查，耐心与农民、气象信息员、关联单位沟通，实时向政府领导汇报；夜晚的她就与办公室的电脑为伴，整理、思索、部署，一环扣一环。犯困了，就喝咖啡、吃姜片。有一次，喜欢写日记的她顺便写了这么一句：床啊，我是多么喜欢你……于是，关于"床"的故事被同事们传为了笑谈。有段时间，加班累了，她也听听歌，以漆黑的窗户玻璃作为镜子，跳一段自创的舞蹈。刚刚失去婚姻的她没有自怨自艾的情绪，全神贯注投入了工作中。

当年，建设“沅江气象为农服务网”的网站，需要各乡镇上报单位简介、经纬度、风光照片等基础资料，因为不是政府行为，气象部门又不好作硬性的要求，特别是时间节点上。为达到又快又好的效果，她晚上加班审阅各乡镇上报的资料，并罗列出不足之处的清单，白天就不厌其烦通过 QQ、短消息、电话沟通，质疑的数字都要一一核对。有个乡镇办公室主任钦佩不已：我只是错了一个小数字，她都知道！

舒芳(左一)工作照

舒芳随便扳一下手指，成绩还蛮多的：2011 年中国气象局下达的任务指标在她的主导下圆满完成。她所倡导的气象信息员、农技站长、农业保险专干“三位一体”，气象信息服务站、农业综合服务站、农业保险工作站“三站合一”的气象信息员队伍建设、气象信息服务工作站运行模式实现了针对农村的气象灾害防御“以一统百”的战术，在当地的气象灾害防御中发挥了不可估量的作用。并且，“三位一体”“三站合一”在全省发挥起强烈的示范推动作用。气象灾害防御工作也迅速纳入政府对乡镇的绩效考核。同时，为争取资金，她一反内敛含蓄，发挥她文秘专业特长，勇敢地向市委书记投寄了手写 2000 多字的书信，终获得 74 万元的“三农”配套经费，实现了一个大胆尝试。

2012 年，中国气象局气象干部培训学院湖南分院二次邀请舒芳讲授“气象为农服务”的课程。这可是专家级的待遇。舒芳想：我可是唯一的一名县级老师啊！一定要好好讲。138 页的精致幻灯片课件她亲自动手，前后制作了近 1 个月，其中细致描述了她对气象“三农”专项政策的理解、创新思路形成过程、实施过程中的困难以及总结出来的轻重缓急经验等内容，并引用大量的图片，被学员奉为“三农宝典"。课间，她也有被有些学员围住提问的经历，还有好多学员拿来U盘拷她的发言材料。她喜不自禁：看来有效果啊！

2013年，参加中国气象局县局长轮训一期试点培训，舒芳又被选定为组长组织研讨，题目是《"三农"实施的有效途径》。在北京的22天，她谢绝朋友、同学一切外出的邀请，精心收集组员提供的材料，甚至拿着纸笔晚上都跑去敲房门与组员沟通：你们那里的特色，我把什么写进去好呢？这个途径实施得通吗？有同学开玩笑说：呀，我还以为你来找我约会的呢！组里年纪较大的一位局长笑着说：你呀，别太认真啦！难得来一回伟大祖国的首都，放松些好吗？而她总认为自己上任不久，经验不足，必须要付出更多努力。培训即将结束的最后一个周末，同学们都去天津看航母，她也想去，但还是放弃了。结业典礼汇报会上，小组代表针对各研讨题目发言，5分钟虽然短促，但她精心凝练的材料赢得中国气象局领导、培训中心的高度评价。

报春花的绽放是无比美丽的。

2014年9月，她被湖南省气象局举荐，代表中国气象局减灾司安排赴甘肃、青海省检查"三农"实施情况。第一次以公事名义飞出湖南，她心潮澎湃：我真的很幸运！湖南、安徽检查组一行4人同行中，她凝心聚力、谦虚学习，不放弃任何一个被检查单位的特色，并主导撰写了3000多字的检查报告，制作了56页的幻灯片。这一次远行，让舒芳开阔了眼界，也再一次锻炼了自己。

有些数字看起来很枯燥，其实最能佐证报春花的精彩。6年来，她亲自收集"三农"服务效益典型实例62件，记录大小笔记25本，向市局业务科、省局减灾处呈交各类经验交流材料50多份。2014年她主导的《探索基层气象信息员辅助观测灾害性天气工作机制》研究获得省局创新奖。2011—2015年，她亲自或主导编撰"三农"实施资料50多本，制作展板30多块，并吸引全省参观学习的县局不下30个。

2015年，沅江市终于获评"全国标准化现代农业气象服务县"，2016年，草尾镇再获"全国标准化气象灾害防御乡镇"。看到红头文件的那一刻，她长吁了一口气，几多感慨涌上心头：连续3年的申报不容易啊！

多少个夜晚，固执的老母亲一定要等她回家后才肯去睡，她不忍心，然而又忠孝两难全。一次夜深了，她忽然感到胃部与背部无以名状的疼痛袭来，似一波波"前推后进"，恶心欲呕，持续30多分钟，着实吓哭了。去了市级医院检查后，才知道是持续加班引发了颈椎问题。

艰难之际，不悔奋斗，寒冷之时，努力向上。这无疑是舒芳与报春花最相似的品质了。

夏:佳木秀而繁阴

如果把一个人的一生比作四季,夏季便是蓬勃生长的时候。

舒芳从春天走来,挺直身子,迎着夏天的骄阳,在严峻的环境里,不断成长为栋梁之材。

沅江市处于洞庭湖腹地,气象灾害频发。为了真正发挥气象“指挥棒”的作用,让“政府主导、部门联动、社会参与”的气象防灾减灾意识深入人心,2012 年,舒芳和班子商定,决定组织举行一次全市的气象防灾减灾应急演练,得到了市级领导的赞成。

“应急演练”虽然只是简单的 4 个字,但真要做起来,就不是那么简单了。同事说舒芳是服务型局长,对于女性来说,服务性的工作具有先天的优势,事无巨细都担当,舒芳就是这样子的。化身编剧兼导演,撰写演练流程,揣摩人物动作,设计语言、布设背景等,期间还前往其他县局观摩 2 次,汲取经验。

有一天她得了重感冒,咽喉肿痛难忍,医生要她打点滴。可又约了领导汇报演练方案。怎么办?她只能拿着《演练方案》去诊所,再等召见时间。果然,点滴打到一半,预备审查方案的市领导来电话了,她急忙让医生抽针,拔腿就跑。医生很是诧异:有什么能比健康还重要?到了现场,可能领导心情也不好,方案竟然遭到批评,说:演练还写些什么动作描述在旁边!她懵了:演练就好像排剧本呀,难道不是这样吗?想要争辩,又不敢。背过身,不争气的泪水流出来。哭过之后,只能又开始重新策划。她一会儿变成甲,一会儿变成乙,小小的场景里,每句话、每个细微动作,她都要身临其境,细细去体会。她是完全沉浸在现场中了,一坐下来就是连续几个小时。有一次凌晨 2 点了,她还在向应急办传送方案。应急办的小伙子觉得难以置信:姐呀,凌晨 2 点啦!我们想不出你如何有这干劲!责任和担当,让她忘掉了时间,最大程度降低气象灾害损失,平稳度过每次气象灾害过程是她的心愿。

2012 年 6 月 4 日,雷声轰鸣,演练如实战,有 11 个联动单位 200 人 18 台车辆参加的沅江市气象防灾减灾应急演练非常成功,观摩无数,点赞之词不绝于耳。也许没有人真正知道,追求完美的气象局长舒芳和她的同事们为这次演练付出了多少。演练结束后,舒芳最想要的不是领导们的赞美之词,而是睡眠。她美美地睡了一下午,这是她唯一的一次“上班睡觉”。那一个多月来,她太缺少睡眠了。

2014 年 8 月一场大暴雨中,地势低洼的四季红镇被淹得厉害,气象信息员凌晨 4 点向她“呼救”,心急如焚的她一边给信息员提供雨情发展趋势,一边不断给市领导发送信息报告情况，直到天明。末了给市委书记的短信大胆写上一句：“四季红镇的人们一定渴望领导的高度关注呢。”强烈的责任心让她天刚亮就赶往离城区一个半小时车程的现场，并带动农业、民政等部门下乡指导灾后重建。颠簸的路上，市委书记回信说：舒局长辛苦了！我已安排政府领导下乡查看灾情了……领导视察慰问该镇，迅速召开现场会商办公会，确定拨款该镇20万元救助资金等一系列举措，稳定了四季红镇作为移民区的人心。这次过程，她有点小得意——在这场特大暴雨中，她起到了作为气象人提供未来形势的作用，但也是抗灾救灾战斗中的“穿针引线”人。

沅江最大的市情是水情，最大的隐患是水患。对舒芳来说，最大的考验是各方面的市情。2016年沅江的防汛形势异常严峻。6月29日以来，全省普降暴雨，局部大暴雨，三峡、五强溪、柘溪等水库不断加大泄洪，从29日这天起，沅江进入警戒水位，开始了漫长的水位持续上涨过程。最初，气象预报的提供是3天1次，后来改为一天1次，甚至一天2次。舒芳像一只陀螺，每天必须连轴准时准刻跟着防汛指挥部转，跟着领导转，跟着水情转。参加会商，随时随地回答领导的提问，她感到有点力不从心了。于是她晚上在办公室总结每天会商后自身的短板，恶补沅江市水系与大小堤垸、湖南水系分布等相关知识，无间隙地查询实时雨量信息，编成短信向领导汇报。将实时信息发布到“沅江市防汛抗旱工作交流群”，并与各位成员互动。每天无数次通过手机、电脑浏览雨量监测站网，通过电话与益阳市气象台会商，为防汛指挥决策提供综合数据……她的脑海中只有“防汛”二字。领导回一句短信：辛苦了！早点休息。她默默笑了：您不是更操劳吗？真的，这是我的职责，付出这点点算不了什么。

夜深了，三楼她的办公室的灯光兀自亮着，打开北面的窗户就是繁华的琼湖路，此时空无一人，偶尔一二辆的士孤独地驶过。立在窗前，她合掌祷告：沅江高洪水位已持续10多天了，未来长江上游还有强降水过程，防汛形势依然紧张。大家都已经安然进入梦乡了吧？我们大家的幸福沅江啊，让我这一株小小的树木，用别样的方式也为您遮风挡雨吧！

防汛期间，沅江市气象台一共发布52期“汛期降水实况及专题滚动预报”。每天早上6点，她要与值班人员同步到达值班室，调阅全省自动监测站网图、全国降水量预报图、红外云图、天气形势图等，综合分析，得出结论，并与业务局长、气象台长一起会商。有一次，她们与益阳市气象台会商，存在分歧，当她固执的要求结论一遍又一遍求得验证时，益阳市气象台那边说：你要求这么高，都快让我们哭了！新市委书记上任，会商时间提前了，她迟到了，自责了好久。后来她干脆不吃早餐了,将就着饼干,边看材料边吃省着时间。有个材料,她让当班人员改了5次,当班人员心里万分沮丧,觉得自己很没用。也有人乘机说:局长要求太高了!她言辞正色地说:这是我们能力范围能达到的事,怎么能说我要求高?防汛是大事,容不得半点马虎!

这一年,沅江市气象局在她的带领下打赢了这场"没有硝烟的防汛战争",被授予"抗洪救灾先进集体",她被益阳市委、市政府授予"2016年抗洪救灾工作先进个人"称号。

一棵小树苗,承受着春风雨露,在天地始交的热烈中,茁壮成长。

秋:风霜高洁迎硕果

季夏德毕。夏季一过,上苍倾其所能会给予劳作者很多的恩惠,让人们沉浸在丰收的喜悦和欢畅之中。

舒芳喜欢秋天,喜欢看到辛勤工作所收获的果实。

沅江市气象局机关坐落在城区最有价值的地段,一边是美丽琼湖,碧波荡漾,垂柳依依;一边是繁华市井,车水马龙。一直以来,湖边周围的土地都被开发商觊觎着建筑高楼,所以临湖的沅江市气象局,气象探测环境保护问题面临重重棘手的难题。一些老板法律意识淡薄,想使用所谓惯常的"变通"之法,遭到舒芳的拒绝后,放出狠话:你总要在沅江街上立足的!她不过一笑了之:这样就能把我吓住?也有偷偷往她桌底下塞烟的,她发现后马上赶去退了。身为局长的她,守护着沅江市的气象探测环境,捍卫着气象法律法规的严肃与神圣的同时,也坚守着廉洁从政的底线。

2013年,一个大型百货商场即将建设,位置在离观测场480米处的偏东方。此时,人大代表也呈递了《关于将沅江市气象局迁出城区的建议》(以下简称《建议》)。甚至有市级领导也出面了。社会舆论一度将气象局推到与建筑开发商、甚至与政府对立的顶峰。不明真相的人真的以为是气象局阻碍城市发展,甚至制造舆论,说一个单身女局长不要这么牛×。舒芳虽心痛,却也痛定思痛,后来,她改变了方法,主动上门向建筑开发商宣讲国务院令第623号《气象设施和气象探测环境保护条例》,并把政府领导表示支持气象部门工作的短信转发给这些开发商。女人的细致最能够打动人心,峰回路转,这个老板听完她几次宣讲,终于同意下降2层,达到规定高度,这不仅让舒芳如释重负,也给其他开发商树了一个好榜样。分管城市建设的副市长开始向建筑开发商明确要求:各建筑设计规划必须有气象局的前置许可。舒芳作为气象局长,开始真正"牛"起来!2016年5月,政府针对

《建议》向提出代表作出了“搬迁暂不具备条件”的公开答复。

气象局别看是个小单位，但麻雀虽小，肝胆俱全。一局之长，大小事情，都得管，都得管到位，管出水平，管出成效。

有段时间，她发现有的职工工作作风散漫，特别是上下班时间不遵守，还影响到别人。她迅速召开班子会，完善了《考勤制度》。当很多单位都认为“指纹机”形同虚设的时候，她坚持买了一个；当大家在犹豫怎样来约束管理时，她坚持一定要罚款，并从下月工资扣除。“指纹机”启用的第一月，撞线的还不少。难道行不通？她也不是强硬人。经过商议，提出警告，第二月正式实行。一个职工罚款200多元！她表面不动声色，后来找那位同事仔细了解情况，原来是没搞清状况，但是，这位素质挺高的职工还是接受了惩罚！以儆效尤，单位的制度顺利地执行起来。有一天，她送女儿到车站因此迟到了，于是主动对负责考勤的人说：今天我确实迟到了哦。小姑娘还想说什么，她嫣然一笑摆摆手：不要搞特殊，我要做好表率呢。

严格并不代表“刻板”。坚持这一理念的舒芳主张微笑工作和有声服务；力倡活跃干部职工文化，鼓励大家培养主人意识和凝聚参与意识，全局15人都积极参加了“湖南志愿服务队伍”；她崇尚“德为先”，通过道德讲堂、发布微信励志小故事将大家紧密团结在一起。在局长这个位置，女性的细腻起作用了。出个差，她总张罗着给单位的每人带个小礼物；干部职工生日，她总要发个短信表示祝贺；职工生病了，她总要抽出时间去慰问。单位的排球场建起来了，健身器材每年定期维修，购置了新乒乓球桌，单位的一名退休老职工主动请缨“回馈单位”，每天天不亮把整个院子收拾得干干净净。她神采飞扬带领大家参加运动会、“慈善一日捐”“送文化下乡”等活动。小品《打赌》被宣传部选定为“2017年欢乐潇湘 幸福沅江系列群众文化活动”之“送文化下乡活动”的参演节目。她主动认领全市精准扶贫任务，向社区优秀贫困大学生提供资助……

2015年国家政策开始调整，简政放权进一步推进。2015—2016年防雷体制改革给气象科技服务收入及单位局面带来一定的冲击与压力。一些聘用人员心神不宁，一些防雷人员在费用收取方面仍然想打“擦边球”……这个时候的她思索：思想消极或者走“歪门邪道”都是对单位巨大的伤害，宛如身体的瘤子，放任不管的话，有朝一日定会成为拯救不了的癌症。面对干部职工的思想波澜，她客观分析，循循善诱，有编制的人员再不风言风语，一部分聘用工开始自我充电，报考培训班拿会计证等。同时，她也号召大家开源节流。改革平稳过渡。

有一年夏天，单位院子里家属区楼上楼下两位老同志为了空调的事争执起来了，舒芳其实有很多事正忙着，然而想到这些长辈都曾与父亲同事，看着她长大，他们需要局长主持公道，是信任啊。她就耐心听双方倾诉完。一个周末，她特意备好水果好茶，与其中一个阿姨聊了家常，说到久远的往事，她们说着说着，竟然笑声不断了，心情变好了，这个结也就顺利化解了。

舒芳面带笑容，细数全局人辛勤耕耘的丰收果实：从"湖南省文明单位"称号，到连续 5 年获得益阳市气象部门目标管理第一名，连续 4 年获得沅江市政府绩效考核一等奖；连续 5 年获得"沅江市先进基层党组织"和"五星支部"称号；两名同志还被评为"全国满意气象信息员"……2016 年 4 月矫梅燕副局长视察沅江防灾减灾和"三农"服务基地，充分肯定了沅江局的成绩，并促省局投资 150 万元改造沅江局台站风貌。当年沅江局又被中国气象局授牌为"远程培训示范点"。

2017 年沅江局成功承办了"流动气象科普万里行——走进湖南"之"气象科普进农村"的活动，活动中播放自行制作的、以多年科普工作累积图片为素材的"沅江气象科普发展历程"视频短片，以及以对唱抒发气象人爱岗敬业的情怀，和通过小品《打赌》展现农村气象科普的重要等形式被中国气象局领导高度赞誉，被认为是"创新"的气象科普活动。

一个舞台，哪怕是不大的舞台，舒芳和一班人也能演绎出很多精彩。一个气象局，就算是县级的小单位，也能收获丰硕，为气象事业添一份色彩。

"醉翁之意不在酒"

朝而往，暮而归，四时之景不同，而乐意无穷也。舒芳珍惜人生的每一个四季，所以她懂得如何生活。拼命工作，不为名利，只是酿造生活的一部分。

有人说，舒芳这位美女局长像女强人。其实，舒芳自己更愿意做一株日月轮回中的小草，扎根泥土，默默无言，给大地增添一份绿色。

有一次，参加一个培训班，一位同学，其实也是一位县局局长问起舒芳的先生在何处就职。她如实说目前变单身。对方恍然大悟似的：哦，难怪会这样，女强人嘛！那一天，她的心情有点暗淡——大家误会了，把"女强人"等同于"强势"了。如果非要把"女强人"与"必定失去什么"联系起来，她说：我情愿不做女强人。我也不愿意人家把我看作"女强人"。在一次民主生活会上，一位年轻女党员在评述她时说：你们老说她是女强人，她其实小女人气息很浓的，只是到了这个位置，还有一些因素，逼得她只好自己强大起来……一瞬间，酸楚涌上心头，她的鼻子红了，知我者莫若你……

经历局长这个女强人的酸甜苦辣后，有时候，做一个小女人其实很享受。去青海省参加 "三农互学互查"活动，工作完，天已经快黑了，看见了马，舒芳不依不饶非要骑马走一圈,这个时候,她小女孩似的童真彻底释放出来。她喜欢参加文艺活动,有一年她向市局提出,希望县局能作为代表参加省局的文艺汇演,市局一把手果然成全了她,让她在小品里参演了一个作为气象信息员的村支书的老婆,情到深处,眼泪就在眼眶里打转,节目获奖,她的兴奋不加丝毫掩饰。感性的她,会因为自己的成果喜极而泣,也会因为别人的经历落下感同身受的泪水。

舒芳的父亲因病早逝,母亲便成了家里的顶梁柱,如今她年事已高,身体每况愈下,但依然乐观地生活,对家人的疼爱溢于言表。舒芳孝顺母亲,也将“老吾老以及人之老”贯彻到生活中。见到素不相识的老人在大街上步履蹒跚,她连忙上前搀扶一把;一些老人生活上有难处,她出手相助。舒芳从母亲那里感受到了坚韧与温暖的力量,同时,她也身体力行地将这份力量传递给身边的人。

休息日,舒芳也会精心打扮自己,成为一个光彩照人美丽优雅的女人,和女儿手挽手去逛街,不知道的以为是两姐妹。她喜欢孩子,看见小婴儿,不管认识或不认识,总要上前逗逗。高兴的时候,她靠着女儿肩膀,摇晃着女儿手臂做撒娇状,说:得了,你做妈妈,我做女儿算了!女儿扑哧一笑,对她一副“此人不可救药”状。放假了,女儿拉她一起在网上看电影,说是提高她的审美、增强她的智商,她也乐颠颠的。看到不解处,她有点着急地问东问西,女儿一推她:先看嘛,自己想嘛!有时探询她:看懂了吗?她稍一蹙眉,女儿立马很理解似的得意地笑了:以你这智商呀,我就知道你看不懂!看到这样温馨浪漫的母女生活情景,人生就有了许多的甜美和期待。

一位女局长的气象人生,当然有阳光,也有风雨。舒芳失去了一次婚姻,但是有最爱她的女儿和母亲,有心心相印的闺蜜;她有自己热爱的事业,有支持她的单位同事……她喜欢拼命式地工作,喜欢“梅花香自苦寒来”的警句,还有一点点喜欢哭。当我采访舒芳的时候,每当说到动情处,她眼中会有点点的泪光闪烁,她低下头来,休息一会儿,抬头望着我时,又是明眸皓齿,笑意盈盈。她喜欢穿旗袍,工作再忙,也会定期参加机关旗袍队每周三、五的形体训练;她喜欢自拍发朋友圈,随时随地摆个 pose;她喜欢优雅端庄的打扮,当戴着小礼帽、披着飘逸的长发走过你眼前,你不会知道这是怎么样奋斗过的一个女人。

舒芳,她从岁月中款款走来,带着使命,怀抱初心,向美好的未来走去。

相信她定能——

书写人生芳华。

作者:琪　祥

壮乡瑶寨气象情　耕云播雨展英姿

——记广东省连山壮族瑶族自治县气象局局长杨少英

连山壮族瑶族自治县，地处南岭五岭之一的萌诸山脉之中，位于粤、湘、桂三省（区）结合部。西至广西壮族自治区贺州市八步区、北与湖南省江华瑶族自治县相接，可谓“一水流三江，一脚踏三省”，定居着壮、瑶、汉等民族11万多人，是全省唯一有壮、瑶两个主体民族相融的自治县，是一个集老、少、边、穷于一身的山区县。

杨少英，46岁，中共党员，气象应用工程师，扎根连山气象局26年。26年来，带领测报组获得省气象局先进测报组称号。连山气象局被清远市委、市政府授予“文明单位”称号。她共获得清远市气象局6次个人百班无错情奖，多次被评为先进个人，她用一名女性的坚韧和柔情谱写出一曲动人的风雨之歌。

初入职场下马威

1991年，杨少英于中国气象局湛江气象学校毕业，回到了家乡连山气象局工作，从此与气象结缘。刚满20岁的小姑娘，初入职场，对气象工作还摸不着头脑，但是局里的老工程师每天风雨不改的准时准点她看在眼里，家中哥哥们的要踏踏实实工作的朴实叮咛她记在心里。从此，工作要脚踏实地的信念深深烙在她的脑海里。

杨少英开始了观测员的跟班学习，她勤快，爱动脑，不懂就问，接受能力强，原本需要3个月的学习时间仅仅才一个多月，她就出师了，开始独立当班。一天，杨少英像往常一样做日常观测业务，走向百叶箱的时候，突然发现草丛中一条蛇朝着她游过来，空无一人的观测场顿时让她头皮发麻，可是再怕也得硬撑着，她壮着胆子把蛇打跑了。谁知，两个小时的工夫，也许复仇心切，接连五条蛇连续出现！这个晚上的人蛇对战让她心有余悸。原来干气象不仅要心细，还要胆大！被蛇实在吓怕了，但是工作也得照做呀，怎么办呢？杨少英想了个办法，大夏天的，穿着高筒的塑料封闭式的雨鞋去观测，一连两个月！

工作之余，杨少英结合所学的气象、农气专业，深入田间地头，跟着县农办的人一起调研写文章，结合地区优势研究“优质沙田柚种植优势”，帮助农办推广种植。总想着年轻人多干点总是没错的。没多久接近年末了，一场突如其来的小雪笼盖了连山，惊喜之余也犯愁，连山好多年没有下过雪了，如何做这方面的观测大家都有点生疏了。关键时刻，年轻的杨少英顶上来了。她翻书、查记录、找资料……忙得不亦乐乎，难得一见的天气现象让她既兴奋又紧张，为了确保观测数据准确，她不顾寒冻，徒手一次又一次更换记录纸、量杯，结果观测工作圆满结束，她的一双手却生满了冻疮，双手又痒又痛又肿，足足痛苦了一个多月。

这次的经历让小杨再次感受到干气象胆大心细还不够，还得有一股吃苦耐劳、敢拼敢闯的韧劲。初入职场的下马威没有把她吓倒，反而让她迅速地成长起来，变得淡然笃定，很快就能独当一面，成为业务上的一把好手。

用心坚守的女汉子

气象女汉子，一是有股执拗劲，二是永远不服输，杨少英全部具备了。做观测、作预报，长期在业务工作一线超过20年，直到2012年，作为局领导主持全面工作，才离开一线转入行政。在这20年间，杨少英经历了大大小小的预报服务的事儿让她百炼成钢，成为当地气象服务的代言人。

想起2008年1月的低温雨雪冰冻灾害，很多人还记忆犹新。这对广东来说是一场突如其来的天灾。对连山这也是近40多年来最严重的一次过程，连续低温阴冷天气长达39天，禾洞镇冻结深度最深达到25厘米。此次过程正值春节前后，对春运和政府防灾减灾影响很大。杨少英对气象台同事说：老规矩，外地的同事该休假的照常回家过年，春节班我来值守！一连多天，杨少英都泡在值班室里，没有取暖设备，屋里冻得人直发抖，压力大吃不好睡不香，她感冒发烧了，肠胃也出问题，可她一声不吭，把药带到值班室里继续坚守，身体刚好一点，就和其他同志一头扎到灾情现场调研，拍摄照片，收集灾情；频繁组织天气会商，密切关注天气变化，实时向县领导和有关部门汇报低温、冰冻和积雪情况，及时准确发布各种预报、预警，为政府抗击这场灾害提供了科学、准确、高效的气象服务，打赢了这场应急保卫战。过程结束了，大家还沉浸在春节的欢乐祥和的气氛中，杨少英却长长地舒了一口气。

同年6月连山又出现了60年一遇的“龙舟水”，十来天累积雨量近500毫米，后续台风“风神”接踵而至，5天内又降下了近300毫米的雨量，全县各镇不同程度受灾，甚至还突发大面积山体滑坡事故，死亡1人，全县因灾造成直接经济损失过千万元。如此严重的气象灾害，杨少英带领全局人员快速行动起来，连续作战，启动决策服务平台，通知领导注意暴雨引发的灾害，发布大到暴雨预测和服务指引、重大气象信息快报、不断升级的暴雨预警信号……各项工作有条不紊。并配合电视台进行新闻采访，准确、及时地将最新气象信息传递给社会公众，多措并举将气象信息传递到千家万户。

2016年1月22—24日受世纪寒潮影响，连山自北向南出现了几场鹅毛雪，积雪、冰冻和高山结冰给连山带来了“三千世界银成色”的景象。杨少英提前进行服务部署，早早地便通过各种渠道发布了寒潮消息，并与有关单位进行会商，联合发布了针对农业、水产、畜牧等防寒防冻指引。还利用“连山天气”微信平台推介连山雨雪预测和冰雪美景。闻讯而来的大批游客前来观赏，一时间大巴、轿车来了数百辆，道路结冰，车辆猛增，县政府十分担心公众安全，杨少英主动协助公安、交警等部门，及时发布交通管制信息，减轻山区交通压力，做到零安全事故，外部门连连称道气象部门的准确预报，主动作为。

提起杨少英，省气象局同事们有件事印象深刻。2010年8月15日晚，连山举行壮家戏水节庆祝晚会，县里来了很多嘉宾和游客，大街小巷张灯结彩。但是下午还是好好的天，到了晚上说变就变，晚上7点多已经是乌云滚滚，雷声隆隆，风力也在加大，仿佛暴风雨就要来临的架势。杨少英飞快地跑回办公室，立马打开天气图、卫星云图、雷达图研判形势，县领导焦急地打电话来询问，是不是要下大雨了，晚会可咋整呀？杨少英胸有成竹地宽慰道：您放心吧，雨就下一小会儿，8点以后就没雨了，对晚会没什么影响。果不其然，8点过后，雨止云消，凉风习习，甚至还出现了星光，晚会如期举行。晚会结束后，省局的同事们对她不由得竖起大拇指：“杨局长，你的预报太给力了，演出现场天昏地暗，形势吓人。我们都是搞气象的，正愁不知如何回应公众和领导，心里都替你打鼓呢，结果看你轻松应对，胸有成竹，给你点个赞！基层领导了不起啊！”杨少英只是微微一笑，这种考验她的情况已经多次了，每次她都是沉着应战，锻炼了岗位的敏锐性、提前预判性和预报自信心。人努力天帮忙，不一定每次都百分百准确，但一定尽到她百分百的努力。

杨少英在科研上也是一把好手。多年来，杨少英在繁忙的工作中挤出时间参与课题研究。与国土建设局合作撰写《从气候角度谈连山园林种植》论文列入省气象学会论文集，并参加学术交流，获得优秀论文奖，并发表在广东农业科学核心期刊。从地形地貌和连山气候特点情况进行分析研究，撰写《连山水资源开发利用与防治对策》发表在《科技与企业》期刊上。与种植户一起参与课题《连山油茶高产优质气候生产研究》，获省气象局立项支持，论文发表在《科学之友》上，并获清远市自然科学优秀学术论文二等奖。参加省科技厅《建立连山农业气候资源信息系统》项目申报，获得立项支持，并通过了专家评审和验收。多年来，她还积极向县小水电、风能开发、旅游景点建设、蔬菜、经济作物、水果种植、优质水稻、畜牧、水产养殖等提供大量气候论证方面的技术材料。她的上进、不断学习也给年轻人树立了榜样。在她的传帮带下，新人都能很快上手，担起分内工作，收获了工作中种种快乐和充实感。

杨少英(左二)工作照

单位人手少，除了业务工作，杨少英还要承担很多其他工作。虽然工作任务繁重，但她总有股不做就算了，要做就做好的认真劲。2003 年连山局档案管理升级，从没参与过档案整理管理的她，看着混乱无序的一堆纸张材料，感到压力太大，通过努力学习，她在短时间内掌握了档案整理的专业知识，边做边学边问，着手编制了连山局大事记，组织机构沿革、案卷目录等编研资料和检索工具。仅半年时间，她带领同事收集 1956 年至 2003 年卷宗总数为 773 卷，编写《大事记》《组织沿革》《全宗指南》《基础数字汇编》《连山气象局各项规章制度汇编》《连山气象要素图》《连山历年气候灾害汇编》等编研材料 11 本，档案归档率为 96%，完整率为97%,合格率为98%,达到了省级先进要求,取得"省级科技档案先进单位"称号,首次建立了连山气象局档案室、阅览室。这在连山气象局留下了非常重要的一笔。

"百舸争流千帆竞,乘风破浪正远航。"无论是滔滔肆虐洪水,还是盛夏炎炎高温,亦或是冬夜悄袭寒流,杨少英都是看在眼里,急在心头,主动作为,勇于担当。长期大量的工作已经使大家忘记了她的性别,沉甸甸的工作责任压在她身上,使她和男人一样成为了"汉子",她停不下来工作的脚步,一颗心永远在思考如何最大限度地避免气象灾害,为连山的发展和经济建设尽到气象人的职责。

自告奋勇我选我

杨少英从观测员一路平顺当上连山气象局的副局长之后,没有别人认为的开心,反倒是越来越忧愁。自己除了做好领导岗位的事情,还兼值着业务班,还兼着办公室主任,单位的大事小事都得过问都得管。大到对县领导的沟通汇报,小到文件的修改,事事操心。省局已经开始提出气象现代化建设,各种任务,各种考核接踵而至,而人员呢……从1991年她参加工作到如今,20年过去了,单位还是6个人,山区穷,收入低,留不住人才啊!可气象事业正是发展的机遇期,没有人怎么做事呢?众多的事情让她分身乏术,压在她一个人的肩上让她喘不过气来。唯一的女儿也照顾不过来,学习成绩一落千丈,丈夫怨声载道说她不顾家庭,杨少英心里又内疚又焦急。

正值竞岗局长之际,县招商局向她抛出了橄榄枝,许诺她过来就是副局长,比在气象局实惠啊!面对这种诱惑,说一点都不动心那是假的。可是转念一想,她20岁就开始干气象,感情上舍不得,况且她还有很多想法没有实现。是去是留在她心里愈发清晰了。2012年,市局决定民主推荐局长这一人选,杨少英已下定决心,连山局所有的岗位我基本都做过,所有的工作我最熟悉,当机立断,自告奋勇,我选我!于是,她生平第一次在选票上毫不犹豫地郑重地填上了自己的名字。

听到这里,笔者不禁为杨少英敢于变革的决心和勇气赞叹,问:当上局长了感受如何?还有那种焦虑吗?杨少英哈哈一笑,当局长之后担忧和考验又不一样啰!就这样,从测报员到预报员,从业务到行政,杨少英完成了她的角色转化,开始了她新的征程。短短5年来,连山局发生了翻天覆地的变化,人员数量从几年前的五六人到现在翻了一番,新设立了连山预警信息发布中心,编制也增加了5名,地方财政保障水平也翻了10倍,人手不足、经费不保的情况得到了彻底改善。如今的连山局,环境优美,瓜果飘香,已经成为老百姓婚纱摄影、散步的好去处了。

只为心中家乡美

杨少英是连山县政协委员、党代表，对于这个身份，她一刻都不敢忘记职责。在县里的民生会议上，杨少英第一个发言，出谋划策，提出要利用连山森林覆盖率高的优势，用气象数据说话，发展生态旅游产业。连山森林覆盖率达86.2%，居广东首位，这里山好、水好、空气好、物产好，宜居宜游。从2015年11月开始杨少英带领干部职工多次到大旭山、大风坑、三水瑶寨、金子内等地进行负离子测量研究，克服重重困难，终于稳定测量到连山空气负离子平均每立方厘米在3500个以上，夏天晴好天气时多达1万～2万个。监测数据给出了有力证明，连山就是一个名副其实的天然“大氧吧”，环境优势突出。她立即建议连山县委、县政府建设“氧吧之城”生态宜居宜游监测显示系统，加强宣传，为生态旅游发展助力。2016年连山评上了两个称号：全国“百佳深呼吸小城”和“氧吧之城”，对于这份荣誉，杨少英比她自己得奖还高兴呢！围绕县委、县政府“4483”发展战略、全域性旅游发展计划，为建设小而美、小而强、小而富的美丽边城、小康连山发展谏言出力，杨少英从部门优势深挖养生、休闲、运动、观光、体验等山地旅游新业态，用足用好“全国氧吧之城”“岭南避暑胜地”“壮瑶风情之都”三张名片，经认真思考分析，撰写了“发挥连山气候优势 打造连山旅游品牌”的文章，提出从连山温度舒适、微风清爽、紫外线辐射少、雨日多、空气清新、海拔高度适宜等优越性开发推介连山发展策略。2013年她提交的“关于加快连山气象建设发展的建议”，被选入县第七届八次会议委员建言献策材料在会上学习交流。

杨少英不仅从气象角度关心家乡发展，其他力所能及的她也尽力而为。家乡的事情只要能尽力，那就是自己的事，颇有点男儿胸怀。连山局精准挂扶点是禾洞镇满昌村，杨少英的为人处世，直联群众一直都高度评价，她用有限资金配合扶贫村，解决新农村修路、建设、产业发展困难问题共15个。因为历史原因问题，村民代表多次上门找过她，要求按新政策补偿，经过多次沟通，反复解释，村民最后被她的真诚打动给予理解。她积极履职，先后随同工作组下乡，参加连山新农村建设和妇幼医疗卫生保健、城市车辆管理、民族文化卫生事业等调研活动，在两会上发言交流，她提交的“关于在县城西路建设公厕的提案”“关于解决健康路右侧玻璃窗安全隐患问题的提案”“关于建设连山氧吧之城生态宜居宜游监测显示系统的提案”得到立案采纳解决。由于积极建言献策，杨少英2015年被连山县政协评为文化卫生组优秀委员。县长在一次会议上公开表扬：“气象局的杨少英同志是个有很多主意的人！”

解决难啃硬骨头

当局长难，当女局长更难。特别是在基层老少边穷地区，有时候还真是棘手，杨少英就遇到多次。一次，连山气象局观测场周边有一些自来水厂的树木影响了观测，为了保护观测环境，杨少英经过协商、谈判，好不容易与自来水厂的领导层达成了协定，砍掉了树木。第二天，就来了一个穿戴着粗金链、气势汹汹的人在局门口破口大骂："谁是杨少英，给我出来！你凭什么砍掉我的桂花树？"原来这人十分爱惜这颗桂花树，还专门请人修剪造型，价值不低。经过解释，说这是与自来水厂的领导层协商好的，他依然不依不饶骂道："他们是他们，我是我，凭什么作我的主？你们得赔钱！至少两万！"一听这话，杨少英吓出一身冷汗，两万？这怎么赔得起。她赶紧一面好言相劝，一面暗想办法。还真是天无绝人之路，终于找到一个远亲能跟他说上话，多次登门拜访真诚致歉，对方看她是个女同志，又是一个单位的领导，也就不再找她麻烦了。不打不相识，因为这事儿，大家反而熟络起来，感叹道当女局长真是不容易啊！

局里新建的地面观测场一直没有土地证，杨少英一直放在心上，她找准时机以政协委员身份提交"关于理顺气象探测环境土地使用证问题提案"，得到县委、县政府和有关部门的重视，以特殊方式解决了使用 7 年连山新建地面观测场所却没有土地使用证的问题，还进一步理顺了周边环境探测环境保护问题，保证了气象探测数据的三性。这回，悬在杨少英心上的一块石头总算是落了地。

为了气象事业长远发展的需要，2013 年杨少英积极向县委、县政府提交工作报告，并积极与电视局沟通，将周边电视局闲置土地和地上物接管，扩宽了台站土地使用范围，满足了连山气象事业今后发展的需要。杨少英对于易发生气象灾害隐患点，特别是全县所有乡镇主要水库、主要山洪及地质灾害易发地区安装了区域自动气象站，组成了区域小尺度天气监测网。开展基于常规地面资料、自动站资料和数值预报产品的小尺度天气分析业务，强化自动气象站、雷达资料、卫星云图等新型探测资料的应用，随着互联网的发展和智能手机的普及，开通了微博、微信等服务产品，气象预警信息时效性逐渐提高和覆盖面不断扩大。在全县安装 LCD、LED 气象信息电子显示屏 42 台，涵盖了各镇中心小学、中学和人员密集场所。与教育、国土、林业、水务、农业等部门建立了合作机制，大力拓展与交通、建设、能源、环保等部门的气象服务，还积极为社会重大工程项目、重大活动提供气象评估论证和天气预测预报服务。

杨少英以她的坚韧、永不放弃的精神带领着全局人员攻克一个又一个难题，解决了一个又一个难啃的硬骨头，使连山气象局在连山这个老、少、边、穷的地方树立了良好的气象品牌，擦亮了气象这块招牌。

别人眼中的杨少英

在连山气象局，同事们私底下没有一个人称呼杨少英为局长，都亲切地称呼她一声"英姐"。连山县属于少数民族山区，待遇低，地方小，交通不便，生活乐趣少，台站人员进出频繁，长期以来全局总共就 5～6 人，人员流动大，毕业生不愿来，来了也想尽办法走，正常调动不了，甚至辞职也要走。想办法留住人、关心人，让他们就像在家里一样舍不得离开，对此，她总是亲力亲为，带头行动，从来没有一点局长的架子。局里的大扫除杨少英还亲自拔草，让初来的同事颇感意外。凡是中秋、五一、国庆、春节等节假日，体谅到外地同事想要回家团聚，她经常包揽了值班任务，一人身兼数岗，超负荷工作。加班加点成了她的家常便饭，办公桌上时常堆满文件材料，办公室里经常灯光通明。小黄说，3 年前入职，至今对英姐印象最深的就是工作狂，一周至少有三四天加班，甚至凌晨一两点她办公室的灯还亮着。

在连山这个地方，杨少英最担心的就是局里人才的流失。一个同事刚刚熟悉了局里的工作，有了更好的去处，要离开了，往往这个时候都是她最纠结的时候，但却只能为他祝福。也许有部分挽留年轻人才的原因，逢年过节或不值岗的休息时间，她总是喜欢把单身的年轻人叫到家中吃饭，多做些饭菜，包包子或水饺，让年轻人补充营养，改善下生活质量，调剂枯燥的生活，让他们感受到温暖。小赖说，第一次来连山局面试期间，英姐特别热情细心，虽然她很忙，却把他的住宿问题，甚至生活用品一应安排妥当，让他无比意外，备受感动。虽然山区穷，但是人心暖，这样他对自己的选择又多了一份坚持的理由。小林说，他的手运动后受伤了，没完全好，这件小事英姐一直挂在心上。有一天，他忽然接到英姐的电话说，小林，快到局里来，我帮你约了一个广州很厉害的医生，让他帮你看看。这一举动让他一直忘不了，这是他们的局长啊，却比家里的大姐还要操心。工作压力大、责任重，刚刚当上业务骨干的小林有时也会萌生离开的念头，但是每每想到他们的英姐，他就会暗自骂自己不懂事，这么好的领导，有这么温馨的集体，他哪都不想去。局里的年轻人还在英姐的撮合下，有两对组建了新的家庭，他们在连山安家扎根，这都是英姐这个红娘的功劳。

按照习俗，每年的大年初二，是杨少英应该回娘家看望父母亲戚们的日子。但是亲戚们经常守着满桌的菜肴，左等右等杨少英，她就是没来，刚开始亲戚们还认为她不懂礼数，慢慢才理解，原来节假日基本都是她值班的日子，走不开。亲戚们了解杨少英的工作性质后，为了不耽误她作气象观测的时间，都会迁就她，探亲的姐妹也都一改传统习惯，打电话咨询过她什么时候有空才一同前往娘家走亲访友。

家人既是杨少英的盔甲，也是她的软肋。能让你瞬间无能为力，也能让你瞬间变得强大。杨少英的爱人是她的同学，两个人在学校就恋爱了。那时，老师还给杨少英做思想工作：毕业之后大家都是各奔东西，还是别在一起了，你好好考虑一下吧！杨少英哈哈笑着对笔者说："我跟老师说我会好好考虑的，但是也没考虑！"就这样，毕业就开始了两地分居的生活。几年后，爱人从云南调来广东，终于组成了一个完整的家，也成了杨少英拼搏事业最坚强的支柱。杨少英刚走上领导岗位特别忙，家人也不太习惯，一天，杨少英忙工作忘记了回家做饭时间，回到家，丈夫和女儿坐在沙发上一声不吭，用沉默表示抗议，杨少英哭笑不得。后来呢？笔者好奇地问，"后来，后来就习惯了呀！"杨少英又是哈哈一笑。还有一次周末休息日，她带着还在读小学的女儿上街买菜回家做饭，女儿的玩伴又照例纷纷打电话约她出去玩，她女儿懂事又兴奋地说："我不出来了，你们来我家吧，今天似过年，我妈妈休息，会做好多好吃的！"顿时，女儿稚嫩的话让她泪花在眼中打转。舍小家为大家，照顾家庭和孩子的时间太少了，她只能把对家人的深深愧疚埋藏心底。如今，丈夫已经很习惯很熟练地做起了家务，笔者戏谑：您的爱人工作上是你的下属，回家还要做家务，真的是一辈子被你领导呀！

2017 年 9 月 4 日是杨少英的生日，干部职工们偷偷买了一个蛋糕想给她个惊喜，下班后，同事打电话骗她说："英姐，你来一下气象台好吗，有份很急的文件需要你过目。"她一听，急匆匆来到气象台，一进门就看着一帮人唱着生日歌捧着蛋糕走出来，烛光中映着同事们的一张张笑脸，简单而温馨，杨少英陷入莫名的感动中。

杨少英说，在气象部门工作那么多年，付出那么多，虽然是小步伐的进步，但是我已经尽力了。那些可爱的人和事，都是记忆中最美的风景！

采访结束后，脑海中还回响着杨少英边说边笑的爽朗声音，在她身上让我感受到热情淳朴、简单向上的生命力，也许这也是壮族女孩血液里流淌着天然属性吧。她的工作简简单单，没有轰轰烈烈的成绩，也没有大起大落的经历，有的只是立足岗位、脚踏实地，心怀气象发展的美好愿景扎实工作，为地方的建设发展尽到气象部门的一份责任和担当，无愧于职业，也无愧于自己。她用自己 26 年奉献气象的平凡故事诠释了一个共产党员的心声：做好手中事，带好身边人。

作者：唐繁旭

一个与天对话的女人

——记广西壮族自治区玉林市博白县气象局局长管海丽

她是农民的好女儿，为了保护家人的劳动成果，根植气象梦。

她是人民的好公仆，为农服务，情系群众。

她是孩子的好母亲，为了气象事业，放弃二胎。

她是党的好干部，廉洁务实，弘扬正气。

她是一个与天对话的女人。

她不是什么广为流传的大人物，只是一名普普通通的气象人，说得正式一点，她是广西博白县气象局局长，她叫管海丽。

“要是我能提前知道天气，半年的劳动成果就不会被糟蹋了……”

“我是农民的孩子。”

“小时候，每年放暑假都要帮家人收割晾晒稻谷。夏天天气多变，如同小孩的脸，一会儿乌云密布，倾盆大雨，一会儿阳光明媚，艳阳高照。常常晒着谷子，大雨就落下来，再怎么抢收，总会有谷子被淋湿。即使把淋湿的谷子晒干后加工成米，也已经不再饱满香甜。以前在生产队上，粮食产量低，大家只能饿着肚子干活挣工分换饭吃。记得二年级那一年，台风来袭，村里连续下了十多天的雨，生产队里稻谷被雨水浸泡，倒伏在田里发了芽。在当时粮食匮乏的年代，生产队只好把发芽的稻谷收割回来，分给各家各户，让大家把发芽的稻谷烤干、炒干。炒干后的稻谷，煮的饭极为难吃，但是不吃只能饿肚子。我的奶奶一边炒谷子一边抹泪，喃喃地哀怨道：“老天不帮我们啊！若能早知台风来，提前收割稻谷就好了。”看到如此场景，年少的我眼泪也跟着流了下来。那时，我便常常在想，如果能早点知道天气变化该有多好啊，在降雨到来前收好稻谷不让它淋湿，这样，人们辛苦了半年的劳动成果，就不会被白白糟蹋了啊！”

从此，气象梦便悄悄埋在了管海丽的心里。

当无线电专业与气象碰撞……

物理系无线电技术专业毕业的管海丽，机缘巧合下来到广西区玉林地区博白县气象局做见习测报员。

当时主要负责接收气象传真图，在地面测报跟班学习地面观测。对于气象专业毕业的人来说，地面测报工作并不难，但对于管海丽来说，没有熟悉的赫兹、波长，取而代之的是一堆由 0～9 组成的数字和电码。零基础、陌生的领域、值班不分昼夜、没有正常的作息……重重困难让她打起了退堂鼓，正当她想转行时，儿时的梦想再次浮现在脑海中。“这不是我想为家人做的事吗？这份神圣的工作可以让更多的乡亲避免谷子被泡挨饿的不幸，我要坚持！”

这一坚持，就是 28 年。

为尽快熟悉业务，管海丽需要花费比别人更多的时间努力学习、刻苦钻研气象知识，虚心请教前辈，潜心总结。白天跟班学习地面气象观测技术，晚上查资料学习观天识云。气象知识从无到有，业务技术从不熟悉到精通，随着业务水平的积累和沉淀，普通业务员要跟班一年才获得独立当班资格，她仅用了半年。

管海丽凭着坚强的毅力和不放弃的学习精神，兢兢业业，从事气象工作 28 年，先后 5 次荣获中国气象局授予的“质量优秀测报员”称号、广西重大气象服务先进个人称号，此外，还获得区、市、县的各种荣誉和嘉奖 50 多次。她为博白 3835 平方公里范围内的预测预报、防灾减灾工作付出了艰辛的努力，留下了辛勤的汗水和踏实的脚印，树立了气象人的形象，取得了 21 年观测发报无错情的好成绩，为气象事业默默奉献自己的青春和力量，赢得了当地各级党委政府的肯定和人民群众的一致好评。

“我们搞地面观测的，没有任何理由缺席”

刚参加工作时，带班老师黄光杰常和管海丽说一句话：“我们搞地面观测的，没有任何理由缺席。”

是的，地面观测就是这样一项平凡却神圣、枯燥却精细的工作。

在气象人工观测时代，全部地面观测任务需要由人工独立完成。面对是单调的数字、空旷的观测场和冷清的值班室，每天除了定时人工观测记录气象数据、编报、发报，认真校对上一班的全部观测记录和每小时巡视仪器外，还要密切监视天气变化、记录天气现象、编发重要气象报告和手工抄报表等。每天的工作路线都是从家到值班室再到观测场，反反复复单调无味。

地面观测工作是冬日与严寒相伴、夏日与风雨相争，别人往屋里躲的时候，观测员偏是往外跑。每当强降雨天气来临或夜晚雷雨交加的时候，要到观测场记录数据，都恨不得自己有三头六臂。一手打着伞，一手抱着观测本记录，脖子一歪夹着手电筒，稍不注意，雨伞被吹翻，甚至脚底都可以感受到电击的麻痛感。可就算是观测记录完成时身子都淋湿了，但观测本依旧是完好无损。冬天，测量降水蒸发量的量杯凉得跟冰块似的，手都冻紫了，也只是搓搓手，继续工作。日积月累的地面测报工作，使管海丽原本纤细的手变得粗糙，每年冬季来临，手上冻疮都会复发。

观测员的上班时间与其他岗位上班时间不同，其他岗位正常下班时间是17点半到18点，而观测员需要到晚上8点半至9点才可以下班回家，有时一天甚至需要值班14个小时。尤其是每年的团圆饭，最是难熬。在博白，客家人的习俗是下午5点左右吃团圆饭，但对于观测员来说，正是忙得不可开交的观测时间。热心的管海丽心疼离家远的同事，为了让同事们能尽早回家与家人吃团圆饭，她每年都主动挑起春节值班的重担，每每站在值班室窗前，看到万家灯火通明、听着爆竹声震耳欲聋时，内心的孤独无法言喻。

最让管海丽印象深刻的，是她刚开始独立当班的某个夏天中午。夏天，年轻的女孩都喜欢穿上漂亮的裙子。那天，管海丽像往常一样走在观测场的小路上巡视检查仪器。突然，感觉袜子被什么东西勾住了，低头一看，啊，一条小蛇正咬着她的袜子。惊慌的管海丽不论如何踢腿，小蛇就是甩不掉。折腾了好一阵了，小蛇才被甩开，嗖地一下消失在草丛中。管海丽犹如劫后重生，腿一软，瘫坐在地上，身子不停地冒冷汗，看到这空无一人的观测场，眼泪止不住哗哗地流下来。待缓过神后，管海丽抹干了泪水继续巡视仪器。从那以后，年轻的管海丽把漂亮的裙子收进柜子最底层，测报值班再也没敢穿过裙子。

自1990年参加工作起，管海丽在地面测报岗位一干就是21年。2003年为了适应气象事业的发展，让自己成为县级综合气象业务员，她自学预报服务知识，不耻下问，很快就掌握了县级气象综合业务的技能。2006年走上领导岗位后，分管气象业务，仍坚持参加测报、预报业务值班。为了提高县级综合气象业务技术水平，2008年起她参加函授大气科学本科学习，2011年完成学业毕业。认真审核博白气象站1993—2011年的大部分原始气象资料，严把地面测报技术关。主动做好“传帮带”工作，言传身教、不辞劳苦，带过的徒弟中有9人次获得中国气象局授予的“优秀测报员”称号，其中一位现任湖南湘潭市气象台台长。工作28年来，就有24年的除夕和大年初一都在单位上班或值班。敢于负责，勇于担当，尽职尽责地一心扑在气象事业上，以局为家，以岗为业。由于日有所思、夜有所想，以致她晚上很多时候都从仪器出故障、观测场遭动物或人为破坏的噩梦中惊醒，甚至半夜还跑到观测场核实查看。

情系气象，服务优先

2013年11月23日凌晨两点多，管海丽的电话骤响，多年来养成的习惯告诉她，半夜里的电话都是有紧急情况发生。她拿起手机一看，是县人民政府办公室朱主任的电话，心一揪，是不是县里有什么紧急事情需要气象部门提供气象预报服务呢？电话里传来朱主任紧促的声音：“管局长，县领导要知道未来6小时内，博白县亚山镇有没有超过20毫米降水出现，你局要加强值班，当博白县亚山镇有大一点的降水出现时要及时向县委、县政府主要领导汇报。”当时已是11月底，早已过了汛期(汛期为每年的4—9月)，但2013年影响博白的台风结束较迟，11月10—12日还受2013年第30号台风“海燕”影响，全县普遍降大暴雨到特大暴雨，过程降水量最大达509.3毫米。台风过后，局地强降水仍连续不断，造成土壤含水量饱和，全县大部分水库持续高水位运行。但对民富水库周边前几年干旱带来的影响来说，这次强降雨就是及时雨，只要水库持续保持高水位运行，今后的发电和春耕生产用水就有了基本保障。

可一场谁也没有想到的险情悄然而至——22日晚上11时，亚山镇民富水库放水隧洞竖井后1米处穿漏泄水，每秒10多个立方米的流水喷涌而出。

民富水库建成于1954年12月，总库容160万立方米，有效库容144.1万立方米，最大下泄流量25.7立方米/秒，一旦溃坝，将会严重影响到下游亚山、旺茂两镇数万名群众的生命财产安全，严重破坏0.82万亩耕地，冲毁玉铁高速公路亚山路段，造成的损失将不可估量！

民富水库险情告急！下游群众生命财产受到了严重威胁！紧急警报从镇里报告到县党委、政府，又从县里直达市，从市直达自治区。

险情就是命令，抢险刻不容缓！区、市、县、乡、村五级都在第一时间启动了应急响应。

时间就是生命，抢险救灾工作是一个没有硝烟的战场，管海丽接完电话后，睡意全无，急忙穿好衣服，赶到预报值班室，一边查资料一边和市气象台值班人员进行天气会商，经过艰难深思考虑后，得出23日08时前博白县北部(亚山镇)没有出现20毫米以上的降水天气，为地方领导和防汛部门采取方案提供依据。第二天早上8点，她召集全局业务人员进行天气会商，安排业务人员24小时值班。管海丽也一直守在预报值班室的电脑前，生怕错过每一个飘到博白县北部的降水雷达回波。

经过水利专家组的慎重研判，决定采取拉放水闸、周边巡查等方式，进一步检测漏水原因并进行紧急处置。通过一系列抢险措施，23日中午11时，水库出水流量降到6立方米/秒，水位比出险时降低了4.5米。12时，市县领导、水利专家组在坝首现场会商，决定解除险情警报，让转移群众返回家中。这时大家绷紧的神经才稍微松下来，但仍然没有放松警戒。

晚上10点，累了一夜一天的管海丽刚到家不久，又接到政府紧急通知，由于水位迅速下降导致水库大坝内坡滑坡，滑坡面积约1000平方米，要求密切监视天气变化，加强预报预测，及时发布气象信息。再次出现险情！她来不及洗漱，又回到值班室继续值班。前线指挥部决定立即按照预案燃放轰天炮，预警并组织下游群众马上转移。24日凌晨3点，水库水位降到离隧洞排水口2米距离，经市、县现场指挥抢险的领导以及自治区、玉林市水利专家现场会商，根据库内水位和滑坡情况分析，认为不会出现溃坝现象，遂决定解除险情警报。为了做好灾后重建，根据县党委、政府的要求，博白县气象局从2013年11月24日起至2014年4月实行24小时值班监测，密切关注博白辖区特别是亚山、旺茂镇天气情况，一天三报。

管海丽回想过去的一天两夜，心潮难以平静，这是多么惊心动魄、让人煎熬的一天两夜。虽然没有到现场目睹抢险胆战心惊的情景，但博白气象人坚守在值班室里严密监视着飘移过辖区每一个云团和每个雷达回波，分析它们对博白辖区的影响，用知识和智慧为领导的决策提供科学依据，为人民的安居乐业贡献一份力量。想到这，所有的疲倦都已烟消云散。

“如果说教会我知识的是老师，那她就是我的教授”

在职工眼里，管海丽在工作时是一个严格谨慎的好领导，生活上是无微不至、体贴入微的长辈。

每周一的例行早会上，管海丽交代完任务后，都会对外出下乡的干部职工嘱咐开车要小心，安装设备仪器时要仔细检查，不要漏装、错装。从湖南湘潭市气象局到博白县气象局挂职交流的小王表示，来博白工作一年觉得管海丽是一个工作上非常严厉、事事亲为的领导,“我们今年要新建 13 个区域自动站的选址,管局都会亲自去落实。”若是有职工生病住院,都会前往医院了解情况,面对有困难的职工都会尽自己最大能力帮助。新进职工小赵提起管海丽,脸上都会带有羞涩的笑容,“我家在外地,我是去年毕业进入博白气象局的,有时候过节都是自己一个人,管局就会热情地拉我去她家吃饭,去得太多了都有点不好意思。”他低头笑了笑,“最让我感动的是每次生病的时候,管局都嘱咐我赶紧吃药。年轻人,平时要多锻炼,有好的身体才能好好工作。”管海丽不仅对待职工工作生活关心照顾,连职工家属对管海丽也是敬佩有加。罗先生的妻子是博白气象局的一名普通测报员,他自己是一名装修公司老板。他说道:“如果说教会我知识的叫老师,那管局就是我的教授。教会我为人处事,教我如何管理整个公司,我作为一个旁观者,真的觉得她不容易,一个女人扛起整个局大大小小的事。”

2017 年,博白县气象局 20 套职工住房交付使用,极大改善了博白局职工的住房条件。然而为职工谋这个福利,管海丽奔波了 7 年。

博白县气象局成立于 1956 年,局大院只有 1 栋职工住宅楼,共 12 套房,且所有住户的面积均未达标。无住房职工 8 户,现有的居住环境远远无法满足全体职工的居住需求。加之该住宅楼年久失修,为砖混结构,每套房内无客厅、无设计构造柱、无圈梁,楼板均是预制空心板结构,而且部分断裂,屋面板局部开裂漏水非常严重,博白县建筑设计院检测鉴定为危旧房,存在严重的安全隐患。

为解决职工最关心、最直接、最迫切需要的实事难事,管海丽白天在县政府沟通,请求政府允许在旧局大院按相关规定进行危房改造,夜里马不停蹄做职工思想工作。为了让职工人人在改造征求意见表上签字,尽早可以办理手续动工建楼,有时夜里十一二点才能回家。

如今,乔迁新居的幸福红礼炮铺满了楼道……

“我在哪值班,哪里就是家,感谢家人的支持”

管海丽与丈夫邓威是高中同学,两人已相识相伴 30 多年,感情依旧伉俪情深。她不止一次感慨道,丈夫的支持是她能够实现气象梦的最大支柱。

管海丽曾经在 2003 年有过辞职的念头。当时大环境下,大家纷纷选择下海创业。当时管海丽担任测报组长,下班后就帮丈夫打理生意。随着丈夫生意越来越大,管海丽测报工作越来越忙,丈夫有过不理解,也有过埋怨,不止一次提出让她辞职共同创业,“你和我一起创业,挣的钱比你现在的工资高,还不用辛苦上班。”但她仍然无法割舍对气象事业的热爱,“真的舍不得,当时入行时这么努力、认真地学习，如今让我放弃，我真的做不到。我已经把气象观测当成自己的孩子一样热爱，看到我能为气象防灾减灾出一份力，帮助到老百姓，这比我获得更多的钱更有成就感。我愿意待在气象局，待在基层。”

有时工作太忙，也让管海丽对家人心怀愧疚。“的确为这个家付出太少了，我常对局里的年轻人说，不要学我，下班后赶紧回家陪家人。”

一向懂事的女儿曾经半夜对管海丽哭诉，认为妈妈不关心自己，每次打电话回家都是没说几句话就匆匆挂电话，事后也不记得回复。有时汛期太忙，半个月没见过女儿一面，“女儿放学回来我还没下班，她吃完饭去学校上晚自习我才回家，吃几口饭后又得回值班室值班，等我回家休息时，女儿早睡下了。”管海丽接着说道，“现在注意这些了，只要女儿打电话来我都会认真听她说完，等忙完了再好好陪她谈心。”

即使丈夫日进斗金，但管海丽与丈夫至今仍蜗居在局里不到60平方米的职工宿舍里，屋子里堆满了杂物，厨房墙壁一到“回南天”就起霉，斑驳一片。也就是这个破旧的小屋，让管海丽在很多抢险救灾的紧急时刻能够第一时间回到值班室，保障救灾大前方。1993年他俩曾在县城买有一套房，后来为了方便管海丽随时可以发布气象预警信号和业务值班，便把县城的房子卖了住在局里宿舍。说起现在住的宿舍，管海丽无奈地说道，“新局建成后，这一带原来很荒凉的，后边还有很多坟山，所有职工都不愿意住，业务必然受影响，没有办法，只能动员我一家先搬来局里住，大家才敢来住。”丈夫邓先生在一旁打趣管海丽，“我对这些牛鬼蛇神都不怕，就先带着局里年轻小伙子来壮胆，我这个后勤部部长做到这份上也没得说了，有时我都羡慕我自己。”每晚管海丽下班前10分钟都会接到丈夫的电话。“这菜啊开锅后10分钟吃最好吃，我要保证管海丽吃到嘴里的饭菜，味儿是最好的。”邓先生解释道。

“放弃生育二胎是我心中的痛，但是我不后悔”

按照博白客家人的习俗，每个家庭都希望有一名男孩传宗接代，否则在当地将视为不孝而得不到同族的认可。

在独生子女的时代，博白客家人有部分公职人员为生男孩而放弃公职或偷生被开除公职。“我只有一个女儿，每逢过年过节，特别是清明节回老家祭祖，长辈们都会对我和爱人谆谆教导，劝我们宁可不要公职也要生一个男孩。”管海丽无奈地说道。

2003年管海丽意外怀孕，丈夫满心欢喜。当时丈夫的生意蒸蒸日上，于是劝她“辞职吧，回来和我共同创业，生活也会过得很好的”。当时管海丽在无数个夜晚辗转反侧，一边是她热爱的气象事业，一边是深爱的丈夫，内心多少辛酸的眼泪只能往肚子里咽。辞职报告写了一遍又一遍，徘徊在县、市局领导办公室门口一次又一次，辞职报告握在手中折痕一道道。

最终，丈夫不舍得管海丽因为孩子放弃气象工作那么难受，违心同意打掉胎儿放弃生男孩。但每逢清明节回老家祭祖，长辈们的劝导和丈夫露出的无奈，都让管海丽的内心充满歉意。

经过岁月的沉淀，管海丽与丈夫之间形成无言的默契。管海丽喜欢种植各种水果，在大院里自己栽种了 20 多种果树。一年四季，不同的果子轮番成熟。每当杨梅、稔子成熟，管海丽闲暇时便会自酿果酒给丈夫饮用。每当家里来客人，也会拿自酿的果酒招待，“自己酿的比外边做的卫生，老邓也爱喝”，管海丽说道。

“我是农民的孩子，为农服务，不忘初心”

气象就是要为农服务。

完善农村基层气象防灾减灾组织体系，开展面向新型农业经营主体的直通式气象服务是气象为农服务的缩影。作为一名博白人，管海丽一直不忘自己当初的气象梦，为了让更多家乡农民免受气象灾害之苦，她积极开展“三农”气象服务专项建设，对提高博白县农业气象服务水平和气象防灾减灾能力起到了举足轻重的作用。“博白县是农业大县，受洪涝、台风、干旱等气象灾害影响较重，农业气象服务和农村气象灾害防御的建设对我们当地农民意义重大。”管海丽说道。

气象防灾减灾服务就是要“测得到，报得准，发得出，收得到，用得上”，但博白县长期缺少专业化的农业气象观测设备，没有健全农业气象服务和防灾减灾指标体系，气象服务业务平台没有完善，预警信息发布的覆盖面不够广，科普宣传和气象信息员的作用还没有完全发挥。农业气象服务体系和农村气象灾害防御体系较薄弱，迫切需要加强。

为此，管海丽在县政府的支持下成立了气象为农服务工作领导小组，组织全面开展气象为农服务工作。与重点服务对象通过短信、电话、互联网建立信息反馈渠道，进一步明确农业气象服务需求和服务重点，并开展县级农业气象服务效益评估。同时，制定各类业务产品制作、存储、发布流程；规范和完善各类农业气象情报、农用天气预报、农业气象灾害预警监测、评估和农业气象灾害调查流程；设置农业气象服务岗位，专人开展农业气象服务。推进各部门基层防灾减灾信息发布手段的整合共享，因地制宜，综合运用气象预警大喇叭和电子显示屏、气象信

管海丽(左四)工作照

息服务站,广播电视、手机、网络、气象信息公告栏以及锣、鼓等多种方式,建立气象灾害预警信息发布网络。在为农服务示范点、重要水库、病险水库下游或地灾隐患点和各乡镇行政村建设气象预警大喇叭344套。

提起在博白建立的气象灾害预警系统,管海丽自豪满满。2015年博白遭受继1949年以来10月份进入广西内陆最强台风“彩虹”突袭,并以13级强度从博白县南部穿过,出现暴雨,局部大暴雨并伴有大风。博白县气象局当即根据台风的移向和逼近发布了有针对性的气象专题服务,提前发布台风黄色预警信号。因为预报及时,为前方抢险救灾提供了救援最佳时间,成功撤离龙潭镇寨党村居住在瓦房中的6名老人小孩。当他们撤离到离瓦房5米之外时,身后3间瓦房轰然塌下,成功地避免了人员的伤亡。

“两袖清风,落实党风廉政建设”

管海丽在工作中全面落实从严治党责任,认真履行党支部书记抓党建工作的职责;积极开展“两学一做”学习教育,依法履行推进法治建设第一责任人。

认真学习贯彻党的十八大,十八大三中、四中、五中、六中全会和党的十九大精神,以及习近平总书记系列重要讲话精神,严格执行政治纪律和政治规矩,积极推进党风廉政建设、反腐败工作,认真落实党风廉政建设责任制,将党风廉政建设列入重要议事日程。

积极开展“两学一做”学习教育常态化,推动全面从严治党,认真践行“三严三实”,坚决执行三人决策制度和重大事项报批制度。

积极开展落实中央八项规定精神回头看活动,坚持领导带头,以上率下,树立标杆，聚焦“四风”问题不放，用教育实践活动与党建和经济工作两手抓、两促进、两不误的方式，扎实开展教育实践活动整改落实“回头看”、贯彻落实中央八项规定精神情况、纠正“四风”工作情况和公务接待管理等各项工作。

扎实开展“脱贫致富，结亲帮扶”活动，每月组织全局干部职工到贫困户家中走访慰问，了解情况，指导生产，为贫困户送去温暖和关怀。

时时事事以身作则，做好表率，办事公道，带头执行廉洁自律各项规定，严于律己，清清白白做人，踏踏实实做事，没有违纪违法行为。树立了清正廉洁、务实勤政、良好的领导和公仆形象，保持共产党员的正气本色。

管海丽身为党员干部，廉洁修身、廉洁齐家，不论对自己还是对家人都以高标准要求。身为县气象局领导，没有利用过职务便利，为丈夫的生意谋私利。并且常在家里教育子女“咬完几句有用书，可充饮食；养成数竿新生竹，直似儿孙”。

面对未来，管海丽表示，将站在中国特色社会主义新时代的历史方位，继续不忘“气象梦”初心，牢记“气象人”使命，带领县气象局班子深入贯彻落实党的十九大精神，运用新时代中国特色社会主义思想指导工作实践。面对新任务、新挑战，坚定信心、凝心聚力，勇于担当、狠抓落实，树立清正廉洁的领导干部和公仆形象，保持共产党员的正气本色，加快推进气象现代化，全面提升博白气象保障经济社会发展的能力，奋力推进博白气象事业取得新的更大的发展。

作者：蔡雨容

一个基层气象人平凡的一天

——记海南省陵水黎族自治县气象局副局长周雪

午夜,我一个人坐在值班室里心急如焚,窗外狂风大作,暴雨倾盆。

我焦急地摆弄着用于地面观测业务的计算机,“怎么就这会儿出现问题了呢?”满头大汗。时钟悄然指向1点55分,电脑屏幕依然一片漆黑。

突然,主机的指示灯闪了一下,可以开机了!两分钟的开机时间,却恍如度过了漫长的半个世纪,终于进入熟悉的操作界面。我迫不及待地点开观测系统,却发现怎么也读取不了数据,已经2点02分了,我的心一点一点往下沉,“怎么办?怎么办?报文发不出去了……”。

正六神无主之际,我猛然睁开了眼睛,才发现自己躺在床上。“原来是个梦”,我长长呼了一口气,汗水已然浸湿了后背。今年已经是第三次做这个梦了吧,而今我局的综合业务观测已基本实现了自动化,怎么还老是做这种梦呢?我不禁摇头苦笑,叹了一口气,起床拿起口杯喝了一口水。水温尚在,我看了一下时间,1点30分,窗外一片静谧,远处那高高的风塔上,风向风速传感器随着微风无声地转动着,已经立冬了。

望着转动的风向风速传感器,思绪不禁飘回到了当年。那个日子,我记得很真切,1998年12月,我从南昌气象学校毕业后,分配在陵水县气象局,也是一个冬季。我的第一份业务是地面测报工作。陵水是国家基本站,当时实行24小时值班制度,我跟着老同志熟悉业务。凭着年轻人的冲劲和强烈的求知欲,我边学边干,虚心地向局里的老同志请教,很快就熟悉了业务工作。那时候的计算机及计算机网络对于业务来说,不过是起到了一个辅助的作用。

2003年,海南省气象部门开始部署自动气象站监测网络,陵水县气象局作为国家基本站,是第一批安装试行自动气象站的台站。当时我们做测报业务的同志年龄偏大,而且计算机基础比较薄弱,特别是一些老同志对新业务、新设备的掌握比较困难,我受命去江苏无线电科学研究所有限公司学习,回来后就负起了这项重任,不仅自己要熟悉掌握新设备、新软件、新规定,还要带领业务的同志熟练掌握,为自动气象站的正式运行打好基础,决不能让我们站拖全省的后腿。多少个日日夜夜,我全身投入到这项工作中,不仅组织人员集体学,下班后还利用自己的空余时间针对一些老同志专门讲解、操作,在自己一遍又一遍不厌其烦的讲解下,业务的老同志基本能掌握新设备和新软件的使用了。

但是,想不到仅仅过了不到20年,在我们气象部门,业务竟已发生了如此翻天覆地的变化。在成熟稳定的计算机技术支撑下,我们的基础业务逐步实现了自动化,人工干预的部分已经越来越少,当年,深更半夜,观测员独自在漆黑的观测场上观测的场景,已经成为了历史。

如今我局新购置的DZZ4型新型自动气象站全套设备已经到位,将作为备份设备安置在观测场上,业务的运行将更加安全、稳定,我以后应该不会再做发不出去报这种噩梦了吧。

夜已深,仿佛无边的浓墨重重地涂在天际,连微微的星光都没有,我不觉沉沉睡去。

早上8点,我来到办公室。因为昨夜没睡好,有些疲倦。

办公室的符姐敲了敲门,说道:"周副,今天县政府9点召开2017年环海南岛国际公路自行车赛协调会,通知前两天发的,郑局让你去参会。"

我应了一声,拿起茶杯匆匆喝了一口,往业务室走去。

这几年分管业务以来养成的习惯,每天早上去一趟业务室,看一下同事们的值班情况,顺便了解一下最近的天气形势。

近期,环岛国际公路自行车赛即将开始,陵水县也划了赛道,做好重要赛事的天气预报服务很重要。

8点50分,我准时出现在县政府的会议室里,已有部分职能部门的相关负责人来了,有不少还是属于熟面孔,正在相互低声交谈,讨论今年的环岛自行车赛。近几年,由于我局对外气象服务业务不断增多,跟政府各职能单位的联系愈发紧密起来。

开完专题协调会,看了一下表,时钟指向10点10分。而今政府工作实行开短会、讲短话、提效率,各部门职责分工明确,迅速落实,会议的时间确实缩短了很多。

今年的环岛自行车赛，陵水县赛道开赛时间是 11 月 4 日，届时受冷空气和台风外围环流影响，我县可能会产生降水，县领导指示一定要积极和赛事组委会保持联系，做好赛事的预报服务工作。会后我马上电话跟郑局长简单汇报了会议情况和领导的要求，我们都觉得身上的担子沉甸甸的。

近年来，陵水县政府重点打造“珍珠海岸 美丽陵水”的旅游口号，陵水县顿时成为海南近几年来新兴的旅游地之一，可算是三亚旅游的外延，清澈的海水不比三亚市差，旅游地产业发展势头猛，同时还一并举办了海南农民歌会、广场舞总决赛、中华龙舟赛等几个重要赛事。我们的专项气象服务一直在跟着赛事走，专业的气象服务也得到县里的好评，为此，我们都感到颇为自豪。

回到局里，我打开办公电脑，收看今天的邮件，观测处又发文要开展市县一体化综合业务系统试用，如今测报、预报已不是单一的业务，都已经一体化了。此刻我的思绪又回到了当年上夜班的情形，想起了当年业务集训的日子。为了以点带面，鼓励全省气象业务人员努力钻研技术，提升全省测报业务技术水平，2012 年，我省气象部门举办了海南省第一届气象行业职业技能竞赛，在那次竞赛中，我获得了地面气象观测单项三等奖、自动气象站技术保障单项二等奖以及个人全能二等奖，被授予海南省气象部门岗位技术标兵、海南省技术能手等荣誉称号，有幸多次参加了省局组织的业务技能集训，并代表海南省气象局参加了第二、第五和第七届全国气象行业职业技能竞赛。集训的生活，让我获益良多，不仅在短时间内充分吸收了大量的基础业务知识，同时也广泛学习了中国气象局、省局的政策性文件。短暂、特定的集体生活也让我体验了团队合作的重要性，大大增强了集体荣誉感，这些工作和学习经历对我日后的影响深远，为今后工作的转型打下了一个良好的基础。

2013 年走上领导岗位以来，我肩上扛起了业务与管理双重重担，一手稳抓业务不放松，一手强抓管理促发展，经过几年的磨炼，分管的各项工作进展顺利。

根据省局的安排，2014 年我到省局观测与网络处挂职半年，时值海南省气象部门举办第三届气象行业职业技能竞赛，处里安排我配合做好组织测报业务选手的集训工作。陌生的环境和工作氛围，对我而言，是机遇，更是全新的挑战。

省局党组高度重视全国气象业务技能竞赛活动，从人力、物力、经费等方面全力支持和保障参加本届竞赛活动各项工作的有效开展。为备战参加第九届全国气象行业职业技能竞赛，省局观测与网络处于当年 11 月开始筹划集训事宜，我负责协助处里的同志做好了集训的前期准备工作。由于竞赛时间临近，为了争取更多的集训时间，在落实省局关于集训环境的部署上，我发扬立即就办的工作精神，仅用几天时间完成了选点、配合处里领导协调集训队员到位等工作。3 天后，省局抽调的业务骨干陆续前来海南省琼海市集训点报到，我望着队员们一张张充满朝气、紧张而略带激动的脸，充满了信心和干劲。

队员们一到位就立刻投入紧张的学习当中。我受省局的委托，担任带队教练，忙活了一阵，协调好了集训所需要的基本硬件设施，所有的工作、学习、生活用品均在第一时间准备妥当，有效解决了学员的后顾之忧。

集训的日子一天一天过去，这可真是应了那句口号，我们团队的氛围是："团结、紧张、严肃、活泼。"我们一起认真研究中国局技能竞赛的方案要求，针对竞赛科目的特点，制订集训课程学习计划，并根据集训进展情况随时适度调整。日程编排虽然紧张，但是有条不紊。

周六的傍晚，天色渐晚，队员们仍在面对学习资料低头奋战不已，我早已经习惯了这种场景，每天喊他们吃饭，简直需要做一场动员会，不然他们真的能错过饭点。

所有的考试科目涉及到大量气象基础理论知识并实际操作，在省局党组的关心支持和处里领导的努力协调之下，我们都有计划、有针对性地请到了相应的专家到场授课。我们一间小小的教室里几乎摆满了中国局技能竞赛方案综合气象业务基础理论试题范围内所涉及的相关书籍和华云、无锡自动气象站设备。

有时候看到正在认真上课的老师和队员，还有满屋子的书籍和设备，我恍若回到了学生时代。

集训期间，在省局党组的统筹和处里领导的努力协调下，我们收集并整理了大量各科目的测试试题用于日常训练。我拿到试题后，认真按照考试大纲进行对比，精挑细选，重新进行整理，队员完成试题测试后，立即评卷，整理归纳学习重点，并联系专家老师定位难点、重点，邀请省局装备技术保障的专家来主持日常的训练和测试。

经过两个来月的艰苦集训，2015 年 1 月，我们代表海南省气象局参加了第九届全国气象行业职业技能竞赛并获得团体 18 名的成绩。

那可真是一段艰苦但又令人怀念的岁月啊！

时间在无声地流逝，不觉已到下班时间，饥肠辘辘，好在文件已经处理完毕。

2020 年全面建成小康社会是党向人民、向历史作出的庄严承诺。精准扶贫攻坚落实到基层是县委、县政府的重要工作任务，多次召开脱贫攻坚工作推进会，安排部署扶贫工作，作为分管扶贫工作的我，深感重任在身。

其实，这项工作任务我省启动得非常早。2015 年，海南省政府从各单位抽调人手进行前期贫困户情况调查，全省的摸排工作全面铺开。我有幸被抽调参加为期两个月的扶贫开发进村入户调查工作，这是一项难得的工作经历。

为农服务工作是我们开展气象服务工作的一项重点任务，这次有机会深入农村基层，何谓一举两得。

经过前期的业务培训，我和几位同事被派往海南省万宁市北大镇正式开展进村入户调查工作。

海南省扶贫办制定的调查表项目详尽而细致，根据工作安排，我需要完成近 400 户贫困户家庭状况、存在困难、脱贫需求等情况的收集，时间紧、任务重。

每天早上，天刚蒙蒙亮，我们便在镇政府门口集中，和北大镇分管扶贫工作的镇委领导简单沟通，交流完工作进展情况，然后匆匆和前来配合协调的村干部下乡入户调查。结束一天的工作，回到住宿地经常已是华灯初上。我曾和同事戏言，来了这么久，我只见过北大镇的清晨和傍晚，还没见识过北大镇的当午日明，确实可惜得很。同事会意，各自展颜。

北大镇地处万宁市北部山区，车只能送我们到村口，走村入户需要靠双腿，山里的路实在不好走。可是再难走的路，当看到热情朴实的村民一双双期盼的眼神，我又觉得再辛苦的工作都是值得的。有时候天不作美，山路崎岖泥泞，但工作任务期限一天紧过一天，少不得也要冒雨前行。到了农户家中，主人一声亲切的问候，端上来一杯热水，只觉得热流暖在心间。

一天的调查工作结束回到住宿地后，我习惯将调查情况再细致地整理一遍，经常熬到半夜，而满足感却充盈着内心，因为我始终觉得自己做的工作很有意义，有了前期充分、详实的数据依据，后期的帮扶才更有针对性，我们的调查表内容细致一分，贫困户脱贫的希望就多一分。

调查任务很快结束，但扶贫工作任重而道远。2016 年，精准扶贫工作成为我省市县气象局的重点工作任务之一，分管此项工作的我深感任务艰巨，带领同事们下乡成了家常便饭，挨家挨户了解详细情况，根据每户扶贫户的具体情况量身制定帮扶措施，既是信息采集员，又是扶贫宣传员，还是扶贫户的贴心帮扶人，不断为扶贫户寻找脱贫致富之路。

下午，我收拾停当之后，正要出门，郑局长叫住了我："小周，县里要求做好学习贯彻党的十九大精神工作，写个方案出来。"我应了一声，去乡镇参加扶贫工作会回来就写。

10 月 18 日上午 9 时，根据省局的统一安排和部署，全体干部职工在会议室观

周雪(左一)工作照

看了习近平总书记在党的十九大开幕式上发表的题为《决胜全面建成小康社会 夺取新时代中国特色社会主义伟大胜利》的报告,3 个半小时、57 页、32385 个字,没有水、没有休息,只有坚定的中国声音,听得我热血沸腾,骄傲和自豪感油然而生。

习近平总书记从经济、政治、文化、民生、生态、强军、外交、治党等角度全方位总结了过去 5 年的工作以及发生的历史性变革。总书记的报告目标宏伟远大,又接地气,令人振奋人心。

下乡回来,回到办公室,正准备浏览一下协同软件,看省局有没有什么新的任务通知,突然想起还有任务,又开始起草单位学习宣传贯彻党的十九大精神实施方案。

郑锋局长路过办公室,看到我仍在,就说,"周雪,还没下班呢?刚好我跟你商量个事儿。你看,我们以前安置在路口的指路牌是不是可以考虑撤掉了,毕竟现在群众对我们单位的位置也比较熟悉了,指路牌也完成了它的历史使命,以后时机成熟,我们可以考虑和相关职能部门协调,放置气象电子显示屏,以便发挥更大的作用。"

天渐渐暗了下来,下班时间到了,我独自走出局大院,初冬的夜来得格外早,此刻路灯已相继亮起,街市如昼,人群熙熙攘攘,车辆川流不息。

虽然忙了一天,有些疲倦,但走着走着,步履渐渐轻快。我想起来以前看过的一个小故事:

从前有一个老和尚和一个小和尚到山下去化缘,回到山脚下时,天已经完全黑了。

小和尚看着前方,担心地问老和尚:"师傅,天这么黑,路这么远,山上还有悬崖峭壁，各种怪兽，我们怎么才能回到家啊？”

老和尚看着他，平静地说了3个字：“看脚下。”

每当工作中碰到困惑、迷茫和焦虑的时候，我就喜欢想起这个故事，因为“看脚下”这简简单单的3个字，总是给我带来无比踏实的感觉。

当我们看不清远方的时候，就看看脚下。身处气象部门，“看脚下”这3个字就等同于“立足本职，爱岗敬业”，踏实地做好气象服务工作，为陵水气象事业的发展贡献一份绵薄之力。

作者：周　雪

气象舞台做奉献　巾帼建功创佳绩

——记重庆市云阳县气象局副局长成守芳

成守芳，女，现年 44 岁，中共党员，现任重庆市云阳县气象局党支部书记、副局长(主持工作)。20 多年来，她热爱气象、恪尽职守、淡泊名利，以实际行动诠释了新时期“准确、及时、创新、奉献”的气象人精神；将“四讲四有”内化于心、外化于行，不忘初心、默默耕耘。

成守芳(右一)工作照

扎根山区，情寄气象无怨无悔

还记得，1994 年 7 月 31 日下午 5 点左右，一个又黑又瘦的小姑娘在路人的带领下来到城口县气象局，拎着大包小包的行礼，累得气喘吁吁……她就是经过两天舟车劳顿、踩着点儿到城口县气象局报到的新同志成守芳。

虽然她已经做好了心理准备，但还是出乎预料。知道城口离家远，但比想象的更远；知道城口是汉族人居住最落后的地方，但比想象的更艰苦。当时的城口县气象局只有 4 名同志上班，两个领导加上两个同事，单位没有食堂还得自己烧煤做饭；第一年不能回家过春节，须等到转正过后才有探亲假；冬季经常大雪封山，出行道路不畅……孤苦伶仃、人地生疏的她也没能免俗地哭起了鼻子。

既来之，则安之。经过短暂的调整，成守芳很快就进入了工作状态。“成守芳在工作上悟性极强”，原城口县气象局局长李正贵这样评价她。的确，在测报岗位上跟班不到一个月的她便独立当班，在当时可是屈指可数。1995 年就成长为测报业务骨干，初算、抄录、预审报表、基数统计等业务把关工作做起来一点也不含糊，老道沉稳。

城口县位于重庆东北部，地处渝川陕三省（市）交界处，属高寒地带，极端最低气温为－13.2 ℃，每年 11 月至次年 3 月，测报业务需要进行融冰观测；在自动站未单轨运行时，地面测报是全局最艰苦、要求最严格的气象工作岗位。尤其是冬季 08 时观测，湿球融冰是否恰当直接关系气象资料的准确性，对业务人员是极大的考验和挑战。融冰时间在观测前 20～50 分钟进行，需要根据风速和湿度的大小来确定融冰时间。有时端着水杯、顶着凛冽的寒风在百叶箱面前一站就是半个小时，眼睛盯着湿球纱布的冰一点点融化、温度一点点上升，湿球温度表 0 ℃线上持续稳定一阵子，纱布结冰完全融化后温度才继续上升，融冰过程结束。从事测报工作 15 年的她能根据天气状况准确判断和正确操作，从来没出现过任何闪失，采集到的气象数据真实可靠。

成守芳在城口县气象局工作期间，虽然条件艰苦，人员十分紧张，但她从不叫苦叫累，探亲假、婚假、产假几乎形同虚设，从来没有完整地享受过假期。1997 年，她怀孕了。当时全局的工作人员就是两名测报岗、两名预报岗，局长兼职预报员。怀孕期间，她没向单位提出任何要求，分内工作一样没减少。预产期为 1998 年 3 月 8 日，按照业务规定，她将年报表、月报表预审完毕寄出，直于 3 月 10 日早上肚子隐隐作痛发作时还坚持完成了 08 时的观测，才进行了工作交接。产假期间只有另外一位同事连续上测报班，加之汛期来临紧张繁忙，她看在眼里，急在心头，刚满月就主动请求回到气象测报岗位，白班夜班连轴转，不仅正常值班，还承担了报表初算、抄录、预审等核心工作。2003 年，在单位人少的特殊时期，成守芳单独值守测报班长达半年之久，并根据局情率先建议推行业务大轮班。城口县气象局于 2003 年正式实行气象业务的混岗，为基层台站综合改革奠定了坚实的基础。

在从事测报工作期间，她先后取得地面测报“百班”无错情10个，“250班”无错情1个，分别被重庆市气象局和中国气象局授予“质量优秀测报员”称号。

城口是重庆的北大门，海拔高，高原气候特点显著，天气过程的发生发展对重庆灾害性天气预报具有很强的指示作用。为此，成守芳带头开展业务模型研究，先后建立了城口强降温、大雪、霜冻、道路结冰预报模式，开展了城口气温预报、暴雨形成机理研究。凭着扎实的业务基础、丰富的工作积累、敏锐的服务洞察能力，城口天气预报准确率明显提高，气象服务能力大大增强。

令人难忘的是2007年城口“5.3”雹灾。5月2日晴空万里，当时城口已经升级为一级站，那天正当成守芳值测报班。她在工作之余调阅了MICAPS资料，敏锐地发现了晚上将会有强对流天气，并且作出了晚上肯定要下冰雹的结论，并将结论对局领导进行了汇报，与预报业务人员进行了交流。应急对晚上当天将值夜班、正在城口局支援的沙坪坝局职工张光敬进行了冰雹观测业务培训，包括冰雹直径、冰雹重量的测量、冰雹的记录、重要天气报的发送等冰雹观测注意事项。晚上还皓月当空、繁星点点，丝毫没有下冰雹的征兆。凌晨2点15分，突然响起了轰隆隆的雷声，不一会儿雨滴夹着冰雹噼噼啪啪地打在防盗网上，听起格外刺耳。住在家属院的成守芳翻身下床，急急忙忙穿好衣服拿起伞和手电筒就往外跑，爱人在屋里大声喊道：小心冰雹砸伤你的脑袋。她全然不顾自己安危，一路小跑到值班室。尽管已经进行过培训，但从未遇到过如此复杂天气的张光敬仍然手忙脚乱，急得像热锅上的蚂蚁。一看到成守芳来了，就像看到了救星。只见成守芳随手拿了个瓷盆反扣在自己头上，端着杯子、拿着尺子，提着防雹罩，腋窝夹着电筒，从容地观测冰雹直径、传送报文、冰雹称重、纪要填写。待一切工作就绪，她全身已湿透多时，打起了喷嚏。张光敬感慨地说道：要不是成科长你来，真不知道怎么办。在业务上，她不愧是一把好手，“艺高人胆大”在她身上表现得淋漓尽致，在基层台站能准确预报出冰雹的人还真不多。

城口县气象局因为人少，所有工作人员全部参与夜班的应急轮值，但毕竟对气象服务熟悉的同志不是太多。但凡有大的天气过程，无疑都是成守芳值夜班，这已经形成了一种默契。作为业务科长的她，随时洞察着天气的变化，每当捕捉到灾害性天气信息时，就会主动与其他人员协调，不允许气象服务有任何闪失。她成功组织并参与了宣汉疏浚工程、川渝百年不遇大旱、城口2007年“7.3”洪灾、城口2009年“7.10”洪灾、城口2010年“7.17”洪灾气象服务。因工作成绩突出，被重庆市委、市政府评为2006年抗旱救灾先进个人，被城口县委、县政府评为“2010年城口县7.17洪灾抗洪抢险先进个人”。

转战云阳，笑对人生尽职履责

2011 年 6 月，受组织安排，成守芳从城口县调到云阳县工作，并担任云阳县气象局副局长。几年来，她兢兢业业，始终牢记气象服务“无所不至，无处不在”的服务宗旨，牢牢把握公共气象服务方向，不断实践“安全气象、资源气象、生态气象”的发展理念，将防汛抗旱、短临天气预报、地质灾害精细化预报、为农气象服务、交通航运安全、森林火险预报、区域自动站运行监控等作为气象业务服务工作的重点来抓，对云阳的各月气温、降水的历史极值、县境内一江四河年最大径流量和全县 155 座各型水库的基本情况了如指掌，因地制宜谋划云阳业务需求。

努力提高单位业务水平。在云阳，成守芳制定了《云阳县气象业务发展五年规划》《云阳县气象局气象业务管理办法》，实施了气象业务质量提升计划，对业务人员做到知人善任，严管厚爱，强化从业人员职业道德和业务能力培养，严格要求气象业务人员德艺双馨，全面发展。每月组织召开业务分析会，强化天气个例的集中分析总结，破解技术难题。2010 年，云阳县气象局预报质量在全市气象部门还排名倒数，经过一年多的努力，云阳预报质量迅速攀升，其中，2012 年、2014 年重要天气预报质量均排名全市第一，其余年份也在全市名列前茅。在全市气象行业业务竞赛中，分别于 2011 年、2012 年、2013 年、2015 年荣获团体三等奖，2014 年、2017 年分别荣获 5 个单项奖。其个人也在 2009 年、2011 年的业务竞赛中获团体三等奖，在 2011 年预报业务竞赛中获历史天气个例第 4 名。此外，她还荣获了 2012 年度短期重要天气预报质量三等奖，2013 年、2014 年连续获得短期重要天气预报质量二等奖。“一枝独秀不是春，百花齐放春满园。”当前，云阳局正在形成“比学赶帮超”的业务氛围，职工整体业务水平上了一个新台阶。

拓宽气象信息发布渠道。为利用新媒体及时发布气象预警信息，在成守芳的带领下，云阳局建立了“云阳气象”官方微博和公众微信号，每天定时发布天气实况及天气预报；建立了“云阳气象防灾减灾”QQ 群和微信群，群里共有全县 42 个乡镇及街道的分管领导和党政办主任以及政府办、国土地灾办、防洪办、民政局、电视台、报社、地灾隐患点监测人员、气象灾害敏感单位联系人、畜牧特色产业人员及部分气象信息员近 1000 个成员，群员之间紧密互动，信息共享，开辟了气象信息和灾情收集的新渠道。作为云阳气象局的新闻发言人，她主动联系当地电视台记者，通过电视媒体及时播出气象预警信息及农事活动有关建议措施。现在的成守芳，走到大街小巷，许多市民都能叫出她的名字。她接受采访张弛有度，宣传主题有的放矢，深受市民喜爱。“成守芳在气象新闻宣传方面具有很强的政治敏锐性，气象宣传既有专业性，又接地气，贴近民生，是云阳广播电视台的御用‘气象记者’。”县广播电视台高级工程师刘荣如是说。

力战数次暴雨天气。2011年以来，云阳县出现的暴雨天气过程有50余次。她每次都带领预报服务人员夜以继日地工作，为云阳的防灾减灾贡献自己的力量。6年来，她既是指挥员，又是战斗员，多次成功组织应对气象灾害服务和提供决策服务，成效显著，受到各级领导的表扬和肯定。

提到云阳县2014年“9.1”特大暴雨洪灾，云阳人民至今还心有余悸。作为分管业务工作的领导，成守芳灾前提前预报预警，广泛发布信息；灾中接受采访把握舆论导向；灾后组织灾后重建气象服务。要让每一则气象信息、每一个预报结论、每一个气象数据经得起历史检验，都要经过她的综合分析和研判，她深感压力空前。

——罕见降雨正面袭击。受西南低涡的影响，2011年8月31至9月2日，云阳县长江沿线及偏北乡镇普降大暴雨，部分站点出现特大暴雨。累计雨量超过400毫米的2个站，300～400毫米的9个站，200～300毫米的16个站，100～200毫米的36个站，过程最大降雨量出现在云阳桑坪镇的咸池村，降水量达到455.4毫米，咸池村的24小时降雨量达到403.3毫米。云阳北部近10个乡镇降水量出现有气象记录以来的极值。

“9.1”特大暴雨导致山洪暴发，滑坡、泥石流等地质灾害频发，地灾险情684处，全县受灾人口30.5万人，因灾死亡28人，下落不明4人。交通、水利、通信、电力等设施受损十分严重；旅游、商贸、工业、市政、建筑等行业设施不同程度受灾。全县直接经济损失达28.5亿元。

——气象预警提前准确。早在8月29日，成守芳就召集业务人员经过天气会商和前期降水分析，于09时发布了地质灾害高风险预警信息，提请各乡镇（街道）、相关单位加强地灾隐患点的巡查和监视，如遇紧急情况，应及时疏散并妥善安置涉险群众，确保安全。

8月30日，云阳局发布《重要天气服务快报》，提醒重点关注防范雷电、大风等强对流天气带来的不利影响和强降水可能引发的城乡积涝、山体滑坡、小流域山洪等灾害。

8月31日，云阳局继续发布“暴雨天气消息”，并指出：鉴于前期降雨量大、持续时间长，加上本次强降雨的交叉叠加影响，全县地质灾害气象风险高，汤溪河、澎溪河流域山洪风险极高，时值中小学校开学，请相关部门和城乡居民加强监测和防范，避免人员伤亡。

以上气象预警信息，通过预警信息发布平台、党政网、云阳公众信息网、电子显示屏、手机短信、电视天气预报、微博、微信等渠道广泛发布。

——宣传汇报及时主动。就在8月29日云阳局发出“未来一周地质灾害气象风险等级为Ⅰ级，引发地质灾害的风险很高……”的消息后，央视新闻频道驻重庆站记者第一时间赶赴云阳，于8月30日14时到气象局进行了采访。接受央视记者采访，这可是第一次。但成守芳不卑不亢，胸有成竹，就此次暴雨天气趋势、地质灾害气象等级、应对措施等进行了详细分析。该采访报道分别于8月31日在央视中文国际频道和重庆卫视频道播出。

31日16时，在进一步分析资料后，成守芳感觉事态严重，将天气发展趋势向主要领导进行了电话汇报，主要领导立即通过多种渠道就降雨天气过程向县委、县政府主要领导及分管领导进行了汇报。县政府紧急发布通知：“县属有关部门要加强监测预警，做好应对暴雨防范工作，乡镇、街道、村社要加强应急值守，确保人民群众生命财产安全。”

——气象服务有力有序。8月31日20时，云阳县气象局率先发布“暴雨黄色预警信号”。大暴雨如期而至。随着雨势逐渐加大，气象工作人员在9月1日凌晨，分别电话告知桑坪咸池水库管理员和将出现强降水的有关乡镇，务必采取应急防范措施。

9月1日06时，部分乡镇上报灾情，气象局及时启动“一时一报”。

与此同时，按照气象灾害应急预案和县委、县政府工作的部署，云阳局及时启动暴雨Ⅲ级应急响应，并成立了“云阳县‘9.1’特大暴雨洪灾气象保障服务领导小组”，全面领导部署和统筹协调气象保障服务工作。

1日07时，气象局主要领导亲自向主要县领导汇报了雨情和未来趋势。同时气象局发布“暴雨红色预警信号”。“暴雨红色预警信号”的发出再一次绷紧了人们的神经！

1日08时，气象局主要领导参加了“云阳县‘9.1’特大暴雨洪灾抢险救援指挥部”紧急工作会议，向指挥部指挥长、县委书记张学锋汇报了天气实况和未来趋势，张学锋书记肯定了气象局的前期工作，并要求气象局作为指挥部成员单位驻扎在指挥部上班，日夜坚守，加强雨情、汛情分析研判，切实做好气象保障服务工作。至此，百年不遇的“9.1”洪灾大暴雨气象服务的指挥棒交到了成守芳手里，在随后的几天里，她与县指挥部有机联系，互通信息，快速反应，服务效果甚好。

1日09时，气象局灾情调查小组冒着生命危险，奔赴受灾严重的江口、南溪、鱼泉等地调查灾情，传回了宝贵的灾情资料，灾情图片被《中国天气》采用。

1日10时，云阳县《灾情报告》第1期和《应急响应工作报告》第1期同时向市气象局发出。

1日12时，根据天气形势和灾情报告，气象局决定升级启动暴雨Ⅱ级应急响应，这也是云阳县气象局第一次启动Ⅱ级响应，全局所有职工各司其职、快速行动、高效运转。

1日14时，县电视台向全县人民播出“暴雨红色预警信号”，进一步加强预警，全民防灾抗灾全面启动。

1日16时，重庆市气象局派出专家工作组，疾驰云阳，帮助指导云阳局开展抗洪抢险气象服务工作，进一步提高云阳局气象服务的质量和水平。

与此同时，天气监测和预警的“一时一报”有条不紊地进行。“无缝隙”气象服务演绎着动人的画卷：业务人员及时分析天气形势变化，专人监视雷达信息，新同志进行降雨资料的统计，阅历深的老同志分析研判降雨过程的移动方向、起止时间、降雨强度及具体落区。气象台的灯光从8月31日点亮后就再也没有熄灭。

9月2日中午，雨终于停了。17时发布云阳地质灾害气象高风险预警信息，20时《云阳县“9.1”特大暴雨评估报告》新鲜出炉。评估报告分别从1小时、3小时、6小时、12小时、24小时及过程累计降雨量，降雨的区域分布特征，降雨量与常年的比较等多角度进行分析，得出“9.1”特大暴雨是云阳县有气象记录以来降雨强度最强的降雨天气过程，为县委、县政府“定调”和统筹指导抗灾救援工作提供决策依据。

“9.1”大暴雨期间，云阳局先后发布《强降雨短时临近预报》《雨情通报》《地质灾害气象高风险预警》《中小河流洪水及山洪气象高风险预警》《煤矿透水气象高风险预警》《交通安全气象信息专报》《暴雨红色预警信号》《“9.1”特大暴雨分析评估》等服务材料48期，发布手机短信21万余人次，上报灾情报告6期，应急响应报告4期。

——灾后重建服务主动。9月4日，云阳县召开“9.1”特大暴雨洪灾灾后重建工作会，会议要求全县各级各部门统一思想，抗灾救灾是当前的重大政治任务，要切实把工作重心转移到灾民安置、灾后重建的工作重心上来。指挥部办公室主任、县委常委、县委办公室主任刘晓云要求：“指挥部不撤，气象局就不撤，气象局不得离开指挥部的视线。”县长覃昌德也要求：“气象、防汛等部门要全面准确监视天气和汛情，及时准确发布预警信息，确保及时快速反应和有效处置。”

从9月4日开始，云阳局每日制作《“9.1”特大暴雨洪灾灾后重建专题气象信息专报》，对前期天气情况进行通报，对未来一周逐日天气进行滚动订正，并提出应对措施，让指挥部随时了解“天机”，高效安排抗灾救灾工作，并通过党政网、发布平台、手机短信、电视等渠道广泛发布。

——“消息树”作用显著。9月8日早晨，县气象局主要领导向指挥部指挥长、县委书记张学锋等县领导汇报了未来天气趋势及对策建议。张学锋书记立即决定紧急召开会议，部署防范应对强降雨天气工作，并要求气象局再会商、再研判。17时，云阳县政府召开了做好新一轮强降雨灾害防范工作电视电话会议，各部门、乡镇(街道)、村、社干部参加了会议。会上，县委书记张学锋、县长覃昌德要求，面对新一轮强降雨，务必把人民群众的生命安全放在第一位，绝不能麻痹大意，要全域排查隐患，全面群测群防，全方位安排部署，牢牢守住“零伤亡”这个底线。9月11—12日，所有县领导奔赴乡镇，督导和应对后期的暴雨天气过程。

——调查灾情维护设施。“9.1”特大暴雨洪灾发生后，成守芳安排人员第一时间赶赴灾区调查灾情，并及时向市气象局报送《灾情报告》7期。9月6日，成守芳带队深入桑坪、大阳、江口等大型滑坡点，实际了解滑坡和堰塞湖的情况、群众对气象预警信息的接收情况和灾民的实际生活状况，并将这些地灾监测人员的手机一一记下，及时加入云阳县预警信息发布平台；同时，通过走访，还将一批觉悟高、身体好、熟悉现代通信传媒的年轻人发展成为防灾应急气象信息员，为农村基层气象防灾减灾体系建设壮大力量。

气象监测是资料分析、灾情研判的基础。在“9.1”特大暴雨洪灾中，云阳县北部乡镇的区域自动站和山洪站遭受不同程度的损坏。故障出现后，成守芳及时与通信公司衔接，希望尽快恢复通信，保障畅通；带领设备保障人员冒着塌方和垮石的危险，步行近1个小时，及时对监测设施、气象电子显示屏进行维护抢修，确保气象监测资料科学准确，预警信息发布及时，并主动为灾民捐款1000元。

不负重托潇洒走一回。成守芳同志不但狠抓业务建设，还在单位营造良好的科研氛围。由她主持完成的“汤溪河流域水文精细化预测预警系统”课题，已成功运用于业务实践，受到了水务水文部门的充分认可；她组织开展了全县气温、降雨资料的精细化统计和暴雨山洪普查，着力研究渝东北片区暴雨灾害性天气的分布规律和特征，探索渝东北片区暴雨预报指标，积极为暴雨山洪气象服务积累经验。在她的努力下，2012—2016年，云阳县气象局连续4年灾害性天气预报位列全市前5名，4次获得全市气象行业业务竞赛嘉奖，云阳局的业务工作发生了日新月异的变化。

近年来，成守芳致力于基层气象防灾减灾体系建设。结合“三农”项目，她以“标准化气象灾害防御乡镇创建”为平台，以《云阳县暴雨山洪地质灾害预警预防管理暂行办法》为抓手，走访乡镇，开展培训，审核资料，建立完善的气象灾害防御工作领导机制，成功将“标准化气象灾害防御乡镇创建”和“预警信息发布平台乡镇（街道）工作站”纳入全县工作目标考核，推动气象工作有了新的“指挥棒”。她组织完成了全县 42 个乡镇（街道）标准化气象灾害防御乡镇创建任务，基本构建了“三体系一机制”的气象防灾减灾工作新格局。

爱岗敬业是她的座右铭。面对 2016 年异常气候和涝旱急转的天气形势，8 月 11 日刚在重医附一院做完手术的她，凭着顽强的意志和对事业的执著，12 日毅然出现在了市气象局的“三农”工作推进会上，并上台作了工作汇报；13 日周末她又坚持赶回云阳县，一丝不苟地指导气象业务人员做好高温伏旱气象服务工作。2017 年 8 月下旬，在例行体检中，她宫颈癌 HPV52 呈阳性，根据治疗方案于 10 月 8 日在三峡中心医院实施了宫颈锥切手术，出院时医生一再叮嘱要卧床休息。可回到单位面对扶贫攻坚、防雷改革、气象服务、安全生产等繁重的工作任务，她哪里闲得住，10 月 9 日安排经济责任审计相关工作；10 月 10 日到扶贫乡镇宝坪参加脱贫摘帽扶贫攻坚会议，走乡入户调查；10 月 11 日到重庆出差协调云阳县防雷中心检测资质办理事宜，根本停不下来。

从容面对，酸甜苦辣五味杂陈

2015 年，对成守芳来说是极不平凡的一年。在不经意提起时，她淡然：感觉太苦，自己差点撑不下去；但也泰然：世界以痛吻我，我要报之以歌……

云阳和城口相距 300 多公里，不通高速高铁，交通极为不畅，车辆班次少，加之女儿上学，夫妻俩更是聚少离多，但电话嘘寒问暖、语言交流倒是形成默契。2015 年 8 月 13 日晚上 9 时许，成守芳像往常一样拨通爱人的电话，不料爱人说话吞吞吐吐、闪烁其词；再一细问，爱人正住在重医附一院的重症监护房，他因为天气炎热血压突然升高造成脑卒中，中度中风，右边肢体行动不便，生活都不能自理。电话这边成守芳泣不成声，顿时感觉为了工作夫妻分居，自己没能照顾好爱人的衣食起居是致病主要原因，对此心生愧疚。电话那头爱人一再交涉：女儿马上高三，正在进行暑期补课，他已经请了护工，不要到医院照顾她，怕影响女儿的学习。接下来的几天，向来睡眠较好的成守芳经常是彻夜未眠。她自责、矛盾、伤心、无助，而所有的这些都只能一个人承担。在单位，她是一个领导，仍然像往日一样全身心投入工作；对待女儿，还得若无其事，不能让她感觉到家里出了异样；对待丈夫，爱莫能助，只能通过电话了解病情的发生发展。好在现在医学技术发达，爱人也配合治疗，8 月 21 日下午成守芳到重庆接爱人出院，周末回城口将 70

多岁的公公婆婆接到自己家里，以便照顾爱人的日常生活和后续治疗。前前后后，成守芳就只向单位请了一天假。爱人到云阳探亲时，同事看到重活重物都是成守芳独自承担时，还笑称她爱人大男子主义，至今也不知道她家先生曾经患过重病，大家看到的表象就是他已经完全戒了烟酒。

原以为这一年的坎坷就此结束，没想到不幸也是接二连三。

12 月 21 日，正在指挥突发事件预警信息发布平台网络迁移施工的成守芳接到电话，70 岁的老父亲在没任何征兆的情况下突然离世。她懵了，甚至隔了一会儿才缓过神来。父亲 70 岁，屈指一算，自己和父亲真正相处的时间太少。父亲年轻时是一个木匠，走南闯北，一般就是寒冬腊月回家，春节一过就出去，因为生活在一起的时间不多加之父亲特别严厉，小时对父亲很有畏惧感。再到后来自己中学时就开始住读、参加工作、成家立业，真还没做到常回家看看，与父亲促膝长谈的机会基本没有，更莫说为父亲端茶送水、洗衣做饭；最后一次见到父亲还是一年前的国庆节，“忠效不能两全”也只是托词借口，自己真不是一个称职的女儿，父亲在临走前会不会埋怨养了一个白眼狼……想起这些，她泪如雨下。

2015 年，生命中最重要的两个男人都出现了重大变故，一路上跌跌撞撞，生活几乎将成守芳击垮，但她不抱怨、不懈怠，不委靡，反而变得愈加坚强，独自一人走过来，反倒什么都不怕了。那一年，她头上依稀可见了白发。

展望未来，任重道远砥砺前行

20 多年辛勤工作，成守芳先后取得地面测报“百班”奖 10 个、“ 250 班”奖 1 个；先后被表彰为“重庆市抗旱救灾先进个人”、重庆市气象部门“先进个人”、中国气象局“重大气象服务先进个人”、云阳县“优秀共产党员”；业务竞赛、论文评比多次获奖。面对成绩和荣誉，她选择了一切归零，重新出发。

2017 年 3 月，成守芳正式接过云阳县气象局的接力棒。她统筹安排，加强基层党组织建设，为云阳气象事业发展营造良好的政治生态；完成了基层气象风险预警服务标准化建设，将“三农”项目与扶贫攻坚有机结合成效显著；全面落实双重财务体制，地方气象事业发展环境进一步优化。今后，她将不忘初心、牢记使命，以学习宣传贯彻党的十九大精神为主线，进一步解放思想，开阔视野，将重庆气象工作五化（气象业务智能化、气象服务智慧化、气象管理规范化、气象党建从严化、气象台站巴渝化）与云阳县的五大重点（大扶贫、大生态、大旅游、大健康、大数据）、“八项战略行动计划”、三项攻坚战、三项重大专项工作进行深度融合，以智慧气象为引领，大力推进云阳气象现代化建设，补足人才结构不优、创新能力不强的短板，强化预测预报的精准度，满足人民日益增长的美好生活的气象需求与发展不平衡不充分的矛盾，脚踏实地，砥砺前行，坚守自己的事业和梦想，不断践行一个共产党员、一个气象工作者的责任与担当，使云阳气象既为一域增光，又为全局添彩。

作者:廖　影

绽放在香格里拉的气象之花

——记四川省甘孜藏族自治州乡城县气象局局长丁春兰

高原上的花朵成百上千，开在雪山、草原、河畔、地边，人们赞美冰山上的美丽雪莲、漫山遍野的格桑梅朵、花枝优雅的高原海棠……

丁春兰，被当地人赞誉为高原乡城气象之花，开在康藏高原。现任四川省甘孜藏族自治州乡城县气象局局长，一位风华正茂的女气象工作者，她先后荣获四川省气象部门首届“我身边的道德模范”、10次四川省气象测报连续百班无错情、3次甘孜州地面测报优质个人、5次地面气象报表预审优质个人、3次乡城县先进工作者等荣誉，因成绩突出，2017年“三八”节期间，受邀参加中国气象局组织的县级气象局优秀女局长事迹报告会。

雪莲花寄托着放飞的梦想

肤如雪，情似绢，雪莲花静静地绽放在雪山之巅。人们喜欢高原之花，更是喜欢她的这种精神。

——采访手记

丁春兰，现年46岁，在气象行业度过27个春秋，她为人朴实、性格坚毅，用坚强和大爱诠释了人民气象为人民的深刻内涵，谱写了一曲悠扬动听的气象人之歌。

在一个秋风送爽、阳光灿烂的下午，我们如约来到县气象局的一间办公室，见到刚刚从气象观测场巡查归来的丁春兰，她顾不上喘口气，来不及喝口水就和笔者攀谈起来。令我没有想到的是，作为一个局长的办公室，只是个狭窄的房间，各种资料、书籍摆满了书柜和案头。

她说话的时候，脸上总是洋溢着微笑，面容自然而恬静，目光清澈而明亮，让人感受到高原小溪中的流泉和春风浸润心里的温馨。我们在自然中交流，交流她的过去，她的人生，她的足迹，聊她关于气象工作的故事，说起那些故事，她时而激情飞扬，时而语调铿锵。

乡城，一方充满活力的热土。

香格里拉，一个魂思梦想的圣地。

传说在青藏高原的某处有一个神秘的地方，那里可以让人追回失落的感伤，能够让人焕发生命的激情，她就是神秘美丽的香格里拉。她存在于人们的精神和想象里，却一直躁动在人们的内心。

“香格里拉”是什么意思？

在藏语里，“香格里拉”就是“心中的日月”。

香格里拉在哪里？

“香格里拉”在你我的心里。也在离心灵最近的地方——云南迪庆和四川稻城、乡城等一大片广阔的高原土地。

1971 年，她就出生在被誉为香格里拉、当时叫现在依然叫乡城的高原大地上的一个藏族人家。

丁春兰的阿爸曾是人民解放军藏民团的一位指导员，参加过平叛战斗。从记事起，常听到父亲讲起 1936 年贺龙、肖克率领红二六军团北上抗日路过乡城的故事，当年贺龙就住在与他家相邻不远的村子里，贺龙和众多红军将士的身影虽然对她而言是模糊的，但红军留在乡城的故事，犹如种子播撒在她心里。

然而，给她记忆深刻的不完全是美好的故事，故乡恶劣的气候和十年九灾的现实处境也让她那幼小的心灵受到震动，冰雹袭击、狂风暴雨、严寒风雪、森林火灾，尤其 20 世纪 80 年代发生在家乡的一次重大山洪泥石流灾害，冲毁房屋农田，损毁道路桥梁，触目惊心的灾情使她流下滚烫的泪水。每当家乡遭受灾害，她既感到恐惧，也懵懵懂懂产生好奇，这些灾害从何而来？有没有办法降住那些不期而至的洪水猛兽？自己能不能成为人们传说中的镇妖降魔的神仙大侠，为故乡驱魔除害？随着走进学校读书，她渐渐知道经常发生的自然灾害往往与气象情况相关联，于是暗暗下决心要成为一个服务故乡服务百姓的有用之人。

少时的梦想就像一粒种子，渐渐地在心灵里萌发。1987 年，她迎来了人生第一个转折——初中毕业后的升学考试。相对周围有的同学面对升学考试的不知所措的烦躁心情，她没有半点犹豫，果断地填上自愿，就读气象学校。她如愿以偿，考取了兰州气象学校。

那时学校毕业后国家分配工作。境遇的变化往往带来思想的变化，一些同学进入学校后，就失去学习动力，满足于60分万岁，没有了寒窗苦读的壮志豪情。她却一如既往，不敢松懈，虽然她是个喜爱唱歌跳舞、活泼欢快的姑娘，但她却常常在校园长廊里、操场边读书背诵，在学校图书馆如饥似渴勤奋学习，多少个节假日，多少个夜晚，她在知识海洋里挥臂搏击。

毕业了，宜宾、绵阳等内地气象部门是供她选择工作的地方。可是父亲对她说，回来吧，家乡更需要你，高原更需要气象人。带着父亲的期盼，带着老师的激励和鞭策，她放弃了在内地工作的机会，来到了同在康藏高原的甘孜县气象局工作，她就像一片洁白的雪花悄然飘落在高原大地，就像一朵雪莲悄悄绽放在雪山。

甘孜县离州府康定370公里，离乡城470公里。甘孜县是革命老区，是红军二、四方面军会师所在地。20世纪50年代，十八军进军西藏，为开辟空中运输线，一支部队留在甘孜修建机场。几个穿着黄色军装的气象工作者也走进机场建设工地，为机场建设提供气象服务。这也是甘孜州气象事业的开端。当时部队没有住房，部队就在机场工地旁边的土坡上开凿窑洞栖身。靠坡式的单孔窑洞，只有几平方米宽，当然没有陕北窑洞的冬暖夏凉的舒适，它只是掘地为穴，掏土成窑，窑顶铺上树枝盖上土，再开一个低矮的弧拱形门，像个地窝子。那些数百成千的窑洞排成队，嵌在土坡上，组成壮观的“蜂窝”阵。这是自然图景与生活图景的有机结合，是生存智慧的结晶，更是历史的见证。虽然气象工作者竭力工作，但由于观测手段和预报方法的相对落后，加之高原山地复杂多变的气候，还是没能准确预报变化多端的气象情况。

一个寒风呼啸的夜晚，狂风卷着雪花任意肆虐，暴雪压垮了窑洞，灾难让9个美丽如花的女兵在窑洞中匆忙走完了军旅之路，留下九座坟茔高高屹立在山头，那些坟头眺望着山下弯曲延伸的川藏公路和滔滔东去的雅砻江水。这些女兵只有十几岁，那么年轻，那么美丽，面带微笑，充满朝气。她们一个个顶风冒雪，坚强勇敢地从故乡走上高原，写下生动而悲怆的人生篇章。

如果说，9位女兵的不幸离去，是遭遇突如其来的天灾，而留在机场土坡上的9座女兵坟既告诉了一个关于军人使命的不朽意义，还让前去拜谒女兵坟的丁春兰更加懂得自己肩上担子的沉重。

甘孜县气象局那时叫气象站，是国家基准气候站，业务齐全，是预测预报的指标站，属国家艰苦二类台站，站址位于城外3公里的小山坡上，荒凉而孤寂。那时，丁春兰从事气象探测基础业务，具体工作之一是施放探空气球，气球牵引着探空仪器，气球升上天空后，又回到办公室通过雷达接收探空仪信号并进行整理，得出气象数据。放气球的时间是每天凌晨1点、早上7点、中午1点和晚上7点。海拔近3500米的甘孜县城，冬天气候寒冷，电力奇缺，取暖全靠烧炭火。一次凌晨施放气球，丁春兰突然眼前一黑，一股冷气从背后袭上身来，身子瘫软，“叭”的一声倒下地。一氧化碳炭火中毒！幸亏同事发现及时，抢救得当，才避免了悲剧发生。

无数个日子，往返行走在测场小径……凝望无数个气球飘向天际，捕获一个个气象数据，探寻自然的奥秘。

艰难磨意志，严寒炼精神。丁春兰用意志和毅力战胜了一个个困难，以雪莲花的品格，坚守在高原。

格桑花守护着高原的美丽

乡城巴姆山脚下开的野花漫山遍野，其中最多的就是格桑花，有黄色的、粉红色的、青绿色的……格桑花是美丽的，骨子里其实是平民化，到处都能见到她的身影。

——采访手记

当一轮红日从雪山升起，在晨风轻轻吹拂中，一个体格中等，形象端庄、面含微笑，手持气象观测记录簿的气象工作者从乡城县城边的气象观测场向值班室走来，她就是本文主人翁丁春兰。

根据工作需要，她在甘孜工作一年后调到乡城气象局工作，还把养成的“仔细、仔细、再仔细”的态度带到了乡城。

从她家到气象观测场是一条偏僻、崎岖的泥土小路，约有1里长，弯曲、狭窄，尤其在深夜和雨天极不好走，有时还会被几条流浪狗围攻。就是在这样的环境下，她在这个岗位坚持了26年，即使后来任了副局长一职，单位需要处理的事务多了，她依然坚守在这个岗位。在这26年里，她已记不清自己值了多少个夜班，被可怕的流浪狗攻击过多少次，但是她都会咬咬牙准时准点地完成地面观测任务。

从事气象工作27年来，无论是在甘孜县，还是在乡城县，无论是任观测员，还是任股长、副局长，岁月在她脚下流逝，从观测场到她办公室走过的无数来回，见证着她对工作一丝不苟的精神与意志，20多年观测数据准确无误不是一句随便兑现的豪言壮语，而是无数个起早摸黑、无数个精益求精、忘我工作的见证。

沿着时光隧道回溯，2010年大年初三，乡城人民还沉浸在节日的狂欢和喜悦之中。由于持续干旱，距离县城50多公里的沙贡乡章吉村发生严重森林火灾。森林灭火，气象人不能缺席。局长在外地休假，那天她在局里值班，立即安排人员奔赴火灾现场。没有车辆，就找其他单位借，缺乏御寒物资，自己想办法解决，她和两位男同事，带上气象观测仪器和人工影响天气装备，移动气象观测站、火箭发射器、火箭弹以及灭火工具等装了满满一车，连夜赶到火场。

章古村林中坡坡坎坎，许多地方步行都困难，峡谷陡峭，扑火人员只能徒步前往火场。

茂密森林里的树木成了烧焦的木炭。就在这时，大风又起，看似快要扑灭的几星林火在大风中正积蓄着可怕的力量。一道火光闪过，灾难又降临了。

“火燃得太快了！如果不止住，大片森林难保。”这是丁春兰发出的惊呼，她在现场参加灭火工作，发现了火情，她和其他灭火人员一起挥舞手中的铁锹、锄头等工具赶向火场时，火苗已蹿至几十米外，现场的人束手无策，只能眼睁睁地看着大火扑进他们赖以生存的森林。

由于当地植被干枯，气温较高，加之风向多变，火势蔓延迅速。虽经奋力扑救，但火场面积仍持续扩大。

火场险象环生。突然“咔嚓”的一声，一根水桶粗、已经烧焦的树桩从山坡倒下，向丁春兰站立的地方砸来，千钧一发之际，旁边一位同志发现及时，一把将她拉开，才避免了可怕灾难。

丁春兰(左一)工作照

女人如花。一看火灾现场来了女人，灭火指挥领导惜玉护花，命令丁春兰撤离现场。花被爱护理所应当，可火场如战场，上了战场岂能打退堂鼓？丁春兰第一次没有听从领导命令，毫不退缩，坚持在火场灭火。作为一个专业气象工作者，她知道，森林灭火救灾就怕遇到大风天气，这次火场上平均风速达三四级，阵风达七八级，所以过火面积增加特别快。为什么不听命令？“我在现场，可以给领导指挥灭火提供气象变化监测情况，便于灭火；我在现场，可以更好地组织开展人工增雨；我在现场，对参加灭火的同事也是一种鼓励。”事后，丁春兰如是说。

当时，丁春兰暗自下定决心，不管多么困难、多么累也要坚持扑灭林火。为了抓住有利天气形势开展人工增雨作业，她同群众一起驻扎在火场附近，与大家同吃同住，白天喝点矿泉水，吃点方便面，晚上只能坐在车里缓解一下疲劳。无法洗漱、吃不到热饭、喝不到热水、睡不上好觉，这对一个男人来说，都很难忍受，但是她凭借着毅力硬是坚持了4天3夜，终于迎来了有利的天气条件。在甘孜州气象局的配合指导下开展了一场及时的人工增雨作业。

“轰轰轰”，架设在山坡上的火箭设备在丁春兰的指挥下向天空上稍纵即逝的乌云发出了怒吼。人工增雨作业的战斗，根据气象工作者提供的气象情况，射出了寄托着希望的火箭弹。弹体在云中开花，雨水从天而降。这场林火被彻底控制了。然而，就是这次森林灭火，却把她累成了腰椎间盘突出病，当时痛得都无法直起身来，县领导和同事们都心疼地要她回家休息，但她却认为自己是一名共产党员，百姓的利益我有责任维护。等火完全熄灭了，回去休息也就安心了。就这样她和灭火人员一样坚持到最后。

乡城，因地形得名，是藏语“卡称”的汉语音译，其含义是手中之佛珠，因县境内硕曲河由北而南纵贯全境，像一根丝线把坐落在沿河两岸的白色村寨连在一起，犹如串串佛珠。

正斗乡就位于乡城县城西面70公里处，风景秀丽，气候宜人，民风淳朴，恬静清新。一条小河穿过山涧、树林、田野，弯弯曲曲地流向远方，河水清澈见底，在阳光的照射下闪着点点银光。然而在美丽景观的后面潜伏着恐怖。

正斗乡仁额村地势低洼，山体陡峭，泥石流频发。因为局里在此地设有自动气象站，每次暴雨天气过程前，丁春兰都不顾路途遥远到该村查看山体，了解气象情况。2014年6月9日的一个凌晨，正斗乡突降暴雨，造成仁额村发生泥石流灾害，“座座山头走蛟龙，条条沟口吹喇叭”（这是俗语，形容泥石流的响声震天，山摇地动），房屋像纸盒一样被揉碎，公路像纸片一样被冲走。洪水或冰雪融水夹着泥沙和巨石混合成一种黏稠般的泥浆，像离弦之箭，沿着陡坡飞速下冲，势不可挡，冲毁路基，捣毁农舍，把粮田变为沼泽，把草原变为泥塘……

这次灾害导致300余人受灾，300余人紧急转移安置，200余间房屋损坏。看到灾后村里的一片狼藉，她难受极了，为了安抚受灾的村民，她动员全局职工踊跃捐款，并主动向州气象局领导汇报，请示给予群众力所能及的帮助。在州局的支持下，共筹集资金1万多元，购买了大米、清油等生活用品送到灾民手中。

灾害如猛虎。猛虎第二年又要进村涂炭生灵。

根据气象预测:2015 年 8 月 24 日该村又将出现大暴雨天气过程。这次"猛虎"虽然进村,但提前做好了防范,极大地减少了一场因暴雨导致泥石流灾害而造成的损失。

幸运的降临不是上天的眷顾,而是得益于对灾害的准确预报、及时预警,防范措施到位、应急处置得当。

在灾害发生的头天上午,县气象局通过电话、短信、传真及时向全县发布暴雨重要天气警报,提醒各地加强河沟沿岸、滑坡危险地段、城集镇建设工地的监测巡视,做好防灾准备。收到信息后,县乡村迅速进入临战状态,第一时间将信息以短信形式发送至各地质灾害监测人员,并通过党政网和电话将雨情信息传达至各乡镇。各乡镇强化乡、村、组三级监测预警,采取有效措施,加强值班值守,确保人民群众生命财产安全。

狂风大作、电闪雷鸣,暴雨如期而至。受暴雨和泥石流袭击的仁额村干部和地灾监测人员第一时间报告乡政府,同时立即启动地质灾害应急预案,迅速组织群众向安全地点转移。

乡村干部在 20 分钟内组织 300 多名受灾群众,迅速转移至安全区。整个避险过程急而不乱,忙而有序。

有句流行语,能在高原上躺着睡觉就是奉献。丁春兰用无言的行动,像格桑花那样装点着高原的美丽。

海棠花温暖了藏家的生活

高原海棠花透红绽放,雅俗共赏,素有"国艳"之誉。一代文豪苏东坡曾留下"只恐夜深花睡去,故烧高烛照红妆"的名句。

高原人喜欢海棠,喜欢她的美丽!

——采访手记

白色的藏房如花朵开在硕曲河畔。进入乡城藏家村寨,最惹人注目的是那些白色房子和那些色彩鲜艳的经幡。一些藏家门口、窗户、院落中挂着的经幡哗哗飘飞。在窗台上、院坝边的花盆里,一株株海棠开得正欢,一个个枝杈上开了三四朵花,风一吹那种清香就散发出来,使人心旷神怡。海棠犹如彤云密布,美不胜收。

2016 年,由县城通往青德乡的山道上,走来一位气象人,走在了山村扶贫的路上,她看到了藏家村寨的美丽,她就是丁春兰。她在结对帮护、结对认亲工作中,她从藏族阿爸、阿妈的眼神中，看到了他们对于美好生活的渴望和感受到自己担子的沉重。

她在气象战线27年如一日，吃苦耐劳，坚持奋斗，积累了丰富的工作经验，将27年的美好岁月，洒落在藏区高原，为藏区气象事业发展献出了一份力量。为加快贫困群众脱贫致富、全面建设小康社会步伐，县气象局积极投入到精准扶贫工作中来，直接帮扶乡城县青德乡呷乃卡村、热宫村脱贫致富。

这天，丁春兰下车后，向呷乃卡村走去。

路是土路，房是土房，满眼是一片灰黄。这个穿着灰色上衣、蓝色裤子的气象人沿着通往村里的土路走了过来。她来这个村好几次了，村情早已烂熟于胸。

丁春兰认为，气象工作不能仅仅局限于单位业务的开展，而要走进藏区基层帮扶藏区百姓，给他们找出一条致富路，开出一条奔康道。在丁春兰眼里，基层群众就是亲人，她常说："作为一名共产党员，时常要把群众的事情放在心上，时常要看一看普通百姓日子过得怎么样？他们的困难解决了吗？"

为了准确把握帮扶村贫困户实际情况和制定切实有效的脱贫方案，丁春兰带领村两委干部进村入户，同农民群众同吃同住，全面了解全村的基本情况、生产生活、群众脱贫愿望，并结合村情，找准致贫原因和制约本村经济发展的主要矛盾。其对策之一是，动员村民由单一青稞种植转向发展酿酒葡萄产业和发展特色养殖业。

"藏鸡肉质好，价格也高，这几年买的人很多，一只成年鸡能卖到200元左右，一个藏鸡蛋也要卖3块钱。养藏鸡是摆脱贫困、增加收入的好法子。"贫困户阿佐领到县气象局给他们免费发放鸡苗后笑着说。

阿佐，乡城县青德乡呷乃卡村人。呷乃卡村是乡城县气象局扶贫帮扶村，全村共41户计276人，其中，建档立卡困难户14户80人，全村耕地面积303亩，主要农作物有小麦、大麦、青稞、玉米、土豆等。

丁春兰多次深入呷乃卡村调研指导，并会同镇党委政府、村两委反复商讨，确定将"发展藏鸡养殖业"作为一项重点措施落实，县气象局为14户贫困户发放了700只鸡苗。

藏鸡是特色品种，体型轻小，性情活泼，善于登高飞翔，常年栖息于畜圈梁架之上，或露宿于宅旁树林，处于半野生状态，能适应高寒恶劣多变的气候环境。新中国成立前，一般藏民多无食鸡食蛋习惯，养鸡目的主要是将公鸡用以时辰报晓，同时也将鸡和蛋作为贡品上交土司。随着社会变革进步，养鸡已成为藏族人民家庭副业之一。

布列尼玛家养的藏鸡不到一个月就死了几十只，看着别人家的藏鸡成活率很高，自己养的藏鸡却死了很多，又找不到原因，布列尼玛犯愁起来。获知这一情况后，丁春兰安排人员及时联系农技员，一同到布列尼玛家，查明了小藏鸡死亡的原因。为了避免此类情况再次发生，县气象局经过多方联系，在该村共举办养殖技术培训班5期，累计培训180余人次。通过“面对面”“手把手”的培训，使每位村民切实掌握了养殖技术，增产增收。

鸡苗虽小，却孕育着大希望。

阿佐说，他去年养殖了800只藏鸡，今年养了1000只，预计明年养殖2000只，有了县气象局的帮扶和技术培训，他对养殖藏鸡很有信心。

巍峨的群山，峰峦叠嶂。漫山的羊群如洁白的云朵，丽日蓝天，万里无云。淳朴的笑脸、着藏装的美丽姑娘……这是人们心中藏区的模样。

然而，这一切对于木郎宫村的四朗扎姆来说，却有着不同的理解：风雪严寒、空气干燥、弥漫的风沙、艰难的山脊翻越，那是生存环境恶劣的体现，孤独贫困是自己的生存状态。

四郎扎姆是个只有16岁的藏族姑娘。木郎宫村的根龙四郎拥章一家，由于家中劳动力缺少，加之16岁的次女四郎扎姆患有严重的包虫病，日子过得举步维艰。包虫病是由棘球蚴属绦虫寄生于人体或动物体内而引起的一种人畜共患寄生虫病，也是高度致死的疾病，被称为“第二癌症”，其死亡率超过肝癌。丁春兰得知这一情况后，主动上门了解情况，并与她家结为亲戚，尽最大的努力帮助他们。

2016年夏天的一个日子，丁春兰带着水果、牛奶、衣物又一次走进了她家。这是一间厨房和卧室混用的房子，房内陈设很简单，左边是一架铁皮火炉，右边靠墙叠着几床被盖和羊皮袄，地上铺的是已经破损严重的木板。上方墙壁下是排列的木质水柜和祭祀神灵、供奉菩萨的神龛。还有一条白色编织袋和一条白布口袋立在墙角，伸手一摸，才知装的是青稞面，袋子蔫巴巴的，像放完气的气球，里面的粮食只有几斤，估计过不了几天就会吃完。

丁春兰至今记得她第一次见到四郎扎姆的情景。两年前夏天的一个日子，丁春兰走进她的家。家里摆设和藏家多数家庭大同小异，引起丁春兰注意的不是屋内的陈设，而是墙角边在那儿发呆的一个姑娘。她叫四郎扎姆，离大家远远的，很孤独，头上戴着一顶蓝色帽子，上穿灰色衬衫，下穿蓝色裤子，脚穿凉鞋。模样端庄，棱角分明，可是低着头，缺乏活气。丁春兰纳闷，一个花季少女，怎么不去上学？姑娘迟疑了一下，才低声回答，我眼瞎了，看不见，不识字。进一步问，才弄清实情。她患了可怕的包虫病，病致眼瞎。她那双深黑的眼睛闭着，有时使劲睁开一条缝,想要看清外面的世界,从那双眼里丁春兰读出了她对生活的希望。平心而论,如果四郎扎姆生活在内地,如果有条件,可以得到及时救治,可以上盲人学校学习科学文化知识,依然可以成为一个有益于社会的人。然而,她没有这个机会,她只是生活在高原大地的一位包虫病人,是一位常年在大山深处与命运抗争的普通的藏家女孩,她的命运注定只能是默默地承受着病痛的折磨,以牺牲少女的美丽来与病痛做斗争。然而,她的不幸还不止于此。父母年老体衰,家中缺乏劳动力,生活十分困难,而她整天只能待在家里养病。于是丁春兰不仅为四郎扎姆申请政府救治,还积极向民政部门反映,把他们纳入低保,解决了他们一家的实际困难。

这次再到四郎扎姆家,当丁春兰推开门,四郎扎姆通过声音辨别出来是丁春兰来看她来了,就说:"丁阿姨,你好,你又来看我了!"随行人员感到诧异,一个双目失明的人,怎么知道是丁春兰到了她家?当听到有人这样问四朗扎姆时,四朗扎姆说,"丁阿姨常来我家,她的声音已印入了我的脑海。我的眼睛虽然看不见,可是我的心是明亮的,丁阿姨一定好漂亮、好漂亮。"

听到四郎扎姆说的这句话时,丁春兰既感动,又心痛,她知道在服务高原藏区这条路上自己还有更大的责任,扶贫攻坚之路还需要迈出更加坚实的步伐。

从 2012 年起,丁春兰先后对青德镇热宫村泽仁拥忠、娘苏丁真尼玛、呷地丁战朱三户贫困户,木朗宫村残疾人一当尼玛、拥麦洛绒阿麦慷慨解囊进行结对帮扶,并发动全局干部职工捐款资助其生活,帮助他们修房、看病,鼓励他们靠自己的能力致富。现在阿麦的茶馆生意做得不错,一家人其乐融融,过去阿麦曾因生意不好而丧失信心,在丁春兰的动员和鼓励下,他又重新振作起来,日子过得一天比一天好。

寒冷、苦寂是高原的常态,而四季开放的格桑花给人以温暖。丁春兰用火一样的热情传递着党和政府关怀人间的融融暖意。

杜鹃花开出绚丽图景

到了开花时节,高原杜鹃枝丫上的花朵,三个一团,五朵一簇,像一团团尽情燃烧、跳跃的火苗。高原人喜爱杜鹃花,是因为杜鹃花对生存环境要求不高,只要到一定的海拔高度,无论土质肥沃或贫瘠,有无人类的施肥除草,她都能茁壮成长,迎风怒放。

——采访手记

选择甘孜,扎根高原,既需要坚忍不拔的意志,更需要无声的行动。

2001年2月，丁春兰终生难忘。当时，单位同事大都回家过春节，局里仅有她和另一位同事值班，恰逢她父亲查出了肝癌晚期，需住院治疗。由于单位人手少，她就匆匆服侍完父亲后，再赶往单位上班。就在这个时候，唯一能替她上班的同事又突发心脏病住院，他的家人又不在身边，全局上下仅有她一人，这种情况下，她没有退缩，也没有给上级领导反映困难，而是每天坚持值班、照顾生病的同事、陪伴病重的父亲，就这样她硬是撑了一个多月的时间。最后，同事的病痊愈了，而父亲却永远地离开了……在料理完父亲的后事后，她又马上返回到工作岗位上。

如果世界上只有一种花朵，就算这种花朵再美，那也是单调的。作为主持单位工作的局领导，丁春兰十分关心全体职工的工作生活，把职工拧成一股绳，像一朵朵杜鹃竞相开放。

她在工作上信奉“宁做实事一件、不求表面一片”。生活中，同职工打成一片，关心他们的思想、学习和工作、生活。全局职工目前只有7人，大多数是内地来的大学生。对于新来的同事，她更是倍加关心。单位没有食堂，从山东过来的小赵，刚到乡城县时高原反应强烈，再加上刚从学校毕业，生活自理能力较差，连煮面条也不会，他过去煮面条时把水掺进锅后，不等水烧开就放入面条和调料，把面条煮成一锅糨糊状。丁春兰就教他如何做饭，怎么做到营养搭配，怎样应对高原环境等生活常识，使小赵很快适应了高原生活，并学会做菜做饭，现在他安心高原工作，成为局里工作的骨干、气象台长。

梅文秀是来自青海的一位小姑娘，现在已组建了三口之家，每次提到她的家，她总是满脸的甜蜜，她说是丁局长的牵线搭桥，给了她这个家，她才能更加安心地投入高原气象事业。

罗仁斌是成都人，大学毕业后来到乡城气象局工作，妻子住成都。乡城距成都近900公里，他因工作繁忙难得回家。2015年，妻子带着8个月的儿子到乡城探望丈夫。罗仁斌心里高兴万分。丁春兰也很关心此事，对要前去迎接妻子的罗仁斌一一叮嘱准备事项，还给他准备了氧气瓶。亚丁机场海拔4400米，是全国海拔第二高机场。罗仁斌妻子带着儿子一下飞机就出现高原反应，尤其儿子哭叫不止，脸色发紫，大口喘气，罗仁斌立即给孩子输氧，才使孩子转危为安。对于这件小事，罗仁斌说，事情虽小，却是丁局长对大家无微不至关怀的体现。

单丝不成线，独木不成林。一花独放不是春，百花齐放春满园。高原需要装点。丁春兰用挚爱与深情，把员工凝结成团，凝结成锦，放射出华美光彩。

近几年来，乡城县气象局先后荣获全国气象部门“文明台站标兵”、中国气象局“气象部门局务公开先进单位”“省级文明单位”、四川省气象局“地面气象观测工作优秀集体”“四川省卫生先进单位”、甘孜州“创文明行业活动先进窗口”“甘孜州卫生先进单位”、乡城县“模范职工之家”“先锋基层党组织”“社会治安综合治理优秀单位”，并多次荣获甘孜州气象局各类业务服务先进集体、年度目标考评优秀单位等诸多荣誉称号，2011 年至 2016 年连续 6 年荣获县委、县政府目标考核一等奖。

对于单位和她本人所取得的这些荣誉和成绩，丁春兰知道，背后承载的是大家的付出和奉献。

有人问她，作为一个女人，这么辛苦做这些事，图什么呀？她回答说，希望用这种方式回报党的培养，回报人民的养育。

丁春兰在全省气象部门道德模范巡回演讲时，道出了她的肺腑之声，道出了她不辱使命的情怀。

感恩是文明长河中扣人心弦的乐章。感恩太阳，才能领悟温暖的美好，感恩大地，才能感受馈赠的厚实。学会感恩，是每个人必须面对的社会课题。成年累月在气象战线操劳，有苦闷也有快乐，有付出也有收获，有劳累更有幸福，眼看着乡城气象事业的不断发展，亲历着气象科技的日新月异，见证着家乡经济社会的快速进步和群众生活的日益殷实，让丁春兰更加坚信着自己的人生信条：用不停的脚步，去丈量爱与奉献的未来之路！

雪莲花、格桑花、海棠花、杜鹃花，虽然花色不一、大小有异，但她们都有一个共同点，就是散发着清香——如丁“春兰”的名字一样，那是“春天兰花”之香，是气象之花之香！

作者：胡庆和　胡继华　蒋明泉

巾帼何需让须眉　乌蒙深处谱新篇

——记贵州省六盘水市六枝特区气象局副局长唐燕

凡是接触过唐燕同志的人，都会被她充沛的工作精力、饱满的工作热情、兢兢业业的工作作风和高效的工作效率所折服。在她身上，既集中了女性的温柔美丽与自信自强，又体现了领导干部的精明能干和奋发有为，六盘水市气象局领导及六枝特区政府领导都曾说："唐燕是一位在气象战线上精明能干的女局长、女汉子。"

唐燕，女，汉族，1984 年 2 月出生于贵州省六枝特区一个普通农民家庭里。2005 年 7 月毕业于贵州大学信息与计算科学专业，同年 12 月结业于南京信息工程大学大气科学专业；2006 年 1 月分配到黔南州惠水县气象局工作。其中 2006 年 6 月至 2009 年 9 月从事地面测报工作兼任单位出纳。2009 年 11 月，由于夫妻两地分居，在上级领导的关心下，调入水城县气象局工作；2010 年 9 月担任水城县气象局测报股股长，负责测报股日常事务管理。2012 年 12 月被六盘水市气象局初级职称评审委员会聘为大气探测助理工程师。2014 年 6 月至 2016 年 5 月期间，任水城县气象局副局长，主要分管基础业务、财务管理等方面工作。2016 年 5 月至今，任六枝特区气象局副局长，主要分管基础业务和纪检相关工作。

践行党的宗旨　取得显著成效

唐燕自参加工作以来，一直在一线从事气象综合观测、气象服务及管理工作，培养了一批又一批气象业务、服务技术人员。工作中尽职尽责，吃苦耐劳，在气象观测、气象服务以及气象科研工作中发挥了自己应有的作用。在她的带领下，水城局的气象综合业务跃居六盘水市气象部门前列，唐燕吃苦耐劳和敢做敢为的工作态度和雷厉风行的工作干劲也在全局年轻同志中树立了榜样，在同志们心中起着率先垂范的表率。

她在思想上、政治上同党中央保持高度一致，努力学习马列主义、毛泽东思想、邓小平理论、"三个代表"重要思想、科学发展观和习近平"系列重要讲话"精神，自觉维护班子团结，服从组织决定和安排，以大局为重，言行一致；树立正确的世界观、人生观、价值观，关爱集体、热爱气象事业，积极参加水城县组织的理论学习及考试，并积极向党组织靠拢。2015 年 5 月，她参加了水城县直机关工委举办的入党积极分子党课培训班，并以优秀的成绩通过培训班结业考试；2016 年 8 月水城县直机关工委会议研究，批准她正式加入中国共产党，成为中共预备党员；2017 年 8 月，转为正式党员。

努力拼搏　成绩显著

自参加工作以来，唐燕在惠水县气象局工作期间，主要在地面气象测报岗位上，从事地面气象测报以及报表预审工作，同时还兼任过财务及农气等工作。在农气工作方面，跟班期间主要学习了农作物(即水稻)的观测。水稻的每一个发育期(从播种到收获)她都亲自到田间观测，经过一段时间的努力，个人能独立观测及编发气象旬月报。在财务工作方面，2006 年 6 月至 2009 年 9 月兼任惠水县气象局财务工作期间，严格遵守财务管理制度，为了更好地做好出纳工作，她报名参加会计从业资格考试，并于 2007 年 7 月获得会计从业资格证。在地面观测工作方面，由于所学专业为非气象专业，业务知识几乎为零，但她并没有气馁，以绝不掉队、不拖同事后腿为目标，通过努力学习，在跟班 1 个月后，就能熟练地按照气象观测程序进行观测发报，并独立值班。并于 2009 年 1 月任气象台台长，除参与值班，还负责地面测报的各项工作，如网络问题、雷击串口、测报软件升级及参数设置、各种材料上报等。另外，在水城局工作期间，在推动综合气象观测发展上，紧跟全国综合气象观测发展步伐，及时参加学习和培训各种新知识，以更好更快地适应业务实际发展需要；同时在 2012 年 3 月的地面气象观测业务调整中，培训和指导六盘水市地面测报人员，让大家熟悉和掌握业务调整的相关内容和注意事项，保障了地面测报工作的业务调整顺利进行。

刻苦钻研　精益求精

在工作中，唐燕努力学习业务规范、各项技术规定和规章制度，定期和不定期参加测报业务学习和换季学习，在学习中与同事们共同探讨业务中存在的问题及其处理方法。

对于地面测报工作来说，云、能、天的配合是一个非常重要的问题，通过多年来的工作实践，她总结出如何提高云、能、天观测能力的三条注意事项：一是注意云的观测和记录，要熟记各种云的天气现象主要特征、生成原因。特别注意可能混淆的云，要结合天气现象和云的变化，认真分析云状。云与天气现象、降水的关系有时很复杂，一般情况，下毛毛雨或米雪的是层云；阵性降水多降自积雨云，有时龙积云、层积云也可降小的阵性雨；连续性的降水多降自于高层云、雨层云；二是夜间观测云要防止错觉。夜间观测云比较困难，除傍晚时应注意云的状况和演变趋势外，在观测前应适当提前到观测场使眼睛适应环境再观测，观测时可根据视觉，结合星光的疏密、清晰程度，云体的颜色、移动速度以及伴见的天气现象，参照傍晚时云的状况判别云状，估计云量；三是提高目测水平，要熟记能见度目标方位、距离，特别要掌握夜间能见度的观测方法。由她总结出的以上三条云、能、天观测的注意事项，对提高全站观测员的观测能力具有很强的可操作性，得到了同志们的一致好评。

唐燕工作照

业务的熟悉与否不仅表现在能否值好每一个班，还体现在报表的审核质量上。通过自己的努力，她从最初的不懂，到渐渐熟悉，直到每次都能保质保量地完成报表的审核任务。通过报表审核，她知道审核好一份报表，首先要明白自动站报表由哪些文件组成，以及其相互间的关系；其次要完善数据审核规则库（即对规则库的设置要宽细适度、合理），以及对一些矛盾记录进行综合判断处理。自动站报表数据量大，在人工审核的基础上，辅以机审，特别是经 3 套程序（测报软件自带的审核程序、浙江审核程序及安徽审核程序）审核后若均无错，一般情况下就可通过审核。

细节是成败的关键。对于2012年4月地面气象观测业务的改革调整，她总结出业务调整后的三条注意事项：一是软件的安装及参数设置。软件的安装一定要按照正确的顺序，先安装哪个版本，后安装哪个版本。如果安装顺序不正确，软件运行一段时间后可能就会出现问题，关键时候就会掉链子。比如说正点时有数据，一旦数据上传，B文件里的数据就会变为空，卸载后，过了一段时间也会变为空；其次是参数设置，参数的输入一定要细心，不能马虎，一小点问题可能就会导致数据无法上传，或质控时数据不正确，所谓一招不慎、满盘皆输。二是仪器设备。要做到有备无患，保证在用仪器和备用仪器时刻处于良好状态，一旦在用仪器出现问题，可及时地将备份仪器换上，才能不耽误时间。三是疑误信息的处理。质控中，Q1里不能出现1、2及9这3个数字，为了方便快速查找气象要素，应将Q1中的质控码标注是哪个气象要素，并贴在主机显示器下面，一旦Q1中出现1、2及9，就能及时查找出相对应的气象要素。疑误信息中可能碰到最多的就是雨量问题，只要掌握小时雨量和分钟雨量一致，一般不会出现太大的问题。

气象观测是人们认识大气现象和气候变化的手段，气象观测信息和数据是开展天气预警预报、气候预测预估及各类气象服务、科学研究的基础，是推动气象科学发展的原动力。

综合气象观测系统是现代气象业务体系的重要组成部分，是提升公共气象服务能力和提高气象预报预测准确率的重要基础。地面气象观测又是综合气象观测的基础。地面气象观测工作是一项细致入微的工作，它不仅需要个人的细心和认真，作为观测员，她总结出了在工作中应把握好三点：一是要工作责任心强，态度端正，认真细心；二是要熟悉原有气象相关理论知识、《地面气象观测规范》、技术规定、补充技术规定和操作方法等专业知识和技能；三是作为一名气象人，要做到干哪行，爱哪行，要不断地学习新知识及技能，以更好地适应气象业务发展的需要。

此外，她还积极参加各种培训，提升自身业务技能。主要参加了省局培训中心组织的地面测报及中国气象局有关知识的远程培训，如自动站维修保障培训、地面测报规范化实施细则培训、综合气象观测基础远程培训、气象数据格式类标准远程培训、2011年中国华云新型自动气象站技术培训及地面气象观测业务改革调整等，通过一系列的培训，使她进一步了解了新型自动站的系统结构、工作原理、安装及维护，为下一步地面气象观测工作完全自动化奠定了基础。

无私奉献　人生无悔

2013 年 9 月 23 日，唐燕及其他 4 名同志到水城县米萝乡遴选五要素站址，在返程途中遭遇车祸，发生重大交通事故，时任水城县气象局局长钱为胜当场身亡，其他同志不同程度地受伤，唐燕在车祸中右手肱骨折断为三截，肘关节粉碎性骨折，身体其他部位多处软组织撞伤和擦伤，后经六盘水市人民医院鉴定伤残等级为七级，虽后期经过一定的康复性治疗，但是一遇天气变化，右手经常被病痛的后遗症折磨着。虽然如此，唐燕仍然以大局为重，为参加 2014 年全国业务技能竞赛，9 月份工伤未愈，她又投入到全省业务技能竞赛的集训中。唐燕作为六盘水市气象局的种子选手参加了市局组织的选手集训，当时唐燕右手因车祸受伤，手臂里还留有一块长 14 厘米的钢板固定着，活动不方便，操作不灵活，只能用"一只手"操作计算机，用"一只手"对自动气象站设备进行维护，为此，大家都亲切地叫她"一把手"。业务科将此情况向市局领导汇报，她自己却说："辛苦点不怕，痛一点也不怕，不能因为自己原因拖了团队的后腿。"在市局领导的支持和信任下，她没有退缩，没有找借口，忍着身体病痛的压力，参与到业务集训中。在每天学习中，你会看见每学习半个小时，她就会活动一下受伤的右手以缓解疼痛，因为如果长时间不活动，血脉不通，会造成右手疼痛和麻痹。中午吃饭后，大家都在休息，她却利用休息时间拆卸和安装自动站设备，锻炼手臂的灵活度，并给自己定了一个目标，若不能在规定的时间内完成安装和拆卸，就不休息，直到达到要求为止。尤其是集训期间，爱人又在另一个县城工作，4 岁的小孩没有人照管，考虑到情况特殊，单位允许她以自学为主，但是她仍然坚持每天把小孩送到幼儿园后，和其他同志一起学习。她把能用的时间都利用起来，每天待小孩睡觉后，她都会学习到凌晨 1 点左右。由于受她百折不挠精神的感染，竞赛小组全体人员奋力进取，努力拼搏，最终取得"贵州省县级综合气象业务职业技能竞赛"团体第一名和个人全能第一名，使六盘水基础业务水平保持全省前列，并代表贵州省气象局参加了"全国气象行业职业技能竞赛"。同时在近 5 年全市县(区)局考核中均为优秀达标单位。

都说做领导难，但做一个女领导更难。哪个女人不恋家？哪个母亲不爱孩子？哪个女儿不想留在父母身边以报养育之恩？但是，为了水城的气象事业，唐燕几乎都放弃了，为了工作，她什么都顾不上了。丈夫偶有怨言，她默默地忍受着；孩子小，她没有时间好好陪伴；自己身体不好应去医院检查，能拖就拖，仍然坚守在工作岗位上。在六枝特区气象局工作期间，她虽身怀六甲，但除处理好日常工作外，仍然陪同各种检查组、工作组，经常颠簸在往返乡间的路上……

爱岗敬业　勤奋踏实

作为分管业务的副局长，她除了参与应急时领导带班外，还参与平时业务值班，以便能及时了解业务动态，熟悉业务流程，掌握业务技能。并以身作则，加强学习，提高自身的业务能力与素质，起模范带头作用。工作中爱岗敬业，服从组织领导；有高度的事业心、责任感；遵纪守法，模范执行各项规章制度；忠于职守，勤奋工作，严谨求实，尽职尽责，不断提高工作效率和工作质量。在推动水城局综合气象观测发展上，她紧跟全国综合气象观测发展步伐，及时参加学习和培训各种新知识，以更好更快地适应业务实际发展需要；每月参与测报人员进行业务学习，及时对业务中出现的问题进行探讨和分析，并及时向业务科咨询和汇报，找到解决办法；设备出现故障，她亲自带领业务人员一起进行维修检查，指导业务人员如何处理设备故障；对省、市局下发的涉及业务方面文件，至少组织 2 次以上的学习，让业务人员把文件精神和文件内容读懂读透。

在综合观测工作中，她本着严谨认真的工作态度，严格执行《地面气象观测规范》及各项技术规定，按时取准、取全每一个数据。值班时，严守岗位，不擅离职守，集中精力监视天气变化，不做与值班无关的事情；不私自带班、调班。在地面测报方面，她从来没有发生过责任性事故及重大差错，错情数 0 条；报文上传及时率为 100%，实时资料上传及时率为 100%，数据业务可用性为 100%，测报质量长期保持稳定，每年均获地面气象测报连续“百班无错情奖”。

好学上进　争优创先

2012 年 6 月的一个晚上 12 时许，六盘水市的夜空电闪雷鸣，随着“咔嚓”一声巨响，水城国家基本气象站的整个自动站系统瘫痪了，业务软件界面数据全部缺测。由于当时对数据上传及时率要求非常严格，如果不及时解决，将会影响数据上传质量，对全省的测报业务质量造成非常不好的影响。业务值班人员异常紧张，无法应对局面，立即给业务股长、分管领导及市局业务科打电话后，马上投入到故障排查工作中去。作为业务股长的她，在家中接到电话后，二话没说，因先生在外地工作，不放心将不到 3 岁的孩子独自放在家中，立马将熟睡中的孩子往背上一背，撑着雨伞赶到单位，把熟睡中的孩子往值班沙发上一放，就投入到工作中去了。她告诉值班人员，排除故障的同时，要确保 02 时定时观测数据能在规定的时间内上传，所以要做好两手准备，02 时定时观测前能恢复最好，若是不能恢复，要做好人工观测编发报的准备。她根据平时积累的经验，带着值班人员逐项排查，从采集箱器的电源、防雷板、线路、串口、保险丝到计算机端口逐一进行检查，经过近1个小时的紧急处理，故障终于在定时观测前排除了，大家都长长地松了一口气，但所有人员全身上下再也找不到一寸干的衣服。在整个故障排除的过程中，她穿梭于测报室与观测场之间，轰隆隆的雷声把孩子吓醒了，哭闹不止，但她无法顾及孩子的哭闹，仍然全力以赴地和同事们逐项排查故障出在哪里。事后，她抱起已经哭得嘶哑了的孩子，语无伦次地哄着孩子说："宝贝，对不起、对不起，都怪妈妈，以后不会了，别哭了，别哭了。"看到这样的情景，所有人员的眼睛都湿润了……

近年来，唐燕多次为集体和个人争得荣誉，个人获得中国气象局表彰的"优秀测报员"、贵州省人社厅和贵州省气象局共同表彰的"二等功"、全省观测岗位标兵，获"贵州省县级综合气象业务职业技能竞赛"个人全能一等奖两次，两次代表贵州省气象局参加"全国气象行业职业技能竞赛"。她工作中注重总结和归纳，刻苦钻研，努力提升自身理论水平，发表学术论文6篇。在她的带领下，水城局的气象综合业务跃居六盘水市气象部门前列。唐燕吃苦耐劳和敢作敢为的工作态度以及雷厉风行的工作干劲也在全局年轻同志中树立了榜样，起着率先垂范的表率。

热爱集体　关爱同事

唐燕在工作中热爱集体、关心同事、无私忘我，得到全局上下一致好评。在水城局工作期间，每年时值春节，如何安排好业务排班是一个难题，其中最主要的原因就是业务值班人员全部是外地人，若安排不好，同事间就会出现怨言和矛盾，一年到头，谁都想回去陪家人欢度佳节，但工作总得有人来做呀。唐燕调入水城局后，担任测报股股长，领导就把这个问题交给了她，春节值班由她来安排。安排谁回去呢？思来想去，还是把所有业务人员集中起来，看看大家有什么好的主意，因为春节嘛，谁都想回去，尤其是单身的。在大家都不表态的情况，她就表达了自己的观点：在能确保业务顺利进行的前提下，尽量都安排回家过春节，当时水城局业务值班人员有6人，如果安排3人回去，仅有3个值班就太辛苦。后来经大家商量一致同意：每年安排2个同志回去过节，4人留下来值班，3年一轮。这样就把值班的问题解决了，大家欣然接受。但是每年轮到她休息的时间，她都会主动对留下来的同志说："春节我来值班，你们既没有结婚，家又不在这里，留下来挺孤单的，还是回去陪父母吧，我离家比较近，等你们回来了后，我再回去看看父母就可以了。"所以她在水城局工作近 7 年，除了休产假和出车祸那两年的春节是在家陪父母之外，其余每年均是在办公室度过。每年春节前，她满怀歉意地打电话给家中老人说"今年又要值班"时，老人的答复是：一切以工作为主。爱人和女儿也很理解她，说一家三口在哪，家就在哪。在每年春节的值班期间，她都把小家搬到单位，一家三口的年夜饭是在测报室的烤火炉上吃的。看到回到外地陪家人过春节的同事们发过来的问候短信和一家人欢快聚餐的图片时，她愉快地笑了！2016 年 5 月调到六枝局后，第一个春节来临了，由于单位人少，加上她一共只有 4 个人值业务班，在局领导安排春节值班人员时，她主动申请留下来值班，为什么呢？因为其他 3 名同事都是外地人，其中一人自从上班后从没有陪父母吃过一顿年夜饭。另一人的父亲刚因生病去世了，还有 1 人尚未成家。考虑到大家的不易，最后，她们一家三口的年夜饭又搬到了值班室的烤火炉上……

阳光生活　责任担当

唐燕在日常生活中喜欢各种运动，尤其酷爱篮球，在读高中期间，她一直是学校校队的主力队员；大学期间，也是所在院队主力队员，并在各种篮球比赛中，多次获得集体和类似于"最佳女射手"的个人奖励。正是因为喜欢运动，培养了她良好的团队协作精神及积极阳光的生活态度。在水城县气象局工作期间，她组建了篮球队，每天利用下班休息时间，带领年轻同志与周边群众打球赛，既锻炼了大家的身体，又让团队合作和拼搏进取精神在竞技中得到提高和升华。同时，她还协助局长，组织员工开展多种形式的文体活动，如跳绳、乒乓球、羽毛球、踢毽等活动，营造了良好的工作氛围，带好了队伍，为团队在日常的各项工作中奋勇争先打下了良好基础。唐燕常说："人活着，就要有奋斗目标，作为一名基层领导，首先要练好内功，完善自我；同时，有责任把年轻人带好，要为他们创造机会和锻炼平台。"

作为一名气象工作者，她在政治思想上严格要求自己，在学习中刻苦钻研，在工作中尽职尽责，虽取得了一定的成绩，但她深知，自身综合素质离气象事业的发展需要还有很大的差距。今后她将加倍努力干好本职工作，同时注重加强各方面知识的积累和学习，全方位提高自己的业务技术水平和工作能力，使自己的业务技能达到或超过工程师的要求，同时要为适应今后气象事业的发展不断提升和完善自己。

除了在工作中严于律己外，唐燕也注重"内外兼修"，在家庭中也努力做好"贤内助"。由于丈夫在单位上也是业务骨干，从 2011 年开始，就轮流在六盘水市的几个县区交流任职。丈夫第一次离家到外地工作时，女儿不到两岁。为了让丈夫能安心工作，在做好本职工作之余，她上孝敬好公婆，中带好丈夫的弟妹，下教育好一双儿女。每逢重要节日，她要先回去看公婆，后再回去看自己的父母。由于丈夫也是来自农村，从 2006 年开始，她和丈夫就主动负责起了正在上高中的弟、妹的生活费用和部分学费，为公婆减轻负担，一直将弟、妹供到大学毕业。此外，在工作之余，她每天要督促女儿完成家庭作业和钢琴练习，每周末要陪同女儿去参加钢琴、舞蹈、书法等特长班，还要带刚出生的儿子等，累并快乐着。通过她日复一日的辛勤付出，女儿取得了钢琴三级、舞蹈四级证书，并在各种比赛中多次获奖，性格活泼开朗，一家人其乐融融。公婆常说：你是我们家老二（丈夫在家中排行老二）几辈子修来的福气。

做人难、做女人更难、做一个丈夫长年在外地交流工作的基层女气象局长更是难上加难。但唐燕没有言一声苦、道一声累，丈夫多次握着她的双手，满怀歉意地对着她说“辛苦你了！”也许是天生的乐观派，也许是对自己在车祸中获得第二次生命的一种感恩，她觉得人应该好好活着，负责任地活着，再多的付出都是值得的！

“春蚕到死丝方尽，蜡炬成灰泪始干”。她把青春和热血奉献给了热爱的气象事业，用自己的实际行动深刻诠释了一个普通气象工作者的爱岗敬业精神。她用积极阳光的生活态度、怀着一颗感恩的心，谱写了一首基层女气象局长的生命赞歌！

作者：池再香

勇立潮头唱大风

——记云南省大理市气象局局长赵晓红

世上本无路，走的人多了，于是便有了路。成功者脚下的路总是不平凡的，需要有坚韧不拔、勇于探索的精神，通过不懈努力才能走出不平凡的路。苍洱湖畔气象系统就有这样一支团队，这个团队的带头人赵晓红，正是在这曲折、坎坷的漫漫路途中，一步步创造出不平凡的辉煌业绩。

——采访手记

赵晓红，女，1973年1月出生于云南省大理市，中共党员，现任云南省大理市气象局党组书记、局长，大理国家气候观象台副台长。多年来，赵晓红恪尽职守、乐于奉献，带领大理市气象局职工为全市气象工作做出了积极贡献。连年获得大理市“优秀共产党员”“森林防火先进个人”“平安工作先进个人”等多项荣誉称号。

她带领的气象团队和她的先进事迹在苍洱湖畔、名城大理广为传颂。

创新，是探索的产物。如果没有探索者的艰辛努力，就不可能有成功之路。

生活中常常看到有这样的情形，有的人因走惯了别人走过的路，一旦遇到沼泽泥潭，或无路可走，便陷入困境踌躇不前，怨天尤人，等待观望。而那些富有使命感和责任心的人，却不愿做路的奴隶，不愿意吃别人嚼过的馍，因而他们的脚下永远有路。创新与发展，是他们到达胜利彼岸的工作目标。

大理市气象局就是这样一支勇于创新的团队，他们在探索大理国家气候观象台的建设和科学试验开展的道路上，不畏艰险，他们的先进经验在全省乃至全国推广。省内外参观学习人员络绎不绝，每年接待国内外来访学者近百人。台站作为南京信息工程大学、成都信息工程大学、云南大学等院校的教学实践基地，先后被评为全国气象科普教育基地、全国科普教育基地、云南省环境教育基地、全国远程学习示范点等多项荣誉称号。

在这众多成绩的背后，是大理市气象局领导班子前瞻谋划，顶层设计，勇于创新的真实写照，凝聚着局长赵晓红和全体气象工作者的真情付出。他们在新的起点上，勇于探索，不断转型升级，实现了一次又一次的飞跃，续写着新的篇章。

勇于探索，引领气象工作时代新潮

大理国家气候观象台的建设是一个全新的课题，没有现成的经验可循。赵晓红说，大理观象台从成立到现在已度过 10 年，它的建设与发展可谓是走出了一条攻坚克难、创新发展之路，为边疆气象事业创造了辉煌，也赢得了荣誉。

赵晓红回忆说，当时，为了圆满完成中国气象局下达的试点任务要求，做好观象台试点工作，省、州、市局领导高度重视，成立了大理观象台建设领导小组，参与观象台的各项工作。相关部门上下通力合作，全力以赴以改革创新的精神积极做好中国局下达的这一全新的目标任务，努力实现从传统气象站观测业务向国家气候观象台研究型业务的转变。

落实观象台建设用地，争取地方党委、政府的支持。大理观象台位于苍山脚下、洱海之滨，是大理市的世界级旅游胜地的黄金海岸，也是国家级农业吨良田的重点示范保护区。毫不夸张地说，这里寸土寸金，每一寸土地的征用都必须经中央国土资源部门的批准。大理气象站原占地约 6 亩，现在升级为观象台后必须新征大量土地用于观测仪器的布设和探测环境的维护。通常情况下，在寸土寸金和国家红线控制下的地域争取大量业务用地，其难度可想而知。大理市气象局积极主动向市委、市政府领导汇报，说明大理观象台的建设事关全局，也关乎着大理地区气象服务的重大决策。他们在上下沟通的同时，努力争取省州局的支持。一方面统一内部思想，另一方面积极主动与当地党委、政府反复沟通，取得共识。明确提出了大理观象台的建设，是气象部门科学监测气候环境变化、致力服务地方经济建设的重大科技项目的新观念。使党委、政府充分认识到大理观象台的建设是我国气象事业发展的重要项目，是有效监测区域气候变化、保护生态环境、服务大理经济社会发展的重要手段，是重大气象科学实验和群众科普教育的重要场所。最终得到了州、市两级政府的大力支持，并帮助气象部门积极向上级国土资源管理部门争取批准，拨款支持观象台项目征地 30 多亩，使观测业务科研用地达到原来的 6 倍之多，有力地保障了各种先进仪器设备落户大理。

“一台多点、以点带面”的全新观象台业务体系是台站研究型业务的重大创新。观象台建设之初，云南气象的决策者们就对如何充分利用好项目的技术和设备，创新性的建设好“一台多点、以点带面”的全新观象台业务体系进行科学谋划。大理观象台位于中国气象局确定的 16 个气候观测关键区之一的川滇综合生态观测区中心位置，针对复杂的山地环境，建立了“苍山洱海典型山地剖面气象综合观测系统”，该系统围绕大理观象台观测核心区，以获取典型山地区域非均一下垫面和复杂地形状态大气基本情况观测资料，加强数值预报对此种类型区域地—气相互作用机制的理解，为提高局地天气气候预测预报水平提供科学依据。针对西南季风水汽通道，沿高黎贡山、哀牢山设立了东西向的腾冲—大理—楚雄监测站网和南北向的怒江—大理—景洪监测站网，将有效地对西南季风进退、西南水汽输送进行精细化的监测。它们形成了“一台多点”式现代气象综合观测网，初步的野外监测试验已经展开。上级气象部门领导对这一做法肯定说，此举必将对提高青藏高原西南部周边地区气象观测数据的精密度和质量，改进我国数值预报系统对西南地区的预报能力做出重要贡献。

洱海水上自动观测系统，开创了我国西部高原湖泊气象环境观测的先河。它的建成可谓是一波三折，当初，中日合作 JICA 项目落户大理时，只想针对洱海的水温、蓝绿藻、导电率等少数几个要素进行观测，并且计划利用置放浮标悬挂简单仪器进行工作。这种方式，必将造成测点不易固定、维护操作难、资料没有代表性，不利于长久运行，属于暂时的一次性终结项目。赵晓红带领有关技术人员在充分调研的基础上，创造性地明确提出了增加水面观测要素、建立永久性水面观测固定平台的意见，此举不仅得到了投资方 JICA 项目的认可和支持，更是得到了省、州局领导的充分肯定和大力支持。但是，由于《洱海保护条例》刚刚出台，要想在洱海水面禁区大兴工程，其难度可想而知。在大理州、市两级气象部门的共同努力下，终于得到圆满解决。

困难接踵而至，JICA 项目得到了各方认可，可如何把洱海水面观测平台建设好，又成为摆在观象台建设者面前的一大难关。当时，在高原湖泊水面建气象环境观测平台国内尚无先例，赵晓红却义无反顾，多方协调做说服工作，得到了大家的支持。她带领技术人员调查研究，发扬全局职工敢想敢干的精神，攻克了平台的稳定性和平台高程计算的难题，终于建成了我国首个永久性的高原湖泊观测点，观测内容也在中国气科院支持下，由当初的几个要素观测增加到了 20 多个。经过 10 年的运行后，该系统不仅经受了考验，而且为有效地保护洱海、揭示洱海对局地气候变化的作用，认识“湖—陆—气”相互作用及水汽热量交换规律和灾害性天气发生发展机制这些新的科研项目提供了大量的科学数据。

上级气象部门领导对此肯定说，由赵晓红带领的团队提出在水面建气象环境观测平台的实践证明，这一大胆探索开创了国内气象系统有效保护湖泊、如何应对自然灾害的先河。中国气象局领导、JICA 项目中日双方首席科学家均对此给予高度评价。该水面系统平台的建成，也得到了国内科技界的极大关注，并入选刊登在《中国科学·D辑》2015 年第三期中文版和英文版的封面上，获得了同行业内的高度赞誉。

培养人才，打造一支观象台精英团队

人才是事业的保证。大理气象站升级为大理国家气候观象台后，引进了国内外一流的大气探测设备，设备如何操作使用？怎么从传统的测报业务向应用研究型业务转变？人才从哪里来？这一系列的问题是省、州、台各级领导思考的重大课题，也是赵晓红思考最多的问题。

人才的培养可谓让赵晓红伤透了脑筋，怎么办？只有勇敢面对，千方百计打造一流人才队伍。赵晓红在探索大理国家气候观象台的建设和科学试验开展的道路上，始终秉持“以人为本”的管理理念，不断鞭策全局职工加强政治理论、业务知识的学习，加大气象科研项目申报和科研论文撰写工作，构建全员学习、终身学习的浓厚学习氛围。

在她的带领下，局内培养出一支学历在本科以上、兼具观测与研究的高素质创新人才队伍，并联系一批在国内外有影响的气候观测试验研究领域高层次研究专家团队，为气候观象台的建设及科学研究奠定了基础，也为省内基层气象台站起到了示范引领作用。

谈到这些成绩，赵晓红如数家珍：近几年来，先后参加了包括中国气象局气象关键技术集成与应用项目、国家自然科学基金、中国气象科学研究院灾害天气国家重点实验室资助项目、中国气象局小型业务专项、云南省气象局相关业务科研项目在内的 19 项省部级以上课题研究；在《气象学会学报》(日本)《气候学报》(美国)《高原气象》《气象》《气象科技》《大气科学学报》等国内外学术期刊上发表论文 57 篇，其中 SCI 收录 5 篇，并联系气象出版社出版了《大理国家气候观象台论文集》，收录了观象台建设近 7 年内发表的科研成果；大理市气象局职工在科研成绩和人才队伍综合素质始终保持全省名列前茅水平。2016 年度，大理市气象局职工获得了全省综合气象业务知识竞赛个人全能第二名的优异成绩，并获得全国气象部门综合业务知识竞赛个人全能三等奖、团体二等奖的好成绩，创造了云南省在全国气象系统内竞赛最佳成绩。近3年来，全局职工撰写科研文章保持在全省气象年会优秀论文评比前三名的好成绩；搭建对外科研合作平台，每年接待国内外来访学者近百人，并联系合作国内研究所、多家高校科研项目，不断提升观象台的软实力和人才队伍科研分析能力。台站作为南京信息工程大学、成都信息工程大学、云南大学等院校的教学实践基地，先后被评为全国气象科普教育基地、全国科普教育基地、云南省环境教育基地、全国远程学习示范点等多项荣誉称号。

赵晓红（左一）工作照

赵晓红在总结人才队伍建设时说，多年的人才培养证明，造就一支大理观象台建设的精英团队是做好气象工作的前提。每每谈到这些成绩，赵晓红总是认真地说，成绩的取得离不开国家、省、州局的大力支持，也离不开各级党委、政府的关心帮助。

赵晓红回忆说，当初，省局主要领导在大理观象台成立大会上就明确指出：观象台的同志必须解放思想、更新观念，要从传统的资料收发型业务框框中走出来，迈向应用分析研究型的全新业务。要求大家实现两个转变，即预报员从“看图识字”向各种观测资料分析应用能力的提升转变，观测员从单一的收收发发向观测—资料分析—设备维护—质量控制方面转变，进而将大理观象台打造成新一代基层台站向业务科研、服务型转变改革的领头羊。为了这一目标的实现，省局从帮助大理观象台创建和培训该台人才队伍角度出发，对参与建设的省局相关处室和单位进行分工，观测与网络处负责观象台建设协调和业务管理，科技与预报处负责观象台科研项目支持与管理，科研所负责科学研究和技术支撑，大理州局和观象台负责建设和观测系统运行工作，经过10年来对才人培养与引进相结合的常抓不懈，大理观象台的基本人员素质得以极大提升。大理观象台从建台之初仅有最高学历是1名本科生、最高职称为4名工程师的状况，发展到今天已有博士1人、硕士5人、本科生7人，其中评聘有研究员1人、高级工程师3人、工程师6人，基本建成了一支专业化水平较高的、以年轻人为主的科技人才队伍。这期间，省气象局要求省科研所全面开展大理观象台的资料分析研究，并配合他们一道开展相关的重大课题合作。这些成绩的取得，都是上级领导和全局职工共同努力的结果。

据赵晓红介绍，省、州局主要领导每年多次带队前往大理观象台调研，为人才培养和业务科研合作等问题现场办公、排忧解难，相关业务职能处室也经常深入观象台帮助指导工作。不仅如此，省局还从全省基层台站选拔了50多位从事观测、预报的科技人员，一起学习培训和共同开展研究工作。在这种加强人才培养及加大横向纵向合作研发等举措的推动下，大理观象台的科技人员做到了人人有业务研发任务、人人有科研课题项目。国内许多高精尖的一流设备在这里首先安装使用，国家级重点科学基金项目在这里落户，中国气象局关键技术集成在这里进行，中国科学院大气所、中国气象科学研究院的相关研发项目在这里展开……他们为大理观象台精英团队的打造提供了优良的业务科研环境，而观象台这支精英团队也完成了许多国家局和省局的重点任务，多人在全国和省级业务竞赛中获奖，数十篇科技论文发表在国家级核心刊物上。

目前，大理国家气候观象台科技人员的业务科研能力得到了极大的提升，其团队综合业务素质和科技竞争力日渐提升。他们先后主持和参加了包括国家自然科学基金项目、中国气象局业务专项、中国气象科学研究院资助项目、云南省局相关项目在内的20多个研究课题；先后在国内外学术期刊上发表科研论文57篇，其中SCI收录5篇，核心期刊35篇，气象出版社编辑出版了80余万字的《大理国家气候观象台论文集》一部；多次在全省预报、测报业务竞赛中获奖名列前茅，并代表云南省参加全国比赛取得较好名次；在近几届全省学术交流的论文评比中，获得天气气候组和应用气象组双双第一名的好成绩。

勇于担当，争创一流气象服务台站

气象观测与研究的目的在于应用。按照中国气象局曾经的设想，大理国家气候观象台仅仅是全国5个国家气候观象台试点站之一，今后还会建立更多的国家气候观象台，以更好地做好防灾减灾和应对气候变化的工作。“立足云南、面向全国、跻身世界、带领跨越式发展”是建台之初提出的目标。

大理观象台位于青藏高原东缘，特有的地理环境和历史资源条件，成为其快速发展的天然优势。大理观象台对南支天气系统东移、对高原冷空气东移以及孟加拉湾风暴对我国中东部和西南、华南的影响等，是全国乃至东亚天气监测研究的最佳监测点。不仅如此，这里更是我国降水的主要空中水汽通道，大理处于东亚季风和西南季风的交汇处，对两支著名季风的监测作用十分突出。大理观象台经过10年的建设，已经形成了一个较为完整的复杂地形下的区域综合观测网，覆盖整个青藏高原东南边缘横断山脉，从地面到高空、从山地到水面的立体观测体系。

经过10多年的建设发展，一大批气象探测新设备布点大理观象台，其中先后新增了16套特种大气观测系统，形成了在复杂地形环境下的一个较为完整的区域气象综合观测体系，覆盖了从地面、水面到高空大气多种物理参数的立体监测网络。洱海水上自动观测系统是我国西部高原湖泊气象环境观测的首创。该系统为有效保护洱海、揭示洱海对局地气候变化的作用，认识“湖—陆—气”相互作用及水汽热量交换规律和灾害性天气发生发展机制，提供了大量的科学数据。

目前，多功能一体化的业务科研平台已成为云南气象部门对外开展气象科技合作的重要窗口。在中国局和云南省大气探测技术保障中心的帮助指导下，大理观象台建成了200平方米的宽大业务科研平台和近30亩的多种先进探测仪器试验场，它为多种探测资料收集处理、气候业务和科研而服务。该平台使用先进的网络存储技术和数据库技术，实现了对全部各类探测数据、各种分析数据的入库、归档，对其进行科学的存储、管理和使用，基本满足了业务服务和科学研究的需要。

同时，该平台还自主研发了“综合观测资料信息产品业务系统”软件、“近地层通量观测资料质量控制系统”软件，开展了新型观测技术业务应用潜力评估和数据处理方法研究，研究了西南复杂地形台站代表性分析、非常规大气观测资料的变化特征及其在预报预测业务中的应用；多项国家自然科学基金和中国气象局多个关键技术项目引入了该平台，其中“苍山—洱海区域局地环流特征及其对地气通量影响的观测研究”已经结题，一批新研发的气象观测仪器设备试验成功，多个局地气象科学考察获得重要成果；大理观象台还联合国内外相关科研院校的专家学者，依托该平台紧紧围绕多年凝练出来的西南季风水汽输送变化特征、复杂山地区域天气气候变化规律及机理、青藏高原东南侧非绝热加热关键区地—气能量交换等“三大核心科学问题”开展合作研究，初步取得了一批重要成果。不难看出，该平台的开放式和创新性得到了充分体现，它不仅是大理观象台的业务、科研平台，更是云南省气象部门对外开展气象科技合作的重要窗口。

赵晓红在介绍这些服务于经济社会发展的气象观测先进设备后，略有沉思：值得一提的是大气边界层观测系统（PBL），它是由中日科学家共同设计施工建设的，该系统由边界层铁塔（气象塔）、辐射观测、湍流观测、梯度观测、土壤观测、地面常规观测以及数据采集和传输、终端监控、供电等子系统构成，并且它保持在自然下垫面的观测环境条件下进行全天候地采集大气边界层气象资料，最好的反映了该区域的大气物理特征。尤其是，该系统搭载了几乎是当时最先进的各种特别的探测仪器，如二氧化碳/水汽分析仪、三维超声风速风向仪、多层脉动温湿度仪、涡动相关仪以及短波辐射、光合有效辐射、红外地热通量等。该系统所处位置十分重要，正好位于西南季风要道处，能有效监测西南季风水汽变化，是整个西南地区最先进的大气边界层观测系统，甚至在全国当时也是领先的。

还有洱海水上观测系统，该系统永久性建设在洱海湖面上，由湖面和水下两个自动观测系统组成。水上观测系统是一个多要素的自动气象站，增加了洱海的水位监测。水下观测系统主要是针对水文、水质要素的观测，由水温、水下压力及多参数水质检测仪组成，包含了对水下多层水温、电导率、蓝绿藻含量、pH 值、溶解氧和盐分的实时监测。该系统建成后，填补了我国西部高原湖泊气候生态环境监测的空白，也能对高原明珠洱海的环境保护治理及防灾减灾提供优质服务。该水上观测系统已受到国内外科技界的高度关注，成为了大理观象台的一道美丽风景线；风廓线雷达（WPR）系统，是大理观象台探测设备中的宝贝，由日本住友公司生产，其型号为 WPR LQ7。它的性能特别优秀，最低和最高探测高度分别是 50 米和 8000 米，高度分辨率可在 50 米到 600 米之间任意选择，扫描波束有东、西、南、北、中 5 条。该系统是利用多普勒效应，可以连续获得测站上空每几分钟、几十米层距的高分辨率的垂直风廓线资料，有效揭示出尺度小、生命史短的中小尺度天气系统，是局地强烈天气变化过程的忠实守望者。它是整个西南地区气象部门引进的第一部，不仅完成了中日政府间科技合作 JICA 项目的科学试验任务，而且已经成功转化为当地短临预报预警业务的重要技术手段，并据此成功地研发了一套大理州风廓线降雨预报系统。

其实，还有多种我国气象部门先进的气象探测仪器，经大理观象台年轻团队的刻苦钻研、精心维护得以正常运转，它们是：地基 GPS 水汽观测系统（GPS/Met）、地面基准气候观测系统、风能观测系统、大口径闪烁仪、大气负氧离子自动检测系统、天气现象自动观测系统、土壤水分自动观测系统、雷电监测系统等近 20 套新一代、特殊的大气观测、监测系统。除此之外，大理观象台的年轻科技人员们还克服重重困难，从人迹罕至的苍山顶到洱海一线布设了苍山—洱海剖面观测系统和环洱海生态气象多功能观测系统，将观象台的业务科研内涵及应用服务功能进一步加以提升。

在全面做好灾害性天气监测和洱海保护服务的同时，赵晓红积极筹措资金，先后完成了洱海周边 11 个乡镇气象自动站和区域站的升级改造工程建设，解决了复杂地形下监测站点观测要素较少的问题，有效提升了大理市气象综合观测业务能力和气象预报预警精准度，为保护洱海决策提供准确、及时的气象数据支撑。

多年来，密切关注天气变化，善于利用气象观测，如何开展人工影响天气增雨作业，有效缓解旱情和森林防火压力等已成为赵晓红的职业习惯。为了准确观测有利天气过程，为增加洱海库溏蓄水和农业生产用水，她多次带领专业技术人员在苍山一线开展气象调查。赵晓红回忆说，2016 年 1 月 22 日 16 时发布的天气消息：受强冷空气和西南暖湿气流的共同影响，大理市 1 月 24—27 日将出现强降温降雨天气过程，气温大幅度下降，全市阴冷有小到中雨，将出现强降温降雨(雪)天气过程，最高气温将下降 10～12 ℃，天气转晴后将出现重霜冻。及时提醒各地做好人畜防寒保暖，农作物、经济林果等防冻工作，减少低温冷害对工农业生产生活的影响。大理市委市政府、各乡镇、相关单位责任人、气象信息员 695 人对这一重要天气信息及时与有关部门沟通，有效应对自然灾害的发生。像这样的重要天气信息每年都有很多次。赵晓红表示，下一步结合当前县级综合气象业务改革，将积极做好气象服务标准化、流程化建设，更好发挥预报服务的窗口作用，向更高目标进发。

一年一个样，年年有创新。赵晓红在人生的事业中勇于奉献，留下了一串串坚实的足印，实现一次又一次的飞跃，续写着新的华章。

百尺竿头更进一步。面对未来，赵晓红思考最多的还是大理观象台的发展，她作为"大理气象"的守护人，无论吃了多少苦，她都无怨无悔，义无反顾。对气象事业的理想，不忘初心，不懈追求。她有个愿望，就是决心将"大理国家气候观象台"建设成为全新的气候监测体系，更好地服务于经济社会发展而永远行进在路上。

作者：尚京云

胜利之花

——记西藏自治区日喀则市南木林县气象局局长仓木啦

南木林县位于西藏日喀则地区东北部，藏语中意思是“胜利”，绝大部分地区海拔在3790～4952米。在这样的雪域高原，莽莽大山，有一个坚毅美丽的女人，她扎根于此，服务于此，奉献于此。自1993年参加工作，20多年来，漫长的8000多个日日夜夜，她始终坚守在南木林县气象局，痴心不改，无怨无悔，谱写了对基层气象事业的无限忠诚。

她叫仓木啦，是一朵盛开在高原当之无愧的“胜利之花”。

坚　持

“坚持就是胜利。”那么，我们也可以反过来说：胜利的第一个关键词，是坚持。

回望1993年，中国大地上发生了哪些大事呢？北京西客站开始兴建、陈凯歌执导的《霸王别姬》斩获戛纳电影节的“金棕榈奖”，京津塘高速公路全线通车，我国首张电子报纸问世……但这些事件对一个叫仓木啦的20岁的姑娘来说，实在是太遥远了，她牢牢记住“1993”这个特殊的年份，是因为这一年，她成为了一名光荣而辛苦的“气象人”。投身气象局的第一天，她就决定了要在平凡的工作岗位上，成就一番不平凡的事业，这是她对基层气象事业的无限忠诚，也是一个20岁女孩最为执著灿烂的青春憧憬。

刚参加工作，仓木啦从最基层的业务观测工作做起。地面观测是气象观测当中最基础和最重要的工作，地面观测是气象观测站的观测人员系统科学地对地球表面的气象状况，以及其变化进行连续的观察和记录，并准确及时将采集到的气象数据上传，为气象的科学研究、气象分析和天气预报等提供基础参考信息。要求观测从业人员不仅要有勇于吃苦、献身气象的精神，还要有广博的业务知识和较强的业务实践能力。地面观测工作是烦琐而枯燥的，一天内任何时间都可能有气象变化，忙碌时观测人员可能连吃饭的时间都不够，仓木啦就曾在肚腹饥肠高唱“空城计”时还坚持工作，她的责任心和吃苦精神，令“前辈”都忍不住交口称赞。

为了能早日独立当班，仓木啦付出了比一般同志更多几倍的辛勤和努力，除了保质保量完成站上安排的学习任务外，还自加压力，增加学习内容。为快速提高业务水平，她把建站以来的所有气象历史资料和错情登记本从头到尾进行归纳总结，一遍又一遍翻阅、一次又一次学习，在学习中不断成长，在成长中逐渐提高。仓木啦始终如一地认为：地面观测过程的小小细节，往往对整个观测工作起到决定作用，所以她对自己的工作，永远保持着高度的责任感，以饱满的热情投入，精益求精地追求观测工作的准确性。

如果说，热爱是成功最好的老师，那么，勤奋便是成功最好的朋友。每天早晨，仓木啦都会提前半个小时到办公室，或是读书看报，或是翻阅资料，开展自我学习，提高自身素质，有力保障了基层观测业务的开展，并荣获了自治区气象局地面测报连续“百班无错情”称号。

辛勤的努力必定会有收获。常年的努力与付出，换来了突出的工作业绩，仓木啦担任领导职务以后，也更加明白自己肩上的责任，作为全市唯一一个乃至全自治区都屈指可数的女性基层气象局长，她过硬的业务素质，谦和的处事态度，时时地感染着局里的同事们，在她的带领下，南木林气象局形成“互帮互学、你追我赶、刻苦钻研、精益求精”的工作作风，多年来杜绝了任何责任性事故，业务质量在全地区一直名列前茅，这其中包含了多少非凡的努力，仓木啦为此付出过多少个不眠之夜，连她自己也说不清楚。

执　著

在我国，贫困与气候关系密切。在一些地方，也许一场雨就可能毁掉一个村子。因此，气象工作显得至关重要。

西藏自治区日喀则市南木林县海拔 4000 米，自然环境艰苦，基础设施落后，再加上洪水、冰雹、雨雪、干旱等气象灾害频发，广大农牧民深受其害。

为此，仓木啦多次深入全县各乡镇，全面了解农牧民群众对气象工作的需求，与当地政府和有关部门联系沟通管理，尽最大努力做好气象决策服务，发挥好参谋助手作用。除了日常预报外，在重大节日期间和气象灾害频发季节，南木林县气象局都会制作专题简报，为县里提供气象信息参考和预警。在每年的汛期，仓木啦都亲自密切关注天气变化，做到死看死守，及时将预警信息上报县里，做到防患于未然。尤其是每年夏天，南木林县气象局都会结合农牧民需求，及时开展人工增雨、人工防雹作业，为农牧民增产增收保驾护航。据统计，仅此一项，每年就可为全县农牧民减少损失3000余万元。

仓木啦（左一）工作照

回想几年前，为了做好人工防雹工作，县气象局数次向地方政府申请工作经费而未果，仓木啦脸上不由得浮现出一丝苦笑。

2014年的某天，一个人影作业点被暴雨冲垮，作业被迫中断，身为南木林县气象局局长的仓木啦，真真急得头顶冒烟——一边是农牧民迫切的人工防雹作业需求，一边是县里迟迟未拨付下来的建设经费。仓木啦心急如焚，她对南木林县的情况了如指掌，此县四面环山，农业和牧业为主要经济来源，深知任何气象灾害都可能对南木林的经济发展造成严重影响。

不行，不能这样坐着长吁短叹！仓木啦也没有别的更好的方案，她能想到的"笨办法"，便是连续3个晚上，冒着大雨去找县长。终于，在第四天晚上，仓木啦在如注的暴雨中"堵"住了县长,及时汇报了人影作业点的情况,县长看着浑身上下被淋得透湿、一张口便打好几个喷嚏的仓木啦,笑着摇摇头,百感交集地说道:"你真比县里很多的男性局长还要拼命啊!"仓木啦的执著精神,深深感染了大家,南木林县委、县政府逐年提高对气象事业的支持经费,并先后投资100余万元,修建了5处人工影响天气标准化作业点,解决了人影作业人员的待遇。巨大的财政支持,就是南木林县委、县政府对仓木啦、对南木林县气象局工作的最好肯定。

在仓木啦的不懈努力下,南木林县人工影响天气工作一度被列为先进典型,《中国气象报》《日喀则报》均进行了宣传报道。县长为此还专门打电话去表扬仓木啦,仓木啦开玩笑说:"那3天的雨没白淋,烧也没白发。"

仓木啦带领南木林县气象局上下员工,团结一心,提供无微不至的气象服务,在南木林县防灾减灾甚至无灾的过程中起到了至关重要的作用,他们,被农牧民视为"可爱的守护神",可在温情守护的背后,谁又知晓他们付出了多少,牺牲了多少?

奉　献

南木林县气象局编制尤为紧缺,人才极其匮乏,6名干部职工要承担近9000平方公里县域内的服务保障工作,任务极其繁重。仓木啦是全局干部职工的好大姐,不管是哪位干部职工有困难,她都会第一时间伸出援手,无私地帮助大家。

前几年,有位女职工在临产前一天还在工作,来不及好好坐月子,生完孩子不到一个月就又回到了工作岗位。同样身为女性、身为母亲,仓木啦深知生儿育女的艰辛,她不忍心看着嗷嗷待哺的孩子这么小就离开自己的母亲,于是,主动提出帮这位干部职工顶班。

就是在替这位女职工顶班时,某日凌晨下雨,县里一处无人自动观测站的雨量观测器出现了故障,仓木啦赶紧带着在岗的另一名职工,连夜赶路去检修。县里交通条件非常差,一路上几乎都是盘山的土路,崎岖坎坷,加上下雨路滑,往返将近400公里的路程,光是在路上就用了14个小时,等到故障排除回到家里时,已经是晚上9点多了。来不及喘口气,仓木啦忽然重重一拍脑门,疲乏和睡意吓得不翼而飞:她这才如梦初醒地想起来,老公出差了,可上小学的女儿还没回家!

仓木啦吓坏了,拔腿就往学校跑,冒雨去找女儿。她跑得飞快,泥浆溅得满裤腿都是,她啥也顾不了了,心里面像敲着一面小鼓,咚咚咚地令她神经绷紧,太阳穴突突跳疼,因为太过紧张,口腔里回荡着一股苦涩干焦的味道。幸好,找到女儿了!老师正在给孩子的脚敷冰块。女儿扭头看到妈妈,小嘴瘪了瘪,想哭,想喊,随即又倔强沉默地低下头,不再看妈妈,泪花花在眼睛里晶莹地滚动。

老师赶紧告诉仓木啦，说放学时下了雨，孩子找同学借了把伞，想要独自回家，但风大雨大，孩子还没走几步，伞就被大风刮走啦，孩子去追，又不小心崴了脚，丢了伞，自己又受了伤，孩子委屈极了，站在路边哇哇大哭。幸亏被学校门口值班室的门卫看到，问她父母咋不来学校接她呢？孩子腮边挂着泪珠，抽抽噎噎说我爸爸出差了，门卫说那你妈妈呢？孩子哇一声哭得更伤心了，那时，她并不知道妈妈接到了紧急出差任务，忙得昏天黑地。门卫是个热心肠的人，猜想孩子母亲肯定被什么事绊住脚，便让孩子在学校里等，又通知了孩子班上的老师，老师找了好半天，才在附近一家有冰箱的小商店里借了点冰块回来，正在给孩子敷扭伤而红肿的脚踝，仓木啦赶到时看到这一幕。

听完老师一番话，仓木啦再也忍不住了，她不顾老师在场，冲过去抱住女儿的头，当场就痛哭出声。女儿小身体原先还僵直地抗拒妈妈，但当母亲的怀抱将她紧紧裹在中间时，她迅速被妈妈的体温融化了，也用两只胳膊搂住妈妈的腰，伏在妈妈胸前，哭得上气不接下气。

世人常说做基层气象工作不容易，基层女性气象干部职工更艰难，若无亲身经历，谁能体味这其中的万般艰辛？仓木啦十分感谢自己的丈夫，由于工作繁忙，仓木啦每年出差的次数特别多，少了很多陪伴孩子的时间，而丈夫对于她的工作十分理解和支持，在妻子忙碌时，他无怨无悔地照顾好家庭，免除她的后顾之忧。

仓木啦在对待工作勤恳负责的同时，还是个十分看重家庭的女人，她爱自己的事业，也爱和睦温馨的家庭。早些年间，仓木啦的父母身体都不太好，需要长期住院治疗，仓木啦在繁重的工作之余还承担起了照顾父母的重任，常年守候在病床边，悉心仔细地照顾父母，想方设法为父母求医问药。为了让父母早点好起来，每天下班后无论多忙多累，仓木啦都要赶到医院，为父母喂水喂饭，洗洗涮涮。常言说“久病床前无孝子”，但是二位老人长期住院，行动不便，她为父母洗澡、梳头、理发、捶背、剪指甲，精心侍候，从不厌烦。大家都说老人有福气，几世修来的这么好的女儿，但仓木啦却说：“孝敬、照顾老人是应该的，也是做人的根本。”由于仓木啦全家共同营造了温馨、和谐、向上的家庭氛围，2014 年，仓木啦家庭还被评为了日喀则市级文明家庭。

虽然照顾父母的任务比较重，但是仓木啦在工作中没有一丝懈怠的表现，她说：“父母身体不好，作为子女，我必须要照顾，但是我还是一名基层气象职工，作为县局局长，我更要以身作则，工作也不能放下，要给年轻人做到一个好的榜样。”正是有着这样的信条，支撑着她在亲情和工作之间做到了很好的平衡，做到了工作、家庭两不误。

仓木啦追求淡泊，不慕新潮，一件衣服会穿很多年，有时朋友都看不惯她这么勤俭节约，建议她多买时髦新衣，她听了只是笑笑。可在汶川地震、云南鲁甸地震、尼泊尔“4.25”地震中，仓木啦第一个向灾区捐款，慷慨解囊的积极态度，令人感叹。

仓木啦还有着一颗热爱公益的心，她从小就在这片土地上长大，深知这里自然环境的恶劣，没有供暖，没有热水，冬天动辄将近零下 20 ℃的气温和如刀一般的大风让很多缺衣少食的贫困家庭备受煎熬，为此，仓木啦多次实地走访贫困户，了解他们的实际状况和需求，在积极宣讲党的扶贫政策的同时，鼓励他们积极面对生活，并通过个人自掏腰包和发动私人关系等方式筹集各类物资，捐给贫困家庭和敬老院、孤儿院。几年下来，共计筹集了过冬衣物两百余件，过冬物资价值数万元。

仓木啦与周围同事的关系融洽，无论是哪位同事有事，她总是第一时间伸出援手，待人真诚，与人为善。所以，平时大家有什么心事，第一个就会想到去和“仓木啦大姐”商量，仓木啦也总是尽心尽意为大家出主意、想办法，热情、开朗、乐观的她赢得了同事一致称赞。

无怨无悔的付出铸就平凡的工作历程，孜孜不倦的努力换来丰硕的收获。在仓木啦的努力下，南木林县气象局先后荣获文明单位、民族团结先进集体等各类表彰，她个人多次被评为“先进个人”“优秀共产党员”。

面对漂亮的成绩单，有人劝仓木啦可以好好“歇一歇”，不用那么拼了，或者，年轻的她还可以谋求政治仕途的更好发展，但仓木啦却毫无所动，她始终没有忘记自己最初的真挚梦想。关山初度尘未洗，策马扬鞭再奋蹄，仓木啦将荣誉与成绩叠进了昨天，如今，她继续在用心规划着南木林气象未来的发展，前路可能会有困难重重，荆棘密布，但这朵盛开在高原高山的“胜利之花”无畏无惧，发誓将继续挥洒智慧与汗水，以真情真意，诠释她的对气象事业的终生挚爱。

作者：张　一

凤凰山下的巾帼兵

——记陕西省安康市汉阴县气象局局长陈庆庆

“庆庆”,可不是2008年北京奥运会的吉祥物,她姓陈,是陕西省安康市汉阴县气象局的党组书记、局长。她,典型的“80后”,经历却很丰富;她,个头不高,有一张娃娃脸,笑起来略带一点点酒窝;她,是领导和同事们眼中的“女汉子”,给人一种精明能干的感觉,举手投足之间无不透露着一股热情而执著的工作劲;她,从一名普普通通的中专生成长为全省的业务精英,而后转身蜕变为一名优秀的管理者,陈庆庆用自己的言行践行着“汉阴气象人精神——勇于担当、求实创新、观天为民、服务汉阴”,同时也诠释了“防灾减灾,气象先行”的深刻内涵。

青春梦想的实践者

提起当年填报志愿,因为“服从分配”4个字,可以说改变了陈庆庆一生的发展方向,“是气象选择了我,然而我不后悔。”她十分坦诚地告诉我们。陈庆庆,跟其他同龄人一样,也曾年少叛逆过,也曾肆无忌惮地挥洒着青春。鲁迅先生曾经说过这样一句话,“必须如蜜蜂一样,采过许多花,才能酿出蜜来。”她说:在她人生成长的过程中,有“两朵花”至关重要。

一朵花是2003年,一场突如其来的“非典”,她当时刚参加工作3年,是安康市最艰苦的台站镇坪县气象局的一名观测员,气象站所在的城关镇文彩村出现一名疑似病人,整村被隔离,恰遇值班人员是她,这一隔离就是12天。那时的气象站真的只有电灯电话,一个人独守着山头,克服着巨大的心理压力,保证了业务的正常运转。吃的、穿的每隔两到三天,家人和同事会送到指定地点,但双方不能见面，说起这段经历，她用“地下接头”形容着。这件事情被写入2003年陕西省气象大事记，《中国气象报》也刊登了她的事迹，陈庆庆笑笑地跟我们说，这是她第一次成名。著名节目主持人董卿在《朗读者》中说过这样一句话：“勇气，是在压力下仍然能够表现出的优雅。”

另一朵花是2006年到2011年6年观测业务竞赛的“职业”生涯。陈庆庆回忆到，第一次参加业务竞赛虽然只取得第六名，但一下子激发了她对观测业务的无限热爱，这种热爱延续至今，从那时起她就很羡慕每次代表省局参加全国竞赛的师哥师姐们，什么时候自己也能成为“国手”？她踏上了冲击之路，全国观测业务竞赛每两年举行一次，2008年，冲击失败，但她甘心留下做了一名替补队员。陈庆庆告诉我们当“替补”的日子是非常不好过的，心情很复杂，但她把每一次竞赛都当做是一种人生经历。终于在2010年，第三次，经过层层筛选，成为“国手”。她毫不隐晦地说，虽然个人成绩不太理想，但团队终于取得全国第八名，是陕西历史上最好的成绩。陈庆庆讲道：“参与竞赛的过程使我们学到了更多东西，进行了更多思考，也增强了抗压能力，这对我后来从事管理工作是一笔宝贵的财富。”

凤凰山下的领头羊

法国著名的哲学家卢梭说过一句话：“人的价值是由自己决定的。”2011年底，因工作需要，她被市局党组调往汉阴气象局任职，那时的汉阴县气象局不光基础设施落后，各项工作也远远落后于其他兄弟县局。时隔6年，陈庆庆很清楚地记得在单位度过的第一个夜晚，整栋办公楼灯光昏暗，办公室、宿舍门都锁不上，那一夜她失眠了，她拿出一张白纸放在办公桌上，目光久久没有离开，她把汉阴局比作这张白纸，下定决心要在这张纸上画出属于她和汉阴局的新篇章。

新东方创始人喻敏洪在《愿你的青春不负梦想》一书中写道：“一个人想改变，通常是由环境引起的。”她首先从改造办公环境着手，积极争取上级部门维修改造经费36万元，使单位面貌焕然一新，职工待着也舒心了。有了“壳”，就要有“肉”，她细心谋划，创新发展，强化规范化管理，使汉阴局在较短时间内步入正轨，一帮平均年龄只有30多岁的气象小哨兵有了青春活力。陈庆庆跟我们讲了这样一个细节：“有一次，周末单位需要加班，一名外聘职工给她老公打电话，家人问她要干嘛？她说我们要干一项事业。”这句话深深地触动了她的内心，只有把工作当做事业干，才会对工作怀有敬仰之心、珍爱之情；才会沉下心来，脚踏实地地做事。

她多次奔走在县委、县政府和相关部门之间，努力争取最大化的关心和支持，一名地方主要领导曾经这样说道：“在她身上有一种不服输的个性，只要想干的事情，无论跑多少次，都要把事干成。”这也许就是一种“钉子”精神。当然，这期间她也曾遭遇过白眼和嘲讽，也吃过“闭门羹”，也曾为了向领导汇报工作，等过几个小时，只给5分钟的时间。有时候心里很委屈，也想过要放弃，多少次在寂静的夜晚，独自抹眼泪。她常常挂在嘴边的一句话就是“办法总比困难多”，许多认识她的人，都被她饱满的工作热情和快速的工作效率所折服，在她的努力下，汉阴地方气象事业得到快速发展，地方气象事业费从曾经年预算的几万元到几十万元，地方政府投资的项目建设从零发展到如今的几百万元、几千万元的项目。在仅仅一年的时间里，气象部门目标考核从全市后三名进入到全市第一名，政府目标责任考核获得多年来首个“优秀”称号。有人曾这样评价到：“在她身上，不仅集中了女性的细腻、自信、自立和自强的品质，也集中了一名领导干部应有的勤政务实、敢于担当的品格。”时任陕西省气象局党组书记、局长李良序在汉阴调研工作期间指出：“汉阴局变化很大，这支队伍很有朝气、很有责任心、很有精神状态，坚持防灾减灾这个方向是正确的。”时任县委书记杜凤军讲到：“近两年来，汉阴局发生了很大的变化，一是服务及时主动；二是大局意识很强；三是队伍管理得好。”

在陈庆庆的带领下，近年来，汉阴县气象局连续6年荣获全省气象部门“文明创建先进集体”称号；两次被汉阴县人大常务委员会授予“人民满意单位”称号；3次荣获县委、县政府目标考核“优秀单位”；连续6年荣获安康市气象局目标考核“特别优秀达标”单位；连续5年被授予县级“窗口文明示范单位”；2016年被中国气象局气象干部培训学院授予“中国气象局远程学习示范点”；同时也是“市级文明单位”“市级园林式单位”和“市级卫生单位”。在众多荣誉面前，大家自豪感满满的、自信心足足的，陈庆庆说到这样一个“场景”：有一次当得知目标考核第一名时，职工们一片欢呼，因为这是他们最大的成就感和归属感。现在的汉阴气象人正昂首阔步迈向新征程。

气象服务的排头兵

在这个凤凰山横亘东西、汉江最大的一条支流月河贯穿其中的有着31万人口的陕西省汉阴县，干旱、高温、暴雨洪涝等灾害每年都有不同程度的发生，陈庆庆到汉阴工作后，第一时间就了解掌握汉阴气候特征。每到汛期陈庆庆的神经总是紧绷的，她秉持“三进式”(递进式预报、渐进式预警、跟进式服务)的服务理念，不断贴近服务需求，在全县各级领导中形成以预报安排工作、以天气过程安排工作的氛围。县委书记曾这样比喻“各级各部门要像关注天气预报那样研究政策走向”。她给职工讲得最多的一句话就是：“我们要本着对人民生命和财产安全高度负责的态度做好每一次重大气象灾害天气过程的气象服务工作。"她以准确、及时的气象服务打赢了一场场"歼灭战"。2013 年 12 月 24 日,中国气象局党组成员、副局长沈晓农在汉阴调研时曾这样讲道:"充分发挥科技支撑、实现资料共享、提高效率在汉阴局都得到很好体现。"

陈庆庆告诉我们,有 3 次重要天气过程让她一直心有所念、脑有所思。

第一次是在 2012 年 7 月 3 日,汉阴县出现特大暴雨,暴雨中心田禾村日降水量达 183.9 毫米,全县累计降水量超过 200 毫米的有 9 个乡镇,超过 100 毫米的有 18 个乡镇。月河流域水位仅次于 1983 年安康特大洪水,全县撤离共计 2.3 万人。

早在 6 月 30 日 17 时汉阴县气象局就发布了《重要天气报告》,时任政府副县长孙勇看完送来的这份材料,神色凝重地指示:"迅速传达到每个镇,全力做好强降水的应对准备。"一时间,《重要天气报告》迅速传向各级领导、乡镇、防汛成员单位、气象信息员等,并通过电视、手机短信、气象预警大喇叭、电子显示屏等方式向公众发布了这一暴雨消息,在她的安排部署下,所有工作紧张有序,忙而不乱。后来陈庆庆说,当时她的心里是非常忐忑不安的,毕竟到汉阴工作仅仅半年时间,有些情况还不十分清楚和掌握。

7 月 3 日晚,气象灾害预警中心值班室里灯火通明,她带领着一群气象小哨兵,死死盯着雷达回波图,手里忙着写材料,不停地和信息员做着电话连线、收集信息,向县委、县政府领导汇报……顾不上片刻的休息。值班室里,急促的电话铃声,叽叽吱吱的传真机声连成一片。雨小了又大了,天黑了又亮了,一份份重要天气报告、短时临近预报、雨情通报、预警信号迅速传至各防汛成员单位及乡镇。漆黑的夜里,暴雨如注!一时间,月河告急!汉江告急!家住月河河畔的一位年近七旬的奶奶说:几十年都没有看见月河发这么大的水了!

汛情告急!雨情就是命令,时间就是生命。全县各乡镇紧急启动防汛预案,撤离行动在紧张有序地进行中。镇村干部、挂片领导、包村单位脚踏泥泞的山路,奔赴各个地质灾害隐患点、低洼村落,逐家逐户动员转移。气象信息员冒着可能遭遇道路塌方和泥石流的危险,奋战在抗洪抢险第一线……从洪水暴涨到回落至警戒线下的 12 小时,镇干部与群众一道上演了一场现实版抗洪抢险"生死时速"。这天夜里,全县撤离 1593 户 4779 人,无一例人员伤亡事故。

暴雨过后,时任县委副书记刘飞霞来到气象局,看着这帮"80 后"的气象哨兵,深情地说道:"你们的辛苦换来了百姓的平安,你们是汉阴人的气象卫士,是可爱的气象宝宝们!"由此"气象宝宝"这个称呼走红至今。2012 年 7 月 27 日,时任安康市委书记、人大常委会主任刘建明在汉阴检查工作期间,点名到气象局,他指出，气象局是“消息树”“发令枪”，气象防灾减灾工作做得不错，值得表扬和学习。

第二次是2016年6月23日汉阴出现大暴雨，酒店镇监测点日降水量189.0毫米，创下了安康市当年入汛以来单站日降水量最大值。6月23日中午，天气开始突变，“周书记吗？我是气象局陈庆庆，预计未来12小时有强降水，降水量将超过50毫米，可能会造成山洪和泥石流等次生灾害……我们已通知相关部门和各镇了。”

“小王，你负责监测与报文。小刘，马上利用各种渠道发布暴雨预警，还得赶快联系电视台，请他们在电视上发布预警信息。小梁，赶快通知各镇村气象信息员，必要时组织撤离。”她们顾不上片刻的休息，预警中心里急促的电话铃声，叽叽吱吱的传真机声连成一片。

陈庆庆拨通了平梁镇酒店村信息员方荣宽的电话。电话一接通就听见那头“哗哗”的雨声，“你们那里雨大吗？现在有灾情吗？”方荣宽大声地喊道：“你说什么？我听不见！”陈庆庆提高音量又问了一遍，他才气喘吁吁地回答：“雨很大，个别村民房屋都进水了，我正在各处查看，雨什么时候能停？”“此次雨势猛、强度大、持续时间长，赶紧组织危险地带的群众转移。”

当拨到龙垭镇双龙村的电话号码时，电话却无法接通。双龙村四周山高，手机信号时有时无，信号中断意味着无法在第一时间收到预警短信，于是她赶紧拨打村支部书记和村委会主任的电话，依然不通。这时，她当机立断：“不等了，我去一趟，小梁你赶紧通知下一个。如果还有联系不上的给我打电话。”说完就冲进了大雨里。

19时40分，蒲溪镇胜利村降水较强，部分房屋进水，但危房人员已转移完毕；19时45分，汉阳镇交通村部分地段出现滑坡，但幸好无人员伤亡；20时05分，漩涡镇中银村先锋水库溢库，正在按防汛办的调配有计划地泄洪……21时许，雨渐渐小些了，陈庆庆一身水一腿泥地从外面回来，顾不得换衣服立马查看雨情。县委书记周永鑫曾用“三个特别”来评价气象工作，即工作特别出色，成效特别显著，政府特别满意。

“气象局最近这几年来服务得很到位、很全面，为我们老百姓提供了很大方便。”这是家住汉阴县蒲溪镇小街村气象信息员沈兰兵同前去的县电视台记者就天气气象服务采访时说的话。沈兰兵和记者拉起家常，“近几年该村土地大部分都征用为工业园区用地，就剩下一点水田了，全村都指望着水稻大丰收，可天公不作美，下起了连阴雨，眼看着全村的水稻都被雨水浇霉了，多亏气象局的天气预报及时准确，我们提前收到了气象手机短信，熟透了的稻谷已经收割了，就等天晴晾晒了，没熟的水稻就提前把稻田排水沟清理干净，以免下大雨水积在田里。虽然下了这么久的连阴雨，但是我们提前做好了预防，每天看着气象局的天气预报，组织村民提前给稻田排水，基本上没有影响到今年水稻的收成。”当记者问及该村的气象农村预警大喇叭时，沈兰兵说道：“自从有了这个大喇叭，每天早晚我们村支部附近的农民都能收到天气预报，有时候住在远一点的村民还专门到村支部来收听天气预报，准备第二天的农活。”

第三次是 2017 年 7 月中下旬汉阴县出现大范围高温天气，汉阴监测站降水量 79.7 毫米，较历年同期偏少 6 成。7 月全县平均气温 28.0 ℃，较历年同期均值偏高 2.0 ℃。本次高温天气持续时间长、范围广、强度强。出现日最高气温≥35 ℃的高温天气 16 天，≥37 ℃的高温天气 8 天，≥40 ℃的高温天气 1 天。7 月 24 日、7 月 26 日、7 月 27 日日最高气温连续刷新纪录，其中 7 月 27 日日最高气温达 40.5 ℃，当日在全省排名第 8 位，刷新了当年入夏以来最高值，也是近 11 年来再次达到 40.0 ℃以上，同时也突破了汉阴县自 1959 年建站以来同期历史极值(2006 年 40.1 ℃)。7 月 27 日，汉阴县政府按照《汉阴县气象灾害应急预案》，启动了重大气象灾害(高温)Ⅱ级应急响应，为汉阴县历史上首次。由于气温居高不下，土壤失墒严重，根据县防汛抗旱指挥部办公室统计，汉阴县受灾地区 50%为轻度干旱，40%为中度干旱，10%为重度干旱。

针对此次高温伏旱天气，陈庆庆及时主动地向当地政府领导汇报，靠前指挥，坚守气象服务一线，确保人员到岗、责任到位。经县政府同意，县气象防灾减灾工作领导小组办公室先后下发了《关于做好 7 月下旬高温天气灾害防御工作的通知》《关于启动重大气象灾害(高温)Ⅱ级应急响应的通知》，得到分管副县长两次重要批示。健全协调机制，县教育局根据县气象局发布的预警信号及时调整高一新生军训时间。县交警部门提醒广大驾驶员注意车辆安全和人身安全。县水利部门及时做好节水灌溉工作。县农业部门深入田间指导抗旱工作。县政府办公室根据县气象局制作的气象信息参考《预计 7 月下旬至 8 月上中旬仍维持高温少雨，需高度关注高温旱情发展》，及时下发《关于切实做好持续性高温天气防御工作的通知》，常务副县长作出重要批示 1 次。

7 月 25 日上午，副县长王铁带领县水利局、农林科技局、烟草局、农业园区等部门的负责人到气象局调研高温伏旱天气。县电视台同时就近期高温少雨天气对气象局进行了专题采访和电视报道。汉阴新闻网等多家媒体也广泛宣传汉阴县应对高温伏旱天气。

在做好气象服务的同时，也全力做好人工增雨保障工作。2017 年 7 月 29 日，恰逢周末，陈庆庆带领全体干部职工仍然坚守岗位，凌晨6点，和市气象台天气会商后，预计有一次短暂的阵性天气过程，陈庆庆当机立断地说道：只要有一丝希望，就要尽全力。07时30分至09时30分在平梁固定作业点开展了两轮次的人工增雨作业，在自然降水与人工增雨共同影响下，作业区（平梁、观音河、铁佛寺、双河口）普降中雨，县防汛抗旱指挥部办公室领导亲临作业现场，县长刘飞霞在多次会议上表扬气象部门工作及时、服务主动。

防灾减灾的守护神

经过一次次暴雨的洗礼，使陈庆庆清醒地认识到，在自然灾害防御方面，仍然面临着综合监测现代化水平不高、自然灾害防御资源亟须整合、信息共享程度不高等问题。记得2016年6月23日大暴雨过后，县委书记周永鑫打来电话讲道："这次降水过程，虽然没有人员伤亡，但交通、公路、房屋造成了重大损失。"领导话音刚落，她的心里犹如一块石头沉沉地压着，透不过气来，她深感气象防灾减灾工作任重而道远。为此她大胆探索，在建立基层防灾减灾管理机制方面做了有益的尝试，建立了"四个统一"：即统一的自然灾害监测网，统一的信息发布系统，统一的县镇村三级防灾减灾组织机构，统一的新型运行机制。实现了"四个转变"：即把当前联席会议方式向一体化运行转变，由信息资源多头管理向联合分工管理转变，把灾害性天气服务向综合性气象服务转变，由部门自建向部门联合共建转变，初步建成了"政府主导、部门联动、社会参与"的基层防灾减灾体系，气象为县域经济社会发展的服务水平有明显提高，服务领域不断拓宽。

2012—2016年，县委、县政府出台有关气象工作文件19份，内容涉及13个方面的单项工作，印发了两个专项预案。县政府将人工影响天气、设备维护维持经费、防灾减灾项目建设等列入财政预算，并建立逐年稳步增长的保障机制。汉阴县委、县政府先后成立"气象灾害应急指挥部""气象防灾减灾体系建设领导小组"，2015年领导小组更名为县气象防灾减灾中心（县突发公共事件预警信息发布中心）。2016年汉阴县应急减灾中心筹建工作已经启动，先后12次以气象灾害应急指挥部名义下发各类防御通知，先后25次以气象防灾减灾体系建设领导小组名义下发文件。2012年市县召开共同建立气象防灾减灾长效机制座谈会；2013年市县签订《共同推进气象防灾减灾合作协议》；2014年召开共同推进气象防灾减灾体系联席会；2015年召开共同推进气象现代化联席会并签订合作备忘录；2016年签订新一轮局县合作协议。

2016年11月，全省第一家由发改部门印发的《汉阴县"十三五"气象防灾减灾专项规划》为汉阴县气象事业的发展起到了纲领性的作用，气象站迁建、应急减灾指挥综合业务用房、中国“天然氧吧”申报、通用机场气象站四大项目建设分别列入 2017 年政府工作报告重点任务（平安建设工程类、第三产业类、重点项目建设类）。地方财政累计投资已达 650 万元，2018 年投资的汉阴县应急减灾指挥综合业务用房 1400 万元地方配套资金已通过县长专题办公会议，此项目已被县发改局列入 2018 年国家重大项目库建设项目（县级储备）。

县委书记周永鑫曾指出：“气象局将防灾减灾服务向镇、村级延伸，构建了现代气象灾害防御体系，实现可持续创新。”县长刘飞霞曾谈道：“近年来气象工作紧紧围绕全县经济社会发展大局，大力加强气象服务能力和现代气象业务体系建设，在产业发展、生态建设、防灾减灾等各个领域都做出了突出贡献。”

陈庆庆（左一）工作照

2016 年 6 月 21 日，中国气象局党组成员、副局长矫梅燕检查调研汉阴气象服务和气象防灾减灾工作时，用“汉阴局是一个很有内涵的基层台站，不逊于中部甚至东部的台站”一句话给予充分肯定。省气象局党组书记、局长丁传群在调研汉阴气象工作时，给予“不辜负全省综改试点县的名声”的高度赞扬。

干部职工的贴心人

在汉阴县气象局的墙上有着这样一句话：“用事业留人，用感情留人，用适当的待遇留人”。陈庆庆积极与职工交心谈心，了解职工思想动态，加强大家工作交流、沟通的机会，实实在在解决职工工作、生活中遇到的实际问题。当单位职工生病、受伤时，她总是及时做好职工慰问工作，使患病职工及家属感觉到党组织的温暖；当职工之间发生矛盾时，她主动协调、耐心细致做思想工作，切实帮助当事人从思想上根本解决问题。她被干部职工称为“贴心人”。多方筹措资金先后开办了职工食堂，为职工宿舍安装了空调，购买了洗衣机，购置健身器材，大家在感受到大家庭温暖和关怀的同时，也不由自主地把单位当做家一样爱护，职工的凝聚力更强了。正如陈庆庆所说的那样：“工作上我们是同事关系，生活上我们更是兄弟姐妹，在我人生遭遇重创时，他们是我坚持下去的动力之一，所以无论何时我们相互不抛弃、不放弃。”职工都爱她、敬她，陈庆庆告诉我们，有次她在外地出差，汉阴下起了入冬以来第一场大雪，“气象宝宝”们堆起雪人，从 QQ 上发给她，那一刻她感到很幸福。正因为如此，汉阴气象局职工团结一心，和谐发展，为打造具有汉阴特色的气象事业而继续拼搏着。

“关心自己首先要关心别人，管理别人首先要管好自己，让别人做的事首先要自己做到做好，让别人做好的事首先自己要做得比别人优秀。”这是陈庆庆经常告诫干部职工的一句话，她是这样说的，也是这样做的。她常常做好自己的工作后才去要求他人，她的工作从来不让别人代替，率先垂范。工作中，她始终以党的纪律约束自己，自觉抵制腐败行为和不正之风，从没有为自己谋取任何私利。她告诉我们，一个人要“耐得住寂寞，挺得住痛苦；忍得住孤独，挡得住诱惑；经得起折腾，顶得住压力；受得起打击，丢得起面子；担得起责任，提得起精神”。

在每年汛期，特别是 2017 年又行走在脱贫攻坚的路上，她几乎是没有休息日，面对因忙于工作而无暇顾及的爱人和父母，只能满怀歉疚地说声抱歉。她说多年来家人的支持是她最大的幸福。她很真诚地地告诉我们：这些年，运动和读书一直是她生活里的乐趣。她喜欢在每一个傍晚漫步在庭院，或者在周末沿着城墙边，陪着家人走走。她说她一直坚持每天读书，不管生活有多忙，工作有多累，都要坚持至少半小时的阅读。她一直相信三毛说的一段话：“读书多了，容颜自然改变，许多时候，自己可能以为许多看过的书籍都成过眼烟云，不复记忆，其实它们仍是潜在气质里、在谈吐上、在胸襟的无涯，当然也可能显露在生活和文字中。”

陈庆庆曾被省委组织部、省总工会、省人力资源和社会保障厅等五厅局联合授予“陕西省技术能手”称号；被共青团省委授予“陕西省青年岗位技术能手”称号；被陕西省气象局授予“第三批陕西省气象局楷模人物”称号；被陕西省气象局授予“陕西省优秀县级气象局长”；被陕西省气象行业工会授予“气象部门优秀女职工”等称号。她也曾代表陕西在全国县级气象远程学习示范点建设做经验交流，也曾作为全国唯一县局代表参加了全国气象部门优秀青年干部综合素质培训试点班，也曾在全国县局长培训试点班上担任班干部，也曾在省局党组中心组学习会上发言，2017 年 3 月 8 日，作为陕西基层优秀女县局长代表到北京参加中国气象局举办的报告会。

陈庆庆在平凡的岗位上，用青春谱写最壮美的诗篇。如今，在她的带领下，汉阴气象人正朝着打造“满足需求、注重技术、惠及民生、富有特色”的陕西气象现代化目标迈开大步，追赶超越！

作者：李社民

每临危时听雁鸣

——记甘肃省定西市漳县气象局局长王萍

在公元前390年的古罗马，流传着这样一个关于大雁的著名传说：当时高卢人夜袭罗马，全城的狗如同彼此约好般哑口耷头，而天空飞旋的大雁，却如勇敢哨兵，穿过黑沉沉的夜雾，扑动翅膀尖着喉咙大声鸣叫，让熟睡的罗马人醒来，迅速发现敌情，投入战斗，免遭埋伏。

在危机发生之前，及时预警，为人们送去关怀与安全，在甘肃漳县气象局，有个叫王萍的女局长便是一直这样做的。

暴雨困城

漳县，隶属于甘肃省定西市，因战略地位重要被认为是汉王朝的“西陲屏障”而名障县，唐朝天授二年更名武阳县，明洪武年间因“漳水潆洄润地、宝井便民裕国”而改名漳县。这是一个国家级贫困县，属大陆性季风气候，其主要特点是降水稀少，且分布不均，蒸发量大，冬春寒冷而干燥，秋季温凉而湿润，日较差大，光能充足，灾害频繁。王萍担任漳县气象局局长以来，一直将防灾减灾视为气象工作的重中之重，尤其是预警方面，面对漳县灾害频繁的气候环境，她坚持提前预警和高效率是避免伤亡的最佳办法。

2016年7月25日，漳县气象局预报了未来两天会有暴雨发生，气象局上下员工，心里都绷着一根弦，随时严密监控着天气变化。26日，凌晨1点，王萍才从工作岗位撤下来，她已经连续加班数小时，眼睛布满了血丝，嘴唇燎起了一层白皮，同事都纷纷劝她去休息一会儿，她拖着疲乏的双腿，有点不情愿地慢吞吞地走回宿舍，头刚挨在枕头上，累到极点的身体一下子就沉入了憨甜的酣睡之乡。当王萍被一阵急促尖锐的电话声惊醒时，她瞬间从晕眩倦怠切换到清醒果断。同事电话汇报的声音有几分慌乱："王局，天气突变，可能有大暴雨。"她沉住气，有条不紊地吩咐道："请密切监测天气变化，我马上到。"

放下电话，王萍飞速穿好衣服，急忙往单位赶。这时，天空乌云密布，耳畔不时传来轰隆隆的雷鸣声，闪电撕开了夜的口子，露出狰狞的光，整座城仿佛被一只看不见的大手按抑着，王萍跑得太快，心口紧张地起伏跳动，微微感受压抑的隐痛。

王萍通过和同事分析卫星云图、雷达回波、高空形势图，很快得出结论：暴雨将会袭击4个乡镇。王萍立即组织业务人员通过电话、传真等方式向县政府汇报，通知有关乡镇建议及时撤离群众。当时有乡镇被吵醒的干部口气几分冲地硬要找到王萍质问她："你说下暴雨就下暴雨？天这么黑了撤离老百姓，出什么安全状况谁负责？"王萍果断回答："同志，时间就是生命！请相信我们气象人的眼睛，是为保护老百姓生命安全而生的。正是为了人民群众的安全，才要提前做好预警应对措施。"对方被王萍斩钉截铁的话折服了，同事们胆怯地望着素日端庄文雅的王局长，此刻她头发蓬乱，一缕睡发粘在腮边，柳眉倒竖，额上青筋绷起。待一位女同事端来水杯递给王萍，她放下电话，才发觉自己喉头一阵腥甜——刚刚讲话太用力，竟挣得喉咙的毛细血管破裂，有微出血情况。

王萍大大喝下一口水，像是龟裂的土地迎来"贵如酒"的春雨，她丝毫不敢懈怠，两眼发红地监测着雷达回波动态，1小时汇报一次雨情，心里像是被一只小手攥紧着，紧得她鼻孔呼出来的气仿佛都带着滚烫的热度。

两小时后，一场大暴雨真的发生了，小时降水量最高达到了85.6毫米。

王萍和同事们整夜值班，继续发送降雨情况，监测卫星云图，一直到系统移出，降水停止。不知不觉，窗外天色微亮，王萍接到县政府办公室电话："由于县气象局预报预警准确超前，在暴雨发生前服务及时到位，乡镇转移群众1万多人，避免了灾情的发生，保护了人民群众生命财产的安全。"这时，忙碌了一整夜、奋战了一通宵的漳县气象人才由衷地松口气，王萍张开双臂，舒舒服服伸了个懒腰，声音沙哑地对同事说："大家辛苦了，昨天晚上值班的同事，吃完早点后就赶快回家休息吧！"说完，她到洗手间掬起冷水洗了脸，又走进自己办公室，她还要振作精神写报告，将昨晚的降雨情况整理下来，以便记录。

就像王萍所说的一样，选择了"气象人"这个平凡而伟大的职业，就意味着不能怕苦怕累，气象工作者要时刻与时间赛跑，用最短的时间作出最精确的预报，以实际行动守护人们的安全。

为了给社会提供优质的服务，提升精细化服务平台，为漳县经济发展撑起一片天，王萍事必躬亲，坚守在一线，亲自分管业务，主动承担起区域自动气象站的维护维修工作。每天晚上，她办公室的灯灭得最晚，每天早晨，她来得比业务人员更早。同事都称她是“学习型领导”，她善于学习新知识，分析单位工作，制定业务发展规划。遇到重大天气过程，王萍坐镇气象指挥，临危不乱，处事果断。

2014—2017 年，3 年多来，漳县当地先后发生多次暴雨天气，王萍时刻关注天气变化，主动向县委、县政府领导汇报天气变化情况，向全县发送预警信息，提供防灾减灾建议，实现了天气实况监测全覆盖，气象信息发布全覆盖，重大灾害性天气不漏报，健全了气象综合防灾减灾体系。在王萍的带动下，建立了智慧农业气象服务体系，并通过县上“美丽漳县、共同缔造微信交流群”，为县上防灾减灾提供了第一手决策信息，做到“灾未到时已绸缪”。

王萍就像是古罗马与二战时德国的“预警大雁”，运用自己的专业知识，传达及时有效的气象预警信息，为县委、县政府指挥救灾提供科学依据，最大限度地将灾害性天气的影响降低到最小，给群众赢得宝贵时间。

可这只“大雁”，为了能最快传递预警信息，也曾身置险地而不顾，置血肉至亲于不顾，一腔热血，无私奉献。

地动山摇

2013 年 7 月 22 日早上 7 点 45 分，甘肃的岷县漳县发生了 6.6 级地震，地皮摇晃，家园被毁，一级应急响应随之启动，气象人的当务之急就是要密切监视天气变化，为灾区救灾做好气象保障服务工作。

灾情就是命令。王萍顾不上回头看一眼，家中，刚刚遭受地震恐吓的丈夫，小腿不小心撞在桌角上，正弓背弯腰，捂住小腿痛得龇牙咧嘴；儿子张大了惊恐的嘴巴，又想起妈妈平日来对他的“坚强教育”，硬生生将恐惧咽下喉咙，憋出两眼亮晶晶的泪花；父母两位老人此刻不知彼此搀扶着走到哪里去躲避余震了？

王萍实在是顾不得，她急急忙忙跑到单位，就一头扎进抗震救灾气象服务保障工作中。当时余震频发，单位的业务楼晃动得厉害，像是一个患了疟疾的病人，不时打着冷摆子。几个胆小的女同事，吓得在楼下抱成一团，脸上表情惊恐，怎么都不敢进办公室工作。王萍也是肉身凡胎，也是女娇娥，但她严厉地控制住了自己内心的恐惧，不顾房屋摇摇晃晃，以身作则，率先闯进去，开始了忙碌认真的工作。

突然，余震又来了，这次余震来势凶猛，桌上的文件袋啪一下倒在地上，吓得坐在旁边的同事哇地大叫，接下来呆若木鸡不敢动弹，王萍从椅子上一弹而起，一边大喊“注意安全”，一边拖起同事的手就往外跑，跑到外面，同事肩膀还在“筛糠”，噙着两眼泪喃喃说太可怕了，太可怕了……可余震一结束，王萍又第一个重回办公室，争分夺秒地紧张工作。

那天来来回回，余震来了就跑，余震过了又回，王萍不知道来回折腾了多少次，从清晨的地震惊吓，一直忙碌到了黄昏时分，她双腿疲软，口干舌燥，这时，身边有人说了一句“我的家人现在应该都搬进应急帐篷了吧?”她才忽然如梦惊醒，激出了一身冷汗。自己年迈的父母是否还安好？丈夫和孩子有没有受伤？王萍赶紧掏出电话，挨个打给家人，可因为强烈的地震影响，通信网络瘫痪，她拨了又拨，怎么也打不通……

在灾难之中，王萍将宝贵的时间留给了救灾工作，却“狠心”地离开了她的家人，她像一袋刚从河里捞上来的面粉，瘫坐在椅子上，每个毛细孔都往外散发着瑟瑟寒意。怎么办？没人能知晓此刻这个女人内心的焦急与惶恐，她牵挂亲人，眼前的工作却刻不容缓，不能耽搁，就算强忍泪水，喉头哽咽，她也只是拿手背抹了抹眼角，继续投入战斗！

好在担心了几个钟头后，在政府搭建的应急帐篷里已安顿下来的家人，搀扶着来单位看王萍了，还给她带来了衣服和食物。满头华发的父母叮嘱她好好工作，不要挂心他们，自己注意安全；听着可爱的儿子在她耳边悄悄说“妈妈，我长大了，我不怕地震”；支持理解她的丈夫给了她一个深情的拥抱，告诉她：“亲爱的，你别担心我们，我们都很安全，放心工作，家里一切有我。”家人对待王萍，永远是这么宽厚无私地支持，她满眶热泪，几乎要奔涌而出了，深深呼吸一口，压住自己软弱的情绪，握握妈妈的手，摸摸儿子的头，她庄严而郑重地点点头。

家人，永远是王萍最强大的精神动力，她一心扑在了工作上，带领业务人员日夜坚守，7 天 7 夜都奋战在第一线，压根没时间过问家里的情况，没时间发短信报一声“平安”，家人理解她——王萍是为了更多人的平安，所以才会忘我工作，超负荷运转。直到一级应急结束，圆满地完成了震区气象保障服务工作任务，王萍才有时间对家人说一句：谢谢了……还有，对不起。

王萍曾说过，自己亏欠家人太多太多，一句“对不起”真的不足以偿还。

王萍是大家公认的孝子，她也一直认为能在父母跟前照顾老人，是为人子女最幸福的事，可她为了工作，却常常是惭愧于“忠孝两难全”。在岷县“5·10”特大雹洪灾害、“7·22”岷县漳县 6.6 级地震、2014－2017 年多次漳县突发灾害性天气过程中，她都一直坚守在业务一线，观天测云，无法亲自陪伴父母，给予他们最贴近的关怀。

王萍的父母都是70多岁的老人了，父母身体都不太好，父亲患有严重的高血压，母亲患有眼疾。2016年，母亲的眼疾忽然加重，差点失明，王萍也只请了几天假，陪母亲在省人民医院进行治疗，可还没等到母亲康复出院，她又急急忙忙赶往了自己的工作岗位。帮母亲量血压的小护士瘪瘪嘴，说现在的子女啊，个个都忙自个儿的前程，久病床前无孝子。王萍听到这话，默默躲在厕所里流下两行清泪，她何尝不想做个孝顺女儿，对父母贴身照顾，百般呵护呢？可她既然选择了"气象人"的职业，也就选择了今生绵绵不断的牺牲与奉献。

年迈的父母，非常体谅王萍的不易，他们为了看病，经常来回往返于兰州、西安、成都等地，从来不愿打扰女儿的工作，王萍伏在母亲膝前，像小孩子般仰头对母亲说："女儿工作特殊，没时间照顾你们，医院大夫开的药要按时吃，别老惦记我。"母亲眼神不好，右手在空中虚晃了一下，才摸到女儿的脸，母亲微笑着点点头："你要好好的，妈才不惦记，不担心。"王萍满腹酸楚，忍得鼻腔发痛，她怕母亲摸到自己湿湿的泪，只是一个劲儿用力点头。看着互相搀扶，走路颤颤巍巍，一天比一天皱纹更加深沉的父母，王萍的心中盛装着沉甸甸的愧疚。

对于自己的小家庭，她也自觉有颇多亏欠。

丈夫是岷县供电所工人，多年奋战在抢修线路的工作中，夫妻两人几年来分多聚少，有时候忙得连一个电话、一声问候都顾不上。丈夫却从未埋怨过妻子不顾家，一心只想着工作，自己结束了一天又苦又累的工作，还要强打精神切菜做饭，照顾快要高考升学的儿子，心地仁厚的丈夫，从没在王萍面前发过半句牢骚。

2016年12月，丈夫感觉自己生病了，但他念着王萍工作单位远、工作繁忙，所以一拖再拖，一扛再扛，在高三的儿子面前，还要伪装出一副坚不可摧的父亲形象，生怕影响了孩子学习。病情加重，他疼得受不了了，才偷偷吞两颗药，苦挨过去。

病魔并未退却，张牙舞爪，愈如猛兽，汹汹来袭。终于，到了次年2月，丈夫实在坚持不下去了，住进医院，医生从白口罩上方射出两道硬硬的眼神，既痛心眼前这个汉子"畏病忌医"，又感叹他的"忍者功夫"，严肃告诉他：必须马上做手术！

无奈之下，丈夫这才拨通了王萍的手机，他怕妻子着急，还放缓语气安慰她："小病，不要紧，本来不想给你说，怕耽误你的工作，但是我一住院儿子就没人照顾了。你别急，开车回来路上一定慢慢走，注意安全，我等你回来后再进手术室。"可是，当王萍风急火燎地赶到医院，丈夫已经开始做手术了，护士告诉她，要是再晚一两天，恐怕丈夫生命会出现危险。此时的王萍，如同一座崩塌的大山，眼泪如溃堤的河流，她在病房的安全出口处不顾仪态地号啕大哭。面对事业，她当之无愧是一名合格的气象工作者，可面对爱她的丈夫，她惭愧于自己不是一名合格的妻子。

回望过往岁月，年过四十的王萍感叹道：无论岁月如此蹉跎，光阴怎样流转，我都从未改变自己对气象事业的追求与信念，誓言犹在，初心不改。

初心不改

岷山脚下，洮河岸边，王萍就出生在这里的一个普通工人家庭，家乡的山水风物，造就了王萍朴实耿直的性格。1996 年 7 月，王萍从南昌气象学校毕业了，被分配到了家乡岷县，在岷县国家基准气候站从事地面测报工作一干就是 17 年。

从事过气象地面测报的人都知道这工作乏味、单调，有些年轻人受不了这苦，待上一两年就偷偷打辞职报告，王萍却被老同事赞为“静得下心、坐得住的女孩子”。她勤奋好学，刻苦钻研业务知识，通过自己的不懈努力，克服了种种困难，成长为能够独当一面的优秀测报员。业余时间，王萍又通过继续教育来提高自己的学历水平，认识她的人都说，王萍对自己要求极高，从不满足于“原地踏步”。

2009 年，王萍被任命为岷县气象局副局长，分管业务。当时，业务人员少，工作业务繁重，又是国家基准气候站，王萍上任后压力颇大，但她没有丝毫畏难情绪，带领大家攻坚克难，积极发挥艰苦奋斗精神，建成了自动气象站、区域自动站；联合水务、国土等部门，制作全县气象监测站点分布图、防范形势图等，建成气象灾害风险预警规范化服务平台，实现了数据共享和监测预警全覆盖。

2014 年 10 月，组织安排王萍到漳县气象局担任局长。对他人而言，晋升是一种骄傲和荣誉，王萍却感受到了责任与担当。面对当时的工作环境，王萍调研工作情况，研究制定工作方法，积极和职工沟通交流，了解职工对工作的意见建议，梳理工作任务，以最快的速度和最好的质量赶上了 2014 年所有重点工作进度。王萍组织业务人员在定西市气象部门，率先开展“综合业务一体化”运行，改进工作方式、规范服务材料、整合人力资源、调整业务岗位，对职工进行业务培训，制定业务制度、工作流程。“综合业务一体化”的运行，使业务质量不高、人员业务能力单一等问题得到了有效解决，使漳县气象局由多年来一个业务落后单位跻身全市气象部门前三名。在狠抓业务质量的同时，她还注重业务人员的综合素质培养，激励和引导职工积极参加各类培训班，进行继续深造。

漳县经济落后，山大沟深，气候条件恶劣，自然灾害频发，以前的漳县气象局基础设施条件较差，没有排污管理，几十年来，污水排放到观测场周围，都是臭气熏天。王萍走马上任后，便积极申报基础建设项目，从解决单位环境条件入手，通过 2014 年地震灾后重建项目、2016 年基础设施改造项目彻底解决了排污问题。

王萍工作照

功夫不负有心人。在王萍和全体职工的共同努力下,站台面貌、办公环境、后勤保障、文体设施等发生了翻天覆地的变化,令单位焕发簇新面貌。现在,信步走进漳县气象局,但见鲜花拥簇,凉亭怡人,已变成一座优美舒适的现代化花园式的单位。

一分耕耘,一分收获。经过3年的奋斗,在王萍的带领下,漳县气象局业务工作迈上了新台阶。收获了丰硕的成果,也取得了一串串荣誉。2015—2016年,在全市气象部门目标考核中连续两年第一名,打破了几十年漳县气象局考核成绩差的局面,各项工作成绩名列定西市气象部门前列。2016年,漳县气象局荣获"甘肃省省级文明单位""甘肃省气象部门二星级台站""漳县党风廉政建设优秀单位""支援地方经济发展先进单位"等荣誉称号。

王萍,这位奋战在基层气象事业上的带头人,用汗水和智慧为社会服务,默默坚守,无悔耕耘,在气象岗位上写下了一串串动人的故事。她先后荣获"全国质量优秀测报员""甘肃省气象局一线专门人才""甘肃省级技术标兵""岷县漳县6.6级地震抗震救灾气象服务先进个人""甘肃省质量优秀测报员""地面测报能手""定西市气象部门双文明标兵"等称号。

岁月如歌,青春如火。贫困山区气象战线上,王萍是无私奉献的"大雁",春去秋来,飞翔于武阳大地,用自己的真情和挚爱,谱写着一个气象人的动人之歌,歌声嘹亮、清越、壮阔,为千家万户,送去了幸福和平安。

作者:何　竞

雪域守护者

——记青海省河南蒙古族自治县气象局局长袁倩

在青藏高原东南部，九曲黄河第一弯，有一个俗称“河南蒙旗”的地方——河南蒙古族自治县，这是青海省唯一一个蒙古族自治县，全县平均海拔 3600 米以上，年平均气温只有 0.0℃，紫外线强，日较差大，自有气象资料以来极端最低气温为一37.2℃，这儿海拔高、高寒缺氧、气候恶劣，职工工作和生活环境异常艰苦，可有一位女性气象工作者，她原本可以留在内地老家工作，却选择了这片雪域高原，28 年来，她眼观四季变化，耳听雨声雷鸣，身验寒暑交替，心中始终装着对牧民群众的关爱，将自己的青春年华默默奉献给这片大地。

袁倩(右一)工作照

她叫袁倩，一位出色的共产党员，一位普普通通基层气象事业的领头羊。

1989 年 7 月，一位年方二十风华正茂的姑娘，从兰州气象学校毕业了，她怀揣着为祖国气象事业添砖加瓦的纯真梦想，克服了高寒、缺氧，毅然来到了素有青海省“南大门”之称的黄南州河南蒙古族自治县。

袁倩对气象事业的挚爱与生俱来，对知识的渴求从未懈怠，在 28 个年轮流转中，她不断学习，谦虚勤奋，以饱满的热情和高度的责任感投入到工作中，先后从事地面、牧气测报业务；生态监测、各种业务报表预审以及财务、党务、纪检等工作。多年的基层气象工作磨砺了她坚韧不拔、勇于担当、敢于进取的优秀品质，袁倩先后担任过牧气组长、服务组长、兼职纪检监察员、党支部书记、副局长、局长等职务。

职位在变，初心未改，袁倩誓将“雪域守护者”这一神圣职责进行到底。她像一朵盛开在高原的格桑花，看似柔弱娇小，实则铁骨铮铮，风来雨往，雪落冰下，她依旧无怨无悔地战斗在艰苦环境中，谱写着对基层气象事业的无限忠诚。

缺氧不缺精神

河南县是全国面积最大的有机畜牧业生产基地，全国三大名马之一的河曲马、青海优良畜禽品种欧拉羊是自治县的优势畜种。这儿有青海省生态保护得最好的草原，堪称“亚洲第一，青海最美”，可同时，雪灾、干旱、大风、冰雹、雷电、洪涝以及滑坡等次生灾害，鼠害、草原黑毛虫灾、草原火灾等如同“恶魔之手”，严重影响着这里的畜牧业经济发展。

如何为河南县有机畜牧业生产扬帆助力？是袁倩经常思考的一件大事。她常常挂在嘴边的一句话是“时刻保持清醒的头脑，密切监视天气变化，将灾害性天气预警信息准确及时地传递给社会公众，是我们气象工作者的神圣责任和使命”。为此，袁倩经常带领技术人员深入各个乡（镇），全面了解牧民群众对气象服务的需求，多次与政府相关部门沟通如何发挥好气象部门的决策参谋作用。

袁倩在雪域高原度过了许多寒冬，但 2012 年的冬天，令她终生难忘。

受到西伯利亚寒流的影响，2012 年的 1 月 2—3 日，大雪席卷青海省东南部，河南县遭受了百年一遇的雪灾。灾情就是命令，袁倩立即组织技术人员做好值班监测、预报预警服务工作，观测簿上的每一个记录，拍发的每一份电报，都凝聚着她和同事们对社会、对人民的赤诚之心。在 3 日凌晨，她当机立断组织发布《决策气象服务信息》。正是因为她和同事们夜以继日的奋战，才迎来了一场场抗击风雨、鏖战冰雪的胜利。

袁倩丝毫不敢懈怠，为详细了解各乡镇受灾情况，1月8—9日、17—18日，她先后多次与业务骨干一起随同县政府雪情调查组，顶风冒雨，披星戴月，前往受灾乡镇实地查看雪情，与县委、县政府领导一起分析、研判降雪趋势、雪情动态。

1月20日，当河南县大草原被茫茫白雪又一次覆盖时，袁倩再次同县政府相关部门领导前往雪灾最严重的3个乡调查灾情。21日早晨8点半，调查组就出发了，这次他们要前往托叶玛乡、多松乡、柯生乡9个村庄13个地点。汽车行驶在冰天雪地之间，一路上，数次遇到冰坎，三次车轮掉进了冰沟无法继续前行，大家下车，在零下30摄氏度的极寒天气里，双手推、后背顶、肩膀扛，硬是将车推动，得以重新上路。上车后，一双双手已冻得僵直，无法正常伸直，彼此眼珠子仿佛冻"木"了，转动一下似乎都能往下掉一层雪粉。好半天，车里才有人缓和过来，说了一句："这雪下得像老天爷棉被扯坏了，大朵大朵棉絮直往大地砸啊！"大伙这才一起笑起来。

可这"棉被雪"威力实在不小，雪灾跟踪调查组历时17个小时，行程700多公里，当大伙从白雪皑皑的草原深处回到县城时，恍如经历了千难万险，终于从远古回到了现实。这时，已经是2012年大年除夕的凌晨0点45分了，窗外大雪纷纷，袁倩看见远处屋檐下挂着两个红灯笼，传达着新年的吉祥喜庆。汽车缓缓驶过静寂的街，昏黄路灯下，她满身疲惫，又冷又饿，但她知道，现在还不到放下一切开开心心"过大年"的时刻，她还有太多事情要做。

回到县城，袁倩顾不得休息，她额头有些发烫，泡了一杯热茶，暖暖手，继续让自己沉浸在聚精会神的工作状态中：由于连日降雪，气温无法回升，积雪持续20天几乎没有消融，积雪深度普遍维持在15～20厘米，阴坡积雪最厚处甚至接近30厘米，牛羊普遍无法采食，严重的雪灾使牧民即将面临牲畜大批死亡的灾难……夜越来越深了，人们在睡梦中香甜酣眠，筋疲力尽的袁倩却靠着一杯渐渐变冷的茶，争分夺秒地将实地调查测量的数据整理汇总，并分析近日降雪天气趋势，向县委、县政府及上级业务部门及时作了专题汇报。

县各级单位根据气象台的预报及时启动应急预案，及时采取防御措施，最大限度地避免了雪灾造成的经济损失，有效保障了各族群众的生命财产安全。袁倩和全体参与奋战的同事受到县领导的高度赞扬。县政府领导几分感叹道："以前不太了解你们的工作，现在才发现你们是全县留守值班人员最多的单位，你们是对自己的工作高度负责的单位。"

想起那个难忘的除夕，袁倩拖着两条疲惫麻木的腿，走回宿舍，已经是凌晨两点了，再有几个小时，天亮了。她想着还要给值班人员做顿丰盛的年夜饭呢，她头一挨枕头，带着疲惫的笑容睡着了……

2月29日，在河南县召开的全县维护稳定动员大会上，县委书记亲自表扬河南县气象局气象服务工作准确、及时，希望河南县气象局继续保持这种务实的工作作风，同全县人民携手共同度过这次抗灾保畜难关，共同维护好全县的稳定工作。

“缺氧不缺精神，艰苦不甘落后”是青海气象人精神写真，袁倩就是以这样一种忘我的精神带领全局职工为河南县草原人民防灾减灾做着平凡的工作，是他们的艰辛工作，提供了准确及时的天气预报预警信息才使得县委、县政府提前做好了动员、预防、救援等相关准备工作，争取到了抗灾的宝贵时间和主动性，最后夺取了全县抗灾救援工作的伟大胜利！

经得住“雪落”，还要经得住“日晒”，在高原的强紫外线“加持”下，一不小心就会被日光“吻伤”。可为了圆满完成工作，在2015年河南县气象局承担“三农”气象服务专项项目建设期间，袁倩带领全局职工马不停蹄跑遍了全县四乡两镇39个行政村，调研、测量、选址、安装建设……袁倩和她带着的姑娘、小伙们彼此看看，大家都忍不住笑了——一笑才发现彼此牙齿好白，因为脸色都被晒黑了不止一个色号呀！

可是，当他们看到建成的电子显示屏、乡村大喇叭在四乡两镇全覆盖，投入运行的优干宁镇、赛尔龙乡“气象信息服务站”，由乡镇干部45个人组成的气象协理员和信息员队伍，在气象防灾减灾工作中发挥积极作用，依托国家级有机畜牧业科技示范园区，建成“青海省黄南州有机畜牧业气象科技试验基地”“青海省黄南州有机畜牧业专业气象服务示范站”，对园区草地上空CO_2、NH_3进行监测，对园区土壤盐度、土壤湿度、土壤温度监测并分析研究，安装建设成两套6要素、四套3要素区域自动气象站，太阳能棚圈牧业气象适用技术推广，夏秋季棚圈内饲草种植和蔬菜种植技术已推广开来时……大家由衷地笑了，虽然这笑容里饱含了一年来的艰辛的泪水，忘我的付出。

由于工作成绩突出，当年县政府拨付气象现代化建设支持经费6万元，人工增雨标准化作业点建设配套资金8万元，并于2017年夏天承诺按“三农”气象服务专项项目要求在涉农（牧）政策上将给予大力支持，根据工作需要将气象服务纳入政府购买公共服务序列，拨付给县气象局购买服务费10万元，并纳入财政预算，为各项气象工作的顺利开展提供了强有力的支撑。

骨折不掉眼泪

同事们眼中的袁倩，是非常“拼”的，她以单位为家，为了工作，从来没有完整休过每年的法定假期。为了其他干部职工能够回家团圆，有 20 多个春节袁倩都是在单位度过的，堪称“留守第一人”。由于一直在高海拔地区工作生活，再加上长年累月超负荷地工作，使她患上了低血糖、低血压、低血氧症，颈椎第四、五椎体压缩性骨折等疾病，特别是要长期忍受右胸 4 根肋骨骨折留下的后遗症。这 4 根肋骨骨折，坚强的她痛得钻心也没有哭，但当手术后得知亲人离去的消息时，她仿佛倒塌的城堡，哭得砖破瓦碎，哭得昏天黑地，哭得痛断肝肠。

2013 年 11 月 3 日，阴暗的天空飘着雪花，一大早，袁倩便冒着凛冽寒风，来到了单位门口。眼前，崭新的金属材质电动门悄然在大门口把守，护卫着河南县气象局整个大院的安宁。大门两侧新修的院墙整齐划一地排列在两边，新修的水泥路宽阔平整，从大门口一直延伸到河南县气象局办公楼、值班生活用房，再到前排库房、煤房、锅炉房，最后延伸到河南县气象局国家基本地面气象观测站，水泥路面上间断排列着暖气地沟的检查井，路面下是新修的暖气管道地沟。

看着眼前的景象，袁倩几分欣慰地微笑了。去年，守护河南县气象局的还是一块破朽的大铁门呢，有一侧摇摇欲坠，总让人担心它何时掉下来，铁链锁栓早已锁不牢，铁门常常会被力大无穷的多事牦牛冲撞开来，引得众人惊呼。现在好了，河南县气象局已旧貌换新颜，明天清早，省、州气象局以及相关部门的领导将来验收工程，袁倩等待这一日，竟等待得有几分渴切和焦灼了。因为，在工程验收之后，她才好请假回山东老家，探望得了肝癌已经病入膏肓的公公啊。

日夜看护在老人身边的丈夫，给袁倩打了无数次电话，难过地说医生已经给老人下了病危通知书，她这个当媳妇的还不现身吗？丈夫并非不支持袁倩的工作，但身为人子，在自已亲父将要离去的时刻，他被悲痛压得喘不过气来，在电话里先是拔高嗓门，尔后哽咽低语：“跟亲人相见的日子已经为数不多了，爸想在临走前再见见你，这个小小的愿望你都不帮他实现吗？赶紧请假回来吧，回来看老人家最后一眼，送老人家最后一程。”放下电话，袁倩心如刀绞，凉凉眼泪铺了满腮。

即将失去亲人的痛楚感觉，如同电流遍布全身，她如何不心酸呢？但是，她必须要咬牙强忍住揪心的疼痛，等到这个工程完工，省、州局领导验收完毕，为了工程的安全性，她有责任有义务留在局里啊！

袁倩调整了一下呼吸，她决定再最后认真检查一遍工程的建设方完工情况。到了一个检查井旁，心中生出几分奇怪，咦，这个检查井上咋盖着一块木壳子板呢？她移开木板仔细一看，原来底下大有乾坤啊，这个检查井的井盖已经被压碎成七八块了，呈现出一副“肉烂骨断，只有一点点筋连起来”的惨相，悬空摆在井口上，形同虚设，这个安全隐患可真不小！不行！不怕一万就怕万一，必须马上通知建设方来消除这个安全隐患。

就在袁倩上前准备取下一片被压碎的井盖时，意外突然发生了，她站在下雪路面上的右脚一滑，身体重心不稳，刹那间失去了平衡，整个人竟栽下了检查井，右侧肋骨重重地卡在了井口上……好疼啊！疼痛如同巨石，狠狠向她砸过来，她眼睁睁看着锅炉工踱出了锅炉房，想喊他拉自己一把，可呼喊卡在嗓子眼，如同堵了一团棉花，就是喊不出声，用力发声的结果，反而带来新一轮撕心裂肺的疼痛，使她瞬间陷入昏迷之中。当袁倩清醒过来时，已经躺在了河南县人民医院的病床上，检查结果是右侧 4 根肋骨骨折。

骨折，没有让袁倩掉落眼泪，她命令自己要坚强，扛得住世间一切苦痛。可惜，最扛不过的是那种"子欲养而亲不在"的切肤之痛！伤情严重，最终袁倩也没能赶回山东，去见身患绝症的公公最后一眼，这成为她心中永远挥不去的疼与悔，提起往事，坚强的她瞬间就会泪光涟涟。

几年光阴弹指间，虽然折断的 4 根肋骨愈合了，却永远留下了出气不匀、呼吸困难的后遗症。袁倩经常会有下乡任务，乡村公路上坑洼太多，距离县气象局最远的自动气象站柯生乡毛曲村站点，来回需要奔波 200 多公里、坐车 5 个多小时，她每次下乡协调乡镇上的相关领导工作，都要随身带上必需的药品，一次又一次，袁倩强忍着身体被颠簸的汽车抛到半空，又被重重摔回座椅时肋骨重新断裂的危险，强忍着身体隐隐的疼痛，却从未因此叫苦叫累。对她而言，最高兴的事莫过于看到工作顺利完成后同事们的笑脸，灿若春花，明媚盛开，比草原上任何一朵花都要美丽。

为了守护这片深爱的雪域高原，袁倩工作繁忙，难以周到细致地照顾家人，女儿没考上大学本科，是她心中莫大的遗憾，她说对不起孩子，没能尽到一份母亲的责任，不是她没有一颗慈母心，而是工作实在太忙太累呵。她对父母、对孩子实在亏欠太多太多了。很多人都劝她调换个地方，以便照顾孩子，也好好调养自己多病的身体，可她只要一想到多年来坚守的工作岗位，便将调动的念头抛到了九霄云外。入党誓言，是袁倩人生的航标灯，她心甘情愿，将最美好宝贵的青春奉献给气象工作基层第一线，把无疆大爱洒向雪域高原，年复一年夜复一夜忍受着剧烈的高原反应，坚守在海拔 3600 多米的风雪高原上。

危机不撂担子

2016 年 8 月 26 日，当时正请假在家，陪母亲看病的袁倩，被同事打来的电话吓了一跳，同事非常紧张地告诉她：河南县柯生乡毛曲村主要以火箭为主的人工增雨作业点上发生矛盾事件，当地牧民群众寻衅、滋事，阻挠人工增雨作业点民兵进行人工增雨作业，甚至扬言砸毁人工增雨作业设备火箭架和人工增雨火箭弹！

袁倩当机立断，她将家事放在一旁，次日清晨坐长途班车，踏上了回河南县气象局人工增雨作业点的路。昨日，在她"安顿"母亲时，因生病而心情不好的母亲一言不发，低头不看女儿的脸，袁倩知道母亲心里委屈，在她最需要女儿的时候，女儿却被一通电话又催回工作岗位，而且，还是去化解矛盾解决危机，多么危险啊！袁倩不敢奢求母亲的谅解，可在清晨临走前，母亲专门早早起来，扶着门框送她，一个暖暖的微笑眼神，熨帖了女儿的五脏六腑，母亲知道自己的爱女是多么热爱气象工作，她又怎会拖女儿后腿呢？

带着对母亲的感激，袁倩迅速上路，舆情就是命令，她要以最快的速度，赶到群众不理解人工增雨为何物的村庄去做解释工作。

由于近年气候异常，往往出现干旱迹象，草原草产量下降，直接影响着当地畜牧业经济发展。气象部门依据省政府下达的人工增雨工作任务，在黄河上游区域布设人工增雨点进行火箭人工增雨作业，但是当地老百姓非常不理解，根本就不听气象部门工作人员的解释，千方百计阻拦人工增雨作业，甚至用砸毁增雨火箭架的方式百般阻挠增雨作业。

这样下去会不会引起不必要的混乱？我们的民兵还在增雨点上呢，他们会不会有安全危险？一路上，袁倩都在心中默念，千万不要发生群体性事件。强烈的责任心促使她刻不容缓地赶到当地人工增雨驻点，希望能以自己多年的工作经验去调查和深入了解产生纠纷的原因，以调解民族纠纷。

27日下午，袁倩到达河南县后，就和同事们马不停蹄地租车赶往柯生乡毛曲村，当她带领着同事到达当地时，已是繁星点点，华灯初上。她不敢怠慢，和同事、藏族翻译一道，挨家挨户调查发生纠纷的原因，向每一个牧民家庭耐心细致地解释人工增雨的原理及作业方式。老百姓不明白的地方，她就一遍又一遍，重复地讲解，将知识如同馍馍揉碎了，一点点端给老百姓：人工增雨是在有利于降水的天气条件下，采取人工干预的方法，在自然降雨之外再增加部分降雨量的一种科学手段。人工增雨可以有效地进行农牧业抗旱、解决人畜用水以及森林防火的问题，合理开发和利用空中云水资源，一般是根据当时的降水天气条件，向云体撒播制冷剂、结晶剂、吸湿剂和水雾等，以增加云中冰晶浓度，弥补云中凝结核的不足，加强云中碰并活动，促使云滴增大，改变云滴的大小、分布和性质，加速雨滴的生长过程，从而达到降水量增加的目的。目前人工增雨的方式大体有三种：地面布置碘化银燃烧炉、高炮和火箭为主的作业、飞机催化作业。老百姓的表情，从一开始的紧绷到慢慢松动，最后，露出了心悦诚服的神情。袁倩心中暗暗吁了一口气。

时间就是生命，当时任何拖延时间的举动都会对整个局势产生不利的影响，丝毫不敢麻痹大意。28 日早晨，袁倩又和同事们驱车穿过草原深处的一个个村庄，趟过一片片泥泞不堪的小路，再一次来到黄河母亲河岸边——柯生乡毛曲村人工增雨作业点。经过两天艰难的调查和细心的解释，袁倩最终获得了村民们的理解和信任，把不利于民族团结的矛盾纠纷化解在萌芽状态，圆满地化解了这起阻挠人工增雨作业事件。

在河南县这片广袤而又美丽的草原上，蒙古族、汉族、藏族、回族等各族群众共同生活在一起，水乳交融，和睦相处，安定和谐，在生产生活中结下了兄弟般的深厚情谊。袁倩作为一名汉族女干部，一名气象工作者，在这 28 年的漫长岁月里，始终在工作和生活中牢固树立民族团结的旗帜，始终把民族团结、服务各族群众和全面推进气象事业发展作为己任。袁倩在党和政府的教育和培养下，从一名普通的气象观测员成长为一名领导干部，她深深懂得民族团结一家亲的重要性，因此也更加重视在日常工作和生活中对民族团结工作的宣传和对民族团结工作的身体力行。利用各种场合、各种机会对干部群众进行教育引导，通过正反两方面的事例，让干部职工受教育。

袁倩就是以这样一种饱满的工作热情，全力以赴投入到气象事业各项工作当中，引导全局干部职工牢固树立“汉族离不开少数民族，少数民族离不开汉族，各少数民族之间也相互离不开”的思想，从自我做起，从点滴做起，从团结同事做起，从尊重各民族日常生活风俗习惯做起，像爱护自己的眼睛一样爱护民族团结的成果，像珍惜自己的生命一样珍惜民族团结，坚决不说不利于民族团结的话，坚决不做不利于民族团结的事。

爱心不分伯仲

袁倩是个心有大爱的女人，她严格要求自己，常常生病还坚持工作，不为自己的病痛掉泪，但当她遇见亟须帮助的人，却成了一个“泪窝浅”的女人，心中柔情如弦，拉出了疼痛的悲悯。

2013 年，河南县气象局第一个扶贫点是优甘宁镇智后茂村，当袁倩带领着同事调研村里的生产生活情况时，看到破败不堪的牧民房屋，看到牧民群众一双双渴望的眼睛，袁倩禁不住热泪盈眶。回来后，袁倩连夜召开局务会议研究，会后购买了价值 2000 多元的面粉和清油，及时送到了贫困牧民的家中，给贫困户每户发放 200 元生活补贴，把价值 3000 多元的各类书籍捐赠给智后茂村的党员活动室，考虑到村里没有任何娱乐设施，年底又捐赠了价值 8000 多元的一副篮球架。袁倩带领全局干部职工多次深入联系帮扶村群众家中，详细了解群众生产生活困难等问题，帮助开展春季灭鼠、在黑土滩上补播牧草等综合治理。

后来，县委组织部更换了扶贫对象，目前帮扶支持的是一户贫困家庭，为进一步贯彻落实党中央提出的精准扶贫工作，在袁倩的带领下，把县精神文明办关于"学雷锋志愿服务"活动的安排部署与精准扶贫工作紧密结合，作为精神文明建设的重要内容，围绕为贫困户办好事、办实事的中心思想开展各项帮扶活动，除了送去油和面粉等慰问品外，还如同女儿般帮助两位老人打扫卫生、洗洗缝缝，并及时了解贫困户的生活情况及老人的身体健康状况，带头不定期去看望慰问，以实际行动弘扬了新时代的雷锋精神，传递了社会正能量。

在河南县气象局内部，有这位宅心仁厚的"袁大姐"在，各民族同志更是团结紧密亲如一家。2013 年夏天，因县气象局院内正在施工，食堂的大师傅小陈路过时，不小心绊倒在了满是石块砂砾、钢筋角铁的杂物中，胳膊和腿都摔伤了，疼得唉哟唉哟直呻吟。袁倩得知这件事后，马上陪着小陈去县医院进行检查治疗，当袁倩搀扶着小陈慢慢走出医院大门时，天已渐渐黑了，小陈不好意思地说："袁局长，今天真是耽误您了，都不晓得怎么报答您好。"袁倩轻轻拍了一下小陈肩膀，开玩笑道："你早点好起来，给我们做可口饭菜，就是最大的报答了。"

2015 年 2 月，袁倩带领大家留守春节，当时天降大雪，县城的公路被各种车辆和行人压得非常瓷实，行人踩上去会发出咯吱咯吱的响声，局里为春节准备的年货已经差不多了，但是主食比如说馓子一类的还没买。袁倩和同事李红、王永革出去采买食物，在返回的路上，李红一个不小心，重重摔倒在雪地上，袁倩赶紧扶起李红，她还说不碍事。但是，袁倩心细如发地考虑到，冬天有雪的路面比较硬，再加上李红也接近五十的人了，以防将来留下什么后遗症，袁倩果断地说必须先去医院检查检查！果不其然，李红摔倒时手腕着地，经检查确认手腕骨折，需要打石膏治疗，县上的医疗条件很差，袁倩当即叫车送李红回家养伤。

在干部职工及家属遇到困难或生病住院的时候，袁倩总是会热情主动地进行慰问，帮助解决实际困难。多年来，在她的带领下，在河南县气象局这个大家庭里，干部职工和睦相处，团结友爱，互帮互助，共同学习和工作，真正体现了我中有你、你中有我、休戚与共、风雨同舟的新型民族关系，2017 年河南县气象局被光荣地评选为"民族团结进步先进集体"。

自律不为私心

袁倩曾说过："气象工作者不仅是一种职业，更重要的是代表了一种身份和一份使命，就是要对得起党和人民。"在艰苦的工作环境中，她凭着对事业的执著和对党的忠诚、对人民的热爱，一心扑在气象工作上，作为基层气象战线的领航人，她时刻重视做好榜样，不断学习党的路线、方针和政策，牢记党的宗旨，处处严格要求自己，加强自身的党性修养，坚持正确的事业观、工作观、政绩观，时刻牢记全心全意为人民服务的宗旨，始终以党和人民的利益为重，坚持勤政廉政、艰苦奋斗的良好作风，从不为私心所扰，不为名利所累，不为物欲所惑，用自己的一言一行教育、鼓励全局干部职工建立起正确的世界观、人生观、价值观。她常常告诫干部职工，我们手中的权力是党和人民给的，要自觉地做到权为民所用，情为民所系，利为民所谋，多为群众办实事，办好事，不负党的重托，人民的期待。在她的带领下，气象队伍有了新形象，气象事业有了新突破，工作质量有了新进步。

凡了解袁倩的人都知道，在生活中，她是一个十分随和的人，关心朋友同事，热心帮助他人，从来没有"官架子"。但对待事业，她却显得十分较真和倔强，不会为任何压力做出让步，从不拖泥带水，讲原则，不讲私情。自参加工作以来，袁倩就和同事们约法三章，不吃请，不徇私情，坚持用公正、廉洁、自律的标准严格要求自己。在她身上，有违原则的事绝不会干，因为她崇尚"心底无私天地宽"，无私才能无畏，廉洁才有权威。工作中，她坚持用铁的纪律约束自己，身体力行，率先垂范，创造了一个领导廉洁自律、干部职工奋发向上的良好政治氛围。在她的带领下，在财务、审批等方面坚持民主决策，用制度管人，用制度管事，规定每季度对经费开支、各种建设项目专项款进行一次内审监督，广泛听取干部职工的意见，自觉接受群众的监督。

多年来，袁倩坚持用正确的思想引导人，用勤勉敬业的精神去感染人，以开拓进取、率先垂范来带动人，以正确的政治思想、过硬的业务素质创造性地推动河南县气象局的各项工作向更高层次、更高水平迈进。在袁倩的不懈带领下，河南县气象局紧紧围绕河南县域"三农"经济发展、"三江源"保护、有机畜牧业发展及"精准扶贫"工作重点，发挥气象科技优势，逐步建成各类综合气象服务平台、农(牧)业气象指标体系，加强全县应急气象保障体系建设；建立健全符合牧业需求的气象服务体系，开展多元化和全方位的牧业气象服务，在防汛抗旱、草原(森林)防火、牧业气象决策预报、预警、牧业气候论证、防御雷电灾害、人工增雨作业、牧业气象科普宣传等方面做了大量卓有成效的工作，取得了明显的社会效益。

随着近年来河南县气象局业务工作急剧增加，为了保证各项任务的顺利完成，作为一名基层单位的负责人，袁倩带领大家咬定目标，奋力冲刺，全力确保了每年各项目标任务圆满完成。由于成绩突出，河南县局连续三届被命名为“州级文明单位”，连续两届被命名为“省级文明单位”；连续5年被州气象局评为全州气象部门目标考核“优秀达标单位”、人工影响天气工作“先进集体”；2008年、2010年被青海省气象局评为全省气象部门“先进集体”；2012年被中共河南县委评为“创先争优先进基层党组织”、被青海省气象局评为“局务公开示范单位”“全省人工影响天气先进单位”；2013年被中国气象局评为“全国气象部门文明台站标兵”；2014年、2016年被县政府评为“服务地方经济建设先进单位”；2015年被中国气象局评为“十有标准化气象服务示范县”、被青海省气象局授予“年度先进集体”称号等。荣誉的背后，有“领头羊”袁倩的执著和坚守。

袁倩在平凡而又琐碎的基层工作中，将一个女性特有的柔情与自信洒在了青藏高原，把气象预报预警传播给了千家万户，把热情和青春奉献给了气象事业。守护雪域，永葆初心，她以高尚的人格品质、过硬的业务素质、忘我的奉献精神和踏实的工作作风，在人们心中树立起了新一代青藏高原气象人的形象。

那一朵摇曳风中的格桑花，那一片苍茫的大草原，那香扎寺南侧黄河岸边滩地上的双鱼湖，它们都在争相诉说一个雪域守护者的故事，她将异乡当故乡，行路不懈，追求不懈，数载光阴，满腔热血，无悔又无怨。

作者：葛恒美　何　竞

气象万千　初心不改　青春无悔　灿烂绽放

——记宁夏回族自治区固原市隆德县气象局副局长张雪

1983年出生的张雪是宁夏回族自治区固原市隆德县气象局副局长，2006年参加工作的她已经在隆德县气象局主持工作3年多了。在家里，张雪是母亲、是妻子、是女儿、是儿媳，既要照顾孩子，又要孝敬老人；在单位，作为一名基层女干部，她又是隆德县气象局这个大家庭的带头人。无论是家庭还是事业，她都以坚定、执著、勤奋、快乐来诠释对事业、对生活的热爱，她在辛勤付出中充分感知着这份踏实而有意义的忙碌，也享受着这美好生活带来的惬意与快乐。

在她看来单位就像一个家，在单位她就是一位辛苦忙碌的“家长”，始终把责任放在第一位，从不计较个人得失，始终如一地奉献在基层气象岗位上。作为单位负责人，在工作中发挥带头人的作用，勤恳踏实，取得了优异的成绩。近年来张雪先后荣获了2012年度、2013年度“全区优秀质量测报员”2012—2013年度“全市气象工作先进工作者”“固原市农业农村工作先进个人”等荣誉称号。

在逆境中不断成长

从2006年毕业至今，张雪一直工作在隆德县气象局，从最初的跟班观测员、综合观测员、气象服务人员、兼职办公室主任、副局长，直至成长为隆德县气象局主持工作的负责人。一路走来，她把自己最美好的青春奉献给了宁夏六盘山区隆德县这片热土上，她见证了这个小城镇从贫穷落后到如今已初具现代化气息的变化，见证了隆德县气象局气象事业蒸蒸日上的发展。同时，这座小城、这个单位、这里的人也见证了张雪从23岁的小女娃到34岁基层女干部的成长。

2006年初，张雪从学校毕业分配到隆德县气象局，初来乍到，一切都是不习惯，当地人的方言80%听不懂。到单位第一天，单位的同志们以极大的热情迎接了她，一进办公室，大家握手致意后，纷纷说道“娃就哈，就哈”，她一头雾水，只能微笑点头应承。时任局长张映琪见状，告诉她，“就哈”是方言，意思是“请坐”。

当时的隆德县城经济欠发达，楼房很少，公路上汽车也很少，单位地处郊区，周边就是村庄和农田。单位为新分来的毕业生租了单位旁边农户的两间出租房，一间面朝公路，一间在院子里。张雪因为是女孩，单位处于安全的考虑，安排其住在院子里的一间。房子是新盖的，看起来不错，但是张雪很快发现，总共不到20平方米的房间里，一张大炕就占了几乎1/2的面积，对于从小生长在城里的她，感到有些新奇，也有些无所适从，因为她从来没有烧过炕。可这是当地农村冬季取暖的唯一方式。好在现在是夏天，还有很多时间可以学习如何烧炕，她这样鼓励着自己。

房主是50多岁的老两口，人很友善，入住第一天就告诉她，他家的井水可以用，但是厕所不能用，房间里不能用电暖气，因为电路接入太细，不能承受太大的电量，会跳闸……oh, my god！而且她很快发现他家的井和下水口紧邻着，加之租客众多，下水口不时有租客往里面倒入生活污水。这就意味着，如果她想用干净卫生的自来水，必须到单位提水；如果想上厕所，必须去单位的厕所解决，而那时的单位也没有冲水卫生间，只在办公楼后面有个旱厕可以用，这样的条件对于当时她这个“肩不能扛，手不能提”的城里女娃来讲，是异常艰难的。她是独生女，从小没有干过什么重活，有些洁癖的她，总是习惯性“洗洗洗”，每天的用水量不小，这意味着，每天提20～30斤水行走200～300米，将会成为生活日常。而最让她感到无比困难的一件事是，旱厕里“昆虫”较多，还有几个巨大的蜘蛛挂网，而她从小就惧怕蜘蛛，她也从来没有见过如此大的蜘蛛，每次上厕所，对她来讲都是“惊心动魄”的过程。

虽然条件艰苦，但是在单位领导和同事的亲切关怀下，张雪并不感觉孤独，领导和同事对她都很关心。每到晚上8点以后，县城的街道上几乎没什么人了，几乎所有的店铺都关门打烊了，没有地方看电视、上网，但是每天晚上，她的宿舍里都人来人往、络绎不绝，单位的同事和家属纷纷过来看望、陪伴她，尽管当地的方言她多半听不懂，但是扑面而来的热情，让她感到心里暖暖的。

不久后，远在内蒙古阿拉善盟老家的父母来隆德看望女儿，看到这样的生活条件，爸妈都劝她回老家。妈妈说：“你是我们唯一的孩子，希望你能陪伴在我们身边，咱回家找个工作算了，老家虽然不比大城市，但条件比这里强多了。”说实话她也想过放弃，从小没有吃过这样的苦，但是每每想到这里，心中总有一个坚定的声音“人生不能轻言放弃，不能被困难吓倒，要做生活的强者”。她想到在老家的爷爷，出生于农村，读书用功，吃苦耐劳，在那个时代，从干部学校毕业后，被分配在内蒙古阿拉善盟供销社工作。那时内蒙古阿拉善盟地处偏远，条件艰苦，但是凭着踏实肯干、吃苦耐劳的斗志，爷爷把工作干得有声有色，通过多年的努力，在工作中做出了一定的成绩，成了20世纪80年代内蒙古阿拉善成立盟市后的第一届处级干部。爷爷一直是张雪的榜样。“当官绝不是终极目标，我希望你能通过自己的努力，能够在你所在的工作领域里有所建树，对待任何一项工作，都要吃苦、肯干、好学，不要总想着靠别人，靠谁都不如靠自己！”爷爷激励的话语仍时时回响在张雪耳畔。

“人生如果遇到点困难就放弃，以后能成什么大事？当地人能做到的，我也能做到！”当时要强的张雪这样鼓励自己。

不会做饭？学！提不动水桶？那就提半桶，多提几次，就当做是锻炼减肥！听不懂当地方言？细心听，耐心学。一做饭，满宿舍的油烟味道，那就用床单把衣服被子盖起来好了……就这样，几个月坚持下来，她发现自己有了很大的转变，胳膊上有力气了，能提得动水桶了，当地方言也能听懂一些了，不再有那么严重的洁癖了，做的饭菜越来越可口了，只是厕所的蜘蛛还是那么可怕……但是没关系，一切慢慢适应吧。随后，她发现了一件让她非常感动的事：单位两位老同志，老丁和老李，总是义务为大家打扫厕所，虽然又脏又臭，但是两位老同志从无半点怨言，这让她觉得，自己害怕蜘蛛这件事简直就是矫情！

时间一年年过去了，气象局的面貌在上级领导和全体同仁的努力下，越来越好。2007年，有了冲水卫生间；2008年，搬进了新建的办公楼，单位也分配了一间旧楼的办公室给他们当做宿舍；2009年，张雪成立了自己的家庭，单位宿舍就成了他们的婚房；2010年，家里买了80平方米的楼房；2013年，为方便帮他们带孩子的老人居住，张雪夫妻俩又贷款买了130平方米的大房子，一步步彻底改善了生活面貌……隆德县城，在党中央脱贫攻坚战略的带动下，在一大批惠民举措落地实施下，在县委、县政府以及千千万万勤劳勇敢、艰苦奋斗的隆德县人民的辛勤努力下，变成了如今秀美、富有当地文化特色的“中药材之乡”“书画之乡”。

生活的困难难不倒她，工作的困难更加难不倒她。最初张雪接触的是最苦、最难、工作要求最高的地面观测工作。跟班3个月，每天起早贪黑，单位的曹工和范工两位地面观测组的师傅以身作则，带着张雪勤学苦练。正式当班以后，遇有复杂天气，两位师傅不管工作时间还是休息时间，都不辞辛苦地前来指导，而她一有时间就加紧学习业务知识。单位的预报服务组、农气观测组同事也是有问必答，热心帮助。渐渐地，她在工作中能够独当一面了，预报服务、农气观测、撰写文稿材料等这些基层县局的工作任务，对她来说都不在话下，她成为了单位的骨干。2008 年兼任办公室主任，2011 年提职，2013 年主持全局工作一年，2015 年至今，主持全局工作。

刚入职时，凭着自己初出茅庐的一腔热血，张雪全身心地投入到工作中，她待人热情大方、不计较个人得失。但也许是身为西北人，血液里流淌着耿直和倔强，她有时讲话很冲，不懂得婉转，性格也很倔强固执，甚至有时在自己都不知道的情况下就得罪了人，所以在工作中有时也不免碰壁。她记得老局长张映琪当年时常和她讲一句当地谚语："前半夜想自己，后半夜想别人。"当时的她有些不解，"难道我是一个自私的，不为别人着想的人吗?"就是这句谚语，让她思考了很多年。一开始百思不得其解，渐渐地，有了一定的阅历，人成长起来了，特别是进入领导岗位后，她才慢慢领悟到当初老局长的良苦用心。这句谚语包含了很多生活智慧，首先人不能自私，不能什么都想自己的利益；其次，另一个层面，它的意思应该是人要学会多角度地考虑问题，科学判断。这件事在我眼里是这样的，在别人看来是那样的，不要以某一个人或者某一种角度去判断，多角度地思考，最终才能做出准确判断，从而作出准确的决策。

她说"人必须要经过生活的历练，才能明白生活的真谛，参透生活中的智慧，感谢所经历的一切，让我成长"。

张雪自毕业已在宁夏贫困山区隆德县生活工作 11 年了，她感谢这片热土和生活在这里的人们。他们虽然身处贫困山区，但是人穷志不穷，他们用朴实、勤劳、艰苦奋斗的生活态度和严谨、认真、踏实肯干的工作作风感染着她，让她从一个"手不能提、肩不能扛"的小女孩成长为一个坚强、勇敢、自信的女性；她感谢单位的领导和同事们，是他们的无私帮助才成就了今天的她，同时也感谢生活中的种种困难和挑战，战胜了这些，她才能成为"更好的自己"，未来仍需不断努力。

开拓进取，攀登工作新高峰

隆德县位于宁夏南部六盘山下，属六盘山特困地区核心区，也是国家确定的六盘山区集中连片开发区。境内干旱、冰雹、暴雨、霜冻等气象灾害频发，农业生产无灌溉条件，雨养农业对天气气候条件高度依赖，气象灾害对农业生产影响极大，但高寒阴湿冷凉的气候特点却成为该县发展反季节冷凉蔬菜、中药材等特色产业得天独厚的气候条件，是宁夏优质中药材基地县和医学界公认的天然药库。

张雪带领全体同志因地制宜，积极组织挖掘有利气候优势，变弊端为有利，将气象助力精准脱贫作为政治任务，又当做发展机遇，以气象人高度的责任感和使命感，积极向县委、县政府请缨，承担气象助力精准脱贫任务，主动服务当地经济建设。

精心谋划，精细部署，将气象“元素”主动融入精准脱贫。2016 年 4 月，在广泛调研、充分论证的基础上，张雪组织制定了《隆德县气象助力脱贫攻坚规划和工作计划》，对气象助力精准脱贫工作做了精细部署和安排。2016 年上半年，带领服务工作骨干以需求为导向，梳理了现有气象服务产品，摸清了家底，针对隆德县中药材、草蓄、冷凉蔬菜三大优势特色产业，她牺牲节假日，逐一走访了县农机推广中心、种植大户、种植园区等，全面了解和掌握了不同产业、不同用户对气象服务的需求。建设“研服产”示范基地，突出示范带动效应。针对特色农业产业，按照上级气象部门提出的“气象＋企业＋科研”，气象“研服产”（科研、服务、产品）精准到点的工作思路，她多次与隆德县大型果蔬、中草药种植销售基地以及全县农业科技相关专家进行接洽，并最终促成合作，联合开展了气象助力精准扶贫“研服产”示范点建设，聘请农业科技等相关方面的专家组成农业气象专家联盟，不定期开展农业气象服务的决策会商、联合调查，制作有针对性的气象服务产品，不断完善作物气象因子指标库；力求通过示范点做出样板，以点带面，整体推进，有效带动气象扶贫工作的纵深开展。

张雪带领全体职工在建设气象助力精准扶贫示范点时，一开始也遇到了一些阻力。对于气象助力精准扶贫工作，最初全县从领导层、种植园区到普通农民都不太理解，他们对气象助力精准扶贫工作能够产生的作用持怀疑态度，认为气象局不就是搞搞气象服务，能为全县精准脱贫工作带来多大的贡献呢？

很多园区的负责人甚至认为气象局此举可能是在作秀，不太配合。张雪多次奔走在各个园区，不断向园区企业老总和企业相关技术人员宣传、做工作，帮助他们提高认识，最终她用真诚感动了他们，用事实说服了他们，隆德县气象局很快与全县几个大型种植园区建立了良好的合作关系，并且与隆德县国隆中药材科技有限公司和隆德县绿鲜果蔬有限责任公司共同建设了隆德县气象助力精准扶贫工作示范点。

两年下来，在张雪的带领下，气象助力精准扶贫工作做出了实效，切实为全县的优势特色产业提质增效，带动了相关乡镇建档立卡贫困户的就业。隆德县绿鲜果蔬园区的负责人张小斌说：“隆德县气象局年内为我们提供的气象服务信息精准、及时、周到，服务形式多样化，为我们园区在草莓、杏子采摘、油用牡丹种植等

张雪（右一）工作照

关键农事活动中提供了详细的气象预报预测信息，为我们的大棚蔬菜种植在预防大风、霜冻等气象灾害方面提供了准确及时的灾害性天气预报预警信息，经济效益直接增加300多万元，直接带动了园区所在地神林乡建档立卡贫困户的就业。”隆德县国隆中药材科技有限公司负责人杨玲讲道：“隆德县气象局为我们企业在黄芪、红花等中药材播种、施肥、收获、晾晒、加工等产业链各个方面提供了及时、全面、有针对性的气象服务，为我公司提高了10%的经济效益，企业提质增效，我们也扩大了用工规模，为周边农民特别是建档立卡贫困户提供了更多的工作岗位。”

2017年8月25日，隆德县委书记袁秉和在《隆德县气象局2017年1—8月气象助力精准扶贫工作进展汇报》上批示：“县气象局在全县抗旱应急供水、服务‘三农’和精准扶贫方面做了大量有益的探索，有许多亮点，应予以褒扬。”隆德县委办公室面向全县发布简报，极大地肯定和表扬了隆德县气象局在全县开展的气象助力精准脱贫工作，副县长陈国栋批示：“县气象局在全县联合攻坚战中敢于担当，靠前服务，取得了优异的成绩，锻造了一支业务精湛、作风优良的干部队伍，应予以表扬。”

面对表扬，张雪没有骄傲，她说，“这项工作才初见成效，要切实做好，形成长效机制，以后的路还很长，我们还要不懈努力”。

寻求突破，助推人影能力建设

隆德县属于雨养农业，春季干旱，夏季冰雹，人工影响天气增雨防雹作业对于农业生产可以起到保驾护航的作用。而在2013年以前，全县9个作业点基础设施条件极差，很多作业点都是建于20世纪70年代的土坯房，漏雨、墙皮开裂，部分作业点甚至已是危房。

2013年以来，张雪多方奔走，积极筹措资金，改善作业点基础设施条件。在地方财政收入困难的情况下，她通过向县委、县政府主要领导多次汇报、沟通，最终争取县财政出资100余万元，同时，在区、市局的协调帮助下共多方筹措200余万元，在全县建设了6个标准化人影作业点，彻底改善了作业点基础设施条件。

张雪始终坚持“一年四季不放松，每次过程不放过”的原则，不失时机组织全局开展人工影响天气作业。每遇有较大的增雨雪过程，在作业点都留下了她奔波的足迹，为服务本县抗旱减灾和生态建设发挥了重要作用，得到县委、县政府及当地百姓的高度赞扬。2016年7月开始，全县降水量大幅偏少，比同期偏少达41.7%，连续110天未出现有效降水，秋冬季连旱、人畜饮水形势严峻，县城实行限时供水。她顾不上家里，提前为单位办公室、食堂、单身公寓购置了蓄水桶，保证大家停水时有水喝、有水用。根据预报，2017年2月20日夜间，全县将迎来一次较明显的降雪、降温、大风天气过程，她带领单位全体职工，一手抓抗旱增雪，一手抓道路交通、设施农业等次生衍生灾害预防，组织专业技术人员严密监视天气变化，到人影作业一线指挥，紧抓有利时机实施作业。天帮忙，人努力，20日夜间全县出现了大到暴雪天气过程，累计降水量在2.8～8.4毫米。此次降水过程一定程度上缓解了水库蓄水告急的状况，有效增加了土壤墒情，对冬小麦返青生长和生态修复十分有利，降低了森林火险等级。同时由于灾害性天气预报预警及时有效，相关部门提前采取了防范措施，此次暴雪天气过程对交通运输、电力通信和设施农业未造成影响。

准确及时高效的预报服务，得到了县委、县政府的表扬，县委书记、县长等相关领导纷纷致电致信表示感谢：“辛苦了！”“你们的工作缓解了县城水库库容告急的状况，谢谢了！”“好，你们辛苦了！不要放过一丝一毫的增雨机会。”

这只是张雪工作中的一个片段、一个故事，工作起来忙得顾不上喝水、顾不上接送孩子、顾不上照看老人……她从不抱怨，总是以昂扬的精气神、会心的微笑来鼓励同事，以扎实的作风感染、带动大家。

隆德县是农业大县，但是境内气象灾害频发，春季干旱、霜冻，夏季冰雹、暴雨、大风，冬季暴雪都是影响全县农业生产的灾害性天气。只要出现灾害性天气，张雪不管是工作日还是节假日，不管是白天还是夜间，一定是第一时间赶到单位，坐镇指挥气象灾害防御工作，撰写的服务材料一定要经过她把关才能放心发送……有时甚至是刚端起饭碗准备吃饭，天上一声雷响，她放下饭碗就直奔单位，不是不放心工作人员的能力，而是全县农业生产经不起冰雹的袭击，造成的损失实在太大，她希望尽最大的力量做好气象灾害防御工作，不敢有丝毫马虎。

在日常生活中，她是单位小同志们的大姐姐，帮助他们解决在工作和生活中的困难，对待老同志也是尊重有加；在工作中，她对下属严格要求，用自己严谨的工作作风带动和影响他们，只要是工作中的问题，同事们都不敢怠慢，渐渐地，隆德县气象局培养出了一支能作战、能吃苦、作风严谨、踏实的工作队伍，老同志很好地发挥着示范带动作用，年轻同志踏实、肯干。

通过不懈的努力，隆德县气象局近几年来先后荣获“2012—2013 年度全区气象部门先进集体”“全区气象部门 2013 年重大气象服务先进集体”“2013 年全市气象服务先进集体”“2013 年全市特别优秀达标单位”“2014 年全市气象部门综合考评特别优秀单位”“2014 年全市气象服务工作奖”“2015—2018 年度自治区文明单位”“2016 年全市重大气象服务先进集体”“2016 年隆德县支持经济社会发展突出贡献单位”等荣誉称号。

辛苦并快乐着的青春之歌

张雪和丈夫马兴武是同行，都是基层气象人。自大学毕业后，夫妻俩就一直在宁夏六盘山区基层台站工作，丈夫已在国家一类艰苦台站——宁夏六盘山气象站工作了 9 年。丈夫每半个月才下一次山，由于承担着单位业务值班、后勤保障、维护等工作，在家连续待不超过两天。山上水没了、锅炉有故障了、信息传输出问题了，一个电话，他就迅速上山了。夫妻俩将最美好的青春年华奉献给了革命老区六盘山区。夫妻俩在隆德县都属于外地人，由于工作忙碌需要经常加班、值班，双方的父母给予了他们极大的支持。张雪是 80 后独生子女，没有娇气傲气，有的是踏实勤奋、不怕苦不怕累的品格，感染着同事，也感染着父母。父母虽已年迈，但仍然每月长途跋涉轮班来到他们工作的地方帮助照顾小孩，张雪的心里时时感念着父母的支持和关怀，时常给父母和公婆零用钱、买衣服、闲暇带父母外出旅游、有空就请父母去餐厅享受美食……

张雪还是一位光荣幸福的“二孩”妈妈，在 2012 年和 2015 年拥有了两个可爱的孩子，儿女双全。正如她所说，再苦再累，当看到两个宝贝时，一切烦恼辛苦都烟消云散。在单位，她全身心地投入工作，回到家里，她马上放下所有的压力与不愉快，全身心陪伴孩子玩耍、成长，经常和爱人带老人和孩子出去踏青、郊游，一到周末就给老人和孩子准备可口的饭菜。她时常在电视上学做一些新花样，给孩子和老人品尝：烤面包、酿酸奶、做比萨、包寿司……家人们开心是她最大的乐趣。

上幼儿园的儿子非常喜欢和她分享这一天所有的开心或不愉快，她总是耐心地听孩子讲述，并为孩子的开心而开心，也为他和小朋友之间发生的不愉快出谋划策，想办法让儿子学会合作、谦让，学会和他人友好相处。

张雪在工作中是一位严谨、朴素的女局长，但工作之余，也喜欢逛街、美食、流行音乐、电影、美甲、新衣服……她说每个女人都要活出自己的精彩，工作和生活都要兼顾，不能因为工作而放弃在家庭中的责任、放弃生活乐趣，也不能只顾家庭或安于享受而放弃自己对事业的追求，应该将二者有机地结合起来，勤奋、自信、勇敢、坚定才是当代女性应有的样子，认真工作，快乐生活！

有朋友说她，“张雪你儿女双全、家庭幸福、事业有成，你是人生赢家。”她摇摇头说：“不管是事业还是生活，我还有很长的路要走，目前离人生赢家还差得很远，我自身还有很多的不足之处需要完善。”

2017 年 3 月 8 日，张雪作为宁夏基层优秀女县局长代表，参加了中国气象局“三八妇女节”县(市)气象局优秀女局长事迹报告会，聆听了全国优秀基层女性县局长的事迹报告，后又受到中国气象局领导许小峰、矫梅燕、于新文的亲切接见，并与大家一起畅谈工作、生活。她深深感到，比起全国优秀的女县局长，自己还有很大差距，未来需要付出更多的努力，不断完善自己，成长之路没有尽头。

张雪的青春因踏实勤奋、因努力付出而绚丽精彩！“因为忙碌，就要合理安排自己的时间，在有限的时间里尽可能高效地做更多的事情。于是在我的人生岁月里便悄悄有了一个个收获和惊喜；因为忙碌，就要求自己变得勤快，不再睡懒觉，不再通宵看电视……努力工作，认真学习。我感到我的生活充实而美好，我享受着属于我的生命品质和价值！”张雪如是说。

作者：杨志莲

做模范表率　重民族团结　促事业发展

——记新疆维吾尔自治区阿克苏地区新和县气象局局长
阿斯古丽·乌斯曼

走进新疆阿克苏地区新和县有着醒目气象标志的四层防灾减灾楼里，功能先进的现代化气象预警信息发布平台十分醒目，打造的“二室、二馆、一长廊”具有浓郁的气象文化气息，整洁有序的工作环境、团结高效的职工队伍让人印象深刻。回忆过去，老一辈的新和气象人一定记得，20 年前的新和县气象局大院内除了有两棵老榆树外，并没有其他有生气的景色，办公室是一排老化的平房，职工住房是破旧的土坯房，院内由于缺乏规划，显得杂乱无章，更无从谈起绿化和硬化，院内地面坎坷不平，下雨时泥泞不堪，单位职工出行必须穿带雨鞋，较差的办公环境陪伴了几代新和气象人。如今的新和县气象局面貌焕然一新，在如此巨大的蜕变背后，凝聚了各级领导和目前的党支部书记、局长阿斯古丽·乌斯曼多少心血和汗水。

阿斯古丽·乌斯曼，女，维吾尔族，新疆拜城县人，1966 年 12 月出生，现年 51 岁，大专学历，中共党员。她 1986 年毕业于新疆气象学校，2005 年毕业于新疆维吾尔自治区党校行政管理专业。1996 年 12 月入党，2004 年评为工程师，2012 年起任新和县气象局党支部书记、局长，2016 年职级并行享受副处级待遇。她品学兼优、性格开朗、热爱生活，有很强的实践能力和组织能力。自参加工作以来，先后在柯坪县气象局、拜城县气象局、新和县气象局工作，担任过测报组组长和副局长。自担任新和县气象局局长以来，她以强烈的事业心和政治责任感为动力，以“党性强、作风正、爱岗敬业、工作出色”为具体要求，从思想上、作风上加强自身建设，恪尽职守、竭诚奉献、辛勤工作，出色地完成上级组织赋予的任务，她始终勤勤恳恳、兢兢业业。工作中她讲党性、顾大局、讲团结，生活中她重品行、做表率，树立了一名优秀少数民族女干部的良好形象，为新和县气象事业做出了积极贡献。

率先垂范　勇做表率

多年来，阿斯古丽•乌斯曼始终重视政治理论和业务知识学习，把学习作为提高领导班子能力、推动工作开展的重要手段，认真学习党的十九大精神、习近平总书记系列重要讲话精神，高质量、高效率贯彻好气象部门各级党组织的决策部署，带头在部门营造了重视学习、崇尚学习、坚持学习的浓厚氛围。在大是大非等重大问题上态度端正，立场坚定，能坚定不移地维护祖国统一，旗帜鲜明地反对民族分裂主义和非法宗教活动。她政治过硬，意志坚定，作风扎实，切实将全心全意为人民服务的宗旨践行在言和行中。她善于了解干部的思想动态，有高度的敏锐性和预见性，对单位职工可能出现的问题及时做好思想政治工作，总是把问题解决在萌芽状态。她在不断提高自身综合素质的同时，也使全体干部职工的思想政治、组织纪律和工作作风有了全面的提高和转变，确保了团结稳定的政治局面。

阿斯古丽•乌斯曼工作照

原新和县气象观测站探测环境因城市扩建，从 2011 年 1 月起，新和局观测站迁到 4 公里外的农村，局站分离，观测站每天只有一个人值班，生活工作环境较差，农村用电、通信设施条件差，常出现故障，交通也不方便，加上地面观测资料的及时性、准确性的高标准要求，每当发生设备故障、网络不通等情况或遇到问题难以解决时，阿斯古丽 • 乌斯曼总是充分发挥一名党员领导干部的带头作用，无论刮风、下雨，只要出现急需解决的问题，她都会在第一时间赶到现场，指导帮助处理新老站的各项工作，从无怨言。无论白天黑夜还是休假放假，同事们的一个召唤，无论在哪儿，身处何地，她都会以最快的速度赶来帮助解决，尽管天气恶劣，但她永远都是风雨无阻地战斗在灾情的第一线，始终保持业务质量年年达到先进指标要求。

爱岗敬业　带好队伍

爱岗敬业是她的精神。阿斯古丽·乌斯曼是2001年走上领导岗位的。十几年来，她将自己的责任、热情、智慧和心血全部奉献于气象工作这一伟大事业。以爱岗敬业、团结奉献的精神，以严肃认真、高度负责的态度，始终坚持把业务工作放在首位，注重相互学习，相互帮助，重视提高业务质量。建立健全规章制度，坚持以制度规范人，重视培养业务人才，不断地提高队伍综合能力，实现一专多能，业务工作质量在全疆始终保持了较高水平。

作为单位"一把手"，她始终秉承"业务是第一生命线"的理念，坚持深入一线业务，可以说一天也没有离开过业务岗位。每当业务工作与行政管理工作任务之间出现矛盾时，她宁愿牺牲自己的休息时间，也不耽误各项工作的正常运行。她从来不计较个人得失，也不向组织讲条件，尽心尽力，任劳任怨，时刻以党员干部的标准严格要求自己，不谋求个人利益，舍弃的是小家，奉献的是单位这个大家。在管理方面不失时机地制定和完善各项规章制度，坚持做到对事不对人，干事靠制度，成事靠众志成城。气象工作重在服务，近年来，新和县气象局在实施气象为农服务"两个体系"建设工作中，瞄准基层气象服务紧迫需求，推进气象预警信息覆盖面不断向农村扩展，气象服务工作向乡镇村、专业合作社、养殖大户不断延伸。3年的时间，在各乡镇成立了8个气象信息服务站，建立了由65名气象协理员、220名气象信息员和85名气象联络员组成的队伍，并不断加大投入，大力更新现代化设备，安装了16座区域自动气象站、8套多媒体电子显示屏、8套LED显示屏、16套预警终端机，进一步加大了公共气象服务力度，开创了服务内容多样化、服务手段现代化、服务程序规范化、服务队伍专业化的可喜局面，进一步增强了面向基层的气象防灾减灾服务能力，预报预警信息发布覆盖率达到了90%以上。

多年来，她以全面提高预报质量、防灾减灾为目标，时刻保持警惕，密切监视天气变化，将灾害天气预警信息准确及时地传递给社会公众，全力以赴做好保障服务，取得了显著的社会和经济效益。她常说："参加工作以来，我真切感受到，工作是幸福的，工作任务是大家共同协作完成的，离开了各方面的关心和支持我将一事无成。每当我获得一点荣誉，取得一点成绩时，我就告诫自己，这既是对我的肯定，又是对我继续前进的鞭策。使我收获最多的是在主管业务工作的领导岗位上，我始终严格要求自己，认真审视自己，使我真切感受到与周围同志的差距和不足，领导和周围同志的一言一行无时无刻不在影响着自己，使我的政治素质和业务能力不断得到提高。同时，也培养了我坚持原则、讲求团结和开拓进取的优良品质和工作作风。我有连续30多年为基层干部职工服务的工作经验。在基层一线的工作经历，也使我得到不少的提高和磨炼，也激励着我永远向前。”

“烈日里，她们挥洒汗水，记录下每一个珍贵的数据；风沙中，她们咀嚼着干馕，坚定执著地监视天公。哪里有天气，哪里就是战场；以站为家，寞守春秋，及时准确、优质服务；心系人民和社会的责任，这就是风雨锻造下的气象人！”用这段话来形容新和县气象局发展历程一点也不夸张。在她的带领培养下，队伍综合能力不断提高，业务高质量运转，全力以赴做好气象保障服务，建立了一支优秀的团队。

精诚团结　勇攀新高

阿斯古丽·乌斯曼就是这样一个为气象事业发展和民族团结添砖加瓦、一心为公、全心全意为人民服务的平凡人，她把心中所有的温情化作无数份爱心奉献给各族干部职工，把全部的心血都浇灌在气象发展事业的沃土上，用自己心中对党的忠诚、对事业的热爱铸就民族团结情，使民族团结情万古长青，使民族团结之花在“白水城”开放得更加绚丽多彩。

她把局领导班子建设和民族团结稳定工作放在重要位置。作为局长她经常同领导班子成员之间进行沟通、交流，时刻塑造一种相互信任、相互支持、精诚团结的氛围，她经常在开会和学习时强调，全体干部职工要学习上求实、工作上踏实、作风上朴实、为人处事诚实。身为一名少数民族领导干部，她时刻把民族团结牢记在心坎上，落实到行动中，坚持互相尊重、互相团结、互相支持、互相信任、互相学习。在气象系统工作的31年来，她热爱本职，精通业务，作风过硬，始终以一名优秀共产党员的标准严格要求自己。她工作认真踏实，身兼数职，常常教育身边干部“要学习双语，会用简单的语言和基层群众交流；要熟知党的政策，了解各族的习俗；要深入群众，多为困难群众办实事”。她是这样说的，也是这样做的，她带头学习汉语，并认真抓好本单位干部职工对党的法律法规的学习教育，教育全体干部职工做加强民族团结的模范、做维护社会稳定的模范。

近年来“三股势力”沉渣泛起、兴风作浪，披着民族和宗教的外衣，以分裂祖国为罪恶目的，在新疆制造了一系列暴力恐怖案件，每一次暴恐案件出现后，她都第一时间把单位全体干部职工召集起来，通报事件情况，并传达上级领导讲话精神，教育单位干部职工及其家属保持头脑清醒，从自己做起，从身边事做起，不信谣、不传谣，擦亮眼睛，认清“谁是我们的敌人，谁是我们的兄弟姐妹”，自觉维护社会稳定、自觉维护民族团结、自觉维护法律秩序。带头宣传“去极端化”，积极参加开展发声亮剑活动，大力宣传“三股势力”的危害，引导群众增强感恩意识，远离宗教极端思想，坚决与“三股势力”做斗争。在工作任务重、单位人员少、住村任务频繁的情况下，她视单位为家，吃住在单位，亲自带班，经常从家里带来饭、水果、饼干、馕等零食，边吃边给大家讲党的各种惠民政策，讲民族团结感人事例，引导大家牢固树立“三个离不开”的重要思想。

“我是一名党培养多年的少数民族领导干部，深知在当前形势下，在推进民族团结工作的任务面前，自己责任重大，必须要认真学习习近平总书记关于新疆工作的重要讲话，在分裂与反分裂的斗争中，发挥好自己的优势和特殊作用，尤其是要在少数民族职工中发挥好表率作用，促进民族团结，无论何时何地，从我做起，发挥正能量，坚决抵制不利于民族团结的言行。”

每年春节、古尔邦节，在不影响工作的前提下，她都会带领单位班子成员到各族干部家中拜年。平日里，如果哪位同志遇到困难，无论谁生病住院，她都会带上礼品前去看望，嘘寒问暖。同时也增进了“汉族离不开少数民族，少数民族离不开汉族，各少数民族也相互离不开”的共识，共同维护这个和睦的大家庭。新和局领导换了一茬又一茬，人虽在变，但不变的还是那份民族团结情，时间在不停地走，环境在不停地变，但是，新和局各族干部职工团结一心、和睦相处的民族情、兄弟谊却永远不变。现在，新和县气象局全体干部职工在她的民族团结先进典型示范下，不断涌现出民族团结的先进典型，各族干部职工和睦相处，互相尊重，互帮互学，人人讲团结，各民族亲如一家，民族团结之花在单位处处盛开，各项工作稳步推进。

“气象服务是我们气象工作的出发点和归宿，是我们立业之本，一定要把气象服务放在第一位，千方百计提高预报准确率，全面提高气象服务的社会效益和经济效益。”她选定以地方气象事业为第一突破口，不断壮大气象事业；以气象科技为第二突破口，集中资源加快发展；以依托气象部门行业优势发展科技产业为第三突破口，提高了气象部门的社会地位，扩大了社会影响，真正做到了以改革促发展、以发展求稳定。她不断改善服务手段，拓展服务领域，大力发展气象科技服务，无论严寒酷暑、风雨雷电依然组织大家克服种种困难，及时开展服务。协调好与保险、防雹三位一体协同作战，加强协作，保证各项农业生产能够顺利进行，做到决策服务让领导满意，使气象服务的公众满意度进一步提高，2015 年的公众满意率 92.0％、2016 年的公众满意率 94.8％、2017 年的公众满意率达到了 96.8％。

狠抓项目　力促发展

她常说："基层台站建设是一项综合性系统工程，也是实现台站综合现代化的基础，我们要抓住机遇，抓项目来推动事业的发展，建设自己美好的家园。"以前，新和局办公楼面积较小，不具备综合业务平台要求，与科技型部门、"一流台站"建设标准相差甚远，而且新和局周围是新和县行政规划区，旧办公楼在拆迁范围内。阿斯古丽·乌斯曼针对此问题，紧紧围绕"台站基础设施建设"的要求，把台站项目建设作为文化建设、现代化建设重要的内容去考虑，做好台站综合改善统筹规划，使本单位的规划与地方政府的总体规划衔接、与本单位的长远目标衔接、与改善职工的工作和生活环境衔接。2001 年她积极争取上级气象部门和地方资金，在全疆气象部门县局中第一个建成综合大楼，彻底改变了局站落后面貌，职工工作生活环境焕然一新。

她不断创新工作思路，抓住机遇，以项目来推动新和气象事业的发展。在上级气象部门和新和县委、县政府的大力支持下，2012 年争取新和防灾减灾预警中心项目建设的新和县气象局防灾减灾大楼已经竣工，中心建有高清视频会商系统、突发事件预警信息采集发布系统，还包含了预报预警、公共气象服务、为农服务、人影指挥、兴农网、综合观测等十大功能平台。业务楼内还建成了科普馆、气象史馆、图书室、职工活动室、多功能会议厅、文化展区等，为进一步推进气象现代化建设奠定了坚实基础。

2014 年成功争取项目为新观测站修建道路，彻底解决了春季土壤解冻、下雨、下雪时观测站进出难的问题。2016 年争取新建单位围墙、大门、警卫室改造的项目，对单位整体进行规划，建成气象文化科普广场。

把握政策　拓展服务

阿斯古丽·乌斯曼始终坚持上级气象部门"创业、创新、创优"的发展理念，积极加强与县安监、城建、消防、发改等多个部门联系，开展联合检查和业务协作，并把防雷审核及验收工作列入到消防及建设部门项目审批程序当中，近几年来科技服务向医疗、光伏发电、石油等领域的扩展取得了显著的效益。在她和全局职工的不懈努力下，科技服务从无到有、由弱到强，职工工作、生活环境不断改善。

重视科普　增强意识

阿斯古丽·乌斯曼经过多地考察，多方求证，在新建办公大楼固定区域建设具有气象特色的科普宣传教育基地，2013年底新的气象科普馆投入使用，面向社会公众的气象科普教育基地环境焕然一新，并于2013年被县科协命名为“新和县气象科普教育基地”，为进一步提高职工的文化素养和科普能力提供了保障。

科普展厅面积80平方米，投入20多万元，以和谐发展为理念，运用现代科技手段，展示气象万千。从认知入手，集科学性、知识性、趣味性、互动性于一体，有气象观测展项、气象设备的原理和作用、天气预报制作介绍、预报预警发布有关内容、气象卫星应用过程、气象灾害防御指引等气象知识，并能结合本地气候特点，有针对性地进行气象科普和防灾避险教育。

多年来，她不断加大气象科普宣传力度，以“3.23世界气象日”“5.12防灾减灾日”“科技宣传周”“科技三下乡”“全国科普日”等节点为载体，深入推进气象科普进乡村、进社区、进学校、进企事业单位等宣传活动，同时利用现代通信工具，将气象基本常识通过网站及手机短信方式开展直通式宣传，加大气象灾害防御知识普及力度。提高对气象科普宣传工作的认识，发挥优势，多种形式扩大宣传范围，利用LED电子显示屏、手机短信、发放宣传单、兴农网、播放气象知识视频等手段传播普及气象科普知识。她针对少数民族多的情况，每一次宣传活动都安排人员进行维吾尔语翻译，用维汉两种语言进行宣传。

2016年，她组织干部职工历时近3个月的时间，对气象有关知识进行收集、整理、编排、翻译等，编辑了维汉版的《气象协理员、信息员培训教材》、“气象与棉花”“气象与红枣”“气象与小麦”“设施农业与气象”“气象基本常识”“防雷知识宣传”等相关的为农服务宣传材料，为气象协理员、信息员更好地开展气象工作提供便利，同时在全国科普日活动期间进行大量的宣传。以上培训材料，在阿克苏地区各县市和部分地区范围内被推广为“三农”服务的主要宣传材料，为农村防灾减灾队伍素质的提高提供有力保障。

2016年9月份新建了5000平方米的气象科普文化广场。广场内容设计以气象知识的普及为主，充分挖掘气象文化内涵，涉及气象、观测、防灾减灾、地理、旅游、党风廉政、安全、消防、防震等多方面知识，实现了气象科普知识360度无死角覆盖，进一步加强了开放式宣传气象科普文化知识的力度，近两年来到新和局参观的人员达到6000多人次，发放的各种宣传材料有2万余份。科普广场作为县里的科普基地，极大提升了气象知名度，也为增强各族群众气象防灾减灾能力创造了良好的条件。

文明创建　两翼齐飞

阿斯古丽·乌斯曼始终认为:精神文明建设是事业实现两翼齐飞的保障,文明创建工作是一项提高综合素质、推进各项工作的举措。只有深抓细化,立足行业特点,突出部门特色,夯实基础工作,提高管理效能,才能创出文明建设特有的成效。

她按照“以创建促管理”的工作思路,积极开展精神文明创建工作,制定精神文明的长远规划,建立完善精神文明创建工作机制,明确了各项工作的责任人,形成了创建工作的强大合力,不断巩固和加强创建力度,进一步激发干部职工的工作热情,加强职工之间的团结,丰富充实职工的精神文化生活,保证创建工作扎实有效地开展。

她带头学习先进模范人物,用身边的感人事迹教育引导干部职工,形成崇尚先进、学习先进、奋发向上的精神风貌。她努力营造生动活泼、和谐融洽的工作氛围,近几年来,动员全体干部职工积极参加上级气象部门和新和县开展的各种演讲、征文、知识竞赛,论文发表等活动,多次受到了上级气象部门和新和县相关部门的表扬。同时认真开展一堂、一队、一牌、一桌、一传播“五个一”创建活动,向广大干部职工和社会各界传递道德、传播文明,提高了全体干部职工的文明礼仪意识。始终坚持“三优一学”“讲文明,树新风”,开展“文明科室”“文明家庭”“文明职工”评选创建活动,使“一日生活三文明”逐渐成为广大干部职工的行为准则,干部职工业余文化生活不断丰富。

她带领大家深入开展各种主题教育活动。通过参加和带头开展党的群众路线教育实践活动、“三严三实”专题教育活动、“两学一做”学习教育活动、“访民情、惠民生、聚民心”活动、“学转促”专项活动等,进一步解决党员队伍在思想、组织、作风、纪律等方面存在的问题,保持党的先进性、纯洁性。她不断地强化党员全心全意为人民服务的宗旨意识,密切党群关系,转变工作作风,提高工作效率。树立服务群众意识,在做群众工作、加强基层组织建设、深入推进“去极端化”宣传教育等工作中,不断地融入群众,以现代文化为引领,开展形式多样的文体活动,有力推动工作的顺利开展。

她作为党支部书记,将群众的利益放在首位,一切以人民满意不满意、高兴不高兴作为自己工作的出发点和落脚点,始终把党建工作放在首位,不断加强党风廉政建设和反腐败工作,积极培养吸纳新党员,对党员进行目标管理,加强对党员的思想建设、组织建设和作风建设，依托学习型党组织建设，努力提高干部职工的理论水平，不断增强政治思想觉悟。认真落实“三会一课”制度，始终坚持民主生活会制度，由党员每季度就本人的思想、工作、学习及履行党员义务等情况向支部作汇报，提高党员解决自身问题的能力。认真落实党务公开制度，将党支部拟定作出的重要事项和重大决策进行全面公开。

她在“讲、学、做”方面狠下功夫，倡导和树立“善学习、讲政治、勤做事、重团结、严自律”的良好风气。建立健全相关制度，认真学习法律法规，形成“工作离不开学习，荣誉离不开学习”的良好氛围，提高全体干部职工的学习兴趣；定期开展党员电教化教育，积极参与上级安排的党员培训，每年选派干部外出学习培训，党员干部开阔了眼界，提高了业务能力，增强了学习的灵活性和吸引力。在党员干部的共同努力下，新和局党支部先后3次获得“五好党支部”“先进基层党支部”等荣誉。

她带领职工积极参加和开展每年的“公民道德建设月”“爱国卫生活动月”“民族团结教育月”“党风廉政建设教育月”等活动，大力开展以支部、工会、妇女小组为核心的各种活动，提高了职工的综合素质，在新和县也得到广泛好评。自2002年开始至今，新和局连续15年保持了“自治区级文明单位”荣誉称号。

成绩突出　荣誉不断

在31年的工作中，由于工作出色，任科级干部以来她先后受自治区、地区和县级的各种荣誉28次。2001年至2010年先后获得地面测报8个“百班无错”和1个“250班无错”的好成绩；2002年至2016年先后7次被地区气象局评为先进工作者；2003年被自治区气象局评为优秀预报员；3次被新和县妇联评为“文明家庭”“三八红旗手”、2次被新和县机关工委评为优秀共产党员；2011年被自治区气象局评为“民族团结模范先进个人”称号；2016年被自治区气象局授予优秀等次嘉奖；2016年被新疆气象学会第九届理事会评为气象科普工作先进个人。2010年参加地区气象局举办的“民族团结故事”演讲比赛荣获三等奖；2011年参加弘扬气象工作者优良传统与作风演讲比赛荣获三等奖，此征文材料在新疆气象局荣获优秀奖。2016年9月选为新和县第十二次党代表并参加了党代会。

在她的带领和同事们的努力下，新和县气象局先后多次被上级气象部门及县委政府授予“全国文明台站标兵”“民族团结进步先进集体”“科技服务先进集体”“目标考核先进集体和优良单位”“基层满意县直部门”“平安单位”“最佳志愿服务队”“精神文明建设先进集体”“安全生产先进集体”和地区“巾帼文明岗”“先进基层党组织”等荣誉称号。

成绩和荣誉属于过去，阿斯古丽·乌斯曼表示将继续团结带领新和县气象局全体职工，大力弘扬新疆气象人精神，扎实工作，努力拼搏，在平凡的岗位上，努力创造不平凡的业绩，不断推进新和气象事业的可持续发展，使气象更好地为地方经济服务，为人民服务，不断朝着更高更远目标迈进。

作者：阿克苏地区气象局

屏幕上下一样风采

——记中国气象局公共气象服务中心党委办公室副主任、
气象节目主持人赵红艳

当以善意相待时,和谐和喜悦就会在彼此心中氤开。

——题记

那天,领导把我叫到办公室,开门见山地说:你文笔好,交给你一个任务。我愣了一下,抽了把椅子坐在了领导的对面。

领导接着说:不是难事,以咱们全国三八红旗手、电视节目主持人赵红艳的事迹写篇报告文学。

赵红艳工作照

领导，除了报告文学，其他体裁行吗？在领导连说了两个"可以"后，我便离开了领导的办公室。

出门后随即拨通了赵红艳的电话，《渔舟唱晚》乐曲播放了足有1分钟后，她接了电话。她用播音的语速和标准的普通话与我聊了几句，同意明天见我，接受采访。

约定的那天是2017年入冬以来北京最寒冷的一天。那天，她临时接到紧急任务，于是原定在上午的见面，放在了傍晚下班时间。

你这么忙？下班时间已经过了近1个小时，你才下班啊。

赵红艳边笑边说：我现在做党务和纪检工作，兼做农业气象节目主播，事情比较多，让你久等了。其实，我一直建议领导不要写我，我并没有做出什么贡献。

正在和她聊，她电话却响了。

不好意思，华风集团那边保安说，有个人在影视大楼门口待一天了，说是我男朋友，要见我。

那你去见吧！

不能见啊，让保安处理吧！这些年，经常有人像这样冒充我男朋友闹腾，有时真是挺烦的。但是转念一想，这些可能也是他们对我传播气象预报和个人形象的一种认可吧，也不能简单将这些人归到心理失常或是扭曲的人群中。无论工作，还是生活，我都想："当以善意相待时，和谐和喜悦就会在彼此心中氤开。"

你说对吧？

1

走在中年人生路途上的赵红艳，齐肩的短发，爽朗的话语，爱笑的脸庞，始终透露着知性的柔美，透露着几十年从事电视天气预报节目主持人工作的严谨和稳重，透露着岁月的沉淀。骨子里刻着主持人特有的气质。

打开赵红艳的话匣子，她不好意思地回忆着梦想的初心。她说："有机会请你去我出生的地方看看。我们长辛店是个千年古镇，历史重地。"

的确，北京西南郊的长辛店镇，是座古镇，在中国革命的历史进程里有着重要的位置。长辛店镇位于北京市丰台区永定河西岸，卢沟桥畔，距天安门仅19公里，是西南距京城最近的乡镇，也是西南进京的必经要道。

古时，北京小平原与华北大平原之间水网密布，河泊众多，沼泽散布其间，纵横交错，因而造成人马劳苦，车履难行，交通十分困难，成为南北交通的严重障碍。从内蒙古高原和东北平原到达北京小平原，只有沿太行山东麓山间的台地北上，才能顺利到达。而进入北京小平原之前，必须经过永定河上的渡口(卢沟桥建立之前)这唯一的通路，别无他择。随着南北交流的日益频繁，古老的渡口，也就是后来的卢沟桥，成为南北交通的重要枢纽。而渡河的前一站就是长辛店。

1922 年 4 月 9 日，京汉铁路总工会第一次筹备会在长辛店召开。俱乐部组织了工人纠察队、调查团、讲演团等组织，领导和指挥了 1922 年的“八月罢工”和 1923 年的“二七”大罢工。

20 世纪 60 年代，出生在长辛店的赵红艳，从小就在“二七”车辆厂和机车厂附近玩着长着。同时，著名的中国人民解放军装甲兵工程学院就坐落在她家附近，这使得她从小对军队萌生出向往之心。

心遂人愿。1984 年，17 岁的赵红艳如愿以偿，走进了梦想的军营，成为中国人民解放军蚌埠坦克学院的一员。

2

小女孩天生爱做梦。

别看那时赵红艳年纪小，可是她却有着大梦想，而且是两个大梦想。“一个是像舅舅家的四哥那样，做个有勇有谋的侦察兵；一个是做一名神气的播音员，让我的声音和播音内容随着电波传遍祖国的大江南北。”儿时的梦想在赵红艳看来，都幸运地实现了。

其实，在赵红艳成长的过程里，她听惯了“二七”车辆厂的高音喇叭播放的革命歌曲，听惯了工厂广播员字正腔圆的播音。因此，在她小小的心里也产生了当播音主持的梦想。

但是，当她如愿穿上军装后，又有些隐隐的失落，也许这辈子再也不会当上播音员了吧。然而，机会总是青睐那些有准备的人。一次部队大联欢，赵红艳在舞台上毫不怯场，用一首声情并茂的诗歌朗诵打动了观赏节目的首长。

千里马在伯乐的帮助下，来到政治部宣传处当了一名播音员。下基层采访，自己编稿子播音，她忙得不亦乐乎！

1987 年，总参装甲兵部急缺一名播音员，组织的一纸调令将赵红艳调到兵总部。

至此，年轻的赵红艳带着火一样的热情和骨子里不服输的干劲儿，雷厉风行地干起来，扎扎实实地干下去，让小小的种子在梦想照进的现实里生了根、发了芽，青春洋溢地开启了工作生涯的序幕。

这是一种简单的幸运吗？不是，在这份幸运到来前，赵红艳做了比其他孩子更多的准备与努力。因为迷恋广播，小时候的她常常模仿广播里播音员的声音，并把这当做是每天乐此不疲的游戏。那时，她跟着半导体收音机常常练习的一个是播新闻，一个是“用记录速度广播”的天气预报，与气象的情缘也许就这样一点一点地积淀了……

赵红艳至今仍清楚地记得小学四年级的一个下午。阳光恩泽地洒满院子，微风轻吹带来淡淡的栀子花香，写完作业的她一如往常，坐在小板凳上字正腔圆地念起了报纸。正念着起劲，邻居阿婆突然闯进来，大声说道，你们家怎么天天定点开广播呀？吵得别人都睡不成午觉了！虽然被阿婆批评了一通，但她小小的心里却乐开了花，自己的朗读居然被当做广播，这不是夸她念得棒嘛！

可是，赵红艳在当时并没有意识到，正是这种每天不厌其烦的训练与经年累月的积淀，打开了走向播音世界的大门，并让自己在播音岗位上能够厚积薄发、如鱼得水。

3

铁打的营盘，流水的兵。这是每位军人都要面对的选择，也是人生大转折，更是人生大考验。赵红艳作为一名军人，只能直面人生艰难的选择、转折与考验。

当初每一个细微的环节，至今仍历历在目。她说，军人退伍转业时内心是充满了矛盾的，更是无法割舍掉与战友们朝夕相处建立的难能可贵的情感。想到要与这一切分开，她内心挣扎又酸楚。

然而，经历了分离，重新起航的日子终将来到。夏天绚烂的日子，五彩缤纷花飞絮，虽然渐渐谢幕，但绚烂的金秋却悄然走近。大自然舞动着灵动的画笔，在北京这座国际大都市肆意挥洒，在绵延的万里长城尽情挥毫，喷墨浸染。

1988 年 10 月，北京。天高云淡，爽风拂面。改革开放带来新的变化，如墨彩涌动的城市画卷万般妖娆，落笔栩栩如生，烟如飘云。片片秋叶如霞丝，款款秋情落幕于山间、亭阁、弯道、绵长的翠松柏，那道道秋丝在风中舞蹈，红染清秋，瓣落无痕，醉了人们心房。

也就是在这个季节里，赵红艳脱下军装走进中国气象局，开始新的人生。

4

爱屋及乌。赵红艳对这个成语有自己的解释。她说：“选择到中国气象局工作，不仅仅爱这份工作，也爱气象这行业，爱中国气象局大院，更爱气象的历史和历史的北京。”

古老的北京由古老的街道和建筑组成，在历史的进程中不断沉积着时间的厚重。中关村大街就是在历史的进程中不断变化，累积出万众瞩目的厚重感。

中关村大街最早叫白颐路，在清代已形成，是城里去海淀镇的要道之一，1936年建成砾石路。20世纪50年代修成的通向西郊的主干道，铺以沥青路面，承担城里与文教区间来往交通的重任。南起西直门外大街，向北经魏公村、海淀黄庄、中关村，在海淀镇西折，在北京大学和海淀镇之间开出新路，到海淀镇西北角，即沿原有的通向颐和园的御路。

中国气象局就是坐落在这条大街上，气象局的人习惯叫南大街46号。刚刚脱下军装的赵红艳走入气象大院，为之倾倒。从第一眼起，她就由衷地喜欢上了这里，情不自禁地爱上了自己工作的单位。她在心里庆幸自己的决定与选择。从此，她暗暗下了决心，要把人生奉献给这片土地，奉献给气象传播事业，要用布道者的虔诚去做好气象节目播音主持工作。30多年从业生涯，她用女性的坚贞成就了事业的坚守。

今天，当她平静地回望来时路的时候，她无愧于曾许下的诺言。

5

《天气预报》，今天是人人皆知的事情，不就是每天在广播、电视听到和看到的天气预报嘛。甚至有大多数人会说，就是新闻联播后出现的电视天气预报节目。

你说的也对。《联播天气预报》是一档全国收看人数最多的、由主持人播报的电视天气预报节目。赵红艳就是这个电视天气预报节目主持人之一，也是这档节目的前辈，同行都尊称她为赵姐。

实际上，如同大家对她的称谓一般，赵红艳具有深入人心的亲和力形象。无论阴晴冷暖，她总能娓娓道来、不急不缓，天气仿佛也和了韵律、章法。一句轻声的问候，就像一段暖场的音乐，引领观众不知不觉地进入到一个感受风雨冷暖的世界。

然而，早年间，电视《天气预报》并没有主持人，只有配音员把天气预报文稿念一遍，配着画面一起播出，基本属于“只闻其声，不见其人”。

虽然“不见庐山真面目”，但是赵红艳可不敢有一丁点的对付和懈怠。为了有朝一日电视天气预报节目的幕后播音员能变成幕前的主持人，从硬件设施，比如电视技术、各种设备、演播机房的配备等，再到软实力，比如播音员在气象知识和电视技术知识等多方面素质的培养，赵红艳和同事们都花费了大量时间和心血，更为今天的天气预报节目吃尽了苦头。

每年的7月下旬是北京最热的日子，也是“桑拿天”最多的季节。听她介绍说，那时的演播室里没有现在的冷光灯，几盏2000瓦大灯一开，演播室热得像“桑拿房”，但是为了节目录制，不能开电扇，在里面工作的人常常汗流浃背。有一次做节目时，天特别的热，而密闭的录音间就像太上老君的炼丹炉。她在录音间整整熬了近2个小时，走出录音间后，她突然感觉天旋地转，一时间什么也不知道了。当她清醒过来时，发现自己竟然半躺半爬在一条凳子上，衣服还在往下滴水。

功夫不负苦心人。1993年，中国的电视天气预报节目出现跨时代的蝶变，主持人终于成功从幕后“跳”出来了，赵红艳成为我国第一批走上荧屏的气象节目主持人。每天晚上，《新闻联播》结束后，伴随着婉约动听的《渔舟唱晚》乐曲，赵红艳就像邻家姐姐一样，如约出现在电视屏幕上。她凭着大方端庄的形象和自然朴实的气质成为“最具亲和力”的气象节目主持人。在20世纪90年代，突然出现的气象小姐、气象先生成了风靡一时的热点，赵红艳也成了家喻户晓的名人，名气一点也不输现在被粉丝疯狂追捧的流量小花们，而且，她的粉丝是上至年迈的大爷大妈，下至年轻的学生们。

因为《联播天气预报》是在中央电视台播出的节目，所以很多观众都误以为赵红艳她们是中央电视台的主持人。每当有人问到这个问题时，赵红艳总是耐心地纠正说：“从人员编制到节目制作，都属于中国气象局。我是名副其实的气象人呢！”赵红艳一直记得当初刚来到中国气象局的时候，局里的老同志曾语重心长地对她说，毛泽东同志让我们“气象部门要把天气常常告诉老百姓”，一辈辈的气象人几十年风霜雪雨地奋斗，都承载着这个重任！所以，气象人的身份对于赵红艳而言，是神圣而光荣的。她觉得这份承载着国家、社会和老百姓期待的工作，自己有幸参与其中，何其自豪！所以，她在《联播天气预报》主持人这个岗位上，一干就是22年，将自己人生中最美好最宝贵的青春年华都奉献给了这档气象节目。

6

时间无法回头，也不会停止。但即使时间可以倒回去，赵红艳说她仍然选择这项事业。

现在，让我们把时间的指针拨回到20世纪90年代，那是赵红艳人生启程的重要阶段。作为中国第一代气象预报节目主持人走上荧屏，该以什么样的形象出现在观众面前，前进的道路上没有任何可以参考的路标。但稀里糊涂地启新，可不是赵红艳的风格。

打铁需要自身硬。她走进北京广播学院深入学习新闻广播理论，夯实自己的理论水平；她走进中央电视台的大门进修播音表演技能，向我国著名的电视女主播邢质斌、李瑞英拜师学艺。

很快，细心的她就发现，播报新闻和播报天气还有着很大的差别。播新闻的时候，主持人是可以面对提词器，照本宣科地念新闻稿的；播天气预报的时候，主持人要站在摄像机前，边讲解边辅以手势动作，语言要求既通俗易懂又不失专业性科学性，难度可想而知。

由于不是气象专业出身，她曾经被各种专业术语折磨得痛苦不堪，什么高压脊、低压槽，就和一个个神秘的符号一样，挑衅而来；由于抠像技术的运用，除了一块大蓝布什么都没有，却要手指准确指出天气出现的位置，她的抬手动作太柔了，被大家戏称为在"唱评剧"。

如何迈过这一道道坎儿？赵红艳说自己的性格像"惰性元素"一样，不活跃，不懂得走捷径，所以在她的字典里，认认真真、踏踏实实地一遍遍做才是正道。于是她又拿出了小时候每天念报纸的韧性，对着镜子一次次地修正自己的手势动作、自己的仪态表情。终于有一天，她站在镜头前，手指干脆又准确地指了出去，跨越了心里的障碍。

也许有人会问，天气预报每次只有两三分钟，需要花这么大的气力吗？没经历过的人，真的解不了其中的辛酸味。比如每晚 7 点 30 分的《联播天气预报》，主持人基本就是下午 5 点 15 分拿到预报内容，遇到台风天气可能还要延迟到 6 点。拿到预报内容后，主持人就需要主动解码，她得先把这些专业气象术语完全"消化"了，才能再转换成老百姓能听得懂的话。说什么？怎么说？这其中也有很多的门道。

每次制作节目，每一次播出，赵红艳都觉得是头一回，经常与编导、与专家，反复交流沟通。她说有时为了一句话，气象编导说，这个必须严格按科学定义说，不能改动；可是科普编导说，不行，观众听不明白，必须改。几个人争得面红耳赤。怎么办呢？赵红艳现场查《大气科学词典》，电话请教气象学家。

然而，当编导们都走了，她却拿着稿子反复琢磨，熟悉稿子，上网看天气过程，力保做到自己理解到位，讲述到位，播报到位。

其实，每一位播音员都有属于自己的独特播报方式。赵红艳在心底一直追求一种自然、平等的主持状态，就仿佛微风拂过的院子里，主持人和观众坐在小板凳上唠家常的感觉。她说这是一种行云流水般的娓娓道来，也是亲朋好友般的温情叮咛，更是将无数根枯燥的线条提炼成关乎阴晴风雨的最精简的内容。当然，做到这些，远非一朝一夕能成。永远起步在路上，没想过停歇，这是执著的赵红艳最单纯的想法。

年轻那会儿，由于人手紧张，赵红艳她们常常是一个人播出全天的节目，从早上 6 点 05 分的《早间气象》，到 12 点半的午间气象服务、沿海海域海洋天气预报、晚上 7 点 30 分的新闻联播之后的《联播天气预报》，再到夜里最后一档《体育新闻》之后的《晚间气象》节目，一天大约要做七八档节目。虽然辛苦又忙碌，但现在赵红艳有时还会怀念那会儿咬牙挺着的日子，年轻时总有使不完的劲儿，那是一种弥足珍贵的闯劲儿和干劲儿。

虽然早已挥别青春，但是赵红艳始终保持着和年轻人一样的工作热忱，对“满足”二字从来都是望而生畏的，所以，做主播这些年来，她从来不敢有丝毫的懈怠。

正是这种对事业的认真与执著，赵红艳得到了广大观众的喜爱，得到了领导的肯定，表扬和荣誉纷至沓来。2004 年 7 月，在全国“观众最喜爱的气象节目主持人”评选中，她获得“最具亲和力”奖；2004 年 10 月，在全国电视天气预报节目评比中，她获主持人三等奖；2008 年 3 月，她被授予“全国三八红旗手”荣誉；2009 年被中国电视艺术家协会授予中国电视主持人“60 年 60 人”称号……

面对荣誉，赵红艳显得很腼腆；面对观众，赵红艳则充满了感恩。时至今日，在网上依然可以看到“赵红艳怎么不主持天气预报了?”“现在什么节目能看到赵红艳?”“我们全家都喜欢赵红艳的主持风格……”这些网友的发问与表达，让赵红艳觉得，自己一直执著向前的劲儿，就是来源于观众对她的认可和喜爱，让她深深“饱”有一种幸福感和成就感，是她超越自我、甘愿奉献自我的最大动力。

7

时间汹涌地流逝，寒来暑往，在不经意间积淀了人生，积累了经验，成就了事业，成就了辉煌。

22 年，在时间的长河里，也就是转眼间的事情。但是，在人生的工作时间里，已经足够长了。当时间让赵红艳在这个行业、在这个岗位更加成熟和娴熟，个人形象与专业素养达到完美时，很多人都看在了眼里，尤其是能看懂的专业人士。

22 年，也使她在行业内外有了一定名气。她笑着说，2002 年 10 月，时任国务院总理的朱镕基、副总理温家宝视察中国气象局，朱镕基就多次提到赵红艳的名字，夸赞她节目做得好。朱镕基总理还风趣地说：“他和夫人每天晚上 7 点半就等着天气预报节目，可是那广告就是不结束，广告太长、太多，稍不留神又错过了天气预报。我看广告可以少点，天气预报可以长点。”那天，朱镕基总理到了演播室，领导们把她推到朱镕基总理面前，她手里摆着签名本。朱镕基总理哈哈大笑着欣然写下了:“最受群众欢迎的气象明星”。后来,天气预报节目从原来的 3 分 30 秒到 4 分钟,增加了 30 秒。

22 年,22 年里也有不少人对她说,离开气象局,去看看外面的精彩吧！不是没有人这样劝过她。可总爱将笑意挂在嘴角的赵红艳,在听到这样的话时,却板起了脸,连连摇头。金钱,名利,不是一个曾经的军人所看重的,更不可能是一个气象人所追求的。“我曾是军人,军人意味着忠诚,一旦相守,始终不渝!”这是倔强的赵红艳一句掷地有声的回答。

在一次采访中,面对社会对于气象信息不断增加的需求这一话题时,赵红艳如是说:我们气象人把第一手气象资料借助荧屏传递给公众,服务于社会,服务于防灾减灾。不管天气好坏,都让我们的关怀伴在气象信息,阳光、风雨中,我们与您同在!

同在的,还有赵红艳对气象的一份深沉的爱。

8

大道之行,无远弗届。

2009 年,对赵红艳来说是一个特殊的年份。置身于气象事业发展洪流中,赵红艳肩负起新的责任与使命,拥着梦想的源起,开启了人生新的篇章。这一年,她又多了个新的身份——华风集团党委办公室副主任。

从万众瞩目的台前,隐去光芒走到幕后,这是多数人难以接受的改变。但是,对于赵红艳而言,这却是一件正常的事情。当年活力四射的小赵慢慢成长为年轻人心中最信赖与爱戴的赵姐姐时,用自己的肩膀送更多的年轻人站上更大的舞台,这是赵红艳作为一名老气象人无悔的选择,更是对需要在新老更替中汲取更多生命力的天气预报节目的尊重与负责。

由于我国电视气象服务起步较晚,全国各地电视天气预报节目主持人人才缺乏。作为这一领域的先行者,赵红艳把自己积累了多年的经验毫无保留地带到了全国各地,尤其是相对落后的地区。1997 年和 2003 年,她曾两次支援进藏,为西藏电视天气预报的开播做技术支持,帮助选拔和培训天气节目主持人,使西藏电视天气预报节目顺利和广大藏族人民见面。为了得到珍贵的第一手资料,她坚持到海拔最高的气象站进行采访,即使面对严重的高原反应,她仍冲在一线,甚至抱着氧气包工作。她忘我工作的精神深深地感动着在场的人们。但对于赵红艳而言,这并不是什么值得炫耀的事情,反而是一种难以忘却的遗憾。“第二次入藏,我仍然没有摆脱高原缺氧的状况。节目录到最后,我已经气喘吁吁,虽然竭力保持语调语速，但是仍然不能避免说话中有断句。”对工作追求完美的赵红艳，一直“耿耿于怀”，恨自己身体“不争气”。

2003年，在非典肆虐、人心惶惶的日子里，赵红艳并没有计较个人的安危。长期工作在气象部门，她清楚地知道，非典病毒传播与气象条件密切相关，必须保证预报节目每天按时播出。即使是在节目组只剩下她一个主持人的严峻形势下，她也没有丝毫退缩，在疫情最紧张的时候，连续23天坚守在节目制作室里。非典的阴霾散去后，一张来自北京市委、市政府颁发的“首都防治非典工作纪念证书”，将赵红艳的名字镌刻在那场没有硝烟的战斗中，礼赞着她在生与死的考验下、个人与集体的衡量中做出的大无畏的抉择。

虽然现在更多的精力放在了管理岗位上，但是赵红艳并不认为，这与业务就断裂了。在她看来，行政管理是业务的另一种延伸，站得高了才能望得更远，她不再只局限于用主持人的眼光去看待天气信息的把握和传播，而是站在一个新的平台去统筹思量各个环节，去感悟做好各项工作面临的问题和方法，她说这是一个全新的锻炼和考验，也是一种全新的挑战，意味着要踏上新的征程。

大格局成就大作为。在赵红艳的带领下，华风集团以加强党的先进性建设为主线，深入推动创先争优等活动开展。她坚持业务与党务结合，以党建带动企业文化建设，从制度建设上为集团的业务发展夯实了思想保障。她带领的团队被评为中央国家机关青年文明号；她本人连续两年被评为优秀经理人；她参与制作的纪念“3·23”世界气象日大型文艺晚会《风云情》被评为四川省优秀电视节目二等奖。双肩挑起两担，花开并蒂，共同争艳。

2013年底，中国气象局要求公共气象服务中心、华风集团进行体制机制改革，成立统一的党委，赵红艳也于次年7月被任命为公服中心党委办公室副主任、纪委副书记。

再一次的转岗，较之前又多有不同。工作节奏更快了，要求更高了。中心领导对党建党务工作十分重视，中心的改革使党委的重要地位不断巩固，党委的工作又促进中心各项工作深入开展。各项工作就像车轮一样，不断向前推进着。在她看来，不论岗位怎样变换，最重要的仍然是保持政治上的清醒和坚定，这是做好一切工作的前提和基础。

从主播到管理，从企业到事业，在谈到岗位不断转变时，赵红艳如是说：我认为气象主播是汇集了各种气象知识，根据节目要求任意展现自我，用鲜明突出的个性，面对广大受众传递气象信息的职业，它的定位应该在大众传播上；而做管理，涉及面广、政策性强。她觉得做业务比较单纯，积累知识，表现好自己；但是管理却不同，千头万绪，不光是管好自己，还要管好“别人”，做好“引导”，做好“服务”。说白了，如果业务是更多偏向“做事”，那么管理就是更多偏向“做人”。对于从事了 20 多年业务的赵红艳来说，跨岗位做管理，当时的确是艰难的转折，即使到现在，她仍然感到很大压力。她说“做人的工作不容易，思想意识的东西看不见、摸不着，不像做业务，非对即错。自身的执行力是不打折扣的，但是管理者所需的归纳、概括和统筹能力，仍是自己的短板”。她说缺乏结构性思考能力是她面临的最大挑战，在干中学，学中干，每一步都如履薄冰，以求自己有所进步。

站在人生的十字路口，不管是向左走，还是向右走，始终带着上路伊始的热情与执著，昂扬地向着黎明开始的地方，终将奔跑至神圣的目的地。

9

“当以善意相待时，和谐和喜悦就会在彼此心中氤开。”这是赵红艳最喜欢的座右铭。

她是如此笃定的，亦是这么做的。平日里她不喜欢化妆，偶尔擦一点唇彩，生活中非常随意，不矫情、不做作；闲暇无事时，她便宅在家里，有时候随手拿起过去常翻的老书；灵感来了，她也信手涂鸦，或是写点文字，直抒胸臆……

和很多公众人物一样，赵红艳也会遇到流言与误解。急赤白脸地去替自己辩解？或是做点什么以示正听？这都不是赵红艳的风格。她始终认为，要用一种正能量的心态去对待外界的纷扰，摆正自己的位置，做好自己就好。她更愿意将此看做是一种自我修炼与完善的过程，就让那些丑陋与恶俗，拿来炼化涵养自己内心的宽和、仁爱与善良吧。即使置身在各种颜色混杂的世界，也要保持一身的纯净，这是赵红艳推崇与向往的境界。

虽然离开了《联播天气预报》节目，但是赵红艳还坚持在一些节目中继续做主持人，比如中央七套的《农业气象》节目。这个节目为赵红艳的生活打开了一扇窗。为了亲身感受气象条件对农情的影响，赵红艳跑到郊区去租了个小菜园，自己学着动手种菜。几年下来，她竟如少女般爱上了这片充满勃勃生机的沃土。看着嫩绿色的小菜苗，新奇地从泥土中探出头来，她不禁欢喜雀跃。她笑着说：每当看着自己种下的种子发了芽，出了苗，小苗一点一点长大长高，直至收获的时候，那种欣喜充盈着所有的情绪，所有辛苦和劳累都被扫得光光的，就像工作上的事情也一样，不下功夫，也做不出成绩得不到收获、长不成好苗。这种菜的爱好竟成为她舒缓压力的秘密武器。

赵红艳最爱秋天。她曾经这样写道：“总以为，秋，是我的季节。从火热的季节走来，总是满载对秋的怀想……秋阳的清新、明媚；秋风的温婉、韵味；秋熟的喜悦、沉醉，那都是最令我心旷神怡的。

丹桂的舞蹈刚刚落幕，初秋便拥起一地金黄，充实农人的期待，把渐渐酝染成的金黄色的果实，沉甸甸地呈现在秋风乍起的日子，就连秋风，也是喜悦的呢！”

秋，历经了冬的孕育、春的播种、夏的滋润，方能迎来沉甸甸的果实。她爱秋，那是因为她深知秋之丰收的不易。正如她自己，在追求梦想的道路上，从不曾放弃，始终坚持，付出方得收获，脚踏实地地走过每一步方能抬头仰望到最美的星空。她的人生故事，如秋一般，绚烂动人。

10

万水千山不忘来时路，鲜血浇灌出花开的国度；生死相依只为了那一份承诺，报答你是我唯一的倾诉；树高千尺根深在沃土，你是大地给我万般呵护；生生不息只为了那一份托付，无惧风雨迎来新日出，不忘初心继续前进……

结束采访时，问赵红艳想对喜爱她的观众说些什么。她的眼中饱含深情：“我深深地爱着每一位热心的观众，爱着我的事业，请允许我用著名诗人舒婷的《致橡树》来表达这种深爱吧：我们分担寒潮、风雷、霹雳；我们共享雾霭、流岚、虹霓。”

与她握手，告别这次采访，目送她快步向办公室走去。忽然，我觉得驻足在时间的路口，心扉氤氲着昨日青春美丽的不舍。回眸生命的足迹，感怀光阴飞逝的无奈。蓦然，发现不经意间在岁月的沧桑中，赵红艳已人到中年。

有人形容中年是午后的一轮斜阳，也有人比拟中年是行驶一定里程欲要检修的车轮。但我想，中年是金秋季节那丰登的果实，是历经风霜那挺拔的大树，是风雨过后那亮丽的彩虹，更是乘风破浪满载收获驶向港湾的风帆。

走出赵红艳工作的大楼，夜幕下的气象大院，路灯初绽，行人匆匆。抬头，一弯澄明的玄月挂在澄澈无云的天边，耳畔又响起了那个温婉和煦的声音：“阳光、风雨中，我们与您同在……”

我想，赵红艳一定学会了担当与无愧。希望岁月的洗礼使她读懂拓宽生命宽度的内涵，让她生活更充实，灵魂更静美，工作更快乐。

作者：吴　越

哪管气象万千　休惧雨覆云翻

——记中国气象局公共气象服务中心气象服务首席慕建利

慕建利工作照

滑开手机，打开电脑，如今我们仿佛随时随地能看到天气预报，不但能决定今天上班要不要带雨具？需不需要加减衣衫？还贴心地给出了大家关于“空调开启”“洗车”“防晒”等生活指数。可以这样说吧，不知不觉间，现代人对天气预报已经形成了一种依赖心理，天气预报越来越精准、便捷、快速地服务于社会，有时甚至会让人产生一种错觉：依靠精确的天气预测，人类在某种意义上是可以规避重大灾害性天气影响的，“能躲开”，当然算得上一种小小的胜利。

但人类从蒙昧无知走到“以积极态度应对灾害性天气”这一步，能在灾难发生之前，享有最快捷的气象服务，无数气象工作者所付出的努力、艰辛和汗水，是大家所无法想象的，慕建利，她便是其中一位杰出代表。

从另一个角度来研究暴雨

1989年，年轻的慕建利从北京气象学院气象系毕业了，来到陕西省气象台，从事预报员工作。刚从学校毕业的小慕，浑身上下都发散着一股子冲劲儿，她想，既然自己从事天气预报和服务工作，那么，就一定要将本职工作做好，做得无可挑剔。曾和慕建利共同工作的同事都说，小慕是真的肯“钻”，年轻女孩，能找出像她这么有科研精神的，真是少之又少，她是恨不得每天能有 48 小时，废寝忘食去做课题、搞科研的。

有心人，天不负。慕建利通过陕西中尺度暴雨研究发现，地面加密资料分析得出的风场与强对流降水落区有很好的对应关系；地闪的发生和急剧增加对暴雨发生和发展加强有很好指示意义；高空西风急流及其右侧非地转强迫可能是暴雨形成的原因；得出了陕西强暴雨中尺度对流系统的一些细微结构，如弓形回波具有前后强入流的“V”缺口特征和两端旋转方向相反的涡旋特征；在中 β 尺度对流系统的强烈垂直上升运动区，中层或低层有中 γ 尺度的下沉气流发展并形成中 β（γ）尺度的垂直环流支。而这些特征，在过去陕西暴雨研究结果中很鲜见。

慕建利首次基于 MM5 模式，研究建立了陕西中尺度数值预报模式的本地化应用系统，为预报员提供了可用的中尺度数值预报产品，并基于中尺度数值模式输出结果开发了综合热力、动力的物理量（湿位涡、湿 Q 矢量、螺旋度、锋生函数），成为陕西强降水预报和研究动力、热力综合诊断分析的工具。

从 1989—2009 年，是慕建利在陕西热土上用心耕耘的 20 年，在这悠悠 20 年中，她担任陕西省气象局预报员，2001 年 9 月被聘为预报高工，同年被聘为省台“重大天气警报小组成员”，2002 年被聘为短时预报领班。每每登上一个新台阶，慕建利都挥洒了别人看不到的十倍、百倍的汗水，特别是被陕西省气象台聘为短时预报领班，负责全省短时预报和服务把关的近 7 年时间，让慕建利“深耕气象服务”的心，在日复一日的工作中变得更为坚定和执著。

慕建利不满足于自己已经取得的成绩，她渴望向更高的科学高峰攀登和跨越，于是，她开始转向了“书上有路勤为径”的漫漫长征，2005 年、2009 年获得了南京信息工程大学大气科学学院气象系硕士、博士学位。

2009 年，慕建利恋恋不舍地告别了陕西，来到“天子脚下”，最开始的两年，她在北京城市气象研究所从事数值模式应用研究，2011 年 4 月开始，慕建利在公共气象服务中心（简称公服中心）从事公众气象服务把关及带领研发团队，2012 年 2 月聘为公众气象服务副首席，2014 年 7 月、8 月分别评聘为正研级高工、公服中心公众气象服务首席，就在“慕首席”走马上任的 2014 年，却遇上了好几块“硬骨头”，直面了好几个大挑战。

无惧雨覆和云翻

2014 年，如果从气象角度讲，可谓是“多事之秋”，这一年，强对流、暴雨、台风、霜冻、地震等灾害性天气或突发灾害事件的频发，给气象服务工作带来了极大的挑战。慕建利作为公众气象服务首席，在多次服务过程中起到了关键作用，她的镇定自若指挥得当，为同事们留下了深刻印象。

说起“台风”，想必许多人都会“闻风变色”。台风发源于热带海面，那里温度高，大量的海水被蒸发到了空中，形成一个低气压中心。随着气压的变化和地球自身的运动，流入的空气也旋转起来，形成一个逆时针旋转的空气漩涡，这就是热带气旋。只要气温不下降，这个热带气旋就会越来越强大，以致达到台风级别。台风是一种破坏力很强的灾害性天气，台风过境时常常带来狂风暴雨天气，引起海面巨浪，严重威胁航海安全。台风登陆后带来的风暴增水可能摧毁庄稼、各种建筑设施等，造成人民生命、财产的巨大损失。所以，加强台风的监测和预报，是减轻台风灾害的重要措施。

2014 年，台风 7 次“来访”，慕建利便“接招”了 7 次。作为公众气象服务首席，她一直坚守岗位，从台风发生前、发生期、发生后组织和指导值班人员从服务产品的设计、制作和发布开展全面服务，并对产品内容把关和审核，同时在台风过后总结分析网站服务产品流量，解析公众对该类天气过程的服务需求，以便提前为下次同类天气过程设计服务产品和研发制作。

单说 2014 年第 10 号台风“麦德姆”先后在我国台湾、福建和山东登陆，给 11 省市带来重大灾害吧。在整个台风影响的服务过程中，在登陆前，慕建利于 7 月 21 日指导上线《2014 年第 10 号台风“麦德姆”》专题，随着“威马逊”不断发展，逐步完善专题内容，增加服务产品。组织应用历史相似个例所经路径、发展变化情况及带来的灾害等进行分析，提示公众“麦德姆”可能的发生发展以及影响，从台风后期移动路径、强度的不确定性，从天气形势变化、预报技术、预报手段进行分析台风预报的难点等，策划图解天气《预报台风登陆点为何那么难》《谁在操控台风路径》；历史数据和背景分析 5 篇，盘点台风登陆福建、山东、辽宁等地的历史情况；指导结合典型个例，分别以西南季风的暖湿气流、西风槽的冷空气、地形对台风发展变化及其造成的影响进行了分析，提出“麦德姆”将受上述三种情况的共同作用，可能造成的灾害影响较大的热点分析如《“麦德姆”能否赶超近 10 年登陆台湾最强台风“海棠”》《从相似路径北上台风“麦莎”看“麦德姆”》等资讯。指导分析南方强降水对水稻“双抢”工作的影响，提出农业防台防雨生产建议等；此外，指导服务产品制作人员应用雷达回波、逐小时自动站风雨实况图、云图等实时资料，根据台风影响范围一路向北进行不间断做交通出行、航运等影响相关服务提示。首次联合气象探测中心发布台风登陆三维动画雷达图片。其后，慕建利再接再厉，指导美工应用天气学理论制作科普动漫服务产品、图解天气影响等，拓展了公众气象服务产品的内容和形式。

由于此次台风强、影响大，又应用了多种类型的服务产品，得到公众的极大关注，从中国天气网信息反馈，资讯流量始终保持高位，其中 7 月 22 日、23 日、26 日都在 300 万页以上，26 日最高达 396 万页。同时，主动推送至腾讯网、新华网、凤凰网等门户网站以及并腾讯微博等发布，不断增强影响力，为台风防御提供有力支撑。

“麦德姆”过后，慕建利组织网站流量与服务产品的相关性进行了统计分析，总结了台风过程中公众对服务产品的需求，研发公众需求大的自动化产品，为后期台风服务的及时性、有效性打下很好的基础。例如，在台风“海鸥”服务中，由于服务部署早，前期产品准备有条不紊，及时快速多样的服务产品得到公众的极大的关注，9 月 16 日中国天气网总浏览量 2369 万页，创了 2012 年 8 月以来的新高，也是两年多来首次再度超过 2000 万页。

要知道，慕建利并非在 2014 年应对台风天气时才如此重视天气预报服务产品，她从几年前，早已开始埋首于精细化气象服务产品制作平台的研发工作。

受命于危难之际

2011 年，慕建利初到公共气象服务中心，从事公众气象服务把关，以及带领研发团队时，那时的中国天气网其实是处于一个尴尬境地，由于缺乏大范围国内外天气预报服务产品，制约了中国天气网国外气象服务频道发展，面临其他大型服务网站放弃与公共气象服务中心合作的困境，领导交给了慕建利一个重担，慕建利毫不犹豫地挑了起来。

为了“解困”，中国气象局应急减灾与公共服务司批复小型基建项目“精细化气象服务产品制作平台建设”项目，慕建利来负责整体方案设计，基于气象中心预报产品和模式预报产品，制定模式动态误差订正、变权重系数确定和预报方程、集成预报检验评估算法及与中央台预报融合等方法，她带领团队建立了温度、湿度、降水、风向、风速、云量和天气现象 7 个集成预报模块。在 Linux 系统下，采用多线程和多线程结合的编程，应用插拔式模块结构建立了包括资料收集、前处理、多模式集成预报系统(5 个子系统)、后处理、产品发布平台五大模块的精细化气象服务产品制作系统。该工作2012—2015年又在公服中心的支持下，进一步完善，目前可制作1～15天不同时段内不同分辨率的全球范围内26万个站的预报服务产品，系统在公服中心业务应用了近4年，成为公服中心核心业务之一，该系统2015年通过评审准入成为中国气象局业务应用系统，减灾司指定为全国推广应用。目前该系统不仅支撑公服中心的公众与专业预报服务业务，同时也支撑大多数省级服务中心的服务需求。

近年来，“高温酷暑”成为夏季经久不衰的话题，慕建利认为，气象工作者是为大众服务的，气温是影响人体舒适度的关键因素之一，高温会对人体健康产生不利影响，可能导致中暑并诱发心血管、脑血管疾病。高温天气可致人心情烦躁，易出现神智错乱现象。高温过程还会加剧干旱的发生发展，造成用水、用电急剧增加。另外，高温天气下轮胎与路面摩擦导致轮胎热胀冷缩，胎体发胀变薄，易发生爆胎，给人们出行埋下隐患。

慕建利介绍说，从人体舒适度分析来看，气温、湿度和风速是影响人体舒适度的关键因素。气温24℃、相对湿度70%和每秒2米的风速是最舒适的。人在静止时，人体对气温和湿度有一个耐受极限，分别是：气温31 ℃、相对湿度85%；气温38 ℃、相对湿度50%；气温40 ℃、相对湿度30%，当超过极限时，人体容易出现疾病。

慕建利是个实干型的专家，并不仅仅满足于自己在媒体上发声，告诫大家如何防暑降温，她有信心，自己能利用专业知识做得更多，为饱受暑热折磨的民众提供更多气象服务产品。于是，为了满足旅游业的避暑旅游需求和提供及时、准确、权威的避暑旅游综合信息，2012年，慕建利带领团队与中国旅游研究院合作完成了避暑旅游指数评估模型的研发和建立，项目应用统计法、模糊综合评价法，从气象要素、灾害性天气、景观观赏度、游客满意度4个方面对避暑旅游气候舒适度进行评价，制定了旅游舒适度指标和划分等级标准，建立了旅游舒适度计算模型，2013年首次且连续5年在全国发布夏季十五大避暑旅游城市排行榜，2015年联合昆明市召开了首届避暑旅游发展产业峰会。此后夏季避暑旅游城市排行榜发布和避暑旅游发展产业峰会成为常态化的服务产品，开创了避暑旅游气象服务产业，推动了避暑旅游业的发展。

2017年7月，在第三届中国避暑旅游产业峰会上，中国旅游研究院及中国气象局公共气象服务中心共同为2017年最佳避暑旅游城市、避暑旅游城市观测点、最具潜力避暑旅游城市授牌。最佳避暑城市是如何评出的？避暑城市是根据避暑旅游适宜指数评出的，具体而言，气象学家和旅游学家收集近10年（2007—

2016年)373个地市级城市的日值、月值、逐小时值气象资料，通过气温、风速、相对湿度等分析体感温度分级，计算出气候舒适度指标；通过暴雨、大风、高温、雷暴等高影响天气计算出灾害风险指标；收集公众对130个城市吃、住、行、玩、服务等30多种统计数据以及4A及以上景点，计算景观观赏指标和游客满意度指标，最终评选出排名靠前的城市。

“所评选出的最佳避暑城市，体感温度分级标准都为舒适以上，平均体感温度约21～25℃，同时灾害风险指标较低。”身为中国气象局公共气象服务中心公众气象服务首席慕建利微笑着介绍着。

有“驴友”向慕建利提出了这样的问题:避暑城市会受气候变暖影响吗？慕建利便以第三届中国避暑旅游产业峰会举办地、最佳避暑旅游城市安顺为例，1951年以来，安顺夏季从未出现35℃以上的高温天气，1981年以来32℃以上的炎热天气仅两天，安顺市夏季气温气候变化平缓，6月和7月略呈上升趋势，8月小幅下降，同时暴雨影响甚微、大风影响极少。但21世纪以来，安顺夏季气温总体呈上升趋势，随着时间的推移，升温幅度逐渐增大，较1986—2005年，趋势值每10年升温0.24℃。

“气候变暖是个很缓慢的过程，同时对于避暑城市来说，本身温度在很舒适的范围内，略微升高一点不会有太大影响。但如果本身温度在较舒适的范围内，气温升高将会明显改变其避暑的适宜程度。”慕建利说，避暑资源受气候变暖影响，需引起城市建设者和旅游规划者的重视，建议在城市建设时减少对气象环境的破坏。

加班达人的敬业心

说慕建利是“加班达人”，一点都不为过。当初，为了保障中国天气网改版在汛期能够顺利、安全上线，慕建利带领精细化预报团队，牺牲了大量的休息时间，几乎近3个月的时间，每天晚上加班到12点后，3个月下来，团队“队友”们眼睛都熬成了“小白兔”，慕建利那时常常累得“脑浆像是要燃烧”，她舍不得丢下工作，在洗手间捧冷水冰冰脸，继续来苦干与奋战。

慕建利团队在原有的多模式精细化集成预报的基础上，研发了8～15天间隔6小时的集成预报子系统，同时，为了保持全国上下预报的一致性，研发了与中央台12小时常规预报和36个大城市6小时预报的融合系统，建立了对客观预报奇异值等的质量控制子系统。

慕建利指导技术科页面开发人员如何应用精细化预报服务产品，2014年7月

21 日 08 时，中国天气网页面全部切换，20 日夜间直至凌晨 3 点多了，她还一直坚守岗位，与技术科一起查对数据接入的准确性和安全性，21 日 06 时，又开始了崭新一天的工作。

同事惊异于她瘦瘦的身体里，如何藏有如此强大磅礴的力量？也许，这只是因为她对气象工作始终如一的深爱吧。在日常工作中，慕建利工作认真、积极、主动，业务能力强，善于分析和思考工作中的难点和重点问题，具有很强的研究开发能力。到了“攻坚时刻”，慕建利更是拿出了“拼命三郎”的劲头。为了保障天气网改版在汛期上线服务，加班加点成为“工作新常态”，带领团队研发了 15 天精细化预报服务产品。在慕建利的努力下，保证了天气网改版精细化预报服务产品数据的上线，也拓展了与其他网站的合作。她的不懈努力，对中国天气网流量下降的扭转做出了巨大的贡献，也为公服中心精细化预报服务发展打下了基础。

精细化预报上线后，连续 1 个多月，慕建利每天早出晚归，不间断地查找问题，针对北京预报的临时订正、中央台上传预报与北京市气象局省级站、直接上传公服中心预报不一致等问题，积极联系北京市气象局，组织预警室、技术科开展讨论，制定针对北京订正预报的业务流程和实施方案，建立了北京订正预报系统，实现快速订正并发布北京的临时修改预报。

2016 年，在杭州召开的 G20 会议时，这位气象精英，更是用“连续 11 天、每天 18 个小时坚守岗位”的惊人事迹，刷新了大家对“加班达人”的认识。

慕建利在 G20 会议前 20 天针对精细化预报业务系统，组织团队修改业务系统并试运行，形成可快速根据主观预报订正的临时制作系统，并培训团队如何提供保障服务；在进入对外发布预报的 15 天内，每天准时听取会商并根据各种模式预报情况监视对外发布的预报是否适用；在进入接收杭州 G20 服务专报期间，连续 11 天从早晨 5:30 至晚上 11:00 不间断地的跟踪杭州预报更新及详细预报内容，并有奇异时及时与杭州气象台和中央气象台联系，每天根据专报解读预报，进行精细化客观预报的修正更新，保障了中国天气网、中国天气通、电视以及中央台网站预报的快速更新和一致性服务，同时通过建立微信群随时提醒并帮助产品应用方解答疑惑。

在团队人员少，既要保障重大服务，又要研究开发的情况下，G20 期间，慕建利连续 11 天、每天 18 个小时坚守岗位。最终使预报发布信息准确无误，取得很好的服务效果，得到了减灾司公众处领导的认可和公共气象服务中心领导及预报产品应用方的肯定。

2017 年，为了实现覆盖全国乡镇级预报服务产品，慕建利团队又拿出“拼命三郎”的干劲，连续40多天坚持作战，晚上大多数在12点左右才能回家，有时解决难啃的“骨头”时，竟然忘了一切，有一次为了解决系统问题，从周五早上上班开始“攻关”，到最终圆满解决了难题后，她才猛然发现，时钟已走到了周六晚上7点多，在这期间慕建利没吃没睡，废寝忘食地投入工作，这个时候她才感觉到肚腹饥饿，周身疲劳。

跟随过慕建利的团队成员们，说起这位领导来，都赞不绝口。慕建利在工作中虽对大家要求严格，但在生活上却时时以一颗女性温柔的心来关注大家，用心呵护，努力培养新人，发挥了“传、帮、带”作用。

公共气象服务中心成立时间短，业务技术人员年轻，多数是毕业2～5年的新人，气象服务和技术研发经验非常有限。如何才能带好这支“新兵队伍”呢？慕建利通过值班带班、服务把关过程中，将自己的服务经验和思路悉心传授给气象服务新人；带班时，做到不仅仅是审阅服务新人制作的服务材料，还要告知如何应用实况资料、预报资料，怎样组织素材、如何提出服务产品建议、为什么如此修改等；为气象服务新人快速成长奠定工作思路，培养了6名服务业务骨干；另外，通过科研项目，从数值预报解释应用、气象指数预报研发、程序编写、研究思路等方面培养了20余名研究人员。

展望未来，慕建利坦言国家级公众气象服务工作任务多、责任重、难度大。在未来工作中，作为公众气象服务首席，她在不断学习和全面熟练掌握相关学科知识的同时，还要时刻掌握国家发展中的服务需求和社会关心热点，分析公众对气象服务的需求以及不同媒体网络的服务方式；加强服务经验总结和科学支撑技术方法的研究、交流、引领和指导。近年内主要完善业务流程，以制定气象服务技术规范和标准，加强对各级气象部门预报产品、数值预报产品、实时观测资料的综合应用，集成开发和建设公众气象服务相关工作平台等工作，以期进一步提高公众气象服务产品制作的时效性、科学性、针对性和实用性。

2017年8月，慕建利介绍，在中央气象台提供的全国0～10天智能网格预报业务运行的基础上，中国气象局公共气象服务中心计划推进智能网格气象预报产品在精准、个性、智慧公众气象服务中的业务应用，时间分辨率和空间分辨率更为精细，并确保全国公众气象服务产品发布的一致性。

“比如用户在北京市门头沟区的山上打开天气预报手机APP，以前，系统后台推送的是站点相关信息，也就是说，你得到的是北京市门头沟区区域气象观测站点的实时信息和预报。但实际上，用户距离区域气象观测站可能有几十公里远，同时随着海拔升高，温度、湿度等天气情况存在差异。”这位首席慕专家解释，“我们正在试着做这样一件事，用户打开天气预报手机 APP，后台可以立即获取用户移动端的地理信息，运用多种算法，基于地形、植被、近地层的高度等，将分辨率为 5 公里的智能网格预报产品加工成 1 公里细网格预报产品，选取距离用户最近的网格预报信息回传给用户。整个过程只需要 1 秒钟。”

慕建利介绍，基于用户位置的精细化预报服务产品要素除了与格点预报产品的气温、湿度、风向、风力等要素保持一致外，还将基于精细化格点预报产品的降水相态、云量、能见度、雾、霾、沙尘、雷电、短时强降水、冰雹、雷雨大风等要素生成适用于服务表达的天气现象要素。

“当前，公众对预报服务的需求是空间上更密、时间上更短，众多国内外气象服务机构都想借助网络、新媒体等手段，为公众提供国内外精细化气象服务产品，如空间尺度达 1 公里、时间尺度达逐小时的预报服务产品，而且有的机构已经在提供。”慕建利说，为满足公众对时空尺度更精密的预报服务需求，适应气象服务市场竞争、应对社会气象服务机构的挑战，公服中心已经完成了逐小时预报服务技术研究，制作全球范围内 0～3 天逐小时基于用户位置的预报服务产品，提供给有需求的国家级气象服务渠道应用。

气象万千，风雨雷电，变幻莫测，有像慕建利这样孜孜以求的气象工作者，不断探索、解密、奉献，探究人类对气象更深入的认识和了解，服务大众，心系苍生，在自己的工作岗位上，不断开拓进取，锐意创新，这让我深深感到，能与无数个“慕建利”共同生活的时代，真是无比美好的时代！

作者：何　竞

后　记

习近平总书记指出：工会、共青团、妇联等群团组织是党直接领导的群众组织，必须把保持和增强先进性作为重要着力点。要牢牢把握为实现中华民族伟大复兴中国梦而奋斗的时代主题，紧紧围绕党和国家工作大局，组织动员广大人民群众走在时代前列，在改革发展稳定第一线建功立业。

近年来，中国气象局妇女工作领导小组和局妇工委，认真学习习近平总书记系列讲话精神，不忘初心，牢记使命，坚持政治性、先进性、群众性，克服行政化、机关化、贵族化和娱乐化，引领广大气象女干部职工立足岗位成长成才，广大气象女性在气象事业的发展中勇挑重担，用智慧和汗水在气象事业改革发展中创造了辉煌成就。

党的十九大是在全面建成小康社会决胜阶段、中国特色社会主义进入新时代的关键时期召开的一次十分重要的大会，大会描绘了决胜全面建成小康社会、夺取新时代中国特色社会主义伟大胜利的宏伟蓝图，进一步指明了党和国家事业的前进方向。希望《彩虹女人》这本书的出版能够进一步促进妇女事业发展，进一步促进广大气象女性在气象事业发展建设中展示女性的魅力和风采，坚持文化自信，为实现两个百年目标而努力奋斗。